中国民生民政系列丛书
ZHONGGUO MINSHENG MINZHENG
XILIE CONGSHU

中国城乡困难家庭社会政策支持系统建设数据分析报告

（上 册）

王杰秀◎主编

人民出版社

编委会

目 录

第一章　项目研究简述

第一节　项目研究介绍

一、项目研究背景、目标及意义

（一）研究背景

改革开放以来，我国的反贫困工作取得了瞩目的成就。与此同时，我国贫困问题逐渐呈现出新的特点，我国反贫困工作的战略思路和制度框架亟须进一步调整。[①]

1. 我国贫困呈现复杂性和长期性等特点

第一，中国的贫困问题十分复杂，与自然条件、社会生产力发展、人口素质、社会福利政策导向、分配政策和产业政策等多个因素

① 王曙光：《中国的贫困与反贫困》，《农村经济》2011 年第 3 期。

密切相关。①

第二，解决中国的贫困问题是一项长期性的工作。一方面是因为我国城乡贫困人口基数大、分布广、致贫问题复杂；另一方面，则是因为“新贫困”群体的出现且规模有扩大趋势。

与城乡贫困群体不同，城市流动人口属于城市边缘群体，是城市经济体制改革的产物。伴随着城镇化进程的加快，城市流动人口数量不断增加，而其中部分流动人口由于受到教育水平低、技能差等因素影响，往往处于中低收入水平，抗风险能力较差，易陷入贫困。

2. 我国反贫困社会政策体系建设仍需完善

城乡困难家庭的生存、发展等基本权利历来得到党和国家的重视与支持。我国于1997年建立城市居民最低生活保障制度，于2007年建立农村最低生活保障制度，且不断提升瞄准精度、提高保障水平，为提高困难家庭生活水平、保持社会公平、维护社会团结等方面作出了重大贡献。除此之外，我国专项社会救助、其他社会支持政策的建立健全，在惠民生、解民忧、保稳定、促和谐等方面发挥了重要作用。

总体而言，我国针对城乡困难家庭的各级、各类扶持政策，虽取得了巨大成效，但仍存在政策体系建设不完善，相应标准偏低、动态调整落后于现实需求，政策可及性和保障水平有待提高等问题。除此之外，更具协调性的社会政策体系建设也需进一步加强。

基于以上背景，民政部政策研究中心于2008年启动了“中国城乡困难家庭社会政策支持系统建设”项目，每年进行一次全国典型性综合调查，旨在通过调查结果，全面真实地反映城乡困难家庭基本状况，并且通过对调查结果的深度分析，对我国城乡社会政策支持体系的建设

① 许飞琼：《中国贫困问题研究》，《经济评论》2000年第1期。

水平、可及性、有效性等方面作出客观评价，进而为国家反贫困工程建设以及其他各项社会政策的完善提供坚实的科学依据。

（二）项目目标及意义

“中国城乡困难家庭社会政策支持系统建设”课题是党和国家在新的历史背景下，为大力促进城乡反贫困建设而推行的项目，在动态监测城乡贫困状况、评估社会政策支持体系等方面具有重要意义。

1. 有利于建设城乡困难家庭动态贫困监测体系

当前，我国反贫困工作进入攻坚阶段，为适应反贫困策略的转变，我国政府需及时掌握城乡贫困的现状及发展趋势，因此，建设相应的动态贫困监测体系显得尤为必要。而“中国城乡困难家庭社会政策支持系统建设”研究项目的一项重要作用，就是通过年度调查建立追踪调查数据库，形成一个纵向、动态的困难家庭监测体系。这一动态监测体系的内容主要包括对城乡困难家庭的纵向追踪、对城乡困难家庭宽幅信息的横向延伸以及对城乡困难家庭立体信息的追踪。

2. 为社会政策支持体系评估和改革提供科学依据

20 世纪 90 年代以来，由于受到改革开放、社会转型、市场竞争、分配政策等因素的影响，中国的贫困出现新特点，原有的社会政策需要进一步的改革、完善。根据“中国城乡困难家庭社会政策支持系统建设”研究数据的分析结果，可以详尽地了解我国城乡贫困最新状况，不断深化和扩展社会各界对我国城乡贫困问题的认识和理解，也为评估、完善、和改革社会政策支持体系提供重要的科学依据。

3. 保障社会公平、维护社会和谐

“中国城乡困难家庭社会政策支持系统建设”研究项目，能够有效发现专项社会救助项目、各项社会服务的运行状况中的不足，进而促进社会支持政策的针对性、整体性和实效性的提升。而社会政策支持体系

的完善，也将改善城乡困难家庭的生活状况，抑制和缩小社会差异，促进社会公平正义的发展，维护社会和谐稳定。

二、本年度研究特点和实施情况

（一）研究重点突出实用性

为动态掌握城乡困难家庭的贫困现状和走向，为国家反贫困社会政策的完善提供数据支持，本项目在充分论证的基础上，着重从顶层设计层面、政策传导层面、政策绩效评估层面，对年度调查和研究的重点做了适当调整。

一是突出调查的连续性，继续把对城乡贫困家庭的基本经济状况和社会政策需求作为调查的重点，同时坚持对贫困流动人口的子女入学、就业、医疗等问题的调查；二是突出对贫困变化的趋势、政策的传导机制以及实施状况的分析与评估。力求调查到客观、全面准确的信息，撰写出对政策的制定和完善有用的研究成果。

（二）调查问卷设计突出针对性

本项目主要通过问卷调查的方式采集城乡困难家庭基础信息数据。2016年多次组织北京大学、南开大学、中国社会科学院（以下简称“中国社科院”）等机构的专家学者，召开调查问卷修订论证会，论证修改调查问卷。经反复修订论证，形成了针对城乡困难家庭和城市流动人口家庭的三套入户调查问卷。

为突出调查的针对性，调查问卷作出了相应的调整。一是增加了问题答案选项，使问题逻辑更加明确化；二是增加了部分问题，细化对社会保障、社会救助等项目的调查，使调查研究的指向性更加准确，为调查研究工作打下了基础。

（三）抽样入户调查突出科学性

抽样使用了中国社科院提供的抽样框架，入户调查前，由中国社科院专家组抽取村民样本名单，然后由各区县提供村居内的困难家庭样本名单以及村居联系人，由北京大学中国社会科学调查中心校验名单后，进行样本加载，之后执行入户访问。

整个调查共计 9052 户，分布在 158 个区县、1507 个村居内。此外，整个调查采取督导直接管理访员的方式，督导均由北京大学中国社会科学调查中心的专职督导担任，保证入户调查的科学性和专业性。之后，经过对数据的录入、清理，进一步丰富了城乡困难家庭调查数据库。

（四）研究方式突出专业性

本课题涉及学科多、专业要求高，为保障调查的专业水准，录制了调查培训视频，委托北京大学中国社会科学调查中心完成数据调查、数据库建设、清理核查等工作，委托华北电力大学开展项目的数据基本分析工作。

三、相关概念界定与数据质量总体评价

（一）相关概念界定

低保家庭（户）。低保，即最低生活保障制度，是我国民政部门给予基本生活存在困难的家庭的经济支持政策，其目的是维持这些家庭的基本生活物质需要。低保家庭（户）的确定以低保线为准，各地根据本地区的经济发展和生活水平状况，划定最低生活保障线，其依据往往是在特定区域内维持个人生存的最低物质条件。家庭人均收入低于当地最低生活保障线的家庭，都将被纳入低保，这些家庭将获得特定水平

（家庭人均收入与低保线的差）的经济补助。这些家庭也被称为低保家庭（户）。

低保边缘家庭（户）。低保边缘家庭（户）的人均收入水平达到或略高于当地的最低生活保障线如低保线的 1.7 倍、2 倍等。低保边缘家庭（户）的经济状况略好于低保家庭（户），但仍面临着经济约束。本研究确定的低保边缘家庭（户）基本上基于这个思路，具体由地方民政部门根据本地低保边缘家庭（户）的标准进行把握，而在具体调研时，又以曾经登记申请过低保的边缘家庭（户）和其他困难家庭为重点调查人群。

困难家庭。本质上讲，“困难”这个词并没有明确的量化界定，作为一项社会政策研究，本研究中的困难指的是基本生活和发展需要面临经济约束，所调查的困难家庭的范围涵盖了低保家庭（户）和低保边缘家庭（户）。

贫困家庭。贫困家庭是本文后续政策效果评估中所用到的概念。贫困家庭不同于低保家庭，而是以国家贫困线为依据，线上为非贫困家庭，线下为贫困家庭。

流动人口（家庭）。户籍不在本地但工作、生活在本地的人口（家庭）。调研中，流动人口调查地点为城市，所以主要是农民工群体。流动人口所在的家庭即本研究中的流动人口家庭。

关于变量描述时间标识的说明。本研究中需要特别强调“年”与“全年”的区别。本项目调查实施时间为 2016 年，所以很多问题的设定，是针对 2016 年调查时的情况而言；同时还有部分问题的设定针对 2015 年全年情况而言，如收入、支出等变量。本研究分别使用了 2016 年、2015 年的时间标识，如果变量针对的是 2016 年调查时的情况，则用 2016 年作年份标识；如变量反映的为 2015 年的状况，则用 2015 年作年份标识。

（二）数据质量总体评价

2016年中国城乡困难家庭社会政策支持系统建设项目入户调查，在29个省、市、自治区，共计完成困难家庭问卷9052份，调查内容丰富，样本规模大。

为了控制数据质量，项目结合2015年度的调查经验，在2016年数据调查中进一步调整并完善了调查计划，对问卷进行了针对性的优化，使用计算机辅助面访系统入户访问方式采集数据，形成了充分的调查计划和科学的抽样设计。下文将从信度、效度两个方面来评价年度数据质量。

信度是指根据测验工具所得到的结果的一致性或稳定性，反映被测特征真实程度的指标。针对城乡困难家庭，本研究选取问卷中的家庭居住小区满意度问题对数据的内在一致性进行检验，选取理由是家庭居住小区满意度的问题从不同角度询问访问者对于家庭小区环境的评价，研究设计假设具有一致性，具体选用Cronbach'α系数进行测算。

流动人口家庭数据由于缺少具有城乡困难家庭类似的量表式的家庭居住小区满意度问题，所以，选用对过去一年中存在心理问题的量表式问题进行测量。测算结果显示，三大样本的内在一致性系数α超过了组间比较的最低标准，说明数据质量可信度较高。[①]

① 城乡困难家庭和流动人口信度测量使用的变量具体可见下文中效度测量表格中的变量，此处略。

表1—1 数据信度分析

样本人群	Cronbach'α 系数
城市困难家庭	0.85
农村困难家庭	0.84
流动人口	0.65

数据的效度也是衡量数据质量的重要维度。效度即有效性，它是指测量工具或手段能够准确测出所需测量的事物的程度。通常，检验效度的方法是通过因子分析，检验同类变量是否基本一致，如果同类变量的主要载荷在同一个公因子上，说明相应变量效度较好。检验发现，同类变量被分配到了一个公因子，且载荷较高，说明数据质量效度较好。

表1—2 数据效度分析

城乡困难家庭变量（问题）	城市困难家庭因子	农村困难家庭因子	流动人口变量（问题）	流动人口因子
绿化状况	0.73	0.68	与人交往时感觉自卑	0.55
环境卫生状况	0.79	0.75	感到自己和家庭的未来没有希望	0.60
交通便利状况	0.65	0.67	感到情绪沮丧、心情焦虑	0.57
治安状况	0.74	0.71	—	—
生活服务设施	0.72	0.69	—	—

第二节 2016年城乡困难家庭与流动人口家庭社会政策支持系统研究总报告

一、城乡困难家庭人口总体特征

（一）城乡困难家庭的人口规模状况

调查结果显示，1人户、2人户、3人户仍是家庭规模的主要类型。其中，城市困难家庭的平均人口数为2.99人；农村困难家庭的平均人口数为3.18人。城市困难家庭的平均人口数低于农村困难家庭，城市困难家庭规模核心化、小型化趋势相对更加明显。

与2015年相比，2016年城乡家庭平均人口数基本保持一致，略有上升。从分人群的角度来看，发现低保家庭和低保边缘家庭均以1人户、2人户、3人户为主。在城市与农村，低保边缘家庭的平均成员数均略高于低保家庭。

（二）城乡困难家庭的人口结构状况

1. 城乡困难家庭成员的性别

根据调查分析结构，城市困难家庭成员中男性占比为50.31%，女性占比为49.69%，女性比例略低于男性比例；而农村困难家庭成员中男性占比为52.39%，女性占比为47.61%。

2. 城乡困难家庭成员的年龄

根据调查结果显示，在年龄方面，城市与农村困难家庭成员的年龄集中在16—59岁之间。其中，城市困难家庭成员年龄为16—59岁的占比为 62. 43%，而农村困难家庭相应的占比为 53. 90%。

3. 城乡困难家庭成员的婚姻状况

根据调查结果显示，在婚姻状况方面，城市困难家庭成员婚姻状况为已婚的比例为 53. 05%，未婚的比例为 32. 73%，离婚、丧偶的比例为 14. 22%；而农村困难家庭成员婚姻状况为已婚的比例为 53. 72%，未婚的比例为 33. 69%，离婚、丧偶、同居的比例为 12. 59%。

4. 城乡困难家庭成员的文化程度

根据调查结果显示，城乡困难家庭成员的文化程度较低，主要为初中及以下。具体而言，城市困难家庭成员文化程度为初中及以下的比例为 74. 19%，而农村困难家庭成员文化程度为初中及以下比例的为 88. 72%。

5. 城乡困难家庭成员的政治面貌

根据调查分析结构，城乡困难家庭成员政治面貌主要为群众。其中，城市困难家庭成员政治面貌为群众的占比为 83. 73%，农村困难家庭成员政治面貌为群众的占比为 88. 94%。

6. 城乡困难家庭成员的民族和宗教信仰

根据调查结果显示，约 90%的城乡困难家庭成员民族以汉族为主，占比最大。而超过 90%的城乡困难家庭成员没有宗教信仰。

（三）城乡困难家庭的人口劳动结构

根据调查结果显示，城市困难家庭有劳动能力的人数占家庭规模比重为 38. 36%，与去年相比略有下降，有工作收入人口占劳动人口比重为 60. 16%，与去年相比略有上升；农村困难家庭有劳动能力人口占家庭规模比重的 31. 71%，与去年相比没有明显变化。

城市困难家庭有劳动能力的人数略高于农村困难家庭。从分人群的角度来看，城市低保家庭有劳动能力人口占家庭规模比重、有工作收入人口占劳动人口比重均低于总体水平；而农村低保家庭有劳动能力人口占家庭规模的比重较总体低。

表1—3　2016年城乡困难家庭人口劳动结构占比的基本统计（%）

		总体	低保家庭	低保边缘家庭
城市	有劳动能力人口占家庭规模比重	38.36	33.57	45.37
	有工作收入人口占劳动人口比重	60.16	53.90	68.05
农村	有劳动能力人口占家庭规模比重	31.71	27.61	37.19

二、城乡困难家庭经济总体特征

（一）城乡困难家庭的收入特征

1. 城乡困难家庭的平均年收入

2015年，我国城乡困难家庭平均年收入均有一定程度的提升，城市困难家庭平均年收入为19886.64元，而农村困难家庭平均年收入为10653.80元。农村困难家庭平均年收入低于城市困难家庭平均年收入。从分人群的角度来看，城乡低保边缘家庭平均年收入均高于低保家庭平均年收入，其中城市低保边缘家庭的平均年收入明显高于低保家庭平均年收入。

表1—4　2015年城乡困难家庭收入总额的基本统计（元）

	城市			农村		
	总体	低保家庭	低保边缘家庭	总体	低保家庭	低保边缘家庭
户均年收入	19886.64	18000.13	22731.06	10653.80	10403.58	11034.05

2. 城乡困难家庭的收入来源结构

城乡困难家庭的收入来源主要包括五部分：劳动收入、经营性净收入、财产性收入、转移性收入和其他收入。其中，劳动收入、转移性收入是城乡困难家庭的主要收入来源。其中，城乡家庭平均劳动收入分别为12467.77元、6067.31元；城乡家庭平均转移性收入分别为6851.77元、3175.14元。与上年相比，城乡平均劳动收入与转移性收入均有一定程度的提升。从分人群的角度来看，城乡低保家庭的第一大收入来源为转移性收入，占家庭总收入比例的均值分别为61.21%和56.92%，而低保边缘家庭的第一大收入来源为劳动收入。

表1—5　2015年城乡困难家庭收入来源的基本统计①

		均值（元）			结构占比（%）		
		总体	低保家庭	低保边缘家庭	总体	低保家庭	低保边缘家庭
城市	劳动收入	12467.77	9136.22	17647.22	47.68	36.40	66.09
	经营性净收入	477.28	376.68	590.70	2.30	1.93	2.68
	财产性收入	158.98	114.71	225.90	1.39	0.85	2.21
	转移性收入	6851.77	8363.74	4552.10	48.92	61.21	29.05
	其他收入	206.23	158.71	277.93	1.73	1.17	2.63

① 此部分收入来源的结构占比，体现的是所有家庭在不同收入结构方面的比例均值，具体计算方法为：首先，分收入来源类别，求出每个家庭相应类别收入占家庭总收入的比例；其次，计算所有家庭上述比例的均值。注意：由于样本中大量困难家庭的转移性收入占比过高，所以导致结构占比中，转移性收入比重较大。另外，需要强调，由于收入结构中，劳动收入额度要高于转移性收入的额度，所以，在收入结构均值计算时，劳动收入户均额度高于转移性收入户均额度，这一点与结构占比均值有区别。

（续表）

		均值（元）			结构占比（%）		
		总体	低保家庭	低保边缘家庭	总体	低保家庭	低保边缘家庭
农村	劳动收入	6067.31	4975.11	7617.67	36.85	29.71	47.29
	经营性净收入	1450.71	1129.89	1871.25	16.96	12.84	22.76
	财产性收入	183.74	178.06	192.30	2.89	2.50	3.45
	转移性收入	3175.14	4269.78	1787.23	45.94	56.92	30.57
	其他收入	78.70	80.11	77.44	1.06	0.90	1.29

（二）城乡困难家庭的支出特征

1. 城乡困难家庭的平均年支出

根据调查结果显示，城市困难家庭的平均年支出总额大于农村困难家庭。城市困难家庭平均年支出总额为35390.69元，而农村困难家庭平均年支出总额为27062.90元，与上年相比，城乡困难家庭平均年支出均有一定程度的提高。从分人群的角度来看，发现城乡低保家庭的平均年支出均明显低于低保边缘家庭。同时，通过对比城乡平均年收入，发现大部分城乡低保家庭支出水平高于收入水平。

表1—6　2015年城乡困难家庭支出总额的基本统计（元）

	城市			农村		
	总体	低保家庭	低保边缘家庭	总体	低保家庭	低保边缘家庭
户均年支出	35390.69	32580.13	39551.00	27062.90	25260.86	29469.39

2. 城乡困难家庭的消费结构

城乡困难家庭的支出主要分为：生活消费支出、转移性支出、缴纳所得税、资产经营性支出和其他支出五部分。其中，生活消费支出与转移性支出为主要支出。城乡困难家庭生活消费支出占总支出的比例分别为87.83%与88.00%；城乡困难家庭转移性支出占总支出的比例分别为10.96%与11.10%。

从分人群的角度来看，发现城市低保家庭和低保边缘家庭在生活消费支出和转移性支出方面存在明显的差异，城乡低保家庭的生活消费支出明显高于低保边缘家庭，而转移性支出明显低于低保边缘家庭。

表1—7　2015年城乡困难家庭支出结构占比均值的基本统计（%）

	城市			农村		
	总体	低保家庭	低保边缘家庭	总体	低保家庭	低保边缘家庭
生活消费支出	87.83	89.06	86.06	88.00	89.20	86.49
转移性支出	10.96	10.15	12.12	11.10	9.97	12.53
缴纳所得税	0.02	0.01	0.02	—	—	—
资产经营性支出	0.95	0.63	1.42	0.67	0.66	0.68
其他支出	0.25	0.16	0.38	0.56	0.61	0.50

（三）城乡困难家庭的财产特征

1. 城乡困难家庭的储蓄水平、欠债水平和2015年新增债务

根据调查结果显示，城市困难家庭的平均储蓄金额和欠债金额分别为1831.00元、19000.20元，而农村困难家庭分别为877.33元和20013.80元。与去年相比，城乡困难家庭的平均储蓄与欠债金额均有

一定程度的提升。在2015年新增债务方面，城市困难家庭平均新增债务16347.49元，而农村平均新增债务15488.14元，与2014年相比均有一定程度的提升。从分人群的角度来看，发现城乡低保边缘家庭的储蓄水平均高于低保家庭。而在欠债情况方面，城市低保家庭欠债高于低保边缘家庭，而农村低保家庭欠债则低于低保边缘家庭。

表1—8　2016年城乡困难家庭平均储蓄、欠债水平及2015年新增债务基本统计（元）

	城市			农村		
	总体	低保家庭	低保边缘家庭	总体	低保家庭	低保边缘家庭
储蓄	1831.00	1154.61	2874.10	877.33	714.40	1097.03
欠债	19000.20	20028.44	17424.18	20013.80	17889.34	22899.93
2015年新增债务	16347.49	14227.15	20031.11	15488.14	13608.08	17747.80

2. 农村困难家庭的土地状况

在农村困难家庭土地状况方面，农村困难家庭拥有土地亩数的均值为3.39亩，实际种植亩数为2.35亩，与2015年相比均有一定程度的提高。从分人群的角度来看，发现低保家庭拥有的土地亩数和实际种植较低保边缘家庭少。

（四）城乡困难家庭的住房特征

1. 城乡困难家庭现住房来源

总体上，城市困难家庭的现住房来源主要为自建房、拆迁安置房、自购普通商品房，而农村困难家庭的现住房来源主要为自建房。农村困难家庭住房来源为自建房的比例明显高于城市困难家庭，农村困难家庭现住房来源为自建房的比例为75.74%，而城市仅为

30.07%，农村困难家庭自购普通商品房和拆迁安置房的比例明显低于城市困难家庭。

表1—9　2015年城乡困难家庭现住房来源的分布情况（%）

住房来源	城市	农村
自建房	30.07	75.74
自购经济适用房或限价商品房	5.50	0.37
自购普通商品房	10.16	0.85
拆迁安置房	14.67	3.91
政府补贴建房	2.10	4.99
工作单位提供免费住房	3.97	0.07
租住单位住房	1.23	0.07
租住廉租房或公租房	8.43	0.27
继承房	7.44	5.37
市场租房	5.55	1.63
借房	4.79	3.64
其他	6.09	3.09
合计	100.00	100.00

2. 城乡困难家庭现住房其他状况

在城乡困难家庭现住房的建房时间方面，90%左右的城乡困难家庭现住房建于改革开放后至今。其中城市困难家庭现住房的建房时间在改革开放后至今的占91.79%；农村困难家庭现住房建房时间在改革开放后至今的占89.45%。

在城乡困难家庭的人均住房面积方面，城市困难家庭的人均住房面积小于农村困难家庭。其中，城市困难家庭的人均住房面积为29.11平方米，而农村困难家庭为33.72平方米。

在城市困难家庭的现住房价值方面，城市困难家庭的现住房价值的均值为23.99万元。从分人群的角度来看，发现存在明显的差异，低保家庭的现住房价值仅为18.13万元，而低保边缘家庭达32.59万元。

在农村困难家庭当时建房花费方面，建房花费的平均值为25597.83元。进一步比较农村低保家庭和低保边缘家庭当时的建房花费，发现存在明显的差异，低保家庭当时的建房花费均值为22994.27元，而低保边缘家庭为28920.59元。

（五）城乡困难家庭的耐用消费品拥有情况

根据调查结果显示，彩色电视机、洗衣机、冰箱、手机已成为城乡困难家庭最主要的耐用消费品。其中，城市困难家庭拥有彩色电视机、洗衣机、冰箱和手机的比例最高，分别为21.74%、18.15%、16.39%和13.06%，而农村困难家庭拥有这四者的比例分别为25.17%、15.72%、15.67%和11.15%。相对而言，城市困难家庭拥有洗衣机、冰箱、手机、空调、电脑等耐用品的比例，高于农村困难家庭。

表1—10 2015年城乡困难家庭耐用消费品拥有情况（%）

耐用消费品	城市	农村
彩色电视机	21.74	25.17
洗衣机	18.15	15.72
冰箱	16.39	15.67
空调	9.73	4.94
电脑	6.36	3.35
电动自行车	9.94	12.23
摩托车	1.89	6.76
手机	13.06	11.15

（续表）

耐用消费品	城市	农村
汽车	0.65	0.69
贵重物品 （古董字画、珠宝、金银首饰、钢琴等）	0.55	0.29
以上都没有	1.53	4.03
合计	100.00	100.00

三、城乡困难家庭医疗及就业总体特征

（一）城乡困难家庭成员的患病情况及健康状况

根据调查结果显示，城乡大病花费与报销费用均高于城乡慢性病花费与报销费用。其中，城市困难家庭大病花费与医疗报销大病费用分别为31700.20元、10662.15元，农村困难家庭大病花费与医疗报销大病费用分别为31234.12元与9677.95元。城市困难家庭大病花费与报销均略高于农村困难家庭。

表1—11　2015年城乡困难家庭成员慢性病、大病花费及报销的分布情况（元）

	慢性病花费	医疗报销慢性病费用	大病花费	医疗报销大病费用
城市	11604.24	3907.25	31700.20	10662.15
农村	11226.27	3027.68	31234.12	9677.95

（二）城乡困难家庭残疾人数、长期照料人数与长期照料方式

根据调查结果显示，城市困难家庭至少有1人为残疾人的占比为40.25%，略高于农村困难家庭。城市困难家庭至少有1人需长期照

料的比例仅为32.77%，略低于农村困难家庭。在主要照料方式方面，家人或亲属照料仍然是城乡困难家庭照料的主要方式。其中，城市困难家庭家人或亲属照料方式占主要照料方式的92.21%，略低于农村困难家庭。

表1—12　2016年城乡困难家庭残疾、长期照料人数及长期照料方式的分布情况（%）

		城市	农村
至少有1人为残疾人		40.25	37.78
至少有1人需长期照料		32.77	34.34
主要照料方式	家人或亲属照料	92.21	94.86
	社区居家照料	0.51	0.20
	聘请保姆照料	0.72	0.49
	送养老院等专门机构照料	1.66	0.49
	无人照料	4.91	3.96

（三）城乡困难家庭被访者就业状况

总体上，城市困难家庭被访者的就业状况主要集中于离退休（年老无业）、失业、无业（有劳动能力）、零工、劳动年龄但丧失劳动能力，占比分别为26.37%、13.62%、16.51%、14.03%；农村困难家庭被访者的就业状况主要集中于在乡务农为主、年老不参加劳动、在乡打零工为主、劳动年龄但丧失劳动能力，占比分别为35.89%、28.42%、9.64%和9.53%。

（四）城乡困难家庭成员就业状况

总体上，城市困难家庭成员的就业状况主要集中于离退休（年老无业）、在校学生、零工和劳动年龄但丧失劳动能力，占比分别为

17.25%、16.84%、15.67%和11.22%；农村困难家庭成员的就业状况主要集中于在乡务农为主、年老不参加劳动、在校学生、劳动年龄但丧失劳动能力，占比分别为20.48%、17.71%、15.51%和8.48%。

（五）城乡困难家庭最主要收入人最近从事的职业类型

根据调查结果显示，城市困难家庭主要收入人最近从事的职业类型为无业的占比最大，为31.15%，而职业类型为不便分类的其他从业人员，商业、服务人员，农、林、牧、渔、水利业生产人员和生产、运输设备操作人员及有关人员占比均相比较高，总计为57.86%。而农村困难家庭主要收入人最近从事工作的职业类型为农、林、牧、渔、水利业生产人员，占比为34.59%；其次，无业的占比为32.14%；再次，不便分类的其他从业人员占比达到19.66%。

表1—13　2016年城乡困难家庭主要收入人最近从事的职业类型的分布情况（%）

职业类型	城市	农村
国家机关、党群组织、企事业单位负责人	2.77	0.85
专业技术人员	4.56	1.94
办事人员和有关人员	3.33	0.85
商业、服务人员	13.78	5.20
农、林、牧、渔、水利业生产人员	9.86	34.59
生产、运输设备操作人员及有关人员	9.83	4.59
军人	0.33	0.17
不便分类的其他从业人员	24.39	19.66
无业	31.15	32.14

（六）城乡困难家庭最主要收入人最近从事工作所属行业

根据调查结果显示，从城乡角度看，城市困难家庭主要收入人最近从事工作所属行业主要集中于未就业、其他、农、林、牧、渔业和制造业。其中，所属行业为未就业的占比为28.84%，所属行业为其他的比例为15.49%。而农村困难家庭主要收入人最近从事工作所属行业主要集中于未就业、农、林、牧、渔业、其他和建筑业。其中，所属行业为农、林、牧、渔业的比例为38.68%，所属行业为未就业的占比为28.26%，所属行业为其他的比例为9.19%。

表1—14　2016年城乡困难家庭主要收入人最近从事工作所属行业的分布情况（%）

所属行业	城市	农村
农、林、牧、渔业	10.75	38.68
采矿业	0.26	0.34
制造业	8.26	4.66
电力、热力、燃气及水生产和供应业	1.54	0.68
建筑业	6.39	6.91
批发和零售业	5.02	2.18
交通运输、仓储和邮政业	3.98	1.12
住宿和餐饮业	4.07	2.11
信息传输、软件和信息技术服务业	0.62	0.27
金融业	0.38	0.34
房地产业	0.21	0.17
租赁和商务服务业	1.40	0.27
科学研究和技术服务业	0.19	0.07
水利、环境和公共设施管理业	0.66	0.51
居民服务、修理和其他服务业	5.85	2.72

（续表）

所属行业	城市	农村
教育	1.42	0.27
卫生和社会工作	2.94	0.61
文化、体育和娱乐业	0.71	0.24
公共管理、社会保障和社会组织	1.02	0.37
国际组织	—	—
其他	15.49	9.19
未就业	28.84	28.26

四、城乡困难家庭社会心态、社会参与总体特征

（一）城乡困难家庭心理观念状况

第一，自卑感。

总体上，五成左右的城乡困难家庭表示在与人交往时感到自卑。45.85%的城市困难家庭被访者表示与人交往时感到自卑，而46.88%的农村困难家庭被访者表示与人交往时感到自卑。从分人群的角度来看，发现城乡低保家庭的自卑状况明显高于低保边缘家庭的状况。

表1—15 2016年城乡困难家庭被访者与人交往时感觉自卑的分布情况（%）

	人群	经常有	有时有	很少有	从未有过	说不清
城市	低保家庭	15.97	20.05	13.31	47.66	3.01
	低保边缘家庭	11.12	16.65	12.88	57.53	1.82
	总体	14.04	18.67	13.14	51.60	2.55
$\chi^2=48.283$　　P=0.000						

（续表）

	人群	经常有	有时有	很少有	从未有过	说不清
农村	低保家庭	14.07	20.62	15.77	44.09	5.46
	低保边缘家庭	11.33	14.37	16.56	52.11	5.63
	总体	12.97	17.84	16.07	47.62	5.51
$\chi^2=29.972$　　P=0.000						

第二，绝望感。

总体上，五成左右的城乡困难家庭表示对自己和家庭的未来感到没有希望。从城乡角度说，47.20%的城市困难家庭被访者表示对自己和家庭的未来感到没希望，而50.44%的农村困难家庭表示有此感觉。从分人群的角度来看，城市低保家庭绝望感明显高于低保边缘家庭，而农村低保家庭与低保边缘家庭没有明显区别。

表1—16　2016年城乡困难家庭被访者感到自己和家庭的未来没有希望的分布情况（%）

	人群	经常有	有时有	很少有	从未有过	说不清
城市	低保家庭	18.30	21.24	12.40	45.44	2.61
	低保边缘家庭	11.95	16.89	11.30	57.27	2.59
	总体	15.74	19.50	11.96	50.19	2.60
$\chi^2=65.200$　　P=0.000						
	人群	经常有	有时有	很少有	从未有过	说不清
农村	低保家庭	18.39	20.21	15.53	41.50	4.37
	低保边缘家庭	15.48	14.70	15.56	50.27	3.99
	总体	17.13	17.81	15.50	45.37	4.19
$\chi^2=28.284$　　P=0.268						

（二）城乡困难家庭思想观念状况

第一，责任观念。

根据调查结果显示，83.92%的城市困难家庭被访者很同意或比较同意个人应该承担更多的责任来养活自己这一观念，而81.49%的农村困难家庭很同意或比较同意此看法。从分人群的角度来看，城乡低保边缘家庭的责任观念意识显著均强于低保家庭。

表1—17　2016年城乡困难家庭被访者认为个人应该承担更多的责任来养活自己的分布情况（%）

	人群	很同意	比较同意	不太同意	不同意	说不清
城市	低保家庭	51.94	30.80	5.86	6.49	4.91
	低保边缘家庭	54.88	30.76	4.88	6.94	2.53
	总体	53.11	30.81	5.48	6.66	3.95
$\chi^2=18.296$　$P=0.001$						
	人群	很同意	比较同意	不太同意	不同意	说不清
农村	低保家庭	44.67	34.67	7.45	7.88	5.33
	低保边缘家庭	49.18	35.21	6.32	5.70	3.59
	总体	46.63	34.86	6.97	6.94	4.59
$\chi^2=14.274$　$P=0.006$						

第二，奋斗观念。

根据调查结果显示，90.80%的城市困难家庭被访者很同意或比较同意努力工作通常能够带来好生活这一观念，而90.99%的农村困难家庭很同意或比较同意此看法。从分人群角度来看，城市低保边缘家庭的奋斗观念明显强于低保家庭，而农村地区低保家庭与低保边缘家庭没有明显区别。

表1—18　2016年城乡困难家庭被访者认为努力工作通常能够带来好生活的分布情况（%）

	人群	很同意	比较同意	不太同意	不同意	说不清
城市	低保家庭	63.84	25.90	3.29	3.84	3.13
	低保边缘家庭	68.16	24.19	2.88	2.59	2.18
	总体	65.58	25.22	3.12	3.33	2.74
$\chi^2=12.704$　　P=0.013						
	人群	很同意	比较同意	不太同意	不同意	说不清
农村	低保家庭	57.51	32.75	3.45	3.21	3.09
	低保边缘家庭	61.51	30.60	2.42	2.73	2.73
	总体	59.21	31.78	3.03	3.03	2.96
$\chi^2=6.410$　　P=0.171						

第三，平等观念。

根据调查结果显示，80.74%的城市困难家庭被访者很同意或比较同意收入应该尽可能均等这一观念，而77.43%的农村困难家庭很同意或比较同意此看法。从分人群角度来看，发现城乡低保家庭与低保边缘家庭在平等观念方面没有明显区别。

表1—19　2016年城乡困难家庭被访者认为收入应该尽可能均等的分布情况（%）

	人群	很同意	比较同意	不太同意	不同意	说不清
城市	低保家庭	49.56	30.45	7.02	6.58	6.38
	低保边缘家庭	53.77	28.15	6.71	6.18	5.18
	总体	51.19	29.55	6.91	6.46	5.89
$\chi^2=8.190$　　P=0.085						

（续表）

	人群	很同意	比较同意	不太同意	不同意	说不清
农村	低保家庭	39.72	37.05	8.13	6.97	8.13
	低保边缘家庭	40.55	37.81	7.03	7.27	7.34
	总体	40.13	37.30	7.62	7.15	7.79
$\chi^2=2.017$　　P=0.733						

第四，人生观念。

根据调查结果显示，69.92%的城市困难家庭被访者很同意或比较同意自己可以掌握自己的命运这一观念，而71.19%的农村困难家庭很同意或比较同意此看法。从分人群的角度来看，城乡低保边缘家庭认为自己可以掌握自己的命运的占比明显高于低保家庭。

表1—20　2016年城乡困难家庭被访者认为自己可以掌握自己的命运的分布情况（%）

	人群	很同意	比较同意	不太同意	不同意	说不清
城市	低保家庭	40.46	26.13	12.83	15.28	5.30
	低保边缘家庭	48.18	26.65	9.76	11.53	3.88
	总体	43.56	26.36	11.58	13.77	4.72
$\chi^2=36.941$　　P=0.000						
	人群	很同意	比较同意	不太同意	不同意	说不清
农村	低保家庭	38.82	29.74	10.36	13.81	7.27
	低保边缘家庭	43.05	31.56	8.05	11.02	6.33
	总体	40.65	30.54	9.35	12.55	6.90
$\chi^2=13.463$　　P=0.009						

（三）城乡困难家庭经济状况变化情况

根据调查结果显示，城市困难家庭表示目前生活水平与一年前比较好一些的比例为25.04%，认为好多了的比例为12.21%；农村困难家庭表示好一些的比例为26.51%，而认为好多了的比例为12.54%。从分人群的角度来看，城乡低保边缘家庭认为生活较前一年变好的比例均明显低于低保家庭。

表1—21　城乡困难家庭目前生活水平与一年前比较的分布情况（%）

	人群	好多了	好一些	基本没有变化	差一些	差多了
城市	低保家庭	12.51	26.72	43.35	9.82	7.60
	低保边缘家庭	11.76	22.47	44.94	12.59	8.24
	总体	12.21	25.04	43.96	10.94	7.84
$\chi^2=16.045$　　$P=0.003$						
	人群	好多了	好一些	基本没有变化	差一些	差多了
农村	低保家庭	13.44	29.42	40.86	10.41	5.87
	低保边缘家庭	11.24	22.87	44.89	12.33	8.67
	总体	12.54	26.51	42.59	11.25	7.10
$\chi^2=27.487$　　$P=0.000$						

（四）城乡困难家庭的社会参与状况

1. 参与社区/村公共事务意愿状况

根据调查结果显示，城市困难家庭表示很愿意或比较愿意参与社区/村公共事务的比例为73.73%；农村困难家庭表示很愿意或比较愿意的比例为70.41%，低于城市困难家庭。从分人群的角度来看，城乡低保边缘家庭与低保家庭在参与社区/村公共事务意愿状况方面没有显著区别。

表1—22　城乡困难家庭被访者参与社区/村公共事务意愿的分布情况（%）

	人群	很愿意	比较愿意	一般	不太愿意	很不愿意
城市	低保家庭	50.97	24.08	14.08	8.09	2.78
	低保边缘家庭	49.23	22.55	17.41	7.73	3.07
	总体	50.26	23.47	15.44	7.93	2.89
$\chi^2=9.379$　P = 0.052						
	人群	很愿意	比较愿意	一般	不太愿意	很不愿意
农村	低保家庭	44.53	25.85	16.55	10.16	2.92
	低保边缘家庭	42.99	27.49	16.37	10.18	2.98
	总体	43.86	26.55	16.42	10.20	2.97
$\chi^2=1.131$　P = 0.889						

2. 社会交往状况

根据调查结果显示，城市困难家庭表示很愿意或愿意与周边邻居或其他人打交道的比例为89.20%；农村困难家庭表示很愿意或愿意的比例为91.81%，高于城市困难家庭。从分人群角度来看，城乡低保家庭与低保边缘家庭在与周边邻居或其他人打交道意愿方面，没有显著差别。

表1—23　2016年城乡困难家庭被访者与周边邻居或其他人打交道意愿分布情况（%）

	人群	很愿意	愿意	一般	不愿意	很不愿意
城市	低保家庭	50.81	37.86	7.92	2.69	0.71
	低保边缘家庭	52.92	37.07	7.90	1.47	0.65
	总体	51.66	37.54	7.92	2.20	0.69
$\chi^2=7.961$　P = 0.093						

（续表）

	人群	很愿意	愿意	一般	不愿意	很不愿意
农村	低保家庭	56.09	35.13	5.69	2.67	0.42
	低保边缘家庭	59.64	32.94	5.00	2.03	0.39
	总体	57.57	34.24	5.37	2.41	0.41
$\chi^2=4.481$ P=0.345						

（五）城乡困难家庭的社会排斥状况

根据调查结果显示，城市困难家庭表示遭受过歧视，歧视程度集中于有一些和一般；农村困难家庭表示遭受过歧视的比例高于城市困难家庭，歧视程度集中于有一些和一般。从分人群角度来看，城乡困难家庭的低保家庭与低保边缘家庭在受到其他人歧视程度方面，没有显著区别。

表1—24 城乡困难家庭遭受歧视程度的分布情况（%）

	人群	很严重	较为严重	一般	有一些	完全没有
城市	低保家庭	3.04	2.28	12.23	14.02	68.44
	低保边缘家庭	1.71	1.53	11.69	10.33	74.73
	总体	2.50	1.97	12.02	12.51	71.00
$\chi^2=26.776$ P=0.000						
	人群	很严重	较为严重	一般	有一些	完全没有
农村	低保家庭	2.86	3.10	14.36	17.46	62.23
	低保边缘家庭	2.83	2.04	12.79	14.05	68.29
	总体	2.84	2.66	13.70	15.95	64.84
$\chi^2=13.630$ P=0.000						

五、城乡困难家庭社会救助政策运行状况

（一）城乡困难家庭最低生活保障制度运行状况

1. 城乡困难家庭申请低保状况

根据调查结果显示，2016 年城市困难家庭申请低保的比例为 84.60%，未申请低保的比例为 15.40%，农村困难家庭中，有 84.06% 申请过低保，15.94%未申请过低保。在最初申请低保时间方面，城乡困难家庭集中在 2012—2016 年。

2016 年成功申请低保的城市困难家庭占 85.37%，而农村困难家庭的占比为 78.99%。2016 年城市困难家庭申请低保未获批准的最主要原因中，不符合条件占比最大，比例为 42.26%；对于农村困难家庭来说，不知道而未获批准是最主要原因，占比为 34.68%。

2. 城乡困难家庭享受低保状况

在城乡困难家庭是否享受过低保方面，城市困难家庭中 72.63%表示曾享受过低保；而农村困难家庭中享受过的比例为 66.58%。

在城乡困难家庭第一次享受低保的时间方面，城乡困难家庭的年份集中于 2007—2011 年。其中，城市地区集中于 2007—2011 年的占比为 31.61%；相应地，农村地区占比为 32.88%。

在城乡困难家庭累计享受低保月数方面，城市困难家庭享受过低保的家庭累计享受低保月数的均值为 74.49 个月，而农村的仅为 55.83 个月。

在城乡困难家庭低保退出次数方面，城市困难家庭低保退出次数的均值为 0.24 次，农村地区退出次数均值为 0.23 次。

在城乡困难家庭目前享受低保及领取低保金的状况方面，有

59.78%的城市困难家庭目前还享受低保，每月领取648.55元的低保金；而有56.34%的农村困难家庭目前还在享受低保，每月领取354.30元的低保金。

3. 城乡困难家庭低保金享受待遇状况

在2015年城市困难家庭是否享受低保金方面，城市与农村困难家庭享受过的比例分别为64.75%和58.06%。在2015年城市困难家庭是否享受低保金数额方面，2015年城市困难家庭享受低保金额的均值为6964.56元，而农村困难家庭只有城市困难家庭的一半，为3919.60元。

4. 低保管理状况

（1）城乡低保工作人员核查家庭收入和财产情况的周期

城乡低保工作人员核查家庭收入和财产情况的周期均呈现三个极大值，分别为3个月、6个月和12个月。说明核查周期主要集中于3、6、12个月，一定程度上表明核查周期基本以季度、年份划分为主要标准。具体而言，城市核查周期均值为5.79个月，而农村的均值为6.40个月。

（2）城乡困难家庭领取低保金的方式

城市困难家庭与农村困难家庭在领取低保金的方式上均主要以选择到银行或邮局柜台领取，比例分别为96.40%和96.85%，而城乡困难家庭通过社区/村委员会领取的比例分别为2.22%和1.75%。

（3）城乡困难家庭所在社区/村低保审批公示状况

城乡困难家庭在所在社区/村低保审批公示状况方面，进行低保审批公示的城乡困难家庭所在社区/村比较高，比例分别占到86.93%和81.35%。

5. 低保制度效果评估

在低保金对解决城市困难家庭生活困难的帮助程度方面，主要集中于作用很大与作用比较大的方面，城乡占比约为80%。而在城乡低保家庭对低保及低保配套优惠政策的效果评估方面，大约有四分之三的困难家庭认为低保金对其的作用更大。

6. 低保制度问题分析

（1）城乡困难家庭对低保公示制度的态度

根据调查结果显示，城市困难家庭对低保公示制度赞成的比例达到85.74%，而农村地区占比则达86.52%。而在分人群比较中，城乡困难家庭的低保家庭与低保边缘家庭都存在明显的差异，城乡低保家庭赞成低保公示的均明显高于低保边缘家庭。

表1—25　城乡困难家庭对低保公示制度的态度分布情况（%）

	人群	赞成	无所谓	反对	说不清
城市	低保家庭	88.63	6.10	2.26	3.01
	低保边缘家庭	81.40	8.48	2.83	7.30
$\chi^2=55.095$　P=0.000					
农村	低保家庭	90.91	4.91	1.09	3.09
	低保边缘家庭	80.99	6.81	1.64	10.56
$\chi^2=77.668$　P=0.000					

（2）城乡困难家庭所在社区/村低保评审过程公平程度的评价

在城乡困难家庭对社区/村低保评审过程公平度评价方面，城市困难家庭认为低保评审公平的比例均值为75.86%，农村认为低保评审公平的比例为68.87%。而在分人群比较中，城乡低保家庭和低保边缘家庭在社区/村低保评审过程公平程度评价方面存在十分明显的差异。

表 1—26　城乡困难家庭所在社区/村低保评审过程公平程度评价的分布情况（%）

	人群	公平	一般	不公平	说不清
城市	低保家庭	85.47	5.54	2.14	6.85
	低保边缘家庭	61.53	10.68	10.38	17.40
$\chi^2 = 340.048$　　P = 0.000					
农村	低保家庭	81.11	7.26	3.03	8.60
	低保边缘家庭	53.05	9.23	15.73	21.99
$\chi^2 = 311.030$　　P = 0.000					

（3）低保工作存在的管理问题

总体上，相对较多的城乡困难家庭非常同意或比较同意低保工作中存在低保金太少这一情况；而大部分城乡困难家庭不太同意或非常不同意存在"该保的没保""该退的没退""家庭收入核查太烦琐、太频繁""低保资格认定靠关系、走后门"和"有损低保户的尊严和隐私"等管理问题。

（4）低保工作存在的行为问题

总体来说，大多数城乡困难家庭不太认同"低保户隐瞒工作或收入""低保户有依赖心理、不努力找工作"和"低保工作人员不认真、不负责"等问题。而通过分人群的比较分析，我们可以发现低保家庭不同意上述问题的比例比低保边缘家庭要多，且存在明显的差异，但城乡之间的差异较小。

（二）城乡困难家庭专项社会救助政策运行状况

1. 城乡困难家庭医疗救助政策运行状况

（1）城乡困难家庭的就医情况

总体而言，城乡困难家庭在患病的最初阶段，家庭成员大多选择

“到药店买药”“去私人诊所或社区/村卫生服务站”或“去街道医院（乡镇卫生院）”这几类诊疗途径。

城乡困难家庭成员在患病最初阶段选择何种诊疗途径方面存在差异，城市成年人在患病最初阶段选择到药店买药的比例最大，而农村成年人以选择去私人诊所或社区/村卫生服务站为主；城乡儿童在患病最初阶段选择去私人诊所或社区/村卫生服务站的占比均为最高。

（2）城乡困难家庭的就医负担

在城乡困难家庭的就医负担方面，五成左右的城乡困难家庭表示看病方面给其家庭带来的经济负担非常重或较重。其中，城市困难家庭表示医疗支出给家庭带来的经济负担非常重或较重的城市困难家庭占53.53%，而农村困难家庭占57.94%。

表1—27 2015年城乡困难家庭医疗支出带来的经济负担程度的分布情况（%）

经济负担	城市		农村	
	有效百分比	累计百分比	有效百分比	累计百分比
非常重	30.30	30.30	33.48	33.48
较重	23.23	53.53	24.46	57.94
一般	35.62	89.15	31.03	88.97
较轻	5.81	94.96	6.63	95.60
很轻	5.03	100.00	4.39	100.00
合计	100.00	—	100.00	—

（3）城乡困难家庭医疗救助政策运行状况

总体上，2015年20%以上的城乡困难家庭享受了医疗救助，且医疗救助的平均等值金额为3000—3500元。其中2015年享受过医疗救助的城市困难家庭占23.93%，而农村困难家庭为20.97%；城市困难家庭

2015 年享受医疗救助的平均等值金额为 3505. 33 元，而农村困难家庭为 3153. 34 元。

从分人群的角度来看，城乡低保家庭享受医疗（重特大疾病医疗）救助的比例明显高于低保边缘家庭，但享受救助水平明显低于低保边缘家庭。

表 1—28　2015 年城乡困难家庭医疗救助项目享受状况及享受水平统计

	医疗救助	曾经是否享受的比例分布(%)			等值金额的均值(元)		
		总体	低保家庭	低保边缘家庭	总体	低保家庭	低保边缘家庭
城市	是	23. 93	28. 79	16. 68	3505. 33	3437. 09	3702. 32
	否	76. 07	71. 21	83. 32			
农村	是	20. 97	24. 56	16. 33	3153. 34	2971. 76	3515. 35
	否	79. 03	75. 44	83. 67			

在城乡困难家庭医疗救助政策效果方面，主观上，七成左右的城乡困难家庭被访者表示医疗救助对被救助家庭的作用很大或较大；城市困难家庭医疗救助占医疗花费和家庭总救助金额的比例均值分别为 38. 11%和 36. 50%，农村困难家庭医疗救助占医疗花费和家庭总救助金额的比例均值分别为 36. 17%和 49. 51%。

表 1—29　2015 年城乡困难家庭医疗救助占比的基本统计（%）

	城市	农村
	百分比均值	百分比均值
医疗救助占医疗花费比例	38. 11	36. 17
医疗救助占总救助金额比例	36. 50	49. 51

2. 城乡困难家庭教育救助政策运行状况

（1）城乡困难家庭的教育花费状况

在城乡困难家庭接受教育的户均人数方面，接受义务教育阶段的人数最多。在城乡困难家庭的教育花费状况方面，大学教育阶段花费最多；其次为高中教育阶段、学前教育阶段和义务教育阶段。城市困难家庭在学前教育、义务教育阶段的花费大于农村困难家庭。城市困难家庭在学前教育阶段、义务教育阶段和高中教育阶段获得的政府教育救助金额均大于农村困难家庭。

表1—30　2015年城乡困难家庭教育花费的基本统计（元）

	户均教育花费		人均教育花费		课外辅导		政府教育救助金额	
	城市	农村	城市	农村	城市	农村	城市	农村
学前教育阶段	3860.00	2494.09	3666.58	2206.17	68.12	23.35	134.35	61.39
义务教育阶段	2053.51	1862.83	1681.82	1478.78	834.79	109.27	63.46	120.20
高中教育阶段	5087.32	6536.71	4907.02	6107.19	400.31	250.54	407.15	327.64
大学教育阶段	11726.50	13071.05	11302.84	11831.78	65.83	86.84	1122.04	824.47

（2）城乡困难家庭的教育费用来源

总体上，城乡困难家庭各阶段教育费用的来源主要以家里积蓄、借钱、亲友无偿资助和地方政府救助为主。具体而言，各个阶段城乡困难家庭主要费用来源为家里的积蓄，占比最高。其中，在高中教育及大学教育阶段，教育费用来源于家里积蓄的比例下降，来源于其他的比例提高。

（3）城乡困难家庭教育救助政策运行状况

调查显示，享受过教育救助的城市困难家庭占 14.74%，而农村困难家庭占 11.05%；城市困难家庭 2015 年享受教育救助的平均等值金额为 1785.90 元，而农村困难家庭为 1302.25 元。相对而言，城市困难家庭 2015 年享受教育救助的比例和金额均高于农村困难家庭。

3. 城乡困难家庭就业支持政策运行状况

在城乡困难家庭的就业及失业情况方面，2015 年城市困难家庭的失业率均值为 39.84%，主要劳动力的主要就业途径为自己灵活就业、亲友介绍就业和到用人单位应聘和社区介绍。[①]

在城乡困难家庭是否得到过政府提供的劳动就业服务项目方面，表示得到过政府提供的劳动就业服务项目的城市困难家庭占 22.13%，农村困难家庭占 12.46%，相比而言，农村困难家庭接受劳动就业服务的比例高于城市困难家庭。

表 1—31　2015 年城乡困难家庭得到过的政府提供的劳动就业服务项目（%）

劳动就业服务项目	城市		农村	
	百分比	个案百分比	百分比	个案百分比
职业介绍	6.49	6.88	2.79	2.93
税收优惠	0.58	0.61	0.55	0.58
小额低息贷款	3.30	3.50	3.02	3.17
技术支持	1.11	1.18	1.75	1.84
结对帮扶	3.19	3.38	3.96	4.15
免费培训	6.33	6.71	3.67	3.85

① 城市困难家庭失业率计算方法是：劳动能力人数减去有工作收入人数占劳动能力人数的比例。

（续表）

劳动就业服务项目	城市		农村	
	百分比	个案百分比	百分比	个案百分比
有偿培训	0.45	0.47	0.19	0.20
其他	0.69	0.73	0.52	0.54
没有接受过任何就业服务项目	77.87	82.60	83.53	87.54
合计	100.00	136.28	100.00	130.22

4. 城乡困难家庭住房补贴政策运行状况

总体上，城市困难家庭享受住房补贴的比例明显高于农村困难家庭。具体来说，有7.66%的城市困难家庭表示享受过住房补贴，仅3.64%的农村困难家庭表示享受过住房补贴；城市困难家庭享受住房补贴的平均等值金额为1059.31元，而农村困难家庭为881.03元。从分人群的角度来看，城乡低保家庭享受住房补贴的比例明显高于低保边缘家庭，但享受住房补贴的水平则明显高于低保边缘家庭。

（三）城乡困难家庭其他救助政策运行状况

1. 城乡困难家庭临时救助政策运行状况

总体上，城市困难家庭享受临时救助的比例和救助等值金额明显高于农村困难家庭。具体来说，2015年有9.12%的城市困难家庭表示享受过临时救助，6.49%的农村困难家庭表示享受过临时救助；城市困难家庭享受临时救助的平均等值金额为1080.34元，而农村困难家庭为962.22元。

表 1—32　2015 年城乡困难家庭临时救助享受状况及享受水平统计

	临时救助	曾经是否享受的比例分布(%)			等值金额的均值(元)		
		总体	低保家庭	低保边缘家庭	总体	低保家庭	低保边缘家庭
城市	是	9.12	10.21	7.53	1080.34	1049.75	1141.74
	否	90.88	89.79	92.47			
农村	是	6.49	7.63	5.07	962.22	966.12	954.84
	否	93.51	92.37	94.93			

2. 城乡困难家庭水电、燃料、取暖费减免政策运行状况

总体上，城市困难家庭享受水电、燃料、取暖费减免的比例和水平均高于农村困难家庭。从分人群的角度来看，城乡低保家庭享受水电、燃料、取暖费减免的比例高于低保边缘家庭，但救助水平低于低保边缘家庭。

表 1—33　2015 年城乡困难家庭水电、燃料、取暖费减免政策享受状况及享受水平统计

	水电、燃料、取暖费减免	曾经是否享受的比例分布（%）			等值金额的均值（元）		
		总体	低保家庭	低保边缘家庭	总体	低保家庭	低保边缘家庭
城市	是	20.06	29.17	6.59	339.19	315.29	493.14
	否	79.94	70.83	93.41			
农村	是	11.80	18.17	3.59	154.20	146.25	206.51
	否	88.20	81.83	96.41			

3. 城乡困难家庭物价补贴或节假日一次性救助政策运行状况

总体上，城市困难家庭享受物价补贴或节假日一次性救助的比例和享受水平均高于农村困难家庭。有 18.44%的城市困难家庭表示享受过

物价补贴或节假日一次性救助政策，农村困难家庭相应的占比为7.92%。城市困难家庭享受物价补贴或节假日一次性救助的平均等值金额为586.70元，而农村困难家庭为466.61元。

表1—34　2015年城乡困难家庭物价补贴或节假日一次性救助政策享受状况及享受水平

	节假日一次性救助	曾经是否享受的比例分布（%）			等值金额的均值（元）		
		总体	低保家庭	低保边缘家庭	总体	低保家庭	低保边缘家庭
城市	是	18.44	22.79	12.06	586.70	558.03	665.74
	否	81.56	77.21	87.94			
农村	是	7.92	10.17	5.07	466.61	479.87	432.46
	否	92.08	89.83	94.93			

4. 城乡困难家庭自然灾害救助政策运行状况

总体上，城市困难家庭享受自然灾害救助政策的比例与水平低于农村困难家庭。具体来说，仅1.58%的城市困难家庭享受过自然灾害救助政策，5.20%的农村困难家庭享受过自然灾害救助政策；城市困难家庭享受自然灾害救助的平均等值金额为306.72元，而农村困难家庭为272.31元。

5. 城乡困难家庭其他救助或优惠项目收入政策运行状况

总体上，城市困难家庭享受其他救助或优惠项目收入的比例和水平均高于农村困难家庭。具体来说，4.66%的城市困难家庭享受过其他救助或优惠项目收入，2.55%的农村困难家庭享受过其他救助或优惠项目收入；城市困难家庭享受其他救助或优惠项目收入的平均等值金额为771.80元，而农村困难家庭为721.91元。

6. 城乡困难家庭其他费用减免政策运行状况

总体上，城市困难家庭享受其他费用减免的比例高于农村困难家庭，但是享受其他费用减免的水平低于农村困难家庭。具体而言，有2.20%的城市困难家庭表示享受过其他费用减免政策，1.39%的农村困难家庭表示享受过其他费用减免政策；城市困难家庭享受其他费用减免的平均等值金额为290.36元，而农村困难家庭为602.69元。

7. 城乡困难家庭司法与法律援助政策运行状况

总体上，城市困难家庭享受司法与法律援助的比例高于农村困难家庭，但享受司法与法律援助的水平也低于农村困难家庭。具体而言，有0.85%的城市困难家庭表示享受过司法与法律援助政策，0.31%的农村困难家庭表示享受过司法与法律援助政策；城市困难家庭享受司法与法律援助的平均等值金额为144.17元，而农村困难家庭为428.57元。

8. 城乡困难家庭失业救助政策运行状况

总体上，城市困难家庭享受失业救助的比例和水平均高于农村困难家庭。具体而言，有1.87%的城市困难家庭表示享受过失业救助政策，0.34%的农村困难家庭表示享受过失业救助政策；城市困难家庭享受失业救助的平均等值金额为1702.11元，而农村困难家庭为353.33元。

六、城乡困难家庭社会福利政策和社会服务运行状况

(一) 城乡困难家庭社会福利政策运行状况

1. 城乡困难家庭退休金或养老保险运行状况

(1) 参加退休金或养老保险的人数

城乡居民社会养老保险制度的建立和完善，有利于破除城乡二元结

构、逐步实现基本公共服务均等化，更有助于实现社会保障追求公平、正义和共享的终极目标。

2015 年，超过 50%的城乡困难家庭未有人参加退休金或养老保险，养老保险覆盖范围有待进一步扩大。

表 1—35　2015 年城乡困难家庭参加退休金或养老保险的人数（%）

	0	1	2	3	4	5 人及以上
城市	52. 47	23. 86	19. 58	2. 58	1. 25	0. 26
农村	54. 62	19. 78	21. 79	2. 58	0. 99	0. 24

（2）退休金或养老保险的保障水平

从城乡的角度来看，2015 年城市困难家庭享有退休金或养老保险的平均保障水平高于农村困难家庭 10984. 17 元。

从分人群的角度来看，城乡低保家庭享有退休金或养老保险的保障水平均低于低保边缘家庭。

表 1—36　2015 年分人群城乡困难家庭享有退休金或养老保险的保障水平（元）

	总体	低保家庭	低保边缘家庭
城市	13247. 54	11791. 26	14678. 33
农村	2263. 37	1907. 12	2688. 14

（3）对退休金或养老保险的满意度

总体而言，超过 50%的城乡困难家庭对退休金或养老保险表示满意，但农村困难家庭的满意度更高。为提高城乡困难群体对退休金或养老保险的满意度，仍需进一步扩大退休金或养老保险的覆盖范围，提高退休金或养老保险的保障水平。

表 1—37　2015 年城乡困难家庭对退休金或养老保险的满意度（%）

	非常高	比较高	一般	比较低	非常低
城市	32.32	17.70	30.24	13.13	6.62
农村	41.93	25.75	24.28	5.05	2.99

2. 城乡困难家庭医疗保险运行状况

（1）参加医疗保险的人数

基本医疗保险是分散家庭医疗风险的重要机制，有利于困难家庭应对健康风险冲击、缓解因病致贫的状况。

总体而言，2015 年超过七成的城乡困难家庭家中有人参加医疗保险。由此可见，医疗保险的覆盖面较广，城乡困难家庭参加医疗保险的状况较为乐观。

表 1—38　2015 年城乡困难家庭参加医疗保险的人数（%）

人数	0	1	2	3	4	5	6 人及以上
城市	26.98	19.05	22.24	16.07	8.33	4.31	3.02
农村	27.82	12.86	20.78	14.08	11.73	7.01	5.71

（2）医疗保险的保障水平

总体而言，2015 年城乡困难家庭享有的医疗保险平均保障水平在 3000—4000 元。从城乡的角度来看，城市困难家庭享有医疗保险的平均保障水平略高于农村困难家庭。从分人群的角度来看，低保家庭享有医疗保险的平均保障水平略高于低保边缘家庭。

表 1—39　2015 年分人群城乡困难家庭享有医疗保险的保障水平（元）

	总体	低保家庭	低保边缘家庭
城市	3743.19	3791.35	3683.28
农村	3122.48	3471.55	2634.93

（3）对医疗保险的满意度

总体而言，2015 年超过半数的城乡困难家庭对医疗保险的满意度非常高或比较高。但从城乡的角度来看，农村困难家庭对医疗保险的满意度高于城市困难家庭。

3. 城乡困难家庭工伤保险、失业保险和生育保险的运行状况

（1）工伤保险运行状况

在 2015 年工伤保险的运行状况方面，城市困难家庭家中有人参加工伤保险的比例不足 3%；平均保障水平在 150 元以内；超过 30% 的城乡困难家庭对工伤保险的满意度比较高或非常高。城乡困难家庭中家庭成员拥有正式工作的较少，这可能是城乡困难家庭参加工伤保险的比例比较低的重要原因。

（2）失业保险运行状况

在 2015 年失业保险的运行状况方面，城市困难家庭家中有人参加失业保险的占 3. 69%，平均保障水平为 850. 00 元，均高于农村困难家庭；约三成的城乡困难家庭对失业保险的满意度“比较高”或“非常高”。

（3）生育保险运行状况

在 2015 年生育保险的运行状况方面，城乡困难家庭家中有人参加失业保险的不足 2%，相比于农村困难家庭，城市困难家庭的平均保障水平更高，但满意度更低。

4. 城乡困难家庭老人、残疾人、儿童等福利津贴运行状况

在 2015 年福利津贴的运行状况方面，近两成的城乡困难家庭家中有人享有老人、残疾人、儿童等福利津贴；平均保障水平在 1600—2000 元之间；对老人、残疾人、儿童等福利津贴的满意度比较高或非常高的农村困难家庭占 64. 97%，高于城市困难家庭 11. 34%。

（二）城乡困难家庭社会服务运行状况

1. 城乡困难家庭社会服务需求状况

（1）社会服务需求状况

从城乡的角度来看，2016 年城乡困难家庭还需要的帮助主要是减免医疗费、直接提供生活金或生活品和帮助修建住房。

从分人群的角度来看，低保家庭在直接提供生活金或生活品、减免医疗费、帮助修建住房以及结对帮扶等方面的需求高于低保边缘家庭。

（2）面临困难和主要求助对象

在 2016 年面临的困难方面，城乡困难家庭面临的主要困难均为家庭成员疾病负担重、家庭主要成员没有劳动能力和家庭主要劳动力没有工作。

在 2016 年主要求助对象方面，城乡困难家庭主要求助对象均为亲戚、村/居委会及政府。

（3）遇到的临时或突发性困难

从城乡的角度来看，超过 50%的城乡困难家庭在 2016 年均没有遇到临时或突发性困难，除此之外，短期失业、家庭成员突发重大疾病的占比较高。

2. 城乡困难家庭社会服务供给状况

（1）已享受的社会服务类型

总体而言，2016 年城乡困难家庭已享受的社会服务排名靠前的主要为环境卫生、社区治安、医疗卫生保健服务、办理社会保障服务以及文化娱乐服务。

（2）对社会服务的总体满意度

在 2016 年城乡困难家庭对社会服务的总体满意度方面，超过 65%的城乡困难家庭对所在社区/村提供的服务的状况表示很满意、较满意，但城市困难家庭的满意度相对较高一些。

（3）对社会工作服务的了解状况

从城乡的角度来看，城市困难家庭所在社区/村有专业社会工作方面服务的占比为 22.37%，高于农村困难家庭 17.74%。此外，31.98%的农村困难家庭不知道所在社区/村是否有社工服务。

表 1—40　2016 年城乡困难家庭对社工服务的了解状况（%）

	城市	农村
不知道	—	31.98
有	22.37	4.63
没有	77.63	63.39
合计	100.00	100.00

（4）周围已有的硬件设施情况

总体而言，城乡困难家庭所在社区/村已有的社会服务设施占比较高的大致为医疗卫生服务站、计划生育服务站、公共体育健身设施及场所、社区文化站、图书室或活动中心以及社区治安站（点）。

表 1—41　2016 年城乡困难家庭周围已有的硬件设施情况（%）

服务设施	城市		农村	
	百分比	个案百分比	百分比	个案百分比
托老所、养老院	3.96	23.94	3.30	14.19
医疗卫生服务站	11.71	70.71	16.34	70.35
康复保健中心	3.98	24.06	2.39	10.31
社区治安站（点）	11.00	66.44	9.14	39.38
社区文化站、图书室或活动中心	10.68	64.54	11.98	51.60
公共体育健身设施及场所	10.76	65.01	11.70	50.37

（续表）

服务设施	城市		农村	
	百分比	个案百分比	百分比	个案百分比
便民利民服务点	9.01	54.42	9.18	39.55
计划生育服务站	11.14	67.32	11.75	50.61
流动人口服务站	8.33	50.31	5.17	22.26
物业服务站（清扫垃圾、绿化、设施养护）	10.00	60.40	8.12	34.96
幼儿园、托儿所	8.74	52.80	8.77	37.78
其他	0.15	0.90	0.22	0.95
以上都没有	0.53	3.21	1.93	8.30
合计	100.00	604.06	100.00	430.63

七、城市流动人口家庭总体特征与社会政策支持总体状况

（一）城市流动人口家庭总体特征

1. 城市流动人口家庭总体特征

（1）城市流动人口家庭的人口规模状况

根据调查结果显示，2016年城市流动人口家庭的平均家庭成员数为3.53人，家庭成员数在5人及以内的占城市流动人口家庭的90.58%。

（2）城市流动人口家庭的人口结构状况

根据调查结果显示，第一，在流动人口家庭成员性别和年龄方面，

女性成员占49.32%，男性成员占50.68%，男女比例大致平衡；家庭成员年龄在16岁到59岁的所占比例最高，达67.51%。第二，在流动人口家庭成员文化程度方面，城市流动人口家庭文化程度大都集中在小学、初中文化程度。第三，在流动人口家庭成员的政治面貌方面，群众占比最高，为84.83%。第四，在流动人口家庭成员的户籍方面，城市流动人口家庭户籍所在地、居住地为本地市所属县的比例最高；农业户籍占比最高，达68.49%。第五，在流动人口家庭成员的民族与宗教信仰方面，汉族占据绝对比重，达95.71%；没有宗教信仰所占比例最高，有宗教信仰占比为6.72%。

（3）城市流动人口家庭的人口劳动结构

城市流动人口家庭的平均家庭劳动力人口数为2.12人，家庭劳动人口占家庭规模比重均值为62.47%，有工作人数占劳动人口比重均值为77.42%。

表1—42　2016年城市流动人口家庭的人口劳动结构

	均值	标准差	偏度	峰度
有劳动能力的人数(人)	2.12	1.08	0.21	3.47
有工作收入的人数(人)	1.61	1.02	0.33	3.26
家庭劳动人口占家庭规模的比重(%)	62.47	29.42	-0.42	2.53
有工作人数占劳动人口比重(%)	77.42	31.63	-1.17	3.25

2. 城市流动人口家庭经济总体特征

（1）城市流动人口家庭的收入特征

第一，城市流动人口家庭的平均年收入。

在家庭收入状况方面，2015年城市流动人口家庭的平均年收入总额为52747.46元，人均年收入总额为16292.89元。

第二，城市流动人口家庭的收入来源结构。

在收入来源方面，城市流动人口家庭收入最主要的来源为劳动收入，占比为76.57%；其次为经营性净收入，占比为13.06%。

表1—43　2015年城市流动人口家庭收入来源结构的基本统计

	总体(元)	人均(元)	结构占比(%)
劳动收入	39340.84	12246.10	76.57
经营性净收入	9642.22	2741.14	13.06
财产性收入	613.21	182.03	1.33
转移性收入	3067.08	1095.46	9.43
其他收入	84.11	28.16	0.54

(2) 城市流动人口家庭的支出特征

2015年城市流动人口家庭的平均支出总额为58108.56元，人均支出总额为17859.60元。在支出结构方面，城市流动人口家庭的大类别消费结构主要包括：生活消费支出、转移性支出、缴纳所得税、资产经营性支出和其他支出，生活消费支出与转移性支出占比最高。

表1—44　2015年城市流动人口家庭大类别支出结构的基本统计

	总体(元)	人均(元)	结构占比(%)
生活消费支出	43592.44	13578.40	80.30
转移性支出	8302.79	2550.60	15.04
缴纳所得税	180.79	52.22	0.22
资产经营性支出	5842.46	1626.61	4.24
其他支出	190.08	51.77	0.24

（3）城市流动人口家庭的财产特征

第一，城市流动人口家庭的恩格尔系数、储蓄和欠债水平。

在恩格尔系数方面，城市流动人口家庭的平均恩格尔系数为31.24%。在财产状况方面，城市流动人口家庭的平均储蓄水平为9055.93元，平均欠债情况为22159.66元，2015年平均新增债务为25169.19元。

第二，城市流动人口家庭借债的最主要原因。

进一步分析城市流动人口家庭借债的最主要原因，发现借债的最主要原因是看病的所占比例最大，为32.91%；其次，为买房、租房或修建房，所占比例为28.60%；孩子上学、经营需要、日常生活需要的分别占12.23%、10.79%和6.65%。

（4）城市流动人口家庭的住房特征

第一，城市流动人口家庭现住房来源、现住房建房时间、人均住房面积、人均住房花费、住房价值。

在住房状况方面，2016年城市流动人口家庭现住房来源主要为市场租房，占比为36.68%；其次，为自购普通商品房，占比为16.84%；再次，为自建房，占比为12.30%。总体上，95.69%的城市流动人口家庭现住房建于改革开放后至今，人均住房面积为23.60平方米，人均住房花费595.84元/月，平均房屋现值为23.76万元。

表1—45　2016年城市流动人口家庭现住房来源的分布情况（%）

住房来源	百分比
自购普通商品房	16.84
自购经济适用房或限价商品房	3.16
自建房	12.30
拆迁安置房	4.44

（续表）

住房来源	百分比
政府补贴建房	0.27
工作单位提供免费住房	4.28
租住单位住房	3.96
租住廉租房或公租房	9.09
继承房	1.34
市场租房	36.68
借房	3.42
其他	4.22
合计	100.00

第二，城市流动人口家庭的住房质量及住房预期。

在城市流动人口家庭的住房质量方面，城市流动人口家庭现住房是危房的占 14.12%，部分城市流动人口家庭的现住房存在一定的安全隐患。在城市流动人口家庭自建或自购房的打算方面，城市流动人口家庭有自建房打算的占 12.12%，并且平均准备为其花 28.80 万元；城市流动人口家庭有自购房打算的占 16.04%，并且平均准备为其花 35.87 万元。

（5）城市流动人口家庭的耐用消费品拥有情况

总体上，在耐用消费品拥有情况方面，城市流动人口家庭拥有彩色电视机的占比最高，为 16.52%；其次，拥有洗衣机的占 15.56%，拥有冰箱的占 15.25%，拥有手机的占 14.75%，以上都没有的占 0.43%。

3. 城市流动人口家庭医疗与就业总体特征

（1）城市流动人口家庭成员的患病情况及健康状况

在家庭成员患慢性病情况方面，28.82% 的城市流动人口家庭中至少1人患慢性病，2015年平均慢性病花费为11036.98元，平均医疗保险报销费用为2592.51元。在家庭成员患大病情况方面，9.44%的城市流动人口家庭中至少1人患大病，2015年平均大病花费为28725.15元，平均医疗保险报销费用为9189.49元。

表1—46　2015年城市流动人口家庭成员慢性病及大病花费及报销分布情况（%）

	均值(元)	标准差	偏度	峰度
慢性病花费	11036.98	16158.96	3.92	23.17
医疗报销费用	2592.51	6117.62	5.69	50.04
大病花费	28725.15	40268.16	2.50	9.58
医疗报销费用	9189.49	16174.18	2.46	9.42

（2）城市流动人口家庭残疾人数、长期照料人数与长期照料方式

在家庭残疾人数方面，11.79%的城市流动人口家庭中有残疾人，其中仅有41.28%领取残疾补贴。在长期照料方面，12.97%的城市流动人口家庭中有成员需要长期照料，最主要的照料方式是家人或亲属照料，占比为93.00%。

表1—47　2016年城市流动人口家庭残疾人数、需要长期照料人数的分布情况（%）

家庭残疾人数	家庭比例	需要长期照料人数(人)
0	88.21	87.03
1	10.62	10.25
2	1.17	2.45
3	0	0.27
4	0	0
5	0	0
合计	100.00	100.00

（3）城市流动人口家庭被访者及成员就业状况

根据调查结果显示，2016 年城市流动人口家庭被访者就业状况主要集中于个体、零工和合同制员工，占比分别为 24.45%、22.29% 和 20.03%。城市流动人口家庭成员就业状况主要集中于在校学生、零工和个体，占比分别为 17.39%、16.21%、15.61%。最主要收入人最近从事的职业类型为不便分类的其他从业人员的占比最大，为 33.30%；其次，为商业、服务人员，占比达到 28.01%，而其他职业类型占比均相对较小。

（4）城市流动人口在流入地的生活适应情况

第一，城市流动人口家庭流动情况和流入目的、流入渠道。

城市流动人口过去 5 年平均变换居住地次数为 0.65 次，平均变换工作为 0.79 次。城市流动人口现居住地位于城乡结合部的比例最高，为 41.72%；其次在市中心的比例为 29.75%。来本地主要目的为挣钱的比例最高；其次为为了孩子未来的发展。流入本地的渠道主要通过自己进城谋生、亲戚朋友介绍。

表 1—48　2016 年城市流动人口家庭来本地的主要目的排序（按重要程度）（%）

	第一	第二	第三	相对百分比
挣钱	60.10	15.04	6.06	36.07
向往城市生活	3.60	14.33	13.92	8.90
施展才干、发展自己	3.11	9.37	12.24	6.72
学技术	0.86	4.35	8.25	3.26
见世面、开眼界	0.70	5.23	10.16	3.79
多生孩子	0.16	0.22	0.34	0.21
为了孩子未来发展	16.60	26.17	12.24	19.06
单位安排	2.36	1.82	2.19	2.15

（续表）

	第一	第二	第三	相对百分比
农村生活太苦	2.95	7.60	9.99	5.67
其他	9.56	15.87	24.59	14.17
合计	100.00	100.00	100.00	100.00

第二，流入地区生活中遇到的状况。

在城市流动人口家庭被访者来本地工作后遇到的困难方面，主要是收入水平低、生活费用高、担心老家亲人、没有社会保障、找工作难和工作不稳定，比例分别为19.40%、12.53%、11.40%、10.76%、10.36%。

第三，城市流动人口家庭的合法权益享受情况。

在城市流动人口家庭合法权益享受情况方面，38.55%的城市流动人口家庭表示有雇主或用人单位，61.91%的城市流动人口家庭表示有与用人单位签订劳动合同，23.33%的城市流动人口家庭表示所在单位为其缴纳住房公积金。

表1—49　2016年城市流动人口家庭的合法权益享受情况（%）

		有效百分比
是否有雇主或用人单位	是	38.55
	否	61.45
是否签订劳动合同	是	61.91
	否	38.09
是否为其缴纳住房公积金	是	23.33
	否	76.67
	不知道	0

第四，城市流动人口家庭工作中遇到的困难及处理办法。

遇到的不合理对待主要是经常被迫加班、加班后不给或少给报酬；应对不合理对待的办法主要是能忍则忍、向单位领导反映等情况。

4. 城市流动人口家庭心理健康、社会融合总体特征

第一，城市流动人口家庭心理、观念状况。

在被访者的自卑感方面，15.78%的被访者表示经常有或有时有自卑感。在被访者的绝望感方面，16.05%的被访者表示经常有或有时有感到自己和家庭的未来没有希望这一情况。在被访者的焦虑感方面，36.17%的被访者表示经常有或有时有感到情绪沮丧、心情焦虑这一情况。

在被访者的责任观念方面，91.97%的被访者表示很同意或比较同意个人应该承担更多的责任来养活自己这一观念。在被访者的奋斗观念方面，94.38%的被访者表示很同意或比较同意努力工作通常能够带来好生活这一观念。在被访者的平等观念方面，82.88%的被访者表示很同意或比较同意收入应该尽可能均等这一观念。

在被访者的人生观念方面，77.95%的被访者表示很同意或比较同意、自己可以掌握自己的命运这一观念。在经济状况变化方面，45.21%的被访者表示目前生活水平与一年前比较好多了或好一些。

表1—50 2016年城市流动人口家庭目前生活水平与一年前比较的分布情况（%）

	有效百分比	累计百分比
好多了	12.25	12.25
好一些	32.96	45.21
基本没有变化	42.11	87.32

（续表）

	有效百分比	累计百分比
差一些	8.51	95.83
差多了	4.17	100.00
合计	100.00	

第二，社会参与、融合状况。

在参与社区/村公共事务的意愿方面，65.79%的被访者表示很愿意或比较愿意参与社区/村公共事务。在参加现居住地居/村委会选举投票方面，31.23%的被访者参加过现居住地选举投票。社会交往状况方面，90.53%的被访者表示很愿意或比较愿意与周边邻居或其他人打交道。在参加组织状况方面，78.17%的流动人口家庭没有参加任何组织。

表1—51 2016年城市流动人口家庭参加组织的分布情况（%）

参加组织	百分比	个案百分比
维权组织	2.09	2.19
党团组织	5.50	5.78
宗教组织	1.73	1.82
同乡会	2.95	3.10
公益组织	9.06	9.52
其他组织	0.51	0.54
没有参加	78.17	82.18
合计	100.0	105.14

在城市流动人口家庭社会交往状况方面，认识的居委会人员数均值为4.16个。打招呼邻居数量均值为27.14个。登门居民数量均值为9.40次。拜访邻居次数均值为5.11次。邻居拜访次数均值为6.01次。委托他人帮忙次数为2.12次。从邻居借到东西次数均值为1.31次。

表 1—52　2016 年城市流动人口家庭社会交往状况基本统计（个/次）

	均值	标准差	偏度	峰度
认识的居委会人员数	4.16	5.16	7.95	119.50
打招呼邻居数量	27.14	30.63	1.50	3.90
登门居民数量	9.40	18.06	3.64	17.20
拜访邻居次数	5.11	10.13	4.53	34.24
邻居拜访次数	6.01	12.84	4.66	30.77
委托他人帮忙次数	2.12	1.80	0.97	1.95
从邻居借到东西次数	1.31	1.06	3.19	11.20

在自我定位方面，51.98%的流动人口将自己定位为农村人。在未来预期方面，有定居意愿，并且觉得不久的将来就可以实现的城市流动人口家庭在被访者中占最多比重，达到 45.87%。在遭受歧视方面，两成左右的城市流动人口家庭表示曾经遭受社区/村里其他人歧视，歧视程度为很严重或较为严重的比例为 2.20%。

（二）城市流动人口社会政策支持系统总体状况

1. 城市流动人口家庭最低生活保障制度运行状况

（1）城市流动人口对低保救助金的需求情况

从 2016 年城市流动人口家庭对各项救助项目需求的相对百分比来看，占到前三位的依次为医疗救助、住房补贴和教育救助，总比例约占 40.11%。

（2）城市流动人口申请低保及享受低保状况

在 2016 年低保申请状况方面，约 20%的城市流动人口家庭在户籍地申请过低保。对于未申请低保的城市流动人口家庭而言，不符合条件、自力更生，不想吃低保以及不知道如何申请是主要原因。

表 1—53　2015 年、2016 年城市流动人口家庭救助需求的分布情况（%）

救助服务项目	第一有效百分比		第二有效百分比		第三有效百分比		相对百分比	
	2015 年	2016 年	2015 年	2016 年	2015 年	2016 年	2015 年	2016 年
低保金救助	16. 38	14. 18	8. 80	6. 22	4. 89	4. 75	11. 94	6. 81
医疗救助	18. 50	17. 99	18. 93	18. 72	10. 61	9. 73	17. 33	14. 10
教育救助	12. 60	14. 23	13. 35	13. 6	9. 73	10. 01	12. 37	11. 91
住房补助	16. 03	18. 96	15. 20	15. 53	14. 10	11. 52	15. 43	14. 10
临时性救助（家中发生重大事故）	0. 58	0. 75	1. 49	1. 1	2. 74	2. 35	1. 24	1. 67
水电、燃料、取暖费减免	1. 62	2. 85	4. 60	6. 22	7. 87	6. 82	3. 66	5. 96
就业帮扶	4. 51	3. 33	5. 97	5. 12	7. 91	6. 71	5. 56	5. 62
经营或创业扶持	6. 28	4. 56	6. 68	5. 23	7. 03	6. 43	6. 54	5. 72
税费减免	0. 73	0. 64	1. 49	1. 32	1. 87	2. 46	1. 17	1. 78
法律援助与司法调解	0. 39	0. 70	0. 63	0. 72	1. 07	1. 73	0. 58	1. 22
家庭成员照料	1. 08	1. 13	1. 69	1. 98	2. 46	2. 4	1. 51	2. 05
其他	1. 89	2. 95	12. 73	14. 32	20. 06	23. 38	8. 53	16. 96
不需要	19. 42	17. 72	8. 44	9. 91	9. 65	11. 69	14. 13	12. 10
合计	100. 00	100. 00	100. 00	100. 00	100. 00	100. 00	100. 00	100. 00

在2016年低保享受状况方面，13.08%的城市流动人口家庭在户籍地享受着低保，9.68%的城市流动人口家庭在现居住地获得过低保金救助。

2. 城市流动人口专项社会救助政策运行状况

（1）城市流动人口医疗救助政策运行状况

第一，就医情况和就医负担。

在2016年就医情况方面，城市流动人口家庭中的老人、成年人和儿童在患病最初阶段，诊疗途径主要为到药店买药、去私人诊所或社区/村卫生服务站以及去街道医院（乡镇卫生院）。

在2015年就医负担方面，近三成的城市流动人口家庭认为看病给家庭带来的经济负担非常重或较重。

第二，医疗救助政策运行状况。

在2015年医疗救助政策运行方面，2.84%的城市流动人口家庭获得过重特大疾病医疗救助，平均救助金额为477.81元，66.04%的家庭是因家庭成员所患疾病在医疗救助病种目录内而获得。

在2015年医疗救助效果评估方面，约六成的城市流动人口家庭表示医疗救助作用很大或作用较大，医疗报销占医疗总支出的比例均值为14.80%，非常同意和比较同意重特大医疗救助效果明显的家庭占62.27%。除此之外，同意大病救助病种太少的家庭占48.00%，同意救助标准太低的占46.16%，认为申请和审核手续方便的占50.00%，认为费用结算及时、方便的占54.90%。

（2）城市流动人口教育救助政策运行状况

第一，教育花费状况及教育费用来源。

2016年，有55.06%的城市流动人口家庭家中有孩子正在上学。

在2015年教育花费方面，大学教育阶段的户均和人均教育花费最高，但其获得救助金额也最多；此外，接受义务教育的户均人数最多；在教育救助花费类型方面，救助花费类型主要为学杂费。

在2015年教育费用来源方面，家里的积蓄、借钱是城市流动人口家庭各教育阶段教育费用的主要来源；在受教育方面，大部分城市流动人口家庭选择在居住地接受各阶段教育。

第二，教育方面面临的困难与需求。

在2016年教育困难和救助需求方面，城市流动人口家庭子女面临的困难主要是上学费用高、入学难、升学难以及学习成绩差，需要的帮助与服务主要为课程辅导、舞蹈、书法等兴趣爱好培训以及设立图书阅览室、绿色网吧。

第三，教育救助政策运行状况。

在2016年教育救助运行状况方面，城市流动人口家庭在现居住地和户籍地获得教育救助的比例在5%左右，获得教育救助类型主要是减免学费，其中，在大学阶段享受的教育救助金额最高。

在2015年教育救助政策评估方面，主观上，约四成的家庭认为教育救助政策的作用很大或较大；客观上，在高中教育阶段，教育救助占教育花费的比例最高，为3.91%。

（3）城市流动人口就业支持政策运行状况

在2016年家庭就业支持运行状况方面，城市流动人口家庭失业人数均值为0.84人，累计失业时间平均为31.51个月，领取失业保险金人数均值为0.02人，就业途径主要为自己灵活就业、亲友介绍就业和自主创业，2.94%的家庭在居住地获得就业帮扶。

在2016年家庭就业支持政策效果评估方面，约两成的城市流动人口家庭接受过就业服务项目，主要是免费培训、职业介绍和税收优惠。

（4）城市流动人口住房救助政策运行状况

在2016年住房补贴运行状况方面，城市流动人口家庭在现居住地和户籍地享受过住房补贴的比例分别为3.05%和2.94%。

在2016年住房补贴政策效果评估方面，相对于现居住地而言，城市流动人口家庭在户籍地获得住房补贴的情况更好。

3. 城市流动人口其他救助政策运行状况

（1）城市流动人口临时救助政策运行状况

在2016年临时救助政策运行状况方面，城市流动人口家庭在现居住地和户籍地享有临时救助的比例分别为2.09%和1.71%。

在2016年临时救助政策效果评估方面，相对于现居住地而言，城市流动人口家庭在户籍地获得临时救助的情况更好。

（2）城市流动人口费用减免政策运行状况

在2016年费用减免政策运行状况方面，城市流动人口家庭在现居住地和户籍地享有水电、燃料、取暖费减免政策的比例分别为2.73%和1.98%，在现居住地和户籍地享有税费减免政策的比例分别为3.53%和1.23%；

在2016年费用减免政策效果评估方面，税费减免项目对于城市流动人口家庭来说在现居住地获得可能性更高，而水电、燃料、取暖费减免政策服务项目在户籍地的可及性相对更大。

（3）城市流动人口法律与司法调解政策运行状况

在2016年法律与司法调解政策运行状况方面，城市流动人口家庭在现居住地和户籍地享有法律与司法调解的比例分别为2.19%和1.18%。

在2016年法律与司法调解政策效果评估方面，无论是现居住地还是户籍地，法律与司法调节政策的可及性都不算高。

4. 城市流动人口社会福利政策运行状况

在社会保险以及福利津贴的运行状况方面，退休金或养老保险、医疗保险的可获得性和保障水平都相对较高。

在退休金或养老保险2015年运行状况方面，城市流动人口家庭参保人数占家庭总人口数比例均值为17.77%，平均保障水平为12096.91元，31.40%的家庭对退休金或养老保险表示满意。

表 1—54　2015 年城市流动人口参加社会保险、福利津贴的总体情况的分布情况

		退休金或养老保险	医疗保险	工伤保险	失业保险	生育保险	老人、残疾、儿童等福利津贴
参加状况（%）	是	17.77	52.18	4.47	4.54	3.20	1.97
	否	82.23	57.82	95.53	95.46	96.80	98.03
保障水平（元）		12096.91	1589.69	108.45	267.79	528.04	1728.21
满意度（%）	非常高	13.29	17.02	10.00	14.47	17.07	14.29
	比较高	18.11	22.50	26.88	22.01	26.83	18.68
	一般	45.51	47.13	56.88	52.20	48.78	38.46
	比较低	14.12	7.53	3.13	6.92	3.25	15.38
	非常低	8.97	5.82	3.13	4.40	4.07	13.19

在医疗保险 2015 年运行状况方面，城市流动人口家庭参保人数占家庭总人口数比例均值为 52.18%，平均保障水平为 1589.69 元，39.52%的家庭对医疗保险表示满意。此外，城市流动人口家庭医疗保险报销比例为 14.80%。

5. 城市流动人口社会服务运行状况

（1）社会服务需求状况

在城市流动人口家庭 2016 年目前还需要的帮助中，减免医疗费、资助子女完成学业和直接提供生活金或生活品占比较大，分别为 19.93%、14.46%和 14.28%。

（2）面临困难与主要求助对象

在面临的困难及求助对象方面，城市流动人口家庭 2016 年面临的困难主要是住房条件差、建/买不起房、子女教育负担难以承受和家庭主要劳动力没有工作，求助对象主要为亲戚、朋友、村/居委会。

（3）遇到的临时或突发性困难

在城市流动人口家庭 2016 年遇到的临时或突发性困难方面，没有遇到的占比最大，为 64.53%；其次为短期失业、家庭成员突发重大疾病。

（4）已享受的社会服务

在城市流动人口家庭 2016 年已享受的社会服务方面，环境卫生、社区治安、医疗卫生保健服务排在前三位。

在城市流动人口家庭 2016 年已享受的证件办理服务方面，暂住证、居住证、健康证和婚育证的占比共计 68.10%。在证件办理中遇到的困难主要为时间长（49.19%）、手续麻烦（43.93%）。

（5）社会服务评价

在对所在社区/村社会服务的评价方面，从相对百分比来看，2016 年城市流动人口家庭评价较高的社会服务主要为环境卫生、社会治安和医疗卫生保健服务。

在总体满意度方面，2016 年 64. 07%的城市流动人口家庭对所在社区/村提供的各种服务表示总体满意。

（6）已享受的计生服务

在已享受的计生服务方面，2016 年城市流动人口家庭已享受的计生服务主要为计划生育法规政策知识、生殖健康知识的宣传、免费提供各种药具以及便捷的办理计生证件。

（7）周围已有社会服务设施和社区服务认知情况

在 2016 城市流动人口家庭所在社区已有的社会服务设施方面，排在前三位的分别是社区治安站（点）、医疗保险卫生服务站和公共体育健身设施及场所。

在 2016 年社区服务认知情况方面，仅有 12. 96%的城市流动人口家庭表示非常了解社区服务项目和信息，了解的途径主要是社区内各种宣传、社区工作人员上门宣讲和自己到社区服务中心咨询。

（8）参加社区服务中心的社会活动情况

在 2016 年参与社区服务中心社会活动情况方面，有 56. 61%的城市流动人口家庭表示自己没有参与过社区服务中心活动，31. 25%表示偶尔参与。

第二章　城市困难家庭基本状况分析

第一节　城市困难家庭人口状况

一、城市困难家庭人口规模状况

（一）描述分析和趋势分析

表2—1对城市困难家庭的家庭成员规模进行基本描述分析。根据调查结果显示，2016年城市困难家庭的平均家庭成员数为2.99人。

表2—1同时对2015年与2016年城市困难家庭平均成员数的发展趋势进行比较。根据抽样结果，两年在这一方面基本保持稳定，平均成员数约为3人。

表2—1　2015年、2016年城市困难家庭平均成员数的基本统计（人）

年份	均值	标准差	偏度	峰度
2015	2.91	1.40	0.91	4.79
2016	2.99	1.43	1.04	5.46

表 2—2 对城市困难家庭的家庭成员数分布情况进行基本描述分析。根据调查结果显示，2016 年城市困难家庭中成员数为 2—4 人的比例为 73.58%。

表 2—2 同时对 2015 年与 2016 年城市困难家庭的家庭成员数分布情况的发展趋势进行比较。根据抽样结果，两年在这一方面基本保持稳定。

表 2—2　2015 年、2016 年城市困难家庭成员数的分布情况（%）

家庭成员数	2015 年	2016 年
1	14.99	12.97
2	26.40	26.50
3	30.93	31.01
4	14.87	16.07
5	7.88	7.99
6	3.36	3.53
7 人及以上	1.56	1.92
合计	100.00	100.00

（二）比较分析

表 2—3 进一步通过描述比较的方式，对比 2016 年低保家庭和低保边缘家庭的平均成员数。比较结果显示，低保家庭和低保边缘家庭在这一方面存在十分明显的差异（$P<0.01$），低保边缘家庭平均人数高于低保家庭 0.23 人。

表 2—3　2016 年分人群城市困难家庭平均成员数的基本统计（人/户）

人群	均值	标准差
低保家庭	2.90	1.42
低保边缘家庭	3.13	1.43
F=25.69　　P=0.000		

表 2—4 进一步通过描述比较的方式，对比 2016 年低保家庭和低保边缘家庭的家庭规模状况。比较结果显示，低保家庭和低保边缘家庭在这一方面存在十分明显的差异（P<0.01）。低保家庭中 1 人户型的占比高于低保边缘家庭 6.31%。

表 2—4　2016 年分人群城市困难家庭成员数的分布情况（%）

人群	1	2	3	4	5	6	7 人及以上
低保家庭	15.54	26.45	30.68	15.14	7.13	3.3	1.77
低保边缘家庭	9.23	26.62	31.57	17.39	9.11	3.87	2.21
$\chi^2=45.261$　　P=0.000							

二、城市困难家庭人口结构状况

（一）性别

1. 描述分析和趋势分析

表 2—5 对城市困难家庭的成员性别进行基本描述分析。根据调查结果显示，2016 年城市困难家庭的男性成员数占比为 50.31%，女性成员数占比为 49.69%。

表 2—5 同时对 2015 年与 2016 年城市困难家庭的家庭成员性别的

分布情况进行分析。根据抽样结果，两年在这一情况上基本保持一致，男性占比均略高于女性占比。

表 2—5 2015 年、2016 年城市困难家庭成员性别的分布情况（%）

性别	2015 年	2016 年
男	50.43	50.31
女	49.57	49.69
合计	100.00	100.00

2. 比较分析

表 2—6 进一步通过描述比较的方式，对比 2016 年低保家庭和低保边缘家庭的家庭成员性别状况。比较结果显示，低保家庭和低保边缘家庭在这一情况上不存在明显的差异（P>0.05）。低保家庭与低保边缘家庭男性占比均保持在 50%左右。

表 2—6 2016 年分人群城市困难家庭成员性别的分布情况（%）

人群	男	女
低保家庭	50.89	49.11
低保边缘家庭	49.49	50.51
$\chi^2=2.406$	P=0.121	

（二）年龄

1. 描述分析和趋势分析

表 2—7 对城市困难家庭的成员年龄进行基本描述分析。根据调查结果显示，2016 年城市困难家庭中，16 岁到 59 岁成员占据主要比例，为 62.43%。

表 2—7 同时对 2015 年与 2016 年城市困难家庭成员年龄分布状况

的发展趋势进行比较。根据抽样结果，两年在这一情况上基本保持一致。16 岁到 59 岁成员占比在 63%左右。

表 2—7　2015 年、2016 年城市困难家庭成员年龄的分布情况（%）

年龄	2015 年	2016 年
16 岁以下	12. 45	12. 66
16 岁到 59 岁	63. 00	62. 43
60 岁及以上	24. 55	24. 91
合计	100. 00	100. 00

2. 比较分析

表 2—8 进一步通过描述比较的方式，对比 2016 年低保家庭和低保边缘家庭的家庭成员年龄状况。比较结果显示，低保家庭和低保边缘家庭在这一方面不存在明显的差异（P>0. 05）。

表 2—8　2016 年分人群城市困难家庭人口年龄的分布情况（%）

人群	16 岁以下	16 岁到 59 岁	60 岁及以上
低保家庭	12. 51	62. 48	25. 01
低保边缘家庭	12. 89	62. 29	24. 82
$\chi^2 = 0.424$　　P = 0. 809			

（三）婚姻状况

1. 描述分析和趋势分析

表 2—9 对城市困难家庭的成员婚姻状况进行基本描述分析。根据调查结果显示，2016 年城市困难家庭中，已婚与未婚占据主要比例，分别为 53. 05%、32. 73%。

表 2—9 同时对 2015 年与 2016 年城市困难家庭成员婚姻状况进行比较。根据抽样结果，两年在这一方面基本保持稳定。

表 2—9　2015 年、2016 年城市困难家庭成员婚姻状况的分布情况（%）

婚姻状况	2015 年	2016 年
已婚	53. 87	53. 05
未婚	32. 10	32. 73
离婚	5. 31	5. 35
丧偶	8. 72	8. 88
合计	100. 00	100. 00

2. 比较分析

表 2—10 进一步通过描述分析的方式，对比 2016 年低保家庭和低保边缘家庭的成员婚姻状况。比较结果显示，低保家庭和低保边缘家庭在这一方面存在十分明显的差异（$P<0.01$）。低保家庭成员未婚、离婚、丧偶的比例均高于低保边缘家庭。

表 2—10　2016 年分人群城市困难家庭成员婚姻的分布情况（%）

人群	已婚	未婚	离婚	丧偶
低保家庭	49. 01	34. 83	6. 33	9. 83
低保边缘家庭	58. 60	29. 84	3. 99	7. 57
$\chi^2=125.572$　　$P=0.000$				

（四）文化程度

1. 描述分析和趋势分析

表 2—11 对城市困难家庭的成员文化程度进行基本描述分析。根据

调查结果显示，2016 年城市困难家庭中，成员处于高中/中专及以下文化程度的占比为 91. 19%。

表 2—11 同时对 2015 年与 2016 年城市困难家庭成员文化程度分布状况进行比较。根据抽样结果，两年在这一情况上基本保持一致，文化程度主要都集中在高中/中专及以下。

表 2—11　2015 年、2016 年城市困难家庭成员文化程度的分布情况（%）

文化程度	2015 年	2016 年
没上过学	18. 67	20. 37
小学	24. 92	24. 17
初中	30. 06	29. 65
高中/中专	17. 05	17. 00
大专	4. 64	4. 55
本科	4. 37	4. 04
硕士及以上	0. 29	0. 23
合计	100. 00	100. 00

2. 比较分析

表 2—12 进一步通过描述比较的方式，对比 2016 年低保家庭和低保边缘家庭的成员文化程度状况。比较结果显示，低保家庭和低保边缘家庭在这一方面存在十分明显的差异（P<0. 01）。低保家庭成员没上过学、小学的比例高于低保边缘家庭 7. 32%。

表 2—12　2016 年分人群城市困难家庭成员文化程度的分布情况（%）

人群	没上过学	小学	初中	高中/中专	大专	本科	硕士及以上
低保家庭	22. 46	25. 22	29. 43	15. 75	3. 58	3. 46	0. 11
低保边缘家庭	17. 55	22. 81	29. 80	18. 72	5. 90	4. 82	0. 40
$\chi^2 = 121.082$　　P = 0. 000							

（五）政治面貌

1. 描述分析和趋势分析

表 2—13 对城市困难家庭的成员政治面貌进行基本描述分析。根据调查结果显示，2016 年城市困难家庭中，群众占比为 83.73%，团员占比为 10.50%。

表 2—13 同时对 2015 年与 2016 年城市困难家庭成员政治面貌分布状况进行比较。根据抽样结果，两年在这一方面基本保持一致，群众面貌均占据主要比重。

表 2—13　2015 年、2016 年城市困难家庭成员政治面貌的分布情况（%）

政治面貌	2015 年	2016 年
中共党员	5.41	5.73
民主党派	0.06	0.04
团员	8.74	10.50
群众	85.78	83.73
合计	100.00	100.00

2. 比较分析

表 2—14 进一步通过描述比较的方式，对比 2016 年低保家庭和低保边缘家庭的成员政治面貌状况。比较结果显示，低保家庭和低保边缘家庭在这一方面存在十分明显的差异（P<0.01）。与低保家庭相比，低保边缘家庭成员为中共党员、民主党派人士的占比更高。

表 2—14　2016 年分人群城市困难家庭成员政治面貌的分布情况（%）

人群	中共党员	民主党派人士	团员	群众
低保家庭	4.55	0.03	11.00	84.42
低保边缘家庭	7.32	0.06	9.86	82.77
$\chi^2=46.515$　　P=0.000				

（六）收入状况

1. 描述分析和趋势分析

表 2—15 对城市困难家庭的家庭成员收入状况进行基本描述分析。根据调查结果显示，2016 年城市困难家庭中，无收入占比达到 60.58%。

表 2—15 同时对 2015 年与 2016 年城市困难家庭成员收入状况进行比较。根据抽样结果，两年在这一情况上基本保持一致。

表 2—15　2015 年、2016 年城市困难家庭成员收入状况的分布情况（%）

收入状况	2015 年	2016 年
是家庭的最主要收入人	23.55	21.77
是家庭的一般收入人	15.40	17.64
无收入	61.05	60.58
合计	100.00	100.00

2. 比较分析

表 2—16 进一步通过描述比较的方式，对比 2016 年低保家庭和低保边缘家庭的成员收入状况。比较结果显示，低保家庭和低保边缘家庭在这一方面存在非常显著的差异（P<0.01）。与低保边缘家庭相比，低保家庭成员无收入的占比相对较高。

表 2—16　2016 年分人群城市困难家庭成员收入状况的分布情况（%）

人群	是家庭的最主要收入人	是家庭的一般收入人	无收入
低保家庭	19.92	13.78	66.30
低保边缘家庭	24.37	22.93	52.69
$\chi^2=267.434$　　$P=0.000$			

（七）民族与宗教信仰

1. 描述分析和趋势分析

表 2—17 对 2016 年城市困难家庭成员的民族情况进行基本描述分析。根据调查结果显示，96.54%的城市困难家庭成员为汉族。

表 2—17 同时对 2015 年与 2016 年城市困难家庭成员的民族情况进行比较。根据抽样结果，两年在这一情况上基本保持一致，家庭成员为少数民族的占比略有上升。

表 2—17　2015 年、2016 年城市困难家庭成员民族的分布情况（%）

民族	2015 年	2016 年
汉族	97.05	96.54
回族	—	1.47
壮族	—	0.31
蒙古族	—	0.13
其他民族	2.95	1.56
合计	100.00	100.00

表 2—18 对 2016 年城市困难家庭成员的宗教信仰进行基本描述分析。根据调查结果显示，91.31%的城市困难家庭成员没有宗教信仰。

表 2—18 同时对 2015 年与 2016 年城市困难家庭成员宗教信仰状况进行比较。根据抽样结果，两年在家庭成员宗教信仰方面基本保持稳定，有宗教信仰的占比略有上升。

表 2—18　2015 年、2016 年城市困难家庭成员宗教信仰的分布情况（%）

宗教信仰	2015 年	2016 年
佛教	3.49	3.62
道教	0.12	0.19
伊斯兰教	0.97	1.11
基督教	2.33	3.45
其他宗教	0.34	0.32
没有宗教信仰	92.75	91.31
合计	100.00	100.00

2. 比较分析

表 2—19 进一步通过描述比较的方式，对比 2016 年低保家庭和低保边缘家庭的民族状况。比较结果显示，低保家庭和低保边缘家庭在这一方面存在十分明显的差异（P<0.01）。与低保边缘家庭相比，低保家庭为汉族的比例较低。

表 2—19　2016 年分人群城市困难家庭民族的分布情况（%）

人群	汉族	回族	壮族	蒙古族	其他民族
低保家庭	96.15	1.40	0.42	0.08	1.94
低保边缘家庭	97.05	1.57	0.15	0.19	1.04
$\chi^2=27.006$　P = 0.000					

表 2—20 进一步通过描述比较的方式，对比 2016 年低保家庭和低保边缘家庭的成员宗教信仰状况。比较结果显示，低保家庭和低保边缘家庭在这一方面不存在明显的差异（P>0.05）。

表 2—20　2016 年分人群城市困难家庭成员宗教信仰的分布情况（%）

人群	没有宗教信仰	佛教	道教	伊斯兰教	基督教	其他宗教
低保家庭	90.78	3.82	0.25	1.07	3.71	0.37
低保边缘家庭	92.01	3.36	0.11	1.17	3.08	0.26
$\chi^2=10.006$　　P=0.075						

（八）家庭人口劳动结构

1. 家庭劳动人口数

（1）描述分析和趋势分析

表 2—21 对城市困难家庭的家庭劳动人口数进行基本描述分析。根据调查结果显示，2016 年城市困难家庭的平均劳动力人口为 1.25 人。

表 2—21 同时对 2015 年与 2016 年城市困难家庭的平均劳动人口数进行比较。根据抽样结果，两年在这一方面基本保持一致。

表 2—21　2015 年、2016 年城市困难家庭劳动人口数的基本统计（人）

年份	均值	标准差	偏度	峰度
2015	1.25	1.12	0.63	2.88
2016	1.25	1.15	0.70	3.00

（2）比较分析

表 2—22 进一步通过描述比较的方式，对比 2016 年低保家庭和低保边缘家庭劳动人口数的分布状况。比较结果显示，低保家庭和低保边缘家庭在这一方面存在十分明显的差异（P<0.01）。低保边缘家庭平均劳动人口数高于低保家庭 0.43 人。

表 2—22　2016 年分人群城市困难家庭劳动人口数的分布情况（人）

人群	均值	标准差
低保家庭	1.08	1.09
低保边缘家庭	1.51	1.19
F = 152.28　　P = 0.000		

2. 家庭有工作收入的人数

（1）描述分析和趋势分析

表 2—23 对城市困难家庭有工作收入人数进行基本描述分析。根据调查结果显示，2016 年城市困难家庭有工作收入人数均值为 0.73 人。

表 2—23 同时对 2015 年与 2016 年城市困难家庭成员家庭有工资收入人数进行比较。根据抽样结果，2016 年有工作收入人数的均值略有提高。

表 2—23　2015 年、2016 年城市困难家庭有工作收入人数的基本统计（人）

年份	均值	标准差	偏度	峰度
2015	0.70	0.83	1.02	3.62
2016	0.73	0.84	1.04	3.72

（2）比较分析

表 2—24 进一步通过描述比较的方式，对比 2016 年低保家庭和低保边缘家庭有工作收入人数的分布状况。比较结果显示，低保家庭和低保边缘家庭在这一方面存在十分明显的差异（P<0.01）。低保边缘家庭有工作收入人数均值高于低保家庭 0.44 人。

表 2—24　2016 年分人群城市困难家庭有工作收入人数的分布情况（人）

人群	均值	标准差
低保家庭	0.55	0.73
低保边缘家庭	0.99	0.92
F=288.62　　P=0.000		

3. 家庭劳动人口占家庭规模的比重

（1）描述分析和趋势分析

表 2—25 对城市困难家庭的家庭劳动人口占家庭规模比重进行基本描述分析。根据调查结果显示，2016 年城市困难家庭的家庭劳动人口占家庭规模比重均值为 38.36%。

表 2—25 同时对 2015 年与 2016 年城市困难家庭劳动人口占家庭规模比重的情况进行比较。根据抽样结果，两年在这一方面基本保持一致。

表 2—25　2015 年、2016 年城市困难家庭劳动人口占家庭规模比重的基本统计（%）

年份	均值	标准差	偏度	峰度
2015	39.39	34.38	0.35	1.97
2016	38.36	34.00	0.40	2.02

（2）比较分析

表 2—26 进一步通过描述比较的方式，对比 2016 年低保家庭和低保边缘家庭的家庭劳动人口占家庭规模比重状况。比较结果显示，低保家庭和低保边缘家庭在家庭劳动人口占家庭规模比重方面存在十分明显的差异（P<0.01）。与低保家庭相比，低保边缘家庭劳动人口占家庭规模比重相对较高，为 45.37%。

表 2—26　2016 年分人群城市困难家庭劳动人口占家庭规模比重的分布情况（%）

人群	均值	标准差
低保家庭	33.57	32.92
低保边缘家庭	45.37	34.32
F = 124.37　　P = 0.000		

4. 家庭有工作收入人数占劳动人口比重

（1）描述分析和趋势分析

表 2—27 对城市困难家庭有工作人数占劳动人口比重进行基本描述分析。根据调查结果显示，2016 年城市困难家庭有工作人数占劳动人口比重均值为 60.16%。

表 2—27 同时对 2015 年与 2016 年城市困难家庭有工作人数占劳动人口比重的情况进行比较。根据抽样结果，2016 年有工作人数占劳动人口的比重略有提升。

表 2—27　2015 年、2016 年城市困难家庭有工作人数占劳动人口比重的分布情况（%）

年份	均值	标准差	偏度	峰度
2015	58.01	41.02	-0.31	1.52
2016	60.16	40.71	-0.38	1.57

（2）比较分析

表 2—28 进一步通过描述比较的方式，对比 2016 年低保家庭和低保边缘家庭的有工作收入人数占劳动人口比重状况。比较结果显示，低保家庭和低保边缘家庭在这一方面存在十分明显的差异（P<0.01），低保边缘家庭在这一比例上高于低保家庭 14.15%。

表 2—28　2016 年分人群家庭有工作收入人数占劳动人口比重的分布情况（%）

人群	均值	标准差
低保家庭	53.90	42.84
低保边缘家庭	68.05	36.43
F = 87.89　　P = 0.000		

第二节　城市困难家庭经济状况

一、城市困难家庭收入状况

（一）家庭年收入水平

1. 家庭平均年收入水平

（1）描述分析和趋势分析

表 2—29 对城市困难家庭的户均年收入总额进行基本描述分析。根据调查结果显示，2015 年城市困难家庭的户均年收入为 19886.64 元。

表 2—29 同时对 2014 年与 2015 年城市困难家庭户均年收入总额的发展趋势进行分析。根据抽样结果，2015 年户均年收入提高了 3398.07 元。

表 2—29　2014 年、2015 年城市困难家庭平均年收入总额的基本统计（元）

年份	均值	标准差	偏度	峰度
2014	16488.57	15313.92	1.27	4.67
2015	19886.64	17095.84	1.20	4.51

（2）比较分析

表2—30进一步通过描述比较的方式，对比2015年低保家庭和低保边缘家庭的户均年收入总额状况。比较结果显示，低保家庭和低保边缘家庭在这一方面存在非常显著的差异（P<0.01）。低保边缘家庭户均年收入均值高于低保家庭4730.93元。

表2—30　2015年分人群城市困难家庭平均年收入总额的基本统计（元）

人群	均值	标准差
低保家庭	18000.13	15220.80
低保边缘家庭	22731.06	19246.98
F=76.52　　P=0.000		

2. 家庭人均年收入水平

（1）描述分析和趋势分析

表2—31对城市困难家庭的家庭人均年收入水平进行基本描述分析。根据调查结果显示，2015年城市困难家庭的人均年收入水平均值为6802.53元。

表2—31同时对2014年与2015年城市困难家庭的家庭人均年收入水平进行比较。根据抽样结果，2015年城市困难家庭的家庭人均年收入水平有一定提升。

表2—31　2014年、2015年城市困难家庭人均年收入水平的基本统计（元）

年份	均值	标准差	偏度	峰度
2014	5748.90	4882.65	1.26	5.08
2015	6802.53	5298.47	1.08	4.23

（2）比较分析

表 2—32 进一步通过描述比较的方式，对比 2015 年低保家庭和低保边缘家庭的家庭人均年收入水平状况。比较结果显示，低保家庭和低保边缘家庭在这一方面存在十分明显的差异（P<0. 01）。低保边缘家庭人均年收入均值高于低保家庭 1055. 88 元。

表 2—32　2015 年分人群城市困难家庭人均年收入水平的分布情况（元）

人群	均值	标准差
低保家庭	6384. 21	4664. 15
低保边缘家庭	7440. 09	6080. 35
F = 38. 74　　P = 0. 000		

（二）家庭收入来源

1. 家庭收入来源结构

（1）描述分析和趋势分析

表 2—33 对城市困难家庭收入来源结构进行基本描述分析。根据调查结果显示，2015 年城市困难家庭劳动收入、转移性收入的水平较高，分别为 12467. 77 元、6851. 77 元。

表 2—33 同时对 2014 年与 2015 年城市困难家庭收入来源结构进行比较。根据抽样结果，2015 年城市困难家庭在这五项收入水平方面均有不同程度的提高。

表 2—33　2014 年、2015 年城市困难家庭收入来源结构的基本统计（元）

年份	统计量	劳动收入	经营性净收入	财产性收入	转移性收入	其他收入
2014	均值	10568.77	453.08	90.85	5737.62	97.17
	标准差	14178.97	2688.29	791.14	7115.14	866.90
	偏度	1.42	7.44	11.01	1.81	12.81
	峰度	4.39	64.48	136.01	6.52	205.12
2015	均值	12467.77	477.28	158.98	6851.77	206.23
	标准差	15923.90	2885.15	1075.05	8040.70	1353.64
	偏度	1.40	7.35	8.21	1.71	9.27
	峰度	4.53	61.96	74.93	6.00	106.02

（2）比较分析

表 2—34 进一步通过描述比较的方式，对比 2015 年低保家庭和低保边缘家庭的收入来源结构状况。比较结果显示，低保家庭和低保边缘家庭在劳动收入、财产性收入、转移性收入、其他收入方面存在非常显著的差异（$P<0.01$），在经营性净收入方面存在明显的差异（$P<0.05$）。低保边缘家庭的劳动收入、经营性收入、财产性收入、其他收入均高于低保家庭，但转移性收入低于低保家庭。

表 2—34　2015 年分人群城市困难家庭收入来源结构的分布情况（元）

	人群	均值	标准差
劳动收入	低保家庭	9136.22	13360.43
	低保边缘家庭	17647.22	18043.56
$F=297.18$　　$P=0.000$			
经营性净收入	低保家庭	376.68	2454.96
	低保边缘家庭	590.70	3328.17
$F=5.70$　　$P=0.017$			

（续表）

	人群	均值	标准差
财产性收入	低保家庭	114. 71	882. 50
	低保边缘家庭	225. 90	1312. 47
F＝10. 71　P＝0. 001			
转移性收入	低保家庭	8363. 74	7372. 01
	低保边缘家庭	4552. 10	8473. 03
F＝225. 05　P＝0. 000			
其他收入	低保家庭	158. 71	1205. 76
	低保边缘家庭	277. 93	1548. 13
F＝7. 84　P＝0. 005			

2. 家庭收入来源结构占比

（1）描述分析和趋势分析

表2—35对城市困难家庭收入来源结构占比进行基本描述分析。根据调查结果显示，2015年城市困难家庭劳动收入、转移性收入占据主要比重，共计96. 60%。

表2—35　2014年、2015年城市困难家庭收入来源结构占比的基本统计（%）

年份	统计量	劳动收入占比	经营性净收入占比	财产性收入占比	转移性收入占比	其他收入占比
2014	均值	48. 00	2. 85	0. 85	50. 13	1. 00
	标准差	42. 81	13. 84	7. 21	42. 58	8. 13
	偏度	−0. 01	5. 47	11. 21	0. 08	10. 12
	峰度	1. 26	33. 76	140. 87	1. 27	112. 88

（续表）

年份	统计量	劳动收入占比	经营性净收入占比	财产性收入占比	转移性收入占比	其他收入占比
2015	均值	47.68	2.30	1.39	48.92	1.73
	标准差	41.34	12.11	9.19	41.17	10.30
	偏度	-0.02	6.08	8.31	0.14	7.22
	峰度	1.32	41.98	78.14	1.35	58.72

表2—35同时对2014年与2015年城市困难家庭收入来源结构进行比较。根据抽样结果，两年在这一方面基本保持稳定。

（2）比较分析

表2—36进一步通过描述比较的方式，对比2015年低保家庭和低保边缘家庭的收入来源结构占比状况。比较结果显示，低保家庭和低保边缘家庭在劳动收入占比、财产性收入占比、转移性收入占比、其他收入占比方面存在非常显著的差异（P<0.01），在经营性净收入方面不存在明显的差异（P>0.05）。低保边缘家庭的劳动收入占比均值高于低保家庭29.69%，转移性收入占比低于低保家庭32.16%。

表2—36　2015年分人群城市困难家庭收入来源结构占比的分布情况（%）

	人群	均值	标准差
劳动收入占比	低保家庭	36.40	37.27
	低保边缘家庭	66.09	41.02
F=517.24　P=0.000			
经营性净收入占比	低保家庭	1.93	10.65
	低保边缘家庭	2.68	13.44
F=3.66　P=0.056			

（续表）

	人群	均值	标准差
财产性收入占比	低保家庭	0.85	6.48
	低保边缘家庭	2.21	12.11
F=20.09　　P=0.000			
转移性收入占比	低保家庭	61.21	37.33
	低保边缘家庭	29.05	39.31
F=630.39　　P=0.000			
其他收入占比	低保家庭	1.17	8.25
	低保边缘家庭	2.63	12.90
F=18.15　　P=0.000			

二、城市困难家庭支出状况

（一）家庭年支出水平

1. 家庭平均年支出水平

（1）描述分析和趋势分析

表2—37对城市困难家庭的平均年支出水平进行基本描述分析。根据调查结果显示，2015年城市困难家庭的平均年支出总额为35390.69元。

表2—37同时对2014年与2015年城市困难家庭的家庭平均支出水平进行比较。根据抽样结果，2015年城市困难家庭平均年支出水平略有提升。

表 2—37　2014 年、2015 年城市困难家庭平均年支出水平的基本统计（元）

年份	均值	标准差	偏度	峰度
2014	33344. 00	31715. 45	2. 81	14. 30
2015	35390. 69	30870. 64	2. 74	14. 68

（2）比较分析

表 2—38 进一步通过描述比较的方式，对比 2015 年低保家庭和低保边缘家庭的平均年支出总额状况。比较结果显示，低保家庭和低保边缘家庭在这一方面存在十分明显的差异（P<0. 01）。低保边缘家庭的平均年支出总额高于低保家庭 6970. 87 元。

表 2—38　2015 年分人群城市困难家庭平均年支出总额的基本统计（元）

人群	均值	标准差
低保家庭	32580. 13	29521. 71
低保边缘家庭	39551. 00	32372. 75
F = 52. 40　　P = 0. 000		

2. 家庭人均支出水平

（1）描述分析和趋势分析

表 2—39 对城市困难家庭的人均年支出进行基本描述分析。根据调查结果显示，2015 年城市困难家庭的人均支出均值为 12861. 38 元。

表 2—39 同时对 2014 年与 2015 年城市困难家庭的人均支出进行比较。根据抽样结果，2015 年城市困难家庭人均支出水平略有提高。

表 2—39　2014 年、2015 年城市困难家庭人均支出水平的基本统计（元）

年份	均值	标准差	偏度	峰度
2014	12157. 52	11151. 84	3. 40	20. 87
2015	12861. 38	11643. 34	3. 49	21. 58

（2）比较分析

表2—40进一步通过描述比较的方式，对比2015年低保家庭和低保边缘家庭的人均年支出状况。比较结果显示，低保家庭和低保边缘家庭在这一方面存在非常显著的差异（P<0.01）。低保边缘家庭的人均年支出均值高于低保家庭1558.45元。

表2—40　2015年分人群城市困难家庭人均支出水平的分布情况（元）

人群	均值	标准差
低保家庭	12235.99	11534.05
低保边缘家庭	13794.44	11760.82
F＝18.00　P＝0.000		

（二）家庭支出结构

1. 大类别支出结构

（1）大类别支出结构

描述分析和趋势分析

表2—41对城市困难家庭大类别支出结构进行基本描述分析。根据调查结果显示，2015年城市困难家庭的生活消费支出、转移性支出水平较高，其均值分别为31029.70元、3566.24元。

表2—41同时对2014年与2015年城市困难家庭大类别支出结构进行比较。根据抽样结果，2015年生活消费支出、转移性支出、缴纳所得税及其他支出的平均水平略有提升，而资产、经营性平均支出水平略有下降。

表 2—41　2014 年、2015 年城市困难家庭大类别支出结构的基本统计（元）

年份	统计量	生活消费支出	转移性支出	缴纳所得税	资产、经营性支出	其他支出
2014	均值	29538.96	2980.62	3.72	739.09	48.53
	标准差	29791.09	3895.35	61.69	5900.72	510.14
	偏度	3.07	2.04	22.66	11.78	14.16
	峰度	15.92	8.65	604.76	165.57	232.63
2015	均值	31029.70	3566.24	6.86	716.02	75.34
	标准差	28527.82	4459.86	94.42	5378.83	595.67
	偏度	2.97	2.00	16.79	11.47	11.52
	峰度	15.96	8.52	312.25	163.69	160.14

比较分析

表 2—42 进一步通过描述比较的方式，对比 2015 年低保家庭和低保边缘家庭的大类别支出结构状况。比较结果显示，低保家庭和低保边缘家庭在生活消费支出、转移性支出、资产经营性支出、其他支出方面存在非常显著的差异（P<0.01），在缴纳所得税方面存在明显的差异（P<0.05）。低保边缘家庭这五项支出的平均水平均高于低保家庭。

表 2—42　2015 年分人群城市困难家庭大类别支出结构的分布情况（元）

	人群	均值	标准差
生活消费支出	低保家庭	28917.15	27478.32
	低保边缘家庭	34175.56	29794.87
F=34.76　P=0.000			
转移性支出	低保家庭	3151.01	4279.91
	低保边缘家庭	4170.59	4646.33
F=53.81　P=0.000			

（续表）

	人群	均值	标准差
缴纳所得税	低保家庭	4.26	71.42
	低保边缘家庭	10.77	120.98
F=4.77　P=0.029			
资产、经营性支出	低保家庭	464.43	4348.82
	低保边缘家庭	1080.93	6603.20
F=13.34　P=0.000			
其他支出	低保家庭	44.96	444.34
	低保边缘家庭	119.67	764.94
F=15.99　P=0.000			

（2）大类别支出结构占比

描述分析和趋势分析

表2—43对城市困难家庭大类别支出结构占比中的生活消费支出占比进行基本描述分析。根据调查结果显示，2015年城市困难家庭生活消费支出（87.83%）和转移性支出（10.96%）占主要比例。

表2—43　2014年、2015年城市困难家庭大类别支出结构占比的基本统计（%）

年份	统计量	生活消费支出占比	转移性支出占比	缴纳所得税占比	资产、经营性支出占比	其他支出占比
2014	均值	88.66	10.09	0.01	1.09	0.15
	标准差	14.26	12.45	0.16	7.03	1.80
	偏度	-2.10	2.10	28.20	7.85	19.23
	峰度	8.92	9.78	1062.34	70.56	475.56

（续表）

年份	统计量	生活消费支出占比	转移性支出占比	缴纳所得税占比	资产、经营性支出占比	其他支出占比
2015	均值	87.83	10.96	0.02	0.95	0.25
	标准差	13.60	12.16	0.23	6.03	1.91
	偏度	-1.60	1.59	18.94	8.17	11.56
	峰度	6.08	6.14	413.87	80.76	176.54

表2—43同时对2014年与2015年城市困难家庭大类别支出结构进行比较。根据抽样结果，两年在大类别支出结构占比方面基本保持一致。

比较分析

表2—44进一步通过描述比较的方式，对比2015年低保家庭和低保边缘家庭的大类别支出结构状况。比较结果显示，低保家庭和低保边缘家庭在生活消费支出占比、转移性支出占比与资产经营性支出占比、其他支出占比方面存在非常显著的差异（P<0.01），在交纳所得税占比方面不存在明显的差异（P>0.05）。低保家庭的生活消费支出占比均值高于低保边缘家庭，在其他四项支出占比均值上低于低保边缘家庭。

表2—44　2015年分人群城市困难家庭大类别支出结构占比的分布情况（%）

	人群	均值	标准差
生活消费支出占比	低保家庭	89.06	13.15
	低保边缘家庭	86.06	14.05
F=49.86　P=0.000			
转移性支出占比	低保家庭	10.15	12.13
	低保边缘家庭	12.12	12.12
F=26.95　P=0.000			

（续表）

	人群	均值	标准差
缴纳所得税占比	低保家庭	0.01	0.20
	低保边缘家庭	0.02	0.27
F=2.10　P=0.147			
资产、经营性支出占比	低保家庭	0.63	5.20
	低保边缘家庭	1.42	7.05
F=17.66　P=0.000			
其他支出占比	低保家庭	0.16	1.49
	低保边缘家庭	0.38	2.39
F=13.75　P=0.000			

2. 小类别支出结构

（1）小类别支出结构

描述分析和趋势分析

表2—45对城市困难家庭小类别支出结构进行基本描述分析。根据调查结果显示，在生活消费支出方面，城市困难家庭在食品、教育、医疗上的花费较大；在转移性支出方面，在人情往来及购买商业保险、缴纳社会保险等上的花费较大；在资产、经营性支出方面，在购建房及偿还银行房贷支出上的花费较大。

表2—45同时对2014年与2015年城市困难家庭小类别支出结构中的生活消费支出进行比较。根据抽样结果，2015年在生活消费支出方面，食品和教育支出明显增加，医疗支出有所下降；转移性支出均略有上升，资产、经营性支出均略有下降。

表 2—45　2014 年、2015 年城市困难家庭小类别支出结构的基本统计（元）

		2014 年		2015 年	
		均值	标准差	均值	标准差
生活消费支出	食品	9695.49	7022.33	10770.32	7918.98
	衣着	813.95	1414.77	896.01	1418.80
	教育	3023.56	5639.32	7310.40	6794.21
	医疗	13256.66	26394.54	12498.60	24220.79
	住房	668.43	1764.85	631.16	1694.28
	婚丧嫁娶	397.10	2528.34	632.60	3329.01
	水电燃料采暖	1626.27	1310.38	1659.11	1281.08
	文化娱乐	51.74	321.08	57.78	306.84
	交通费	419.17	920.20	380.57	787.42
	邮电通信费	621.38	648.33	708.29	734.91
	上网费	173.66	413.26	162.97	394.06
	家庭设备、用品	542.47	1072.85	535.51	945.45
	其他	32.79	396.73	64.36	555.97
转移性支出	赡养、抚养、扶养费	509.97	1578.81	821.59	2247.41
	人情往来	1660.19	2275.19	1809.28	2376.88
	购买商业保险、缴纳社会保险等	917.18	2334.69	1035.94	2552.42
	其他	7.27	207.73	9.88	192.24
资产、经营性支出	购建房及偿还银行房贷支出	656.99	5623.49	641.93	5057.27
	其他	82.11	1709.55	75.06	1839.13

比较分析

表2—46进一步通过描述比较的方式，对比2015年低保家庭和低保边缘家庭的小类别支出结构状况。比较结果显示，第一，在生活消费支出方面。低保家庭和低保边缘家庭在食品、衣着、教育、住房、水电燃料采暖、文化娱乐、交通费、邮电通信费、上网费、家庭设备用品方面存在非常显著的差异（$P<0.01$），在医疗、婚丧嫁娶、其他方面不存在明显的差异（$P>0.05$）。第二，在转移性支出方面。低保家庭和低保边缘家庭在和人情往来，购买商业保险、缴纳社会保险等方面存在十分明显的差异（$P<0.01$），在赡养、抚养、扶养费方面存在明显的差异（$P<0.05$），在其他方面不存在明显的差异（$P>0.05$）。第三，在资产、经营性支出方面。低保家庭和低保边缘家庭在购建房及偿还银行房贷支出方面存在十分明显的差异（$P<0.01$），在其他方面不存在明显的差异（$P>0.05$）。

第一，在生活消费支出方面，低保边缘家庭在食品、衣着、教育、医疗、住房、水电燃料采暖、文化娱乐、交通费、邮电通信费、上网费、家庭设备、用品方面高于低保家庭。第二，在转移性支出方面，低保边缘家庭在赡养、抚养、扶养费、人情往来、购买商业保险、缴纳社会保险等方面均高于低保家庭。第三，在资产、经营性支出方面，低保边缘家庭在购建房及偿还银行房贷支出方面高于低保家庭。

表 2—46　2015 年分人群城市困难家庭小类别支出结构的分布情况（元）

		人群	均值	标准差
生活消费支出	食品	低保家庭	9851.16	7399.17
		低保边缘家庭	12162.14	8465.35
		F = 82.82　　P = 0.000		
	衣着	低保家庭	689.90	1133.19
		低保边缘家庭	1206.03	1720.47
		F = 134.06　　P = 0.000		
	教育	低保家庭	6660.87	6358.58
		低保边缘家庭	8245.72	7284.73
		F = 23.65　　P = 0.000		
	医疗	低保家庭	12295.82	23379.74
		低保边缘家庭	12803.13	25454.64
		F = 0.44　　P = 0.509		
	住房	低保家庭	555.37	1542.90
		低保边缘家庭	741.51	1892.23
		F = 12.06　　P = 0.000		
	婚丧嫁娶	低保家庭	555.83	3159.28
		低保边缘家庭	732.26	3537.91
		F = 2.84　　P = 0.092		
	水电燃料采暖	低保家庭	1506.42	1194.49
		低保边缘家庭	1884.45	1367.24
		F = 87.71　　P = 0.000		
	文化娱乐	低保家庭	35.48	215.56
		低保边缘家庭	91.19	405.20
		F = 33.41　　P = 0.000		
	交通费	低保家庭	314.82	721.88
		低保边缘家庭	478.69	868.26
		F = 43.73　　P = 0.000		

（续表）

		人群	均值	标准差
生活消费支出	邮电通信费	低保家庭	597.70	647.56
		低保边缘家庭	873.50	822.77
		F=144.77　　P=0.000		
	上网费	低保家庭	115.19	325.16
		低保边缘家庭	234.80	470.55
		F=94.51　　P=0.000		
	家庭设备、用品	低保家庭	475.02	868.03
		低保边缘家庭	626.93	1045.54
		F=25.75　　P=0.000		
	其他	低保家庭	57.89	515.54
		低保边缘家庭	74.25	612.37
		F=0.87　　P=0.350		
转移性支出	赡养、抚养、扶养费	低保家庭	750.46	2210.50
		低保边缘家庭	921.55	2293.76
		F=5.73　　P=0.017		
	人情往来	低保家庭	1560.96	2233.72
		低保边缘家庭	2183.87	2536.62
		F=68.18　　P=0.000		
	购买商业保险、缴纳社会保险等	低保家庭	898.53	2378.19
		低保边缘家庭	1239.91	2778.70
		F=17.77　　P=0.000		
	其他	低保家庭	13.22	233.67
		低保边缘家庭	4.94	104.15
		F=1.88　　P=0.170		

（续表）

		人群	均值	标准差
资产、经营性支出	购建房及偿还银行房贷支出	低保家庭	433.33	4267.74
		低保边缘家庭	945.41	6029.20
		F=10.39 P=0.000		
	其他	低保家庭	31.89	871.92
		低保边缘家庭	136.64	2697.67
		F=3.30 P=0.070		

（2）小类别支出结构

描述分析和趋势分析

表2—47对城市困难家庭小类别支出结构进行基本描述分析。根据调查结果显示，2015年城市困难家庭的食品（36.68%）、医疗（26.92%）、教育（19.19%）、水电燃料采暖（6.83%）以及人情往来（6.05%）的支出占比相对较高。

表2—47同时对2014年与2015年城市困难家庭小类别支出进行比较。根据抽样结果，2015年城市困难家庭教育支出的平均占比提高幅度较大。

表2—47 2014年、2015年城市困难家庭小类别支出结构占比的基本统计（%）

		2014年		2015年	
		均值	标准差	均值	标准差
生活消费支出	食品	37.08	22.24	36.68	20.53
	衣着	2.82	4.98	2.82	4.28
	教育	8.52	15.07	19.19	16.35
	医疗	28.75	26.23	26.92	24.81

（续表）

		2014 年		2015 年	
		均值	标准差	均值	标准差
生活消费支出	住房	2.57	7.59	2.18	6.27
	婚丧嫁娶	0.94	5.54	1.40	6.44
	水电燃料采暖	7.23	8.15	6.83	7.70
	文化娱乐	0.18	1.72	0.15	0.73
	交通费	1.41	3.38	1.07	2.11
	邮电通信费	2.56	3.67	2.47	2.87
	上网费	0.59	2.00	0.48	1.99
	家庭设备、用品	1.91	3.49	1.79	3.31
	其他	0.12	1.50	0.20	1.84
转移性支出	赡养、抚养、扶养费	1.58	5.05	2.32	6.29
	人情往来	6.07	8.73	6.05	8.24
	购买商业保险、缴纳社会保险等	2.81	7.41	2.89	6.73
	其他	0.03	0.86	0.04	0.86
资产、经营性支出	购建房及偿还银行房贷支出	0.95	6.71	0.85	5.75
	其他	0.13	2.09	0.10	1.83

比较分析

表 2—48 进一步通过描述比较的方式，对比 2015 年低保家庭和低保边缘家庭的小类别支出结构状况。比较结果显示，第一，在生活消费支出占比方面。低保家庭和低保边缘家庭在食品、衣着、医疗、文化娱乐、

表 2—48 2015 年分人群城市困难家庭小类别支出结构的分布情况（%）

		人群	均值	标准差
生活消费支出	食品	低保家庭	37.41	21.27
		低保边缘家庭	35.61	19.32
		F=82.82 P=0.000		
	衣着	低保家庭	2.40	3.92
		低保边缘家庭	3.46	4.71
		F=60.45 P=0.000		
	教育	低保家庭	18.99	16.88
		低保边缘家庭	19.44	15.56
		F=0.33 P=0.563		
	医疗	低保家庭	28.40	25.04
		低保边缘家庭	24.72	24.32
		F=21.93 P=0.000		
	住房	低保家庭	2.12	6.47
		低保边缘家庭	2.25	5.94
		F=0.47 P=0.493		
	婚丧嫁娶	低保家庭	1.29	6.53
		低保边缘家庭	1.53	6.23
		F=1.40 P=0.237		
	水电燃料采暖	低保家庭	6.92	8.08
		低保边缘家庭	6.68	7.10
		F=1.01 P=0.314		
	文化娱乐	低保家庭	0.10	0.56
		低保边缘家庭	0.22	0.93
		F=28.42 P=0.000		
	交通费	低保家庭	0.93	1.97
		低保边缘家庭	1.28	2.30
		F=26.92 P=0.000		

（续表）

		人群	均值	标准差
生活消费支出	邮电通信费	低保家庭	2.32	3.10
		低保边缘家庭	2.69	2.45
		F=16.85 P=0.000		
	上网费	低保家庭	0.36	2.20
		低保边缘家庭	0.65	1.58
		F=21.45 P=0.000		
	家庭设备、用品	低保家庭	1.73	2.95
		低保边缘家庭	1.89	3.79
		F=2.14 P=0.144		
	其他	低保家庭	0.17	1.64
		低保边缘家庭	0.24	2.11
		F=1.66 P=0.197		
转移性支出	赡养、抚养、扶养费	低保家庭	2.22	6.39
		低保边缘家庭	2.43	6.09
		F=1.05 P=0.305		
	人情往来	低保家庭	5.46	7.93
		低保边缘家庭	6.94	8.63
		F=31.69 P=0.000		
	购买商业保险、缴纳社会保险等	低保家庭	2.65	6.70
		低保边缘家庭	3.26	6.77
		F=8.11 P=0.004		
	其他	低保家庭	0.04	0.96
		低保边缘家庭	0.03	0.68
		F=0.47 P=0.492		

（续表）

		人群	均值	标准差
资产、经营性支出	购建房及偿还银行房贷支出	低保家庭	0.57	4.97
		低保边缘家庭	1.26	6.71
		F=14.87　　P=0.000		
	其他	低保家庭	0.06	1.57
		低保边缘家庭	0.16	2.17
		F=2.96　　P=0.085		

交通费、邮电通信费、上网费方面存在十分明显的差异（P<0.01），在教育、住房、婚丧嫁娶、水电燃料取暖、家庭设备用品、其他方面不存在明显的差异（P>0.05）。第二，在转移性支出占比方面。低保家庭和低保边缘家庭在人情往来，购买商业保险、缴纳社会保险方面存在非常显著的差异（P<0.01），在赡养、抚养、扶养费和其他等方面不存在明显的差异（P>0.05）。第三，在资产、经营性支出占比方面。低保家庭和低保边缘家庭在购建房及偿还银行房贷支出占比方面存在非常显著的差异(P<0.01)，在其他方面不存在明显的差异(P>0.05)。

（三）家庭恩格尔系数

1. 描述分析和趋势分析

表2—49对城市困难家庭的恩格尔系数进行基本描述分析。根据调查结果显示，2015年城市困难家庭的恩格尔系数均值为36.68%。

表2—49同时对2014年与2015年城市困难家庭恩格尔系数的情况进行比较。根据抽样结果，2015年，家庭恩格尔系数均值略有下降。

表 2—49　2014 年、2015 年城市困难家庭恩格尔系数的基本统计（%）

年份	均值	标准差	偏度	峰度
2014	37.08	22.24	0.64	2.90
2015	36.68	20.53	0.49	2.68

2. 比较分析

表 2—50 进一步通过描述比较的方式，对比 2015 年低保家庭和低保边缘家庭的恩格尔系数状况。比较结果显示，低保家庭和低保边缘家庭在这一方面存在非常显著的差异（P<0.01）。低保家庭的恩格尔系数高于低保边缘家庭。

表 2—50　2015 年分人群城市困难家庭恩格尔系数的分布情况（%）

人群	均值	标准差
低保家庭	37.41	21.27
低保边缘家庭	35.61	19.32
F = 7.37　　P = 0.007		

三、城市困难家庭财产状况

（一）储蓄水平

1. 描述分析和趋势分析

表 2—51 对 2016 年城市困难家庭的储蓄水平进行基本描述分析。根据调查结果显示，城市困难家庭的平均储蓄水平为 1831.00 元。

表 2—51 同时对 2015 年与 2016 年城市困难家庭储蓄水平进行比较。根据抽样结果，2016 年城市困难家庭储蓄水平略有提升。

表 2—51　2015 年、2016 年城市困难家庭储蓄水平的基本统计（元）

年份	均值	标准差	偏度	峰度
2015	1591.04	6670.04	5.18	31.82
2016	1831.00	7463.54	5.08	30.75

2. 比较分析

表 2—52 进一步通过描述比较的方式，对比 2016 年低保家庭和低保边缘家庭的储蓄水平。比较结果显示，低保家庭和低保边缘家庭在储蓄水平方面存在十分明显的差异（P<0.01）。低保边缘家庭的平均储蓄水平高于低保家庭 1719.49 元。

表 2—52　2016 年分人群城市困难家庭储蓄水平的分布情况（元）

人群	均值	标准差
低保家庭	1154.61	5640.54
低保边缘家庭	2874.10	9526.34
F=52.19　　P=0.000		

（二）欠债程度及借债原因

1. 家庭欠债状况

（1）描述分析和趋势分析

表 2—53 对城市困难家庭的欠债情况进行基本描述分析。根据调查结果显示，2016 年城市困难家庭的平均欠债 19000.20 元。

表2—53同时对2015年与2016年城市困难家庭的欠债情况进行比较。根据抽样结果，2016年城市困难家庭的平均欠债金额增加了3938.86元。

表2—53 2015年、2016年城市困难家庭欠债状况的基本统计（元）

年份	均值	标准差	偏度	峰度
2015	15061.34	28617.42	2.42	8.91
2016	19000.20	37860.16	2.80	11.35

（2）比较分析

表2—54进一步通过描述比较的方式，对比2016年低保家庭和低保边缘家庭的欠债状况。比较结果显示，低保家庭和低保边缘家庭在欠债方面存在明显的差异（P<0.05）。低保边缘家庭的欠债状况明显好于低保家庭。

表2—54 2016年分人群城市困难家庭欠债状况的分布情况（元）

人群	均值	标准差
低保家庭	20028.44	38910.49
低保边缘家庭	17424.18	36214.30
F=4.66　　P=0.031		

2. 家庭2015年新增债务

（1）描述分析和趋势分析

表2—55对城市困难家庭新增债务进行基本描述分析。根据调查结果显示，城市困难家庭2015年新增债务为16347.49元。

表2—55同时对2014年与2015年城市困难家庭新增债务的情况进行比较。根据抽样结果，2015年城市困难家庭的新增债务有所提升。

表 2—55　2014 年、2015 年城市困难家庭新增债务的基本统计（元）

年份	均值	标准差	偏度	峰度
2014	14469. 76	24597. 40	2. 74	11. 78
2015	16347. 49	29626. 10	3. 37	16. 89

（2）比较分析

表 2—56 进一步通过描述比较的方式，对比 2015 年低保家庭和低保边缘家庭 2015 年新增债务状况。比较结果显示，低保家庭和低保边缘家庭在新增债务方面存在非常显著的差异（P<0. 01）。低保边缘家庭平均新增债务水平高于低保家庭 5803. 96 元。

表 2—56　2015 年分人群城市困难家庭新增债务的分布情况（元）

人群	均值	标准差
低保家庭	14227. 15	26099. 94
低保边缘家庭	20031. 11	34715. 63
F = 15. 59　　P = 0. 000		

3. 家庭借债原因

（1）描述分析和趋势分析

表 2—57 对城市困难家庭借债的最主要原因进行基本描述分析。根据调查结果显示，2016 年城市困难家庭借债的最主要原因为看病以及孩子上学，占比共计 75. 40%。

表 2—57 同时对 2015 年与 2016 年城市困难家庭借债的最主要原因进行比较。根据抽样结果，两年在借债原因方面基本保持一致，因孩子上学而借债的占比有小幅上升。

表 2—57　2015 年、2016 年城市困难家庭借债的最主要原因的分布情况（%）

借债的最主要原因	2015 年	2016 年
看病	65. 17	62. 10
孩子上学	11. 75	13. 30
日常生活需要	6. 43	6. 12
经营需要	1. 51	1. 65
买房、租房或修建房	8. 23	9. 89
婚丧嫁娶	2. 59	2. 59
意外事故	1. 29	0. 94
重大自然灾害	0. 04	0. 12
其他	2. 98	3. 30
合计	100. 00	100. 00

（2）比较分析

表 2—58 进一步通过描述比较的方式，对比 2016 年低保家庭和低保边缘家庭借债的最主要原因。比较结果显示，低保家庭和低保边缘家庭借债原因方面存在十分明显的差异（P<0. 01）。与低保家庭相比，低保边缘家庭因看病借债的比例较低，因买房、租房或修建房借债的比例较高。

表 2—58　2016 年分人群城市困难家庭借债最主要原因的分布情况（%）

人群	看病	孩子上学	日常生活需要	经营需要	买房、租房或修建房	婚丧嫁娶	意外事故	重大自然灾害	其他
低保家庭	65. 93	13. 13	5. 69	1. 38	7. 81	2. 66	1. 10	0. 09	2. 20
低保边缘家庭	55. 28	13. 70	6. 93	2. 15	13. 70	2. 31	0. 66	0. 17	5. 12
$\chi^2=34.543$　　P = 0. 000									

四、城市困难家庭住房状况

（一）住房来源

1. 描述分析和趋势分析

表2—59对城市困难家庭现住房来源进行基本描述分析。根据调查结果显示，2016年城市困难家庭现住房来源主要为自建房（30.07%）、拆迁安置房（14.67%）、自购普通商品房（10.16%）。

表2—59同时对2015年与2016年城市困难家庭现住房来源进行比较。根据抽样结果，两年在住房来源方面基本保持一致。两年的住房来源均主要为自建房、拆迁安置房、自购普通商品房。

表2—59　2015年、2016年城市困难家庭现住房来源的分布情况（%）

住房来源	2015年	2016年
自建房	31.75	30.07
自购经济适用房或限价商品房	4.28	5.50
自购普通商品房	10.40	10.16
拆迁安置房	13.79	14.67
政府补贴建房	1.63	2.10
工作单位提供免费住房	4.14	3.97
租住单位住房	1.63	1.23
租住廉租房或公租房	8.13	8.43
继承房	5.94	7.44
市场租房	6.87	5.55
借房	5.63	4.77
其他	5.82	6.09
合计	100.00	100.00

2. 比较分析

表 2—60 进一步通过描述比较的方式，对比 2016 年低保家庭和低保边缘家庭的现住房来源状况。比较结果显示，低保家庭和低保边缘家庭在现住房来源方面存在非常显著的差异（P<0.01）。与低保家庭相比，低保边缘家庭住房来源为自建房、拆迁安置房、自购普通商品房的比例较高。

表 2—60　2016 年分人群城市困难家庭现住房来源的分布情况（%）

住房来源	低保家庭	低保边缘家庭
自建房	29.44	31.02
自购经济适用房或限价商品房	5.89	5.51
自购普通商品房	9.38	11.36
拆迁安置房	12.82	17.48
政府补贴建房	2.89	0.94
工作单位提供免费住房	3.92	4.00
租住单位住房	1.50	0.77
租住廉租房或公租房	9.34	7.12
继承房	8.03	6.47
市场租房	5.50	5.59
借房	5.58	3.59
其他	6.33	5.77
$\chi^2=61.58$　　P=0.000		

（二）平均住房面积和现住房价值

1. 现住房建房时间

（1）描述分析和趋势分析

表 2—61 对 2016 年城市困难家庭的现住房建房时间进行基本描述分析。根据调查结果显示，91.79%的城市困难家庭现住房于改革开放

后至今建立。

表2—61同时对2015年与2016年城市困难家庭现住房建房时间的分布情况进行比较。根据抽样结果，两年在现住房建房时间方面基本保持一致。

表2—61 2015年、2016年城市困难家庭现住房建房时间的分布情况（%）

建房时间	2015年	2016年
中华人民共和国成立前	1.40	1.45
中华人民共和国成立至改革开放	7.25	6.75
改革开放后至今	91.35	91.79
合计	100.00	100.00

（2）比较分析

表2—62进一步通过描述比较的方式，对比2016年低保家庭和低保边缘家庭的现住房建房时间状况。比较结果显示，低保家庭和低保边缘家庭在建房时间方面不存在明显的差异（P>0.05）。

表2—62 2016年分人群城市困难家庭现住房建房时间的分布情况（%）

	中华人民共和国成立前	中华人民共和国至改革开放	改革开放后至今
低保家庭	1.68	7.12	91.20
低保边缘家庭	1.13	6.17	92.71
$\chi^2=3.309$ P=0.191			

2. 人均住房面积

（1）描述分析和趋势分析

表2—63对城市困难家庭的人均住房面积进行基本描述分析。根据调查结果显示，2016年城市困难家庭的人均住房面积为29.11平方米。

表2—63同时对2015年与2016年城市困难家庭的人均住房面积进行比较。根据抽样结果，2016年城市困难家庭人均住房面积有一定的提升。

表2—63　2015年、2016年城市困难家庭的人均住房面积基本统计（平方米）

年份	均值	标准差	偏度	峰度
2015	28.23	19.84	3.00	23.32
2016	29.11	21.50	3.17	23.28

（2）比较分析

表2—64进一步通过描述比较的方式，对比2016年低保家庭和低保边缘家庭的人均住房面积状况。比较结果显示，低保家庭和低保边缘家庭在人均住房面积方面不存在明显的差异（P>0.05），均约为29平方米。

表2—64　2016年分人群城市困难家庭人均住房面积的分布情况（平方米）

人群	均值	标准差
低保家庭	29.17	21.52
低保边缘家庭	29.05	21.49
F=0.03　　P=0.860		

3. 现住房价值

（1）描述分析和趋势分析

表2—65对城市困难家庭的现住房价值进行基本描述分析。根据调查结果显示，2016年城市困难家庭的现住房价值平均为23.99万元。

表2—65同时对2015年与2016年城市困难家庭现住房价值进行比较。根据抽样结果，两年的城市困难家庭的现住房价值基本保持在23

万元以上。

表 2—65　2015 年、2016 年城市困难家庭的现住房价值基本统计（万元）

年份	均值	标准差	偏度	峰度
2015	23.82	41.49	2.61	9.63
2016	23.99	46.36	4.33	25.84

（2）比较分析

表 2—66 进一步通过描述比较的方式，对比 2016 年低保家庭和低保边缘家庭的现住房价值情况。比较结果显示，低保家庭和低保边缘家庭在现住房价值方面存在非常显著的差异（P<0.01）。低保边缘家庭现住房价值高于低保家庭 14.46 万元。

表 2—66　2016 年分人群城市困难家庭现住房价值的分布情况（万元）

人群	均值	标准差
低保家庭	18.13	33.06
低保边缘家庭	32.59	59.77
F=80.66　　P=0.000		

（三）住房质量及满意度

1. 住房质量

（1）描述分析和趋势分析

表 2—67 对 2016 年城市困难家庭的住房质量进行基本描述分析。根据调查结果显示，23.47%的城市困难家庭现住房为危房。

表 2—67 同时对 2015 年与 2016 年城市困难家庭住房质量的分布情况进行比较。根据抽样结果，2016 年城市困难家庭现住房是危房的比例略有提高。

表 2—67　2015 年、2016 年城市困难家庭的现住房质量的分布情况（%）

是不是危房	2015 年	2016 年
是	21. 97	23. 47
否	78. 03	76. 53
合计	100. 00	100. 00

（2）比较分析

表 2—68 进一步通过描述比较的方式，对比 2016 年低保家庭和低保边缘家庭的家庭住房质量情况。比较结果显示，低保家庭和低保边缘家庭在住房质量方面不存在明显的差异（P>0. 05）。

表 2—68　2016 年分人群城市困难家庭住房质量的分布情况（%）

人群	不是危房	是危房
低保家庭	75. 73	24. 27
低保边缘家庭	77. 78	22. 22
$\chi^2 = 2.377$　　P = 0. 123		

2. 住房满意度

（1）描述分析

表 2—69 对城市困难家庭对目前家庭居住环境的满意度进行基本描述分析。根据调查结果显示，超过 55%的家庭都对家居环境持满意态度，其中，满意度最高的为治安状况和交通便利程度。

（2）比较分析

表 2—70 进一步通过描述比较的方式，对比 2016 年低保家庭和低保边缘家庭的住房满意度。比较结果显示，低保家庭和低保边缘家庭在绿化状况、环境卫生状况、治安状况和生活服务设施方面均存在非常显著的差异（P<0. 01），而在交通便利状况方面不存在明显的差

异（P>0.05）。低保家庭的各项满意度均高于低保边缘家庭，其中在治安状况、生活服务设施方面差异较大。

表2—69　2015年、2016年城市困难家庭对目前家庭居住环境的满意度的分布情况（%）

家庭居住环境	年份	非常满意	较满意	一般	不太满意	很不满意
绿化状况	2015	26.66	32.13	25.48	9.64	6.10
	2016	29.01	27.44	27.61	8.59	7.35
环境卫生状况	2015	28.22	34.14	24.88	7.36	5.41
	2016	30.70	29.95	27.23	6.85	5.27
交通便利状况	2015	31.21	36.63	20.16	7.09	4.90
	2016	33.55	33.25	23.17	5.13	4.89
治安状况	2015	30.04	37.06	23.62	5.64	3.64
	2016	33.26	33.97	23.80	4.93	4.03
生活服务设施	2015	25.21	35.19	29.54	6.29	3.78
	2016	26.89	30.75	32.28	5.89	4.20

表2—70　2016年城市困难家庭住房满意度分布情况（%）

		很不满意	不太满意	一般	较满意	非常满意
绿化状况	低保家庭	7.40	7.68	26.25	27.17	31.50
	低保边缘家庭	7.26	9.91	29.56	27.91	25.37
	$\chi^2=23.254$　　P=0.000					
环境卫生状况	低保家庭	5.27	6.54	25.24	29.28	33.68
	低保边缘家庭	5.29	7.29	30.12	30.94	26.35
	$\chi^2=28.413$　　P=0.000					

（续表）

		很不满意	不太满意	一般	较满意	非常满意
交通便利状况	低保家庭	4.80	4.88	22.12	33.06	35.16
	低保边缘家庭	5.00	5.47	24.78	33.49	31.25
	$\chi^2=8.567$　P=0.073					
治安状况	低保家庭	4.25	4.45	21.51	33.40	36.38
	低保边缘家庭	3.71	5.66	27.24	34.67	28.71
	$\chi^2=36.047$　P=0.000					
生活服务设施	低保家庭	3.83	5.59	30.05	31.52	29.01
	低保边缘家庭	4.69	6.36	35.59	29.59	23.77
	$\chi^2=23.911$　P=0.000					

五、城市困难家庭耐用消费品拥有状况

表2—71对城市困难家庭耐用消费品拥有情况进行基本描述分析。根据调查结果显示，2016年城市困难家庭拥有耐用消费品的前五项为彩色电视机、洗衣机、冰箱、手机以及电动自行车。

表2—71同时对2015年与2016年城市困难家庭耐用消费品拥有情况进行比较。根据抽样结果，两年在这一情况上基本保持稳定，拥有的耐用消费品主要为彩色电视机、洗衣机、冰箱等。

表 2—71　2015 年、2016 年城市困难家庭耐用消费品拥有情况（%）

耐用消费品	2015 年		2016 年	
	有效百分比	个案百分比	有效百分比	个案百分比
彩色电视机	23.34	84.26	21.74	85.19
洗衣机	17.99	64.93	18.15	71.13
冰箱	16.15	58.29	16.39	64.21
空调	9.80	35.37	9.73	38.13
电脑	6.67	24.07	6.36	24.92
电动自行车	8.79	31.73	9.94	38.96
摩托车	2.08	7.51	1.89	7.39
手机	11.49	41.46	13.06	51.17
汽车	0.72	2.61	0.65	2.55
贵重物品（古董字画、珠宝、金银首饰、钢琴等）	0.63	2.28	0.55	2.17
以上都没有	2.34	8.46	1.53	5.98
合计	100.00	360.97	100.00	391.80

第三节　城市困难家庭医疗与就业状况

一、城市困难家庭医疗状况

（一）家庭成员的患病情况

1. 家庭成员患慢性病情况

（1）描述分析与趋势分析

表2—72对城市困难家庭的家庭成员患慢性病情况进行基本描述分析。根据调查结果显示，2016年城市困难家庭中无人患慢性病的占比为40.42%，1—2人患慢性病的所占比例为56.58%。

表2—72同时对2015年与2016年城市困难家庭成员患慢性病人数的分布情况进行比较分析。根据抽样结果，2016年城市困难家庭患有慢性病的人数占比略有提高。

表2—72　2015年、2016年城市困难家庭成员患慢性病人数的分布情况（%）

患慢性病人数	2015年	2016年
0	42.81	40.42
1	39.60	40.94
2	14.23	15.64
3	2.91	2.50
4	0.41	0.43
5	0.03	0.07
合计	100.00	100.00

表 2—73 对城市困难家庭的家庭成员慢性病花费及报销情况进行基本分析。根据调查结果显示，2015 年城市困难家庭平均慢性病花费为 11604. 24 元，平均医疗保险报销费用为 3907. 25 元。

表 2—73 同时对 2014 年、2015 年城市困难家庭的家庭成员慢性病花费及报销分布情况进行了比较分析。根据抽样结果，2015 年城市困难家庭成员的慢性病花费和报销费用略有下降。

表 2—73 2014 年、2015 年城市困难家庭成员慢性病花费及报销分布情况（元）

年份	花费/报销	均值	标准差	偏度	峰度
2014	慢性病花费	12427. 53	22329. 14	4. 39	26. 89
	医疗报销费用	4046. 73	12405. 16	7. 17	73. 58
2015	慢性病花费	11604. 24	19735. 16	4. 42	28. 72
	医疗报销费用	3907. 25	10293. 45	4. 94	32. 47

（2）比较分析

表 2—74 进一步通过描述比较的方式，对比 2016 年低保家庭和低保边缘家庭的家庭成员患慢性病人数。比较结果显示，低保家庭和低保边缘家庭在这一方面呈现十分明显的差异（P<0. 01）。低保家庭成员患慢性病的人数占比高于低保边缘家庭 8. 68%。

表 2—74 2016 年分人群城市困难家庭成员患慢性病人数的分布情况（%）

人群	0	1	2	3	4	5
低保家庭	37. 21	42. 48	16. 47	3. 21	0. 55	0. 08
低保边缘家庭	45. 29	38. 53	14. 41	1. 47	0. 24	0. 06
$\chi^2 = 37.719$ P = 0. 000						

表 2—75 进一步通过描述比较的方式，对比 2015 年低保家庭和低保边缘家庭的慢性病花费及报销状况。比较结果显示，低保家庭和低保

边缘家庭在慢性病花费方面存在非常显著的差异（P<0. 01），而在慢性病报销方面则不存在明显的差异（P>0. 05）。低保家庭在慢性病上的平均花费及报销水平均低于低保边缘家庭。

表 2—75　2015 年分人群城市困难家庭成员慢性病花费及报销的分布情况（元）

	人群	均值	标准差
慢性病花费	低保家庭	10720. 21	18382. 93
	低保边缘家庭	12962. 89	21444. 95
	F=7. 47　　P=0. 006		
慢性病报销	低保家庭	3634. 58	10001. 31
	低保边缘家庭	4373. 13	10779. 89
	F=2. 82　　P=0. 093		

2. 家庭成员患大病情况

（1）描述分析和趋势分析

表 2—76 对城市困难家庭的家庭成员患大病情况进行基本描述分析。根据调查结果显示，2016 年城市困难家庭中无人患大病的占比为 73. 38%，1 人患大病的为 23. 17%。

表 2—76 同时对 2015 年、2016 年城市困难家庭成员患大病人数的分布情况进行分析。根据抽样结果，两年在这一方面基本保持一致，家庭成员无人患大病的占比均超过 73%。

表 2—76　2015 年、2016 年城市困难家庭成员患大病人数的分布情况（%）

患慢性病人数	2015 年	2016 年
0	74. 40	73. 38
1	22. 44	23. 17
2	2. 86	3. 00

（续表）

患慢性病人数	2015 年	2016 年
3	0.27	0.43
4	0.03	0.02
合计	100.00	100.00

表 2—77 对城市困难家庭成员大病花费及报销的分布情况进行基本分析。根据调查结果显示，2015 年城市困难家庭平均大病花费为 31700.20 元，平均医疗报销费用为 10662.15 元。

表 2—77 同时对 2014 年、2015 年城市困难家庭成员大病花费及报销分布情况进行比较分析。根据抽样结果，相比 2014 年，2015 年家庭成员的大病花费和医疗报销费用略有降低。

表 2—77　2014 年、2015 年城市困难家庭成员大病花费及报销分布情况（元）

年份	花费/报销	均值	标准差	偏度	峰度
2014	大病花费	33511.84	45443.98	1.95	6.37
	医疗报销费用	13540.43	28357.54	3.48	17.49
2015	大病花费	31700.20	44295.81	2.09	7.02
	医疗报销费用	10662.15	18971.65	2.50	9.16

表 2—78 对城市困难家庭的家庭成员因大病借债情况进行基本描述。根据调查结果显示，2015 年城市困难家庭因大病借债金额的均值为 13587.47 元。

表 2—78 同时对 2014 年、2015 年城市困难家庭因大病借债金额的情况进行比较分析。根据抽样结果，两年中，城市困难家庭成员因大病借债的金额基本保持一致，2015 年家庭成员因大病借债金额的均值从 2014 年的 13610.17 元下降到了 13587.47 元。

表 2—78　2014 年、2015 年城市困难家庭因大病借债金额的分布情况（元）

年份	均值	标准差	偏度	峰度
2015	13587.47	29200.67	3.62	18.62
2014	13610.17	29735.55	3.52	17.85

（2）比较分析

表 2—79 进一步通过描述比较的方式，对比 2016 年低保家庭和低保边缘家庭成员患大病人数情况。比较结果显示，低保家庭和低保边缘家庭在这一方面存在十分明显的差异（P<0.01）。低保家庭成员患大病的人数占比高于低保边缘家庭 7.07%。

表 2—79　2016 年分人群城市困难家庭成员患大病人数的分布情况（%）

人群	0	1	2	3	4
低保家庭	70.52	25.72	3.17	0.55	0.04
低保边缘家庭	77.59	19.41	2.76	0.24	0
$\chi^2=28.022$　　P=0.000					

表 2—80 进一步通过描述比较的方式，对比 2015 年低保家庭和低保边缘家庭成员大病花费及报销状况。比较结果显示，低保家庭和低保边缘家庭在大病花费和大病报销方面均不存在明显的差异（P>0.05）。低保家庭和低保边缘家庭的大病花费约为 3 万元，大病报销约为 1 万元。

表 2—80　2015 年分人群城市困难家庭成员大病花费及报销的分布情况（元）

	人群	均值	标准差
大病花费	低保家庭	29957.76	41581.63
	低保边缘家庭	35222.36	49133.63
	F=3.39　　P=0.066		

（续表）

	人群	均值	标准差
大病报销	低保家庭	10126. 99	18178. 94
	低保边缘家庭	11767. 90	20483. 28
	F = 1. 68　　P = 0. 196		

表 2—81 进一步通过描述比较的方式，对比 2015 年低保家庭和低保边缘家庭因大病借债状况。比较结果显示，低保家庭和低保边缘家庭在因大病借债金额方面不存在差异（P>0. 05）。低保家庭和低保边缘家庭因大病借债金额在 13500 元左右。

表 2—81　2015 年分人群城市困难家庭成员因大病借债金额的分布情况（元）

人群	均值	标准差
低保家庭	13325. 13	28100. 34
低保边缘家庭	14097. 23	31261. 40
F = 0. 17　　P = 0. 680		

（二）家庭成员健康分布

1. 描述分析和趋势分析

表 2—82 对城市困难家庭成员的健康状况进行基本描述分析。根据调查结果显示，2016 年城市困难家庭成员健康状况为很差或较差的占比共计 38. 06%。

表 2—82 同时对 2015 年、2016 年城市困难家庭成员的健康状况进行比较分析。根据抽样结果，两年在成员健康状况方面基本保持一致，家庭成员健康状况为很差或较差的占比均超过 38%。

表 2—82　2015 年、2016 年城市困难家庭成员健康状况的分布情况（%）

健康状况	2015 年	2016 年
很好	15.88	17.48
较好	13.88	11.29
一般	30.36	33.17
较差	22.13	20.32
很差	17.75	17.74
合计	100.00	100.00

表 2—83 对城市困难家庭成员的患病状况进行基本描述分析。根据调查结果显示，2016 年约二分之一的城市困难家庭成员患有慢性病，约五分之一患有大病。

表 2—83 同时对 2015 年、2016 年城市困难家庭成员患病情况进行比较分析。根据抽样结果，两年在成员患病方面基本保持稳定，只有约 15%的家庭成员未患病。

表 2—83　2015 年、2016 年分人群城市困难家庭成员患病状况的分布情况（%）

健康状况	2015 年	2016 年
大病	22.61	21.50
慢性病	52.19	52.95
其他	9.87	9.73
无	15.33	15.83
合计	100.00	100.00

2. 比较分析

表 2—84 进一步通过描述比较的方式，对比 2016 年低保家庭和低保边缘家庭的成员健康分布状况。比较结果显示，低保家庭和低保边缘

家庭在成员健康方面存在十分明显的差异（P<0.01）。低保边缘家庭成员健康状况为很好、较好的占比高于低保家庭9.01%。

表2—84　2016年城市困难家庭成员健康状况的分布情况（%）

健康状况	低保家庭	低保边缘家庭
很好	14.48	21.54
较好	10.41	12.53
一般	31.54	35.39
较差	22.70	17.03
很差	20.86	13.51
$\chi^2=255.245$　　P=0.000		

表2—85进一步通过描述比较的方式，对比2016年低保家庭和低保边缘家庭成员患病状况。比较结果显示，低保家庭和低保边缘家庭在成员患病方面不存在明显的差异（P>0.05）。

表2—85　2016年分人群城市困难家庭成员患病状况的分布情况（%）

人群	大病	慢性病	其他	无
低保家庭	21.65	52.55	9.60	16.21
低保边缘家庭	21.30	53.68	9.97	15.05
$\chi^2=1.382$　　P=0.710				

（三）家庭残疾人数

1. 描述分析和趋势分析

表2—86对城市困难家庭成员残疾人数的分布情况进行基本描述分析。根据调查结果显示，2016年城市困难家庭中无人残疾的占比为59.75%，1人残疾的占比为34.15%。

表2—86同时对2015年、2016年城市困难家庭残疾人数的分布情况进行比较分析。根据抽样结果，2016年城市困难家庭中身有残疾的人数占比略有升高。

表2—86 2015年、2016年城市困难家庭成员残疾人数的分布情况（%）

残疾人数	2015年	2016年
0	62.03	59.75
1	32.77	34.15
2	4.66	5.50
3	0.48	0.54
4	0.05	0.05
5	0.01	—
合计	100.00	100.00

表2—87对城市困难家庭成员残疾等级状况进行基本描述分析。根据调查结果显示，2016年城市困难家庭中，残疾三级（轻度）及以上的占比达到28.65%。

表2—87同时对2015年、2016年城市困难家庭成员残疾状况进行比较分析。根据抽样结果，相较于2015年，2016年家庭成员残疾比例有所提高，残疾程度有所加深。

表2—87 2015年、2016年城市困难家庭成员残疾状况的分布情况（%）

残疾人数	2015年	2016年
残疾一级(重度)	6.21	6.61
残疾二级(中度)	11.56	13.30
残疾三级(轻度)	8.15	8.74
残疾四级及以下	4.50	4.71
其他	9.33	—

（续表）

残疾人数	2015 年	2016 年
无	60. 26	66. 64
合计	100. 00	100. 00

表 2—88 对城市困难家庭目前领取残疾补贴人数进行基本描述分析。根据调查结果显示，2016 年城市困难家庭中无人领取残疾补贴的占 42. 48%，1 人领取的占 51. 56%。

表 2—88 同时对 2015 年、2016 年城市困难家庭领取残疾补贴人数分布情况进行比较分析。根据抽样结果，2016 年城市困难家庭无人领取残疾补贴的人数比例有所下降。

表 2—88　2015 年、2016 年城市困难家庭领取残疾补贴人数的分布情况（%）

残疾补贴人数	2015 年	2016 年
0	52. 79	42. 48
1	43. 12	51. 56
2	3. 66	5. 31
3	0. 40	0. 59
4	—	0. 06
5	0. 04	—
合计	100. 00	100. 00

2. 比较分析

表 2—89 进一步通过描述比较的方式，对比 2016 年低保家庭和低保边缘家庭的残疾人数状况。比较结果显示，低保家庭和低保边缘家庭在残疾人数方面存在十分明显的差异（P<0. 01），低保家庭中身有残疾的人数比例高于低保边缘家庭 23. 33%。

表 2—89　2016 年分人群城市困难家庭成员残疾人数的分布情况（%）

人群	0	1	2	3	4
低保家庭	50.38	41.43	7.28	0.83	0.08
低保边缘家庭	73.71	23.35	2.82	0.12	0
$\chi^2=237.457$　　P=0.000					

表 2—90 进一步通过描述比较的方式，对比低保家庭和低保边缘家庭的残疾状况。比较结果显示，低保家庭和低保边缘家庭在残疾程度方面存在十分明显的差异（P<0.01）。在低保家庭中，残疾状况为残疾一级（重度）、残疾二级（中度）、残疾三级（轻度）、残疾四级及以下的比例均高于低保边缘家庭。

表 2—90　2016 年分人群城市困难家庭成员残疾状况的分布情况（%）

人群	残疾一级（重度）	残疾二级（中度）	残疾三级（轻度）	残疾四级及以下	无
低保家庭	8.10	15.63	9.77	4.95	61.56
低保边缘家庭	3.59	8.74	6.75	4.21	76.70
$\chi^2=120.291$　　P=0.000					

表 2—91 进一步通过描述比较的方式，对比 2016 年低保家庭和低保边缘家庭目前领取残疾补贴的人数状况。比较结果显示，低保家庭和低保边缘家庭在这一方面存在十分明显的差异（P<0.01）。低保边缘家庭无人领取残疾补贴的比例高于低保家庭 17.74%。

表 2—91　2016 年分人群城市困难家庭领取残疾补贴人数的分布情况（%）

人群	0	1	2	3	4
低保家庭	37.77	55.25	6.17	0.72	0.08

（续表）

人群	0	1	2	3	4
低保边缘家庭	55.51	41.57	2.70	0.22	0
$\chi^2=45.461$ P=0.000					

（四）长期照料人数与照料方式

1. 长期照料人数

（1）描述分析与趋势分析

表2—92对2016年城市困难家庭中需要长期照料的人数进行基本描述分析。根据调查结果显示，32.77%的城市困难家庭需要长期照料。

表2—92同时对2015年、2016年城市困难家庭需要长期照料人数分布情况进行比较分析。根据抽样结果，2016年城市困难家庭中不需要长期照料的比例相对略微提升。

表2—92 2015年、2016年城市困难家庭需要长期照料人数的分布情况（%）

需要长期照料人数	2015年	2016年
0	64.77	67.23
1	29.82	27.69
2	4.60	4.42
3	0.66	0.59
4	0.12	0.07
5	0.03	—
合计	100.00	100.00

（2）比较分析

表2—93进一步通过描述比较的方式，对比2016年低保家庭和低保边缘家庭需要长期照料人数。比较结果显示，低保家庭和低保边缘家庭在需要长期照料人数方面存在非常显著的差异（P<0.01）。低保边缘家庭不需要长期照料的占比高于低保家庭12.32%。

表2—93　2016年分人群城市困难家庭需要长期照料人数的分布情况（%）

人群	0	1	2	3	4
低保家庭	62.27	31.67	5.23	0.75	0.08
低保边缘家庭	74.59	21.76	3.24	0.35	0.06
$\chi^2=70.836$　　P=0.000					

2. 长期照料方式

（1）描述分析与趋势分析

表2—94对2016年城市困难家庭中需要长期照料的家庭成员的主要照料方式进行基本描述分析。根据调查结果显示，超过九成的城市困难家庭其成员的照料方式为家人或亲属照料。

表2—94同时对2015年、2016年城市困难家庭中需要长期照料的家庭成员的主要照料方式进行比较分析。两年来城市困难家庭在照料方式上基本保持一致，均超过90%的家庭，其成员由家人或亲属照料。

表2—94　2015年、2016年城市困难家庭的长期照料方式的分布情况（%）

主要照料方式	2015年	2016年
家人或亲属照料	93.82	92.21
社区居家照料	0.62	0.51
聘请保姆照料	0.66	0.72
送养老院等专门机构照料	1.55	1.66

（续表）

主要照料方式	2015 年	2016 年
无人照料	3.34	4.91
合计	100.00	100.00

（2）比较分析

表 2—95 进一步通过描述比较的方式，对比 2016 年低保家庭和低保边缘家庭的长期照料方式。比较结果显示，低保家庭和低保边缘家庭在长期照料方式方面不存在明显的差异（P>0.05）。超过九成低保家庭和低保边缘家庭，需要长期照料的家庭成员均是由家人或亲属照料。

表 2—95　2016 年分人群城市困难家庭长期照料方式的分布情况（%）

人群	家人或亲属照料	社区居家照料	聘请保姆照料	送养老院等专门机构照料	无人照料
低保家庭	92.33	0.53	0.32	1.68	5.15
低保边缘家庭	91.90	0.46	1.62	1.62	4.40
$\chi^2=7.381$　　P=0.117					

二、城市困难家庭就业状况

（一）被访者就业状况分析

1. 描述分析与趋势分析

表 2—96 对城市困难家庭被访者就业状况进行基本描述分析。根据调查结果显示，2016 年城市困难家庭被访者就业状况主要为离退休（年老无业）、零工、劳动年龄但丧失劳动能力、失业、无业（有劳动能力）。

表2—96同时对2015年、2016年城市困难家庭被访者就业的分布情况进行比较分析。根据抽样结果，两年在被访者就业方面基本保持稳定，被访者就业情况均主要为离退休（年老无业）、零工、劳动年龄但丧失劳动能力。

表2—96　2015年、2016年城市困难家庭被访者就业的分布情况（%）

职业类型	2015年	2016年
在校学生	0.81	0.77
编制内员工	1.06	0.87
合同制员工	4.43	4.75
零工	17.07	16.51
个体	2.67	3.16
务农	6.11	6.48
长期料理家务	6.70	8.60
失业、无业（有劳动能力）	12.96	13.62
劳动年龄但丧失劳动能力	15.21	14.03
离退休（年老无业）	27.25	26.37
其他	5.71	4.84
合计	100.00	100.00

2. 比较分析

表2—97进一步通过描述比较的方式，对比2016年低保家庭和低保边缘家庭被访者就业状况，比较结果显示，低保家庭和低保边缘家庭在被访者就业状况方面存在非常显著的差异（P<0.01）。

低保家庭被访者失业、无业（有劳动能力）的比例高于低保边缘家庭6.07%，劳动年龄但丧失劳动能力的比例低于低保边缘家庭6.20%。

表 2—97　2016 年分人群城市困难家庭被访者就业的分布情况（%）

职业类型	低保家庭	低保边缘家庭
在校学生	0.85	0.66
编制内员工	0.49	1.43
合同制员工	2.59	7.89
零工	14.95	18.88
个体	2.43	4.18
务农	6.60	6.33
长期料理家务	8.55	8.72
失业、无业（有劳动能力）	16.05	9.98
劳动年龄但丧失劳动能力	7.83	14.03
离退休（年老无业）	24.15	29.69
其他	5.11	4.42
$\chi^2=205.631$　　P=0.000		

（二）家庭成员就业状况分析

1. 描述分析与趋势分析

表 2—98 对 2016 年城市困难家庭成员就业状况进行基本描述分析。根据调查结果显示，2016 年城市困难家庭成员就业状况主要集中于离退休（年老无业）、在校学生、零工和劳动年龄但丧失劳动能力。

表 2—98 同时对 2015 年、2016 年城市困难家庭成员就业状况进行比较分析。根据抽样结果，两年在家庭成员就业情况上基本保持稳定。

表 2—98　2015 年、2016 年城市困难家庭成员就业的分布情况（%）

职业类型	2015 年	2016 年
学龄前儿童	3. 49	3. 22
在校学生	16. 61	16. 84
编制内员工	1. 13	1. 01
合同制员工	5. 54	6. 00
零工	15. 98	15. 67
个体	1. 93	2. 38
务农	4. 06	3. 73
长期料理家务	6. 14	7. 99
失业、无业（有劳动能力）	9. 83	10. 13
劳动年龄但丧失劳动能力	11. 52	11. 22
离退休（年老无业）	18. 90	17. 25
其他	4. 88	4. 55
合计	100. 00	100. 00

2. 比较分析

表 2—99 进一步通过描述比较的方式，对比 2016 年低保家庭和低保边缘家庭成员就业状况，比较结果显示，低保家庭和低保边缘家庭在成员就业方面存在非常显著的差异（P<0. 01）。

低保家庭成员就业状况为劳动年龄但丧失劳动能力的占比高于低保边缘家庭 8. 08%，合同制员工的占比低于低保边缘家庭 5. 54%。

表 2—99　2016 年分人群城市困难家庭成员就业的分布情况（%）

职业类型	低保家庭	低保边缘家庭
学龄前儿童	2. 89	3. 67

（续表）

职业类型	低保家庭	低保边缘家庭
在校学生	17. 64	15. 78
编制内员工	0. 54	1. 66
合同制员工	3. 68	9. 22
零工	14. 08	17. 92
个体	1. 78	3. 16
务农	3. 93	3. 48
长期料理家务	7. 82	8. 19
失业、无业（有劳动能力）	11. 81	7. 73
劳动年龄但丧失劳动能力	14. 64	6. 56
离退休（年老无业）	16. 33	18. 57
其他	4. 86	4. 07
$\chi^2 = 497.882$　　P = 0. 000		

（三）家庭最主要收入人最近从事的职业类型

1. 描述分析和趋势分析

表 2—100 对城市困难家庭最主要收入人最近从事的职业类型进行基本描述分析。根据调查结果显示，2016 年城市困难家庭最主要收入人最近从事的职业类型为无业的占比最大；其次为不便分类的其他从业人员。

表 2—100 同时对 2015 年、2016 年城市困难家庭最主要收入人最近从事的职业类型的分布情况进行比较分析。根据抽样结果，两年在这一情况上基本保持一致，最主要收入人最近无业的比例均超过 30%。

表 2—100　2015 年、2016 年城市困难家庭最主要收入人最近从事的职业类型的分布情况（%）

职业类型	2015 年	2016 年
国家机关、党群组织、企事业单位负责人	2. 89	2. 77
专业技术人员	5. 47	4. 56
办事人员和有关人员	4. 15	3. 33
商业、服务人员	13. 55	13. 78
农、林、牧、渔、水利业生产人员	9. 14	9. 86
生产、运输设备操作人员及有关人员	8. 10	9. 83
军人	0. 29	0. 33
不便分类的其他从业人员	20. 87	24. 39
无业	35. 55	31. 15
合计	100. 00	100. 00

2. 比较分析

表 2—101 进一步通过描述比较的方式，对比 2016 年低保家庭和低保边缘家庭最主要收入人最近从事的职业类型，比较结果显示，低保家庭和低保边缘家庭在这一方面存在非常的显著差异（P<0. 01）。低保家庭最主要收入人无业的占比高于低保边缘家庭 19. 05%。

表 2—101　2016 年分人群城市困难家庭最主要收入人最近从事的职业类型的分布情况（%）

职业类型	低保家庭	低保边缘家庭
国家机关、党群组织、企事业单位负责人	1. 74	4. 30
专业技术人员	3. 92	5. 48
办事人员和有关人员	2. 14	5. 12

（续表）

职业类型	低保家庭	低保边缘家庭
商业、服务人员	11.32	17.43
农、林、牧、渔、水利业生产人员	10.65	8.72
生产、运输设备操作人员及有关人员	6.69	14.55
军人	0.32	0.35
不便分类的其他从业人员	24.39	24.26
无业	38.84	19.79
$\chi^2=269.720$　　$P=0.000$		

（四）家庭最主要收入人最近从事工作所属行业

1. 描述分析与趋势分析

表2—102对城市困难家庭最主要收入人最近从事工作所属行业进行基本描述分析。根据调查结果显示，城市困难家庭最主要收入人最近从事工作所属行业主要集中于未就业、其他、农林牧渔业和制造业，共计63.34%。

表2—102同时对2015年、2016年城市困难家庭最主要收入人最近从事工作所属行业分布情况进行比较分析。根据抽样结果，相较于2015年，2016年家庭最主要收入人未就业的比例下降了5.40%，其他的比例上升了4.43%。

表2—102　2015年、2016年城市困难家庭最主要收入人最近从事工作所属行业的分布情况（%）

行业	2015年	2016年
农、林、牧、渔业	9.60	10.75

（续表）

行业	2015 年	2016 年
采矿业	0.37	0.26
制造业	8.19	8.26
电力、热力、燃气及水生产和供应业	2.03	1.54
建筑业	5.34	6.39
批发和零售业	4.73	5.02
交通运输、仓储和邮政业	4.80	3.98
住宿和餐饮业	4.12	4.07
信息传输、软件和信息技术服务业	0.86	0.62
金融业	0.52	0.38
房地产业	0.27	0.21
租赁和商务服务业	1.45	1.40
科学研究和技术服务业	0.38	0.19
水利、环境和公共设施管理业	0.56	0.66
居民服务、修理和其他服务业	5.93	5.85
教育	1.19	1.42
卫生和社会工作	2.58	2.94
文化、体育和娱乐业	0.66	0.71
公共管理、社会保障和社会组织	1.10	1.02
国际组织	0.01	—
其他	11.06	15.49
未就业	34.24	28.84
合计	100.00	100.00

2. 比较分析

表2—103进一步通过描述比较的方式，对比2016年低保家庭和低保边缘家庭主要收入人最近从事工作所属行业状况，比较结果显示，低保家庭和低保边缘家庭在这一方面存在非常显著的差异（P<0.01）。低保家庭主要收入人最近未就业的占比为36.36%，高出低保边缘家庭18.71%。

表2—103 2016年城市困难家庭最主要收入人最近从事工作所属行业的分布情况（%）

行业	低保家庭	低保边缘家庭
农、林、牧、渔业	11.10	10.21
采矿业	0.04	0.59
制造业	6.62	10.74
电力、热力、燃气及水生产和供应业	1.07	2.24
建筑业	5.31	8.03
批发和零售业	4.28	6.14
交通运输、仓储和邮政业	3.41	4.84
住宿和餐饮业	3.77	4.55
信息传输、软件和信息技术服务业	0.52	0.71
金融业	0.12	0.77
房地产业	0.20	0.24
租赁和商务服务业	1.19	1.71
科学研究和技术服务业	0.12	0.30
水利、环境和公共设施管理业	0.83	0.41
居民服务、修理和其他服务业	5.00	7.14
教育	1.39	1.48

（续表）

行业	低保家庭	低保边缘家庭
卫生和社会工作	2.46	3.66
文化、体育和娱乐业	0.67	0.77
公共管理、社会保障和社会组织	0.71	1.48
国际组织	—	—
其他	14.83	16.35
未就业	36.36	17.65
$\chi^2=229.338$ P=0.000		

第四节　城市困难家庭社会心态、社会参与状况

一、城市困难家庭心理健康状况

（一）城市困难家庭心理观念状况

1. 被访者的自卑感

（1）描述分析和趋势分析

表2—104对城市困难家庭被访者与人交往感觉自卑的分布情况进行基本描述分析。根据调查结果显示，2016年有45.85%的被访者表示有过自卑感。

表2—104同时对2015年与2016年城市困难家庭被访者自卑感的情况进行比较。根据抽样结果，两年在自卑感的方面基本保持稳定，有过自卑感的比例均在45%以上。

表 2—104　2015 年、2016 年城市困难家庭被访者与人交往感觉自卑的分布情况（%）

	2015 年	2016 年
经常有	15.18	14.04
有时有	19.59	18.67
很少有	12.47	13.14
从未有过	48.47	51.60
说不清	4.29	2.55
总计	100.00	100.00

（2）比较分析

表 2—105 进一步通过描述比较的方式，对比 2016 年低保家庭和低保边缘家庭城市困难家庭被访者与人交往感觉自卑的分布情况。比较结果显示，低保家庭和低保边缘家庭在自卑感方面存在十分明显的差异（$P<0.01$）。低保家庭中有过自卑感的比例高于低保边缘家庭 8.68%。

表 2—105　2016 年城市困难家庭被访者与人交往时感觉自卑的分布情况（%）

人群	经常有	有时有	很少有	从未有过	说不清
低保家庭	15.97	20.05	13.31	47.66	3.01
低保边缘家庭	11.12	16.65	12.88	57.53	1.82
$\chi^2=48.283$　　$P=0.000$					

2. 被访者的绝望感

（1）描述分析和趋势分析

表 2—106 对城市困难家庭被访者感到自己和家庭的未来没有希望的分布情况进行基本描述分析。根据调查结果显示，2016 年有 47.20% 的被访者有过绝望感。

表 2—106 同时对 2015 年与 2016 年城市困难家庭被访者绝望感的情况进行比较。根据抽样结果，两年在绝望感方面基本保持一致，有过绝望感的被访者均在 48%左右。

表 2—106　2015 年、2016 年被访者感到自己和家庭的未来没有希望的分布情况（%）

	2015 年	2016 年
经常有	16.92	15.74
有时有	18.54	19.50
很少有	12.66	11.96
从未有过	47.61	50.19
说不清	4.28	2.60
总计	100.00	100.00

（2）比较分析

表 2—107 进一步通过描述比较的方式，对比 2016 年低保家庭和低保边缘家庭城市困难家庭被访者感到自己和家庭未来没有希望的分布情况。比较结果显示，低保家庭和低保边缘家庭在绝望感方面存在十分明显的差异（$P<0.01$）。低保家庭中有过绝望感的比例高于低保边缘家庭 11.80%。

表 2—107　2015 年、2016 年分人群被访者感到自己和家庭未来没有希望的分布情况（%）

人群	经常有	有时有	很少有	从未有过	说不清
低保家庭	18.30	21.24	12.40	45.44	2.61
低保边缘家庭	11.95	16.89	11.30	57.27	2.59
$\chi^2=65.200$　　$P=0.000$					

3. 被访者的焦虑感

（1）描述分析和趋势分析

表 2—108 对城市困难家庭被访者感到情绪沮丧、心情焦虑的分布情况进行基本描述分析。根据调查结果显示，2016 年有 68.76%的被访者表示有过焦虑感。

表 2—108 同时对 2015 年与 2016 年城市困难家庭被访者焦虑感的情况进行比较。根据抽样结果，两年在焦虑感方面基本保持稳定，均超过 66%的被访者有过焦虑感。

表 2—108　2015 年、2016 年城市困难家庭被访者感到情绪沮丧、心情焦虑的分布情况（%）

	2015 年	2016 年
经常有	24.77	24.34
有时有	28.08	29.94
很少有	13.57	14.48
从未有过	31.13	30.51
说不清	2.45	0.73
总计	100.00	100.00

（2）比较分析

表 2—109 进一步通过描述比较的方式，对比 2016 年低保家庭和低保边缘家庭 2016 年城市困难家庭被访者感到情绪沮丧、心情焦虑的分布情况。比较结果显示，低保家庭和低保边缘家庭在焦虑感方面存在十分明显的差异（P<0.01）。低保家庭被访者有过焦虑感的比例高于低保边缘家庭 8.59%。

表 2—109　2016 年分人群被访者感到情绪沮丧、心情焦虑的分布情况（%）

人群	经常有	有时有	很少有	从未有过	说不清
低保家庭	27.11	30.71	14.40	27.03	0.75
低保边缘家庭	20.25	28.78	14.60	35.67	0.71
$\chi^2 = 45.814$　　$P = 0.000$					

（二）城市困难家庭思想观念状况

1. 被访者的责任观念

（1）描述分析和趋势分析

表 2—110 对 2016 年城市困难家庭被访者对个人应该承担更多的责任来养活自己这一观念的分布情况进行基本描述分析。根据调查结果显示，83.92%的城市困难家庭被访者同意这一观念。

表 2—110 同时对 2015 年与 2016 年城市困难家庭被访者责任观念进行比较。根据抽样结果，两年在责任观念方面基本稳定。同意这一观念的被访者均达到 80%以上。

表 2—110　2015 年、2016 年被访者认为个人应该承担更多的责任来养活自己的分布情况（%）

	2015 年	2016 年
很同意	49.94	53.11
比较同意	31.82	30.81
不太同意	5.79	5.48
不同意	6.89	6.66
说不清	5.57	3.95
总计	100.00	100.00

（2）比较分析

表2—111进一步通过描述比较的方式，对比2016年低保家庭和低保边缘家庭责任感的分布情况。比较结果显示，低保家庭和低保边缘家庭在责任感方面存在十分明显的差异（P<0.01）。51.94%的低保家庭很同意个人应承担更多责任来养活自己这一观念，低于低保边缘家庭2.94%。

表2—111　2016年分人群被访者个人应承担更多责任来养活自己的分布情况（%）

人群	很同意	比较同意	不太同意	不同意	说不清
低保家庭	51.94	30.80	5.86	6.49	4.91
低保边缘家庭	54.88	30.76	4.88	6.94	2.53
$\chi^2=18.296$　　P=0.001					

2. 被访者的奋斗观念

（1）描述分析和趋势分析

表2—112对2016年城市困难家庭被访者对努力工作通常能够带来好生活这一观念的分布情况进行基本描述分析。根据调查结果显示，90.80%的城市困难家庭被访者表示很同意、比较同意这一观念。

表2—112同时对2015年与2016年城市困难家庭被访者奋斗观念进行比较。根据抽样结果，相较于2015年，2016年很同意努力工作通常能够带来好生活这一观念的比例有所增加。

表2—112　2015年、2016年被访者认为努力工作通常能够带来好生活的分布情况（%）

	2015年	2016年
很同意	58.60	65.58
比较同意	29.28	25.22

（续表）

	2015 年	2016 年
不太同意	3.92	3.12
不同意	3.52	3.33
说不清	4.69	2.74
总计	100.00	100.00

（2）比较分析

表 2—113 进一步通过描述比较的方式，对比 2016 年低保家庭和低保边缘家庭 2016 年城市困难家庭被访者努力工作能带来好生活的分布情况。比较结果显示，低保家庭和低保边缘家庭努力工作能带来好生活方面存在明显的差异（$P<0.05$）。低保家庭中 63.84%的家庭很同意努力工作能带来好生活情况，而低保边缘家庭为 68.16%，相差 4.32%。

表 2—113　2016 年分人群被访者努力工作能带来好生活的分布情况（%）

人群	很同意	比较同意	不太同意	不同意	说不清
低保家庭	63.84	25.90	3.29	3.84	3.13
低保边缘家庭	68.16	24.19	2.88	2.59	2.18
$\chi^2=12.704$　　P=0.013					

3. 被访者的平等观念

（1）描述分析和趋势分析

表 2—114 对城市困难家庭被访者对收入应该尽可能均等这一观念的分布情况进行基本描述分析。根据调查结果显示，2016 年城市困难家庭中，51.19%的被访者表示很同意，29.55%的被访者表示比较同意，6.91%的被访者表示不太同意，6.46%的被访者表示不同意，5.89%的被访者表示说不清。

表 2—114 同时对 2015 年与 2016 年城市困难家庭被访者的平等观念进行比较。根据抽样结果，两年在被访者的平等观念分布情况上基本稳定，很同意收入应该尽可能均等感觉的比例均在 51%以上。

表 2—114　2015 年、2016 年城市困难家庭被访者收入应该尽可能均等的分布情况（%）

	2015 年	2016 年
很同意	51.35	51.19
比较同意	31.44	29.55
不太同意	5.37	6.91
不同意	4.08	6.46
说不清	7.75	5.89
总计	100.00	100.00

（2）比较分析

表 2—115 进一步通过描述比较的方式，对比 2016 年低保家庭和低保边缘家庭 2016 年城市困难家庭被访者收入应该尽可能均等的分布情况。比较结果显示，低保家庭和低保边缘家庭收入应该尽可能均等方面不存在明显的差异（P>0.05）。低保家庭中 49.56%的家庭很同意收入应该尽可能均等，而低保边缘家庭为 53.77%，相差 4.21%。

表 2—115　2016 年分人群城市困难家庭被访者收入应该尽可能均等的分布情况（%）

人群	很同意	比较同意	不太同意	不同意	说不清
低保家庭	49.56	30.45	7.02	6.58	6.38
低保边缘家庭	53.77	28.15	6.71	6.18	5.18
$\chi^2=8.190$　　P=0.085					

4. 被访者的人生观念

（1）描述分析和趋势分析

表2—116对2016年城市困难家庭被访者对自己可以掌握自己的命运这一观念的分布情况进行基本描述分析。根据调查结果显示，69.92%的城市困难家庭表示很同意、比较同意这一观念。

表2—116同时对2015年与2016年城市困难家庭被访者的人生观念进行比较。根据抽样结果，两年在人生观念方面基本保持稳定，同意这一观念的比例均在70%左右。

表2—116　2015年、2016年城市困难家庭被访者自己可以掌握自己的命运的分布情况（%）

	2015年	2016年
很同意	41.95	43.56
比较同意	27.95	26.36
不太同意	10.50	11.58
不同意	11.61	13.77
说不清	8.00	4.72
总计	100.00	100.00

（2）比较分析

表2—117进一步通过描述比较的方式，对比2016年低保家庭和低保边缘家庭人生观念的分布情况。比较结果显示，低保家庭和低保边缘家庭在人生观念方面存在十分明显的差异（P<0.01）。很同意这一观念的低保边缘家庭比例高于低保家庭7.72%。

表 2—117　2016 年分人群被访者自己可以掌握自己的命运的分布情况（%）

人群	很同意	比较同意	不太同意	不同意	说不清
低保家庭	40.46	26.13	12.83	15.28	5.30
低保边缘家庭	48.18	26.65	9.76	11.53	3.88
$\chi^2=36.941$　　$P=0.000$					

（三）城市困难家庭生活水平变化情况

1. 描述分析和趋势分析

表 2—118 对 2016 年城市困难家庭生活水平变化情况进行基本描述分析。根据调查结果显示，37.25%的城市困难家庭表示目前生活水平与一年前相比好多了和好一些。

表 2—118 同时对 2015 年与 2016 年城市困难家庭的生活水平变化状况进行比较。根据抽样结果，两年在这一情况上基本保持稳定，认为好多了和好一些的比例均在 35%以上。

表 2—118　2015 年、2016 年城市困难家庭目前生活水平与一年前比较的分布情况（%）

	2015 年	2016 年
好多了	9.89	12.21
好一些	25.82	25.04
基本没有变化	42.60	43.96
差一些	12.43	10.94
差多了	9.25	7.84
合计	100.00	100.00

2. 比较分析

表 2—119 进一步通过描述比较的方式，对比 2016 年低保家庭和低保边缘家庭被访者生活水平变化的分布情况。比较结果显示，低保家庭和低保边缘家庭这一方面存在明显的差异（P<0.05）。认为生活水平好多了、好一些的低保家庭占比为 39.23%，高于低保边缘家庭 5.00%。

表 2—119　2016 年分人群城市困难家庭生活水平变化的分布情况（%）

人群	好多了	好一些	基本没有变化	差一些	差多了
低保家庭	12.51	26.72	43.35	9.82	7.60
低保边缘家庭	11.76	22.47	44.94	12.59	8.24
$\chi^2=16.045$　　P=0.003					

二、城市困难家庭社会参与状况

（一）参与社区/村公共事务状况

1. 参与社区/村公共事务的意愿

（1）描述分析和趋势分析

表 2—120 对城市困难家庭被访者参与社区/村公共事务意愿的分布情况进行基本描述分析。根据调查结果显示，2016 年城市困难家庭中，50.26%的被访者表示很愿意参与社区/村公共事务，23.47%的被访者比较愿意。

表 2—120 同时对 2015 年与 2016 年城市困难家庭参与社区/村公共事务的意愿进行比较。根据抽样结果，两年在这一意愿上基本保持稳定，很愿意参与社区/村公共事务意愿的比例均约为 50%。

表 2—120　2015 年、2016 年被访者参与社区/村公共事务意愿的分布情况（%）

	2015 年	2016 年
很愿意	50.91	50.26
比较愿意	24.52	23.47
一般	13.20	15.44
不太愿意	8.21	7.93
很不愿意	3.16	2.89
合计	100.00	100.00

（2）比较分析

表 2—121 进一步通过描述比较的方式，对比 2016 年低保家庭和低保边缘家庭参与社区/村公共事务意愿的分布情况。比较结果显示，低保家庭和低保边缘家庭在参与意愿方面不存在明显的差异（P>0.05）。

表 2—121　2016 年分人群被访者参与社区/村公共事务意愿分布情况（%）

人群	很愿意	比较愿意	一般	不太愿意	很不愿意
低保家庭	50.97	24.08	14.08	8.09	2.78
低保边缘家庭	49.23	22.55	17.41	7.73	3.07
$\chi^2=9.379$　　P = 0.052					

2. 参加社区居委会换届选举活动

（1）描述分析和趋势分析

表 2—122 对城市困难家庭参加社区居委会换届选举活动情况进行基本描述分析。根据调查结果显示，2016 年城市困难家庭参加换届选举占比 57.92%，不参加换届选举占比 39.17%。

表 2—122 同时对 2015 年与 2016 年城市困难家庭参加社区居委会换届选举活动的情况进行比较。根据抽样结果，相较于 2015 年，2016 年参加社区居委会换届选举活动的比例略有下降。

表 2—122　2015 年、2016 年城市困难家庭参加社区居委会换届选举活动分布情况（%）

参加情况	2015 年	2016 年
参加换届选举	62. 13	57. 92
不参加换届选举	37. 87	39. 17
不关心	—	2. 91
合计	100. 00	100. 00

（2）比较分析

表 2—123 进一步通过描述比较的方式，对比 2016 年低保家庭和低保边缘家庭参加社区居委会换届选举活动的分布情况。比较结果显示，低保家庭和低保边缘家庭在这一方面不存在明显的差异（P>0. 05）。

表 2—123　2016 年分人群城市困难家庭参加社区居委会换届选举活动分布情况（%）

人群	参加	不参加	不关心
低保家庭	58. 60	38. 54	2. 85
低保边缘家庭	56. 92	40. 08	3. 00
$\chi^2=1.191$　　P = 0. 551			

3. 参加社区事务监督活动状况

（1）描述分析和趋势分析

表 2—124 对城市困难家庭参加社区事务监督活动状况进行基本描述分析。根据调查结果显示，2016 年城市困难家庭参加社区事务监督活动占 23. 39%，没有参加的占 71. 55%。

表 2—124 同时对 2015 年与 2016 年城市困难家庭参加社区事务监督活动的情况进行比较。根据抽样结果，2016 年没有参加社区事务监督活动的家庭比例略有下降。

表 2—124　2015 年、2016 年城市困难家庭参加社区事务监督活动分布情况（%）

参加情况	2015 年	2016 年
参加	27.63	23.39
没有参加	72.37	71.55
不关心	—	5.06
合计	100.00	100.00

（2）比较分析

表 2—125 进一步通过描述比较的方式，对比 2016 年低保家庭和低保边缘家庭参加社区事务监督活动的分布情况。比较结果显示，低保家庭和低保边缘家庭参加社区事务监督活动不存在明显的差异($P>0.05$)。

表 2—125　2016 年分人群城市困难家庭参加社区事务监督活动分布情况（%）

人群	参加	没有参加	不关心
低保家庭	23.56	71.38	5.07
低保边缘家庭	23.25	71.69	5.06
$\chi^2=0.055$　　$P=0.973$			

4. 参加社区居务监督活动意愿

（1）描述分析和趋势分析

表 2—126 对城市困难家庭参加社区居务监督活动意愿状况进行基本描述分析。根据调查结果显示，2016 年城市困难家庭愿意参加社区居务监督活动占 66.41%，不愿意参加活动的占 19.15%。

表 2—126 同时对 2015 年与 2016 年城市困难家庭参加社区居务监督活动的情况进行比较。根据抽样结果，2016 年愿意参加社区居务监督活动的家庭比例略有下降。

表 2—126　2015 年、2016 年城市困难家庭参加社区居务监督活动意愿分布情况（%）

意愿情况	2015 年	2016 年
愿意	73.31	66.41
不愿意	26.69	19.15
不关心	—	14.44
合计	100.00	100.00

（2）比较分析

表 2—127 进一步通过描述比较的方式，对比 2016 年低保家庭和低保边缘家庭参加社区居务监督活动的分布情况。比较结果显示，低保家庭和低保边缘家庭在参加活动方面不存在明显的差异（P>0.05）。均超过 60%的家庭愿意参加社区居务监督活动。

表 2—127　2016 年分人群城市困难家庭参加社区居务监督活动意愿分布情况（%）

人群	愿意	不愿意	不关心
低保家庭	67.59	18.60	13.80
低保边缘家庭	64.64	19.98	15.38
$\chi^2=4.071$　　P=0.131			

5. 参加社区文娱类活动状况

（1）描述分析和趋势分析

表 2—128 对城市困难家庭参加社区文娱类活动状况进行基本描述分析。根据调查结果显示，2016 年城市困难家庭参加社区文娱类活动状况占 17.67%，没有参加活动的占 78.57%。

表 2—128 同时对 2015 年与 2016 年城市困难家庭参加社区文娱类

活动的情况进行比较。根据抽样结果，2016 年参加社区文娱类活动的家庭比例略有下降。

表 2—128 2015 年、2016 年城市困难家庭参加社区文娱类活动状况分布情况（%）

参加情况	2015 年	2016 年
参加	22.64	17.67
没有参加	77.36	78.57
不关心	—	3.76
合计	100.00	100.00

（2）比较分析

表 2—129 进一步通过描述比较的方式，对比 2016 年低保家庭和低保边缘家庭 2016 年参加社区文娱类活动状况的分布情况。比较结果显示，低保家庭和低保边缘家庭在文娱类活动参加情况方面不存在明显的差异（P>0.05）。78%左右的家庭均没有参加社区文娱类活动。

表 2—129 2016 年分人群城市困难家庭参加社区文娱类活动状况分布情况（%）

人群	参加	没有参加	不关心
低保家庭	16.78	79.54	3.68
低保边缘家庭	19.07	77.05	3.88
$\chi^2=3.932$ P=0.140			

6. 参加社区公益类活动状况

（1）描述分析和趋势分析

表 2—130 对城市困难家庭参加社区公益类活动状况进行基本描述分析。根据调查结果显示，2016 年城市困难家庭参加社区公益类活动的占 25.00%，没有参加此类活动的占 71.79%。

表 2—130 同时对 2015 年与 2016 年城市困难家庭参加社区公益类

活动的情况进行比较。根据抽样结果，2016 年城市困难家庭参加社区公益类活动的比例有所下降。

表 2—130　2015 年、2016 年城市困难家庭参加社区公益类活动状况分布情况（%）

参加情况	2015 年	2016 年
参加	30. 54	25. 00
没有参加	69. 46	71. 79
不关心	—	3. 21
合计	100. 00	100. 00

（2）比较分析

表 2—131 进一步通过描述比较的方式，对比 2016 年低保家庭和低保边缘家庭参加社区公益类活动的分布情况。比较结果显示，低保家庭和低保边缘家庭在活动参加方面存在十分明显的差异（$P<0.01$）。低保边缘家庭参加社区公益类活动的比例高于低保家庭 5. 16%。

表 2—131　2016 年分人群城市困难家庭参加社区公益类活动状况分布情况（%）

人群	参加	没有参加	不关心
低保家庭	22. 92	74. 11	2. 97
低保边缘家庭	28. 08	68. 33	3. 59
$\chi^2=16.731$　　$P=0.000$			

7. 参加社区创建类活动状况

（1）描述分析和趋势分析

表 2—132 对城市困难家庭参加社区创建类活动状况进行基本描述分析。根据调查结果显示，2016 年城市困难家庭参加社区创建类活动

状况占 24.51%，没有参加此类活动状况占 71.95%。

表 2—132 同时对 2015 年与 2016 年城市困难家庭参加社区创建类活动的情况进行比较。根据抽样结果，两年在活动参加情况上基本保持稳定。

表 2—132　2015 年、2016 年城市困难家庭参加社区创建类活动状况分布情况（%）

参加情况	2015 年	2016 年
参加	26.27	24.51
没有参加	73.73	71.95
不关心	—	3.55
合计	100.00	100.00

（2）比较分析

表 2—133 进一步通过描述比较的方式，对比 2016 年低保家庭和低保边缘家庭参加社区创建类活动状况的分布情况。比较结果显示，低保家庭和低保边缘家庭参加社区创建类活动不存在明显的差异（$P>0.05$）。

表 2—133　2016 年分人群城市困难家庭参加社区创建类活动状况分布情况（%）

人群	参加	没有参加	不关心
低保家庭	25.06	71.69	3.25
低保边缘家庭	23.79	72.20	4.00
$\chi^2=2.345$　　$P=0.310$			

8. 参加社区公共事务维护类活动状况

（1）描述分析和趋势分析

表 2—134 对城市困难家庭参加社区公共事务维护类活动状况进行

基本描述分析。根据调查结果显示，2016 年城市困难家庭参加社区公共事务维护类活动的占 18.74%，没有参加此类活动的占 77.19%。

表 2—134 同时对 2015 年与 2016 年城市困难家庭参加社区公共事务维护类活动的情况进行比较。根据抽样结果，2016 年参加社区公共事务维护类活动的家庭比例略有降低。

表 2—134 2015 年、2016 年城市困难家庭参加社区公共事务维护类活动状况分布情况（%）

参加情况	2015 年	2016 年
参加	21.22	18.74
没有参加	78.78	77.19
不关心	—	4.07
合计	100.00	100.00

（2）比较分析

表 2—135 进一步通过描述比较的方式，对比 2016 年低保家庭和低保边缘家庭参加社区公共事务维护类活动的分布情况。比较结果显示，低保家庭和低保边缘家庭参加社区公共事务维护类活动不存在明显的差异（P>0.05）。低保家庭中 76.95%的家庭没有参加社区公共事务维护类活动，而低保边缘家庭为 77.52%，相差 0.57%。

表 2—135 2016 年分人群城市困难家庭参加社区公共事务维护类活动状况分布情况（%）

人群	参加	没有参加	不关心
低保家庭	19.17	76.95	3.88
低保边缘家庭	18.19	77.52	4.30
$\chi^2=0.996$ P=0.608			

9. 参加社区网络互动状况

（1）描述分析和趋势分析

表 2—136 对城市困难家庭参加社区网络互动进行基本描述分析。根据调查结果显示，2016 年城市困难家庭没有参加社区网络互动的占 75.25%，没有这些网络平台的占 14.30%。

表 2—136 同时对 2015 年与 2016 年城市困难家庭参加社区网络互动的情况进行比较。根据抽样结果，2016 年城市困难家庭没有这些网络平台的占比有所下降。

表 2—136　2015 年、2016 年城市困难家庭参加社区网络互动分布情况（%）

参加情况	2015 年	2016 年
参加	4.92	5.84
没有参加	77.00	75.25
没有这些网络平台	18.08	14.30
不关心	—	4.61
合计	100.00	100.00

（2）比较分析

表 2—137 进一步通过描述比较的方式，对比 2016 年低保家庭和低保边缘家庭社区网络互动参与的分布情况。比较结果显示，低保家庭和低保边缘家庭在互动参与方面存在十分明显的差异（$P<0.01$）。低保家庭中没有这些网络互动平台的比例高于低保边缘家庭 4.50%。

表 2—137　2015 年、2016 年分人群城市困难家庭参加社区网络互动分布情况（%）

人群	参加	没有参加	不关心	没有这些网络平台
低保家庭	4.32	74.97	4.67	16.04
低保边缘家庭	8.12	75.81	4.53	11.54
$\chi^2=39.769$　　$P=0.000$				

（二）城市困难家庭社会交往状况

1. 社会交往状况

（1）描述分析和趋势分析

表2—138对城市困难家庭认识的居委会人员数量进行基本描述分析。根据调查结果显示，2016年城市困难家庭平均认识的居委会人员数量为5.45个。

表2—138同时对2015年与2016年城市困难家庭认识的居委会人员数进行比较。根据抽样结果，2016年城市困难家庭认识的居委会人员数的均值略有提升。

表2—138　2015年、2016年城市困难家庭认识的居委会人员数基本统计（个）

年份	均值	标准差	偏度	峰度
2015	4.99	3.43	2.46	20.84
2016	5.45	4.22	5.09	78.39

表2—139对城市困难家庭打招呼邻居数量进行基本描述分析。根据调查结果显示，2016年城市困难家庭平均打招呼邻居数量为37.53个。

表2—139同时对2015年与2016年城市困难家庭打招呼邻居的数量进行比较。根据抽样结果，2016年城市困难家庭打招呼邻居数量的均值略微下降。

表2—139　2015年、2016年城市困难家庭打招呼邻居数量基本统计（个）

年份	均值	标准差	偏度	峰度
2015	39.67	38.11	0.70	1.83
2016	37.53	36.89	0.84	2.06

表 2—140 对城市困难家庭登门居民数量进行基本描述分析。根据调查结果显示，2016 年城市困难家庭登门居民数量均值为 9.70 个。

表 2—140 同时对 2015 年与 2016 年城市困难家庭登门居民的数量进行比较。根据抽样结果，2016 年城市困难家庭登门居民数量的均值略有下降。

表 2—140　2015 年、2016 年城市困难家庭登门居民数量基本统计（个）

年份	均值	标准差	偏度	峰度
2015	12.05	22.79	2.92	10.93
2016	9.70	17.88	3.51	16.40

表 2—141 对城市困难家庭可倾诉邻居数量进行基本描述分析。根据调查结果显示，2016 年城市困难家庭可倾诉邻居数量均值为 4.09 个。

表 2—141 同时对 2015 年与 2016 年城市困难家庭可倾诉的邻居数量进行比较。根据抽样结果，两年在可倾诉邻居数量上基本保持一致，约为 4 个。

表 2—141　2015 年、2016 年城市困难家庭可倾诉邻居数量基本统计（个）

年份	均值	标准差	偏度	峰度
2015	4.35	11.03	6.43	51.16
2016	4.09	9.68	6.54	55.92

表 2—142 对城市困难家庭拜访邻居次数进行基本描述分析。根据调查结果显示，2016 年城市困难家庭平均拜访邻居 5.80 次。

表 2—142 同时对 2015 年与 2016 年城市困难家庭拜访邻居次数进行比较。根据抽样结果，2016 年城市困难家庭拜访邻居次数的均值略有下降。

表 2—142　2015 年、2016 年城市困难家庭拜访邻居次数基本统计（次）

年份	均值	标准差	偏度	峰度
2015	6. 30	13. 34	4. 10	24. 36
2016	5. 80	12. 03	4. 04	24. 22

表 2—143 对城市困难家庭邻居拜访次数进行基本描述分析。根据调查结果显示，2016 年城市困难家庭平均邻居拜访次数为 6. 23 次。

表 2—143 同时对 2015 年与 2016 年城市困难家庭邻居拜访次数进行比较。根据抽样结果，两年在邻居拜访次数方面基本保持稳定，约为 6 次。

表 2—143　2015 年、2016 年城市困难家庭邻居拜访次数基本统计（次）

年份	均值	标准差	偏度	峰度
2015	6. 64	13. 97	4. 13	23. 96
2016	6. 23	12. 27	3. 94	23. 67

表 2—144 对城市困难家庭委托他人帮忙次数进行基本描述分析。根据调查结果显示，2016 年城市困难家庭平均委托他人帮忙次数为 2. 07 次。

表 2—144 同时对 2015 年与 2016 年城市困难家庭委托他人帮忙次数进行比较。根据抽样结果，两年在这一情况上基本保持一致，平均委托他人帮忙次数在 2 次左右。

表 2—144　2015 年、2016 年城市困难家庭委托他人帮忙次数基本统计（次）

年份	均值	标准差	偏度	峰度
2015	1. 68	1. 50	1. 75	4. 07
2016	2. 07	1. 77	1. 05	2. 11

表 2—145 对城市困难家庭从邻居借到东西次数进行基本描述分析。根据调查结果显示，2016 年城市困难家庭平均从邻居借到东西次数为 1. 36 次。

表 2—145 同时对 2015 年与 2016 年城市困难家庭从邻居借到东西次数进行比较。根据抽样结果，两年在这一情况上基本保持一致，从邻居借到东西次数均值在 1. 35 次左右。

表 2—145　2015 年、2016 年城市困难家庭从邻居借到东西次数基本统计（次）

年份	均值	标准差	偏度	峰度
2015	1. 35	1. 12	2. 94	9. 67
2016	1. 36	1. 15	2. 84	9. 06

（2）比较分析

表 2—146 进一步通过描述比较的方式，对比 2016 年低保家庭和低保边缘家庭认识的居委会人员数量的分布情况。比较结果显示，低保家庭和低保边缘家庭在这一方面不存在明显的差异（P>0. 05）。

表 2—146　2016 年分人群城市困难家庭认识的居委会人员数量（个）

人群	均值	标准差
低保家庭	5. 46	3. 79
低保边缘家庭	5. 44	4. 79
F＝0. 03　　P＝0. 858		

表 2—147 进一步通过描述比较的方式，对比 2016 年低保家庭和低保边缘家庭打招呼邻居数量的分布情况。比较结果显示，低保家庭和低保边缘家庭在这一方面存在十分明显的差异（P<0. 01）。低保家庭打招呼邻居数量均值为 35. 54 个，低于低保边缘家庭 4. 91 个。

表 2—147　2016 年分人群城市困难家庭打招呼邻居数量（个）

人群	均值	标准差
低保家庭	35.54	36.35
低保边缘家庭	40.45	37.51
F=17.01　　P=0.000		

表 2—148 进一步通过描述比较的方式，对比 2016 年低保家庭和低保边缘家庭登门居民数量的分布情况。比较结果显示，低保家庭和低保边缘家庭在这一方面上存在十分明显的差异（P<0.01）。低保家庭平均认识 8.43 个居委会人员，而低保边缘家庭平均认识 11.59 个居委会人员，相差 3.16 个。

表 2—148　2016 年分人群城市困难家庭登门居民数量（个）

人群	均值	标准差
低保家庭	8.43	16.09
低保边缘家庭	11.59	20.11
F=31.34　　P=0.000		

表 2—149 进一步通过描述比较的方式，对比 2016 年低保家庭和低保边缘家庭城市困难家庭可倾诉邻居数量的分布情况。比较结果显示，低保家庭和低保边缘家庭在可倾诉邻居数量上存在十分明显的差异（P<0.01）。低保家庭中家庭可倾诉邻居数量为 3.48 个，而低保边缘家庭可倾诉邻居数量为 5.01 个，相差 1.53 个。

表 2—149　2016 年分人群城市困难家庭可倾诉邻居数量（个）

人群	均值	标准差
低保家庭	3.48	8.02
低保边缘家庭	5.01	11.67
F=25.20　　P=0.000		

表2—150进一步通过描述比较的方式，对比2016年低保家庭和低保边缘家庭城市困难家庭拜访邻居次数的分布情况。比较结果显示，低保家庭和低保边缘家庭在拜访邻居次数上存在明显的差异(P<0.05)。低保家庭平均拜访邻居5.35次，低于低保边缘家庭1.12次。

表2—150 2016年分人群城市困难家庭拜访邻居次数（次）

人群	均值	标准差
低保家庭	5.35	11.53
低保边缘家庭	6.47	12.73
F=8.72 P=0.003		

表2—151进一步通过描述比较的方式，对比2016年低保家庭和低保边缘家庭城市困难家庭邻居拜访次数的分布情况。比较结果显示，低保家庭和低保边缘家庭在这一方面存在明显的差异（P<0.05)。低保家庭平均邻居拜访5.84次，而低保边缘家庭平均邻居拜访6.81次，相差0.97次。

表2—151 2016年分人群城市困难家庭邻居拜访次数（次）

人群	均值	标准差
低保家庭	5.84	12.26
低保边缘家庭	6.81	12.27
F=6.25 P=0.012		

表2—152进一步通过描述比较的方式，对比2016年低保家庭和低保边缘家庭委托他人帮忙次数的分布情况。比较结果显示，低保家庭和低保边缘家庭在这一方面存在十分明显的差异（P<0.01)。低保家庭平均委托他人帮忙2.14次，高于低保边缘家庭0.17次。

表 2—152　2016 年分人群城市困难家庭委托他人帮忙次数（次）

人群	均值	标准差
低保家庭	2.14	1.81
低保边缘家庭	1.97	1.71
F=9.95　　P=0.001		

表 2—153 进一步通过描述比较的方式，对比 2016 年低保家庭和低保边缘家庭从邻居借到东西次数的分布情况。比较结果显示，低保家庭和低保边缘家庭在这一方面存在十分明显的差异（$P<0.01$）。低保家庭平均从邻居借到东西 1.41 次，而低保边缘家庭平均从邻居借到东西为 1.30 次，相差 0.11 次。

表 2—153　2016 年分人群城市困难家庭从邻居借到东西次数（次）

人群	均值	标准差
低保家庭	1.41	1.21
低保边缘家庭	1.30	1.06
F=8.05　　P=0.000		

2. 社会交往意愿

（1）描述分析和趋势分析

表 2—154 对城市困难家庭是否愿意与周边邻居或其他人打交道这一意愿进行基本描述分析。根据调查结果显示，2016 年有 89.20%的城市困难家庭很愿意和愿意与周边邻居或其他人打交道。

表 2—154 同时对 2015 年与 2016 年城市困难家庭社会交往意愿进行比较。根据抽样结果，两年在社会交往意愿方面基本保持稳定，很愿意与周边邻居或其他人打交道的比例均在 52%左右。

表 2—154　2015 年、2016 年城市困难家庭是否愿意与周边邻居或其他人打交道的分布情况（%）

	2015 年	2016 年
很愿意	52.19	51.66
愿意	37.00	37.54
一般	7.27	7.92
不愿意	2.71	2.20
很不愿意	0.83	0.69
合计	100.00	100.00

（2）比较分析

表 2—155 进一步通过描述比较的方式，对比 2016 年低保家庭和低保边缘家庭社会交往意愿的分布情况。比较结果显示，低保家庭和低保边缘家庭在社会交往意愿方面不存在明显的差异（P>0.05）。

表 2—155　2016 年分人群城市困难家庭是否愿意与周边邻居或其他人打交道的分布情况（%）

人群	很愿意	愿意	一般	不愿意	很不愿意
低保家庭	50.81	37.86	7.92	2.69	0.71
低保边缘家庭	52.92	37.07	7.90	1.47	0.65
$\chi^2=7.961$　　$P=0.093$					

三、城市困难家庭社会融合状况

（一）城市困难家庭社会排斥程度描述分析和趋势分析

表2—156对2016年城市困难家庭遭受歧视的程度进行基本描述分析。根据调查结果显示，认为遭受到歧视的城市困难家庭占29.00%。

表2—156同时对2015年与2016年城市困难家庭遭受歧视情况进行比较。根据抽样结果，两年在这一情况上基本保持稳定。

表2—156　2015年、2016年城市困难家庭遭受歧视程度的分布情况（%）

遭受歧视状况	2015年	2016年
很严重	2.25	2.50
较为严重	2.38	1.97
一般	10.39	12.02
有一些	15.03	12.51
完全没有	69.95	71.00
合计	100.00	100.00

（二）城市困难家庭社会排斥程度比较分析

表2—157进一步通过描述比较的方式，对比2016年低保家庭和低保边缘家庭遭受歧视程度的分布情况。比较结果显示，低保家庭和低保边缘家庭在歧视程度方面存在十分明显的差异（$P<0.01$）。低保家庭遭受歧视的比例高于低保边缘家庭6.31%。

表 2—157　2016 年分人群城市困难家庭遭受歧视程度的分布情况（%）

人群	很严重	较为严重	一般	有一些	完全没有
低保家庭	3.04	2.28	12.23	14.02	68.44
低保边缘家庭	1.71	1.53	11.69	10.33	74.73
$\chi^2=26.776$　　P=0.000					

第五节　本章小结

一、城市困难家庭人口状况研究结论

（一）描述分析结论

2016 年城市困难家庭的平均家庭成员数为 2.99 人，家庭成员数在 4 人及以内的占 86.55%。在性别与年龄分布方面，男女比例大致平衡；家庭成员年龄在 16 岁到 59 岁的占比最高，为 62.43%。在婚姻状况方面，为已婚的占比最高。在文化程度方面，城市困难家庭文化程度大都集中在高中/中专文化程度及以下。在政治面貌方面，群众占比最高，为 83.73%。在民族与宗教信仰方面，汉族占比达 96.54%，有宗教信仰占比仅为 8.69%。在家庭人口劳动结构方面，城市困难家庭的户均劳动力人口为 1.25 人，有工作收入人数均值为 0.73 人，家庭劳动人口占家庭规模比重均值为 38.36%，有工作收入人数占劳动人口比重均值为 60.16%。

（二）趋势比较分析

在家庭成员数方面，2016 年家庭成员数为 4 人的家庭的占比略有提高，家庭成员数为 1 人的家庭占比略有下降。在年龄方面，2016 年 16 岁到 59 岁成员占比略有降低，另外两个年龄段的成员占比略有提高。在文化程度方面，2016 年家庭成员没上过学的占比略有提高，上过学的占比略有下降。在政治面貌方面，2016 年家庭成员为中共党员、团员的比例略有提高，民主党派与群众的占比略有下降。在收入状况方面，2016 年是家庭的一般收入人占比略有提高，无收入、是家庭的最主要的收入人的占比略有下降。在民族与宗教信仰方面，2016 年家庭成员为汉族的占比略有下降，为其他民族的占比略有上升，家庭成员没有宗教信仰的占比略有下降，成员有宗教信仰的占比略有上升。在家庭人口劳动结构方面，2016 年家庭有工作人数的均值略有提高，有工作人数占劳动人口比重略有提升。在性别、婚姻状况方面，2016 年与 2015 年基本保持一致。

（三）比较分析结论

在家庭成员数方面，低保家庭规模相对较小，而低保边缘家庭的大规模家庭占比相对较高。在性别方面，低保家庭和低保边缘家庭不存在明显的差异，两类家庭性别分布都较为均衡。在年龄方面，低保家庭和低保边缘家庭在家庭成员年龄方面差别不大。在婚姻状况方面，低保边缘家庭已婚比例较高，而低保家庭未婚、离婚、丧偶的比例较高。在文化程度方面，低保家庭成员文化程度普遍低于低保边缘家庭。

在政治面貌方面，低保边缘家庭成员是中共党员、民主党派的比例高于低保家庭。在收入状况方面，低保家庭无收入的比例高于低保边缘家庭。在家庭人口劳动结构方面，低保边缘家庭劳动人口数、劳动人口占家庭规模比重、有工作收入人数占劳动人口比重，均高于低保家庭。

二、城市困难家庭经济状况研究结论

（一）描述分析结论

在家庭收入状况方面，2015年城市困难家庭的平均年收入总额为19886.64元，人均年收入总额为6802.53元。在收入来源方面，城市困难家庭收入最主要的来源为转移性收入和劳动收入，结构占比分别为48.92%和47.68%。在家庭支出状况方面，2015年城市困难家庭的平均年支出总额为35390.69元，人均年支出总额为12861.38元。在支出结构方面，生活消费支出在家庭消费支出中占比最高，达87.83%，其中，食品支出和医疗支出所占比例较大，分别为36.68%和26.92%。在恩格尔系数方面，城市困难家庭的平均恩格尔系数为36.68%。在财产状况方面，2016年城市困难家庭的平均储蓄水平为1831.00元，平均欠债金额为19000.20元，2016年低保家庭平均新增债务为20028.44元，借债的最主要原因为看病和孩子上学。在住房状况方面，2016年城市困难家庭现住房来源，主要为自建房、拆迁安置房、自购普通商品房，其中91.79%的建房时间为改革开放后至今；目前，人均住房面积为29.11平方米，平均现住房价值为23.99万元，其中23.47%为危房，60.00%左右的城市困难家庭对当前家庭居住环境感到非常满意或较满意。在耐用消费品拥有情况方面，城市困难家庭拥有彩色电视机、洗衣机、冰箱和手机的占比较高。

（二）趋势分析结论

在家庭年平均收入水平方面，2015 年家庭平均年收入总额与人均收入水平均有一定程度的提高。在家庭收入来源结构方面，2015 年平均劳动收入占比、平均经营性收入占比、平均转移性收入占比略有下降，而财产性收入占比、其他收入占比略有提升。在家庭年平均支出水平方面，2015 年家庭平均支出总额与人均支出水平略有提升。在家庭支出结构方面，2015 年平均生活消费支出、转移性支出、缴纳所得税及其他支出略有提升，而资产、经营性支出略有下降。在家庭恩格尔系数方面，与 2015 年相比，2016 年的家庭恩格尔系数略有下降。

在财产状况方面，2016 年城市困难家庭的储蓄水平略有提升。在欠债状况方面，2016 年城市困难家庭的欠债情况明显升高。在新增债务方面，2015 年与 2014 年的新增债务基本保持一致，2015 年城市困难家庭的债务略有提升。在借债原因方面，2016 年借债原因为看病的占比有一定程度的下降，借债原因为孩子上学的占比有一定程度的上升。

在住房来源方面，2016 年住房来源为自建房、自购普通商品房、市场租房的占比略有下降，拆迁安置房、租住廉租房或公租房、继承房的占比略有提高。在平均住房面积及现住房价值方面，2016 年均有一定程度的提高。在住房质量方面，2016 年与 2015 年的城市困难家庭的住房质量基本保持一致。2016 年，困难家庭的现住房是危房的比例略有提高。

（三）比较分析结论

在家庭年收入水平方面，低保家庭和低保边缘家庭存在明显的差异，低保边缘家庭的户均年收入总额与人均年收入总额，均高于低保家庭。在收入来源方面，低保家庭的劳动收入占比、经营性收入占比、财产性净收入占比和其他收入占比均低于低保边缘家庭，在转移性收入占比中，低保家庭明显高于低保边缘家庭。在家庭年支出水平方面，低保边缘家庭的户均年支出总额和人均年支出总额，均高于低保家庭。在支出结构方面，低保家庭生活消费支出占比明显高于低保边缘家庭，而其他四项支出占比均低于低保边缘家庭；其中，在食品支出、医疗支出、其他支出占比方面，低保家庭支出结构占比高于低保边缘家庭。低保家庭的恩格尔系数高于低保边缘家庭。

在财产状况方面，低保家庭储蓄水平明显低于低保边缘家庭，欠债水平明显高于低保边缘家庭。2015 年新增债务方面，低保家庭低于低保边缘家庭。相比于低保边缘家庭，低保家庭的主要借债原因更集中于看病。在住房状况方面，低保家庭住房为廉租房或公租房的比例要明显高于低保边缘家庭；低保家庭住房为危房的比例高于低保边缘家庭，但差异并不明显；在住房价值方面，低保家庭现住房价值均值明显低于低保边缘家庭；在住房满意度方面，总体上，低保家庭比低保边缘家庭对家庭居住环境的满意度普遍较高。

三、城市困难家庭医疗与就业状况研究结论

（一）描述分析结论

在家庭成员患慢性病情况方面，59. 58%的城市困难家庭中有成员患慢性病，2015 年平均慢性病花费为 11604. 24 元，平均医疗保险报销费用为 3907. 25 元。在家庭成员患大病情况方面，26. 62%的城市困难家庭中有成员患大病，2015 年平均大病花费为 31700. 20 元，平均医疗保险报销费用为 10662. 15 元，此外，2015 年城市困难家庭因大病借债金额的均值为 13587. 47 元。在家庭成员健康分布方面，29. 76%的家庭

成员健康状况为很好或较好。2016 年在家庭残疾人数方面，40. 25%的城市困难家庭中有残疾人，残疾二级（中度）占比最高为 13. 30%，其中有 57. 52%领取残疾补贴。在长期照料方面，32. 77%的城市困难家庭中有成员需要长期照料。其中在有成员需要长期照料的城市困难家庭中，92. 21%选择由家人或亲属照料的照料方式。

在城市困难家庭被访者和家庭成员就业状况方面，被访者就业状况主要集中于离退休（年老无业）、零工、劳动年龄但丧失劳动能力、失业无业（有劳动能力）。家庭成员就业状况主要集中于离退休（年老无业）、在校学生、零工和劳动年龄但丧失劳动能力。最主要收入人最近从事的职业类型主要集中于无业、不便分类的其他从业人员和商业、服务人员。其中无业的占比最高，为 31. 15%。而家庭最主要收入人最近从事工作所述行业主要集中于未就业、其他、农林牧渔业和制造业，其中所属行业为未就业的占比为 28. 84%。

（二）趋势分析结论

在家庭成员患病情况方面，2016 年与 2015 年基本保持一致。其中，两年内家庭成员中患慢性病和大病的人数略有提升，但慢性病和大病的花费和医疗报销费用均有所降低，与此同时，家庭成员因大病借债的金额有小幅度下降。两年内家庭成员的健康状况均以一般为主，患病情况中慢性病所占比例最大。此外，2016 年家庭成员残疾人数有所增加，残疾等级与 2015 年保持一致，均以残疾二级（中度）为主。

在城市困难家庭被访者和家庭成员就业状况方面，2016 年最主要收入人最近从事的职业类型的分布情况中，无业的所占比例有所降低，最近从事工作所属行业的分布情况中，未就业的比例也有所降低，其余方面与 2015 年基本保持一致。

（三）比较分析结论

在家庭成员患慢性病情况方面，低保家庭中成员患慢性病的人数占比略高于低保边缘家庭，但是，低保家庭成员的平均慢性病花费及报销水平均低于低保边缘家庭。在家庭成员患大病情况方面，低保家庭成员患大病的人数比例更高，但是平均大病花费、报销水平和因大病借债金额均低于低保边缘家庭。在家庭成员健康分布方面，低保边缘家庭成员的健康状况明显好于低保家庭成员。在家庭残疾人数方面，低保家庭中残疾人数明显高于低保边缘家庭，且残疾状况更为严重，因此，领取残疾补贴人数也比低保边缘家庭更多。在长期照料方面，低保家庭中需要长期照料人数高于低保边缘家庭。

在城市困难家庭被访者和家庭成员就业状况方面，相比于低保边缘家庭，低保家庭更集中于离退休（老年无业）、劳动年龄但丧失劳动能力。相比于低保边缘家庭，低保家庭最主要收入人最近从事的职业类型更集中于无业；相比于低保边缘家庭，低保家庭最主要收入人最近从事工作所属行业更集中于未就业。

四、城市困难家庭社会心态、社会参与状况研究结论

（一）描述分析结论

在被访者的自卑感方面，51.60%的被访者表示从未有过与人交往感觉自卑这一感觉。在被访者的绝望方面，50.19%的被访者表示从未有过感到自己和家庭的未来没有希望这一感觉。在被访者的焦虑感方面，30.51%的被访者表示从未有过感到情绪沮丧、心情焦虑。在被访者的责任观念方面，53.11%的被访者表示很同意应该承担更多的责任来养活自己。在被访者的奋斗观念方面，65.58%的被访者表示很同意

努力工作通常能够带来好生活这一观念。在被访者的平等观念方面，51.19%的被访者表示很同意收入应该尽可能均等这一观念。在被访者的人生观念方面，43.56%的被访者表示很同意自己可以掌握自己的命运这一观念。在经济状况变化方面，37.25%的家庭表示好多了或是好一些。

在参与社区/村公共事务的意愿方面，73.73%的被访者表示很愿意或是比较愿意参与社区/村公共事务。在参加社区居委会换届选举活动方面，参加换届选举占比57.92%。在参加社区事务监督活动状况方面，参加社区事务监督活动占比23.39%。在参加社区居务监督活动意愿方面，愿意参加社区居务监督活动的占66.41%。在城市困难家庭参加社区文娱类活动状况方面，参加社区文娱类活动的占17.67%。在参加社区公益类活动状况方面，参加社区公益类活动的占25.00%。在参加社区创建类活动状况方面，参加社区创建类活动的占24.51%。在参加社区公共事务维护类活动状况方面，参加社区公共事务维护类活动的占18.74%。在参加社区网络互动状况方面，参加社区网络互动的占5.84%。在社会交往状况方面，城市困难家庭平均认识的居委会人员数量为5.45个，平均打招呼邻居数量为37.53个，可倾诉邻居数量平均为4.09个。51.66%的城市困难家庭很愿意与周边邻居或其他人打交道，认为完全没有遭到歧视的城市困难家庭占71.00%。

（二）趋势分析结论

2016年城市困难家庭被访者的自卑感、绝望感、焦虑感、责任观念、奋斗观念、人生观念的分布情况，与2015年基本保持一致，2016年很同意应该承担更多的责任来养活自己和努力工作通常能够带来好生活感觉的家庭比例略有提升，分别提升3.17%、6.98%。在经济状况变化方面，城市困难家庭目前生活水平与一年前比较分布情况上和去年基本保持一致。

在社会参与状况方面，参加社区创建类活动、社区公共事务维护类活动、社区居委会换届选举活动、没有参加社区事务监督活动、社区网络互动的比例，较2015年相比略有下降。社区公益类、娱乐类活动与社区公共事务维护类活动的参加情况与去年基本保持一致。在社会交往状况方面，打招呼邻居、登门居民、可倾诉邻居数量、拜访邻居和邻居拜访的次数基本与去年保持一致，无明显变化。在社会排斥程度方面，与2015年相比，完全没有遭受歧视的比例提升了1.05%。

（三）比较分析结论

在被访者的自卑感、绝望感、焦虑感方面，低保家庭和低保边缘家庭存在十分明显的差异，低保家庭被访者更易产生与人交往感觉自卑、感到自己和家庭的未来没有希望、感到情绪沮丧、心情焦虑这些感觉。在被访者的责任观念、奋斗观念、人生观念方面，低保边缘家庭被访者对个人应该承担更多的责任来养活自己和个人努力工作通常能够带来好生活、自己可以掌握自己的命运这一观念的认可度更高；在经济状况变化方面，低保家庭和低保边缘家庭存在明显的差异，低保家庭认为目前生活水平与三年前比较好多了或好一些的比例高于低保边缘家庭。

在社会参与状况方面，低保家庭更倾向于参加社区创建类活动、社区公共事务维护类活动。低保边缘家庭更倾向于社区网络互动。在社会交往状况方面，低保边缘家庭拥有打招呼邻居、登门居民、可倾诉邻居数量更多，拜访邻居和邻居拜访次数也更多。而低保家庭委托他人帮忙、从邻居借到东西的次数更多。在遭受歧视方面，低保家庭遭遇到的歧视比例更大、更严重。

第三章　城市困难家庭社会救助政策运行状况与评估

第一节　城市困难家庭最低生活保障制度运行状况与评估

一、城市困难家庭最低生活保障制度运行状况

（一）城市困难家庭申请低保状况

1. 是否申请过低保描述分析与趋势分析

表3—1对2016年城市困难家庭申请低保状况进行基本描述分析。根据调查结果显示显示，2016年城市困难家庭申请低保的比例为84.60%，未申请低保的比例为15.40%。

表3—1同时对2015年与2016年城市困难家庭申请低保状况进行比较。根据抽样结果，2016年城市困难家庭申请低保的比例较2015年略有提高。

表 3—1　2015 年、2016 年城市困难家庭申请低保状况的分布情况（%）

	2015 年	2016 年
是	78.55	84.60
否	21.45	15.40
合计	100.00	100.00

2. 最初申请低保时间描述分析

表 3—2 对 2016 年申请过低保的家庭最初申请低保时间进行描述分析。根据调查结果显示，大多数城市困难家庭最初申请低保的时间在 2012—2016 年，占比 40.10%；其次为 2007—2011 年，占比 29.65%；再次为 2002—2006 年，比例为 20.07%，只有 10.18%的城市困难家庭在 1997—2001 年申请过低保。

表 3—2　2016 年申请过低保的家庭最初申请低保时间的分布情况（%）

最初申请低保的时间	有效百分比	累计百分比
1997—2001 年	10.18	10.18
2002—2006 年	20.07	30.25
2007—2011 年	29.65	59.90
2012—2016 年	40.10	100.00
合计	100.00	

3. 是否成功申请低保描述分析与趋势分析

表 3—3 对 2016 年城市困难家庭是否成功申请低保进行基本描述分析。根据调查结果显示，在 2016 年成功申请低保的城市困难家庭占 85.37%，而未成功申请低保的占 14.63%。

表 3—3 同时对 2015 年与 2016 年城市困难家庭是否成功申请低保

的分布情况进行比较。根据抽样结果，两年在是否成功申请低保方面的比例基本保持一致。相对于 2015 年，2016 年成功申请低保的比例略有提高。

表 3—3 2015 年、2016 年城市困难家庭是否成功申请低保的分布情况（%）

	2015 年	2016 年
是	82.44	85.37
否	17.56	14.63
合计	100.00	100.00

4. 申请低保未获批准的最主要原因描述分析与趋势分析

表 3—4 对 2016 年城市困难家庭申请低保未获批准的最主要原因进行基本描述分析。根据调查结果显示，2016 年城市困难家庭申请低保未获批准的最主要原因中，从大到小依次为不符合条件、低保评审不合理以及其他人家庭更贫困，占比分别为 42.26%、10.71%和 4.78%。

表 3—4 同时对 2015 年与 2016 年的城市困难家庭申请低保未获批准的最主要原因进行趋势分析。根据抽样结果，两年在申请低保未获批准最主要原因方面的比例部分基本保持稳定。2016 年选择不符合条件的占比略有下降。

表 3—4 2015 年、2016 年城市困难家庭申请低保未获批准的最主要原因分布情况（%）

	2015 年	2016 年
不符合条件	45.49	42.26
其他人家庭更贫困	12.50	4.78
低保评审不合理	12.40	10.71
其他	29.61	37.48
合计	100.00	100.00

5. 未申请低保最主要原因描述分析与趋势分析

表 3—5 对 2016 年城市困难家庭未申请低保最主要原因进行基本描述分析。调查结果分析显示，2016 年未申请低保的前三项原因分别为不符合条件、不知道如何申请和不想吃低保，占比分别为 59. 45%、18. 13%和 9. 68%。

表 3—5 同时对 2015 年与 2016 年城市困难家庭未申请低保最主要原因进行比较。根据抽样结果，两年在未申请低保最主要原因方面的比例基本保持一致。与 2015 年相比，2016 年选择不知道如何申请占比略有降低。

表 3—5　2015 年、2016 年城市困难家庭未申请低保最主要原因分布情况（%）

	2015 年	2016 年
不符合条件	56. 51	59. 45
不知道如何申请	20. 66	18. 13
手续太麻烦	3. 57	3. 84
不想吃低保	11. 99	9. 68
不想提供家庭经济情况	1. 34	0. 92
其他	5. 93	7. 99
合计	100. 00	100. 00

（二）城市困难家庭享受低保状况

1. 是否享受过低保描述分析与趋势分析

表 3—6 对 2016 年城市困难家庭低保享受情况进行基本描述分析。根据调查结果显示，2016 年城市困难家庭享受过低保的占比 72. 63%，未享受过低保的占比 27. 37%。

表 3—6 同时对 2015 年与 2016 年城市困难家庭低保享受情况进行

比较。根据抽样结果，2016 年城市困难家庭享受过低保的比例相较2015 年略有提升。

表 3—6　2015 年、2016 年城市困难家庭是否享受过低保的分布情况（%）

	2015 年	2016 年
是	64.42	72.63
否	35.58	27.37
合计	100.00	100.00

2. 享受低保的时间

（1）第一次享受低保的时间

表 3—7 对城市困难家庭第一次享受低保的年份进行基本描述分析。根据调查结果显示，城市困难家庭中，第一次享受低保的时间集中于2007—2011 年，比例达到 31.61%；其次为 2002—2006 年，比例为21.21%。而仅 10.15%的城市困难家庭在 1997—2001 年第一次享受低保。

表 3—7　2016 年城市困难家庭第一次享受低保年份的分布情况（%）

第一次享受低保的时间	有效百分比	累计百分比
1997—2001 年	10.15	10.15
2002—2006 年	21.21	31.36
2007—2011 年	31.61	62.97
2012—2013 年	16.95	79.92
2014—2016 年	20.08	100.00
合计	100.00	

（2）累计受低保月数描述分析与趋势分析

表 3—8 对 2016 年城市困难家庭连续享受低保月数进行基本描述分

析。根据调查结果显示，在享受过低保的城市困难家庭中，2016 年连续享受低保月数均值为 74. 49。

表 3—8 同时对 2015 年与 2016 年城市困难家庭连续享受低保月数进行趋势分析。根据抽样分析，两年在连续享受低保月数方面基本保持一致并稍有提升。

表 3—8　2015 年、2016 年连续享受低保月数的基本统计（月）

年份	均值	标准差	偏度	峰度
2015	72. 40	52. 98	0. 83	3. 03
2016	74. 49	55. 75	0. 77	2. 76

（3）退保次数描述分析与趋势分析

表 3—9 对 2016 年城市困难家庭退保次数进行基本描述分析。根据调查结果显示，2016 年城市困难家庭低保退出次数均值为 0. 24。

表 3—9 同时对 2015 年与 2016 年城市困难家庭退保次数做趋势分析。根据抽样结果，两年在退保次数方面保持相对稳定并略有提高。

表 3—9　2015 年、2016 年城市困难家庭低保退出次数的基本统计（次）

年份	均值	标准差	偏度	峰度
2015	0. 20	0. 46	2. 93	18. 76
2016	0. 24	0. 48	2. 78	19. 47

3. 目前低保享受状况描述分析与趋势分析

表 3—10 对 2016 年城市困难家庭目前是否还享受低保的情况进行基本描述分析。根据调查结果显示，目前还在享受低保的城市困难家庭占比 59. 78%。

表 3—10 同时对 2015 年与 2016 年城市困难家庭目前的低保享受状况进行趋势分析。根据抽样结果，两年在城市困难家庭低保享受状况方

面的比例基本保持稳定，同时比重稍有增加。

表 3—10　2015 年、2016 年城市困难家庭目前是否还享受低保的分布情况（%）

	2015 年	2016 年
是	55. 35	59. 78
否	44. 65	40. 22
合计	100. 00	100. 00

4. 低保家庭每月领取低保金金额描述分析与趋势分析

表 3—11 对 2016 年低保家庭每月领取低保金金额的情况进行基本描述分析。根据调查结果显示，2016 年低保家庭每月领取低保金金额的均值为 648. 55 元。

表 3—11 同时对 2015 年与 2016 年低保家庭每月领取低保金金额的情况进行趋势分析。根据抽样结果，两年在每月领取低保金金额方面的均值基本保持一致，并略有所增加。

表 3—11　2015 年、2016 年低保家庭每月领取低保金金额的基本统计（元）

年份	均值	标准差	偏度	峰度
2015	596. 85	389. 78	1. 69	8. 03
2016	648. 55	399. 14	1. 64	7. 46

（三）2015 年城市困难家庭低保金享受待遇

1. 2015 年城市困难家庭是否享受低保金

（1）描述分析与趋势分析

表 3—12 对 2015 年城市困难家庭低保金享受情况进行描述分析。根据调查结果显示，2015 年曾经享受低保金的城市困难家庭

占 64.75%。

表 3—12 同时对 2014 年与 2015 年城市困难家庭低保金享受情况进行比较分析。根据抽样结果，2015 年城市困难家庭享受低保金的比例较 2014 年有所提高。

表 3—12　2014 年、2015 年城市困难家庭曾经享受低保金的分布情况（%）

	2014 年	2015 年
是	58.28	64.75
否	41.72	35.25
合计	100.00	100.00

（2）比较分析

表 3—13 进一步通过描述比较的方式，对比 2015 年低保家庭与低保边缘家庭是否曾经享受低保金的状况。比较结果显示，低保家庭和低保边缘家庭在低保金享受情况方面存在十分明显的差异（P<0.01）。低保家庭中享受低保金的占比远高于低保边缘家庭，相差 78.86%。

表 3—13　2015 年分人群城市困难家庭是否曾经享受低保金的分布情况（%）

人群	有	没有
低保家庭	96.40	3.60
低保边缘家庭	17.54	82.46
$\chi^2=2800.000$　　P=0.000		

2. 2015 年城市困难家庭享受低保金数额

（1）描述分析与趋势分析

表 3—14 对 2015 年城市困难家庭享受低保金数额进行基本描述分

析。根据调查结果显示，2015 年城市困难家庭享受低保金数额均值为 6964.56 元。

表 3—14 同时对 2014 年与 2015 年城市困难家庭享受低保金数额的情况进行趋势分析。根据抽样结果，2015 年城市困难家庭低保金享受数额较 2014 年有所增加。

表 3—14　2014 年、2015 年城市困难家庭享受低保金数额的基本统计（元）

年份	均值	标准差	偏度	峰度
2014	6158.65	3869.91	1.03	4.69
2015	6964.56	4371.99	1.38	7.18

（2）比较分析

表 3—15 进一步通过描述比较的方式，对比 2015 年低保家庭和低保边缘家庭享受低保金数额的状况。比较结果显示，低保家庭和低保边缘家庭在享受低保金数额方面存在十分明显的差异（P<0.01）。2015 年低保家庭享受低保金均值高于低保边缘家庭，相差 1727.8 元。

表 3—15　2015 年分人群城市困难家庭享受低保金数额的基本统计（元）

人群	均值	标准差
低保家庭	7158.29	4334.85
低保边缘家庭	5430.49	4378.17
F=39.77　P=0.000		

（四）低保管理状况

1. 城市低保工作人员核查家庭收入和财产状况周期的描述分析与趋势分析

表 3—16 对 2016 年低保工作人员核查家庭收入和财产状况周期的

情况进行基本描述分析。根据调查结果显示，2016 年低保工作人员核查家庭收入和财产状况的周期均值为 5.79。

表 3—16 同时对 2015 年与 2016 年低保工作人员核查家庭收入和财产状况的周期进行趋势分析。根据抽样结果，两年在核查周期方面的均值基本保持稳定。

表 3—16　2015 年、2016 年低保工作人员核查家庭收入和财产状况的周期基本统计（月）

年份	均值	标准差	偏度	峰度
2015	5.78	4.15	0.47	1.82
2016	5.79	4.10	0.50	1.85

2. 低保家庭领取低保金的周期和方式

（1）领取低保金周期描述分析与趋势分析

表 3—17 对 2016 年低保家庭低保金领取周期的分布情况进行基本描述分析。根据调查结果显示，85.88%的低保家庭选择按月领取低保金，占比最大。

表 3—17 同时对 2015 年与 2016 年低保家庭低保金领取周期的状况进行趋势分析。根据抽样结果，两年在低保金领取周期方面的比例基本保持稳定。

表 3—17　2015 年、2016 年低保家庭低保金领取周期的分布情况（%）

	2015 年	2016 年
按月领取	84.51	85.88
按季度领取	13.75	12.49
按年领取	0.69	0.36
不定期	1.04	1.27
合计	100.00	100.00

（2）领取低保金方式描述分析与趋势分析

表 3—18 对 2016 年低保家庭低保金领取方式的分布情况进行基本描述分析。根据调查结果显示，96.40%的低保家庭选择到银行或邮局柜台领取，占比最大。

表 3—18 同时对 2015 年与 2016 年低保家庭低保金领取方式的分布情况进行趋势分析。根据抽样结果，低保金领取方式在这两年中基本保持稳定。

表 3—18　2015 年、2016 年低保家庭低保金领取方式的分布情况（%）

	2015 年	2016 年
通过社区/村委员会领取	1.66	2.22
到银行或邮局柜台领取	97.62	96.40
工作人员送到手上	0.32	0.32
其他	0.40	1.07
合计	100.00	100.00

3. 所在社区/村对低保审批公示情况描述分析与趋势分析

表 3—19 对 2016 年城市困难家庭所在社区/村低保审批公示情况进行基本描述分析。根据调查结果显示，2016 年城市困难家庭所在社区/村公示低保审批的占 86.93%。

表 3—19 同时对 2015 年与 2016 年城市困难家庭所在社区/村低保审批公示情况进行趋势分析。根据抽样结果，2016 年城市困难家庭所在社区/村公示低保审批的占比相对 2015 年略有提升。

表3—19　2015年、2016年城市困难家庭所在社区/村低保审批公示情况的分布情况（%）

	2015年	2016年
不知道	5.63	—
是	81.60	86.93
否	12.77	13.07
合计	100.00	100.00

二、城市困难家庭最低生活保障制度运行评估

（一）低保制度效果评估

1. 低保金对解决生活困难家庭帮助程度的描述分析与趋势分析

表3—20对2016年低保金对解决生活困难家庭的帮助程度的分布情况进行基本描述分析。根据调查结果显示，2016年选择作用很大的城市困难家庭占比最多，达到62.39%。

表3—20同时对2015年与2016年低保金对解决生活困难家庭的帮助程度进行趋势分析。根据抽样结果，两年在低保金帮助程度方面的比例基本保持稳定并稍有提高。

表3—20　2015年、2016年低保金对解决生活困难家庭的帮助程度的分布情况（%）

	2015年	2016年
作用很大	60.72	62.39
作用比较大	19.46	17.25
作用一般	13.52	15.11

（续表）

	2015 年	2016 年
作用比较小	3. 65	2. 89
作用很小	2. 65	2. 36
合计	100. 00	100. 00

2. 低保家庭对低保及低保配套优惠政策效果评价描述分析与趋势分析

表 3—21 对 2016 年低保家庭对低保及低保配套优惠政策效果进行基本描述分析。根据调查结果显示，大部分低保家庭认为低保金的作用更大，占比 76. 01%。

表 3—21 同时对 2015 年与 2016 年低保家庭对低保及低保配套优惠政策效果进行趋势分析。根据抽样结果，两年的低保及低保配套优惠政策效果评价的占比基本保持稳定。

表 3—21　2015 年、2016 年低保家庭认为下列哪方面作用更大的分布情况（%）

	2015 年	2016 年
低保金	74. 85	76. 01
低保配套优惠政策（如可享受水电暖减免、帮扶）	5. 42	5. 71
有低保证，获得的医疗、教育、住房等专项救助	18. 20	16. 05
其他	1. 54	2. 23
合计	100. 00	100. 00

（二）低保制度问题分析

1. 对低保公示制度的态度

（1）描述分析与趋势分析

表 3—22 对 2016 年城市困难家庭对低保公示制度的态度进行基本

描述分析。根据调查结果显示，2016 年城市困难家庭中，大多数选择赞成，占比 85.74%；其次为无所谓，占比 7.04%；而选择反对的只有小部分，仅占 2.48%。

表 3—22 同时对 2015 年与 2016 年城市困难家庭对低保公示制度的态度进行趋势分析。根据抽样结果，这两年的城市困难家庭对低保公示制度的态度基本保持一致。2015 年城市困难家庭中，赞成低保公示制度比例较 2015 年略有下降。

表 3—22　2015 年、2016 年城市困难家庭对低保公示制度的态度分布情况（%）

	2015 年	2016 年
赞成	88.14	85.74
无所谓	5.00	7.04
反对	2.71	2.48
说不清	4.14	4.73
合计	100.00	100.00

（2）比较分析

表 3—23 进一步通过描述比较的方式，对比 2016 年低保家庭和低保边缘家庭城市困难家庭对低保公示制度的态度的分布情况。比较结果显示，低保家庭和低保边缘家庭在对低保公示制度的态度方面存在十分明显的差异（$P<0.01$）。低保家庭中赞成低保公示制度的比重高于低保边缘家庭，相差 7.23%。

表 3—23　2016 年城市困难家庭对低保公示制度的态度的分布情况（%）

人群	赞成	无所谓	反对	说不清
低保家庭	88.63	6.10	2.26	3.01
低保边缘家庭	81.40	8.48	2.83	7.30
$\chi^2=55.095$　　$P=0.000$				

2. 所在社区/村低保评审过程公平程度评价

（1）描述分析与趋势分析

表3—24对2016年进行基本描述分析。根据调查结果显示，2016年城市困难家庭中，75.86%认为评审过程公平，7.62%认为评审过程一般，而仅有5.44%的城市困难家庭认为评审过程不公平。

表3—24同时对2015年与2016年城市困难家庭对所在社区/村低保评审过程公平制度的评价分布进行趋势分析。根据抽样结果，两年在评价低保评审过程方面的比例基本保持一致。

表3—24　2015年、2016年城市困难家庭对所在社区/村低保评审过程公平制度的评价分布状况（%）

	2015年	2016年
公平	77.38	75.86
一般	6.03	7.62
不公平	5.04	5.44
说不清	11.56	11.07
合计	100.00	100.00

（2）比较分析

表3—25进一步通过描述比较分析，对比2016年低保家庭和低保边缘家庭对低保评审过程公平程度的情况。比较结果显示，低保家庭和低保边缘家庭在对低保评审过程公平程度方面存在十分明显的差异（P<0.01）。低保家庭认为评审过程公平的占比高于低保边缘家庭，相差23.94%。

表 3—25　2016 年分人群城市困难家庭对所在社区/村低保评审过程公平制度的评价分布情况（%）

人群	公平	一般	不公平	说不清
低保家庭	85.47	5.54	2.14	6.85
低保边缘家庭	61.53	10.68	10.38	17.40
$\chi^2 = 340.048$　　P = 0.000				

3. 低保工作存在的问题

（1）低保管理问题

描述分析与趋势分析

表 3—26 对城市困难家庭认为低保工作存在低保金太少现象进行基本描述分析。根据调查结果显示，2016 年城市困难家庭中，对低保金太少表示比较同意的占 31.30%；其次 24.45%的城市困难家庭非常同意低保金太少的问题。

表 3—26 同时对 2015 年与 2016 年城市困难家庭认为低保工作存在低保金太少现象进行趋势分析。根据抽样结果，2016 年认为比较同意低保金太少现象的城市困难家庭比重略有下降。

表 3—26　2015 年、2016 年城市困难家庭认为低保工作存在低保金太少现象的分布情况（%）

	2015 年	2016 年
不知道	3.83	—
非常同意	25.42	24.45
比较同意	31.62	31.30
无所谓	16.74	20.13
不太同意	15.86	15.81
非常不同意	6.54	8.31
合计	100.00	100.00

表3—27对城市困难家庭认为低保工作存在该保的没保现象进行基本描述分析。根据调查结果显示，2016年城市困难家庭中，对该保的没保表示不太同意的占24.58%；其次22.41%的城市困难家庭对该保的没保表示无所谓；而有21.75%的城市困难家庭对该保的没保表示比较同意。

表3—27同时对2015年与2016年城市困难家庭认为低保工作存在该保的没保现象进行趋势分析。根据抽样结果，城市困难家庭认为低保工作存在该保的没保现象的比例在这两年中基本保持一致。

表3—27　2015年、2016年城市困难家庭认为低保工作存在该保的没保现象分布情况（%）

	2015年	2016年
不知道	5.97	—
非常同意	14.51	15.93
比较同意	21.01	21.75
无所谓	18.93	22.41
不太同意	25.82	24.58
非常不同意	13.76	15.33
合计	100.00	100.00

表3—28对城市困难家庭认为低保工作存在该退的没退现象进行基本描述分析。根据调查结果显示，2016年城市困难家庭中，对该退的没退表示无所谓的占28.75%，占比最大；其次，24.01%的城市困难家庭表示不太同意。

表3—28同时对2015年与2016年城市困难家庭认为低保工作存在该退的没退现象进行趋势分析。根据抽样结果，2016年非常同意该退的没退现象的城市困难家庭比重略有增长。

表 3—28　2015 年、2016 年城市困难家庭认为低保工作存在该退的没退现象分布情况（%）

	2015 年	2016 年
不知道	9.19	—
非常同意	9.72	12.86
比较同意	15.93	16.61
无所谓	23.29	28.75
不太同意	25.80	24.01
非常不同意	16.07	17.77
合计	100.00	100.00

表 3—29 对城市困难家庭认为低保工作存在家庭收入核查太烦琐、太频繁现象进行基本描述分析。根据调查结果显示，2016 年城市困难家庭中，对家庭收入核查太烦琐、太频繁表示不太同意的占 25.35%，占比最大。

表 3—29 同时对 2015 年与 2016 年城市困难家庭认为低保工作存在家庭收入核查太烦琐、太频繁现象进行趋势分析。根据抽样结果，2016 年非常同意家庭收入核查太烦琐、太频繁现象的城市困难家庭比重略有增长。

表 3—29　2015 年、2016 年城市困难家庭认为低保工作存在家庭收入核查太烦琐、太频繁的现象分布情况（%）

	2015 年	2016 年
不知道	3.80	—
非常同意	13.00	15.84
比较同意	17.59	20.00
无所谓	21.11	22.49
不太同意	28.34	25.35
非常不同意	16.17	16.32
合计	100.00	100.00

表 3—30 对城市困难家庭认为低保工作存在低保资格认定靠关系、走后门现象进行基本描述分析。根据调查结果显示，2016 年城市困难家庭中，对低保工作存在低保资格认定靠关系、走后门的现象表示非常不同意的占 40.59%，占比最大。

表 3—30 同时对 2015 年与 2016 年城市困难家庭认为低保工作存在低保资格认定靠关系、走后门现象进行趋势分析。根据抽样结果，2016 年不太同意低保资格认定靠关系、走后门现象的城市困难家庭比重略有下降。

表 3—30　2015 年、2016 年城市困难家庭认为低保工作存在低保资格认定靠关系、走后门的现象的分布情况（%）

	2015 年	2016 年
不知道	4.83	—
非常同意	4.02	4.85
比较同意	8.27	7.57
无所谓	13.81	15.87
不太同意	34.93	31.11
非常不同意	34.14	40.59
合计	100.00	100.00

表 3—31 对城市困难家庭认为低保工作存在有损低保户的尊严和隐私现象进行基本描述分析。根据调查结果显示，2016 年城市困难家庭中，对有损低保户的尊严和隐私表示不太同意的占 31.49%，占比最大。

表 3—31 同时对 2015 年与 2016 年城市困难家庭认为低保工作存在有损低保户的尊严和隐私现象进行趋势分析。根据抽样结果，2016 年非常不同意有损低保户的尊严和隐私现象的城市困难家庭的比重略有增长。

表 3—31　2015 年、2016 年城市困难家庭认为低保工作存在有损低保户的尊严和隐私现象的分布情况（%）

	2015 年	2016 年
不知道	1.83	—
非常同意	6.52	8.02
比较同意	12.65	12.51
无所谓	15.77	19.65
不太同意	35.71	31.49
非常不同意	27.52	28.33
合计	100.00	100.00

比较分析

表 3—32 进一步通过描述比较分析的方式，对比 2016 年低保家庭和低保边缘家庭对城市低保工作管理问题的评价。比较结果显示，低保家庭和低保边缘家庭在低保工作存在的管理问题方面存在十分明显的差异（$P<0.01$），低保家庭认为低保工作存在管理问题的比例低于低保边缘家庭。

在低保金太少问题方面，低保家庭对此持非常同意态度的比重高于低保边缘家庭，相差 8.06%；而在该保的没保，该退的没退，家庭收入核查太烦琐、太频繁，低保资格认定靠关系、走后门，有损低保户的尊严和隐私问题等方面，低保边缘家庭的认同感均明显高于低保家庭。

表 3—32　2016 年分人群城市低保工作存在的管理问题评价的分布情况（%）

		非常同意	比较同意	无所谓	不太同意	非常不同意
低保金太少	低保家庭	27.64	34.26	11.46	16.89	9.75
	低保边缘家庭	19.58	26.81	33.31	14.22	6.08
	$\chi^2 = 302.600$　　P = 0.000					
该保的没保	低保家庭	12.21	20.45	21.87	27.79	17.69
	低保边缘家庭	21.38	23.72	23.24	19.88	11.77
	$\chi^2 = 106.276$　　P = 0.000					
该退的没退	低保家庭	9.99	14.96	27.19	27.27	20.60
	低保边缘家庭	17.10	19.06	31.07	19.18	13.60
	$\chi^2 = 106.525$　　P = 0.000					
家庭收入核查太烦琐、太频繁	低保家庭	12.30	19.35	17.87	29.14	21.34
	低保边缘家庭	21.25	20.95	29.41	19.75	8.64
	$\chi^2 = 245.115$　　P = 0.000					
低保资格认定靠关系、走后门	低保家庭	2.82	5.88	1.25	33.02	45.03
	低保边缘家庭	7.91	10.14	19.81	28.26	33.88
	$\chi^2 = 141.443$　　P = 0.000					
有损低保户的尊严和隐私	低保家庭	7.85	13.35	17.82	31.37	29.61
	低保边缘家庭	8.29	11.32	22.33	31.75	26.30
	$\chi^2 = 18.036$　　P = 0.000					

（2）低保户行为问题

描述分析与趋势分析

表3—33对2016年城市困难家庭认为很多低保户隐瞒工作或收入的现象进行基本描述分析。根据调查结果显示，城市困难家庭中，不同意低保户隐瞒工作或收入的总计占比59.27%。

表3—33同时对2015年与2016年城市困难家庭认为很多低保户隐瞒工作或收入的现象进行趋势分析。根据抽样结果，2016年城市困难家庭认为很多低保户隐瞒工作或收入的现象比例较2015年比重略有下降。

表3—33　2015年、2016年城市困难家庭认为很多低保户隐瞒工作或收入的现象分布情况（%）

	2015年	2016年
不知道	7.24	—
非常同意	5.23	6.24
比较同意	14.04	12.58
无所谓	16.76	21.91
不太同意	33.22	30.88
非常不同意	23.52	28.39
合计	100.00	100.00

表3—34对2016年城市困难家庭认为很多低保户有依赖心理，不努力找工作的现象进行基本描述分析。根据调查结果显示，城市困难家庭中，不太同意低保户有依赖心理，不努力找工作的占34.86%；非常不同意低保户有依赖心理，不努力找工作的占31.79%。

表3—34同时对2015年与2016年城市困难家庭认为很多低保户有依赖心理，不努力找工作的现象进行趋势分析。根据抽样结果，两年在

城市困难家庭认为很多低保户有依赖心理，不努力找工作的现象方面比例基本保持一致。

表3—34　2015年、2016年城市困难家庭认为很多低保户有依赖心理，不努力找工作的现象分布情况（%）

	2015年	2016年
不知道	4.56	—
非常同意	4.47	5.56
比较同意	12.96	11.63
无所谓	13.45	16.16
不太同意	36.39	34.86
非常不同意	28.17	31.79
合计	100.00	100.00

表3—35对2016年城市困难家庭认为很多低保工作人员不认真、不负责的现象进行基本描述分析。根据调查结果显示，城市困难家庭中，非常不同意低保工作人员不认真、不负责的占41.79%，占比最大。

表3—35同时对2015年与2016年城市困难家庭认为很多低保工作人员不认真、不负责的现象进行趋势分析。根据抽样结果，两年在城市困难家庭认为很多低保工作人员不认真、不负责的现象方面比例基本保持一致。

表3—35　2015年、2016年城市困难家庭认为很多低保工作人员不认真、不负责的现象分布情况（%）

	2015年	2016年
不知道	3.08	—
非常同意	3.73	4.11
比较同意	7.37	6.84

（续表）

	2015 年	2016 年
无所谓	11.31	13.47
不太同意	38.19	33.78
非常不同意	36.33	41.79
合计	100.00	100.00

比较分析

表 3—36 进一步通过描述比较的方式，对比 2016 年低保家庭和低保边缘家庭对低保工作存在的行为问题的评价。比较结果显示，低保家庭和低保边缘家庭在对低保工作存在的行为问题的评价方面存在十分明显的差异（P<0.01）。具体而言，在“低保家庭隐瞒工作或收入”“低保户有依赖心理、不努力找工作”“工作人员不认真、不负责”三项问题中，低保边缘家庭的认同感均明显强于低保家庭。

表 3—36　2016 年分人群城市低保工作存在的行为问题评价的分布情况（%）

人群		非常同意	比较同意	无所谓	不太同意	非常不同意
低保家庭隐瞒工作或收入	低保家庭	4.09	10.43	20.40	33.77	31.32
	低保边缘家庭	9.45	15.82	24.12	26.61	24.00
	$\chi^2=109.339$　P=0.000					
低保家庭有依赖心理、不努力找工作	低保家庭	3.61	10.08	13.86	37.03	35.42
	低保边缘家庭	8.48	13.97	19.64	31.58	26.33
	$\chi^2=110.840$　P=0.000					
工作人员不认真、不负责	低保家庭	2.47	5.81	9.28	35.05	47.39
	低保边缘家庭	6.61	8.36	19.78	31.93	33.31
	$\chi^2=183.517$　P=0.000					

第二节　城市困难家庭专项社会救助政策运行状况与评估

一、城市困难家庭医疗救助政策运行状况与评估

（一）城市困难家庭医疗救助政策运行状况

1. 就医状况

（1）家庭成员在患病最初阶段诊疗途径的选择描述分析与趋势分析

表3—37对城市困难家庭成员（老人、成年人、儿童）通常在患病最初阶段诊疗途径的选择进行基本描述分析。根据调查结果显示，在老人患病最初阶段，选择到药店买药的比例最大，占比30.33%；在成年人患病最初阶段，选择到药店买药的比例最大，占比达到41.30%；在儿童患病最初阶段，选择去私人诊所或社区/村卫生服务站的比例最大，占比18.22%。

表3—37同时对2015年与2016年城市困难家庭成员（老人、成年人、儿童）在患病最初阶段诊疗途径的选择进行趋势分析。根据抽样结果，在这两年中，城市困难家庭成员（老人、成年人、儿童）在患病最初阶段选择的诊疗途径的比例基本保持一致。

表 3—37　2016 年城市困难家庭成员通常在患病最初阶段诊疗途径的选择分布情况（%）

诊疗途径	老人		成年人		儿童	
	2015 年	2016 年	2015 年	2016 年	2015 年	2016 年
到药店买药	31.40	30.33	41.92	41.30	17.43	16.66
去私人诊所或社区/村卫生服务站	27.68	27.16	28.26	26.70	17.68	18.22
去街道医院（乡镇卫生院）	10.70	9.62	9.53	9.15	7.06	6.55
去县、区级医院	3.61	5.84	3.45	4.45	3.32	4.24
去市级以上医院	2.26	3.36	2.59	3.31	2.62	2.51
其他	0.38	1.02	0.37	2.08	0.37	0.35
不治疗	0.97	0.38	1.55	0.24	0.59	0.64
不适用	22.99	22.29	12.33	12.77	50.94	50.83

（2）家庭成员在患病最初阶段诊疗途径的选择比较分析

表 3—38 进一步通过描述比较的方式，对比 2016 年低保家庭和低保边缘家庭的家庭成员在患病最初阶段诊疗途径的选择。比较结果显示，在低保家庭和低保边缘家庭的家庭成员中，老人和儿童在患病最初阶段对诊疗途径的选择存在十分明显的差异（$P<0.01$），而成年人在患病最初阶段诊疗途径的选择不存在明显的差异（$P>0.05$）。

具体说明，老人在患病最初阶段诊疗途径选择方面，低保家庭选择去私人诊所或社区/村卫生服务站的占比 26.18%，而低保边缘家庭则占比 28.50%，相差 2.32%；儿童在患病最初阶段诊疗途径选择方面，低保家庭选择去私人诊所或社区/村卫生服务站的占比为 16.92%，而低保边缘家庭的比例为 20.12%，相差 3.20%。

表 3—38　2016 年城市困难家庭成员通常在患病最初阶段诊疗途径选择的分布情况（%）

诊疗途径	老人		成年人		儿童	
	低保家庭	低保边缘家庭	低保家庭	低保边缘家庭	低保家庭	低保边缘家庭
到药店买药	30.69	29.80	41.58	40.75	17.55	15.34
去私人诊所或社区/村卫生服务站	26.18	28.50	26.91	26.38	16.92	20.12
去街道医院（乡镇卫生院）	8.55	11.25	8.64	9.95	6.18	7.08
去县、区级医院	6.34	5.12	4.95	3.71	3.92	4.72
去市级以上医院	2.38	4.83	2.93	3.89	1.7	3.72
其他	0.95	1.12	2.18	1.94	0.4	0.29
不治疗	0.51	0.18	0.20	0.29	0.67	0.59
不适用	24.40	19.20	12.60	13.07	52.65	48.14
	$\chi^2=46.300$ P=0.000		$\chi^2=9.336$ P=0.229		$\chi^2=32.279$ P=0.000	

2. 城市困难家庭的就医负担

（1）描述分析与趋势分析

表 3—39 对 2015 年城市困难家庭看病经济负担进行基本描述分析。根据调查结果显示，2015 年城市困难家庭中，认为看病经济负担一般的占比为 35.62%；其次是非常重，占比达到 30.30%，认为经济负担较重的占 23.23%。

表 3—39 同时对 2014 年与 2015 年城市困难家庭看病经济负担的发展趋势进行比较。根据抽样结果，两年在看病经济负担方面的比例基本保持稳定。

表 3—39　2014 年、2015 年城市困难家庭看病经济负担程度的分布情况（%）

	2014 年	2015 年
非常重	32. 53	30. 30
较重	25. 11	23. 23
一般	32. 24	35. 62
较轻	6. 10	5. 81
很轻	4. 03	5. 03
合计	100. 00	100. 00

（2）比较分析

表 3—40 进一步通过描述比较的方式，对比 2015 年低保家庭和低保边缘家庭在看病经济负担方面的情况。比较结果显示，低保家庭和低保边缘家庭在看病经济负担方面存在十分明显的差异（P<0. 01）。低保家庭中，认为看病经济负担非常重的占比高于低保边缘家庭，相差 8. 9%。

表 3—40　2015 年分人群城市困难家庭看病经济负担程度的分布情况（%）

人群	非常重	较重	一般	较轻	很轻
低保家庭	33. 86	23. 92	32. 71	5. 23	4. 28
低保边缘家庭	24. 96	22. 25	39. 91	6. 71	6. 18
$\chi^2 = 53.705$　　P = 0. 000					

3. 2015 年城市困难家庭医疗救助的享受状况及享受水平

（1）2015 年医疗救助获得状况

描述分析与趋势分析

表 3—41 对 2015 年城市困难家庭医疗救助享受情况进行基本描述分析。根据调查结果显示，2015 年城市困难家庭中，享受过医疗救助的占比为 23. 93%。

表3—41同时对2014年与2015年医疗救助享受情况的发展趋势进行比较。根据抽样结果，两年在医疗救助享受情况方面的比例基本保持一致。2014年享受过医疗救助的占24.18%，而2015年占比为23.93%，比例稍有减少。

表3—41　2014年、2015年城市困难家庭是否曾经享受过医疗救助的分布情况（%）

	2014年	2015年
有	23.93	24.18
没有	76.07	75.82
合计	100.00	100.00

比较分析

表3—42进一步通过描述比较的方式，对比2015年低保家庭和低保边缘家庭医疗救助获得的情况。比较结果显示，低保家庭和低保边缘家庭在医疗救助获得情况方面存在十分明显的差异（$P<0.01$）。在2015年，有28.79%的低保家庭获得过医疗救助，而仅有16.68%的低保边缘家庭获得过医疗救助，相差12.11%。

表3—42　2015年分人群城市困难家庭医疗救助获得的分布情况（%）

人群	有	没有
低保家庭	28.79	71.21
低保边缘家庭	16.68	83.32
$\chi^2=81.857$　　$P=0.000$		

（2）2015年医疗救助享受水平

描述分析与趋势分析

表3—43对2015年城市困难家庭享受医疗救助等值金额进行基本描述分析。根据调查结果显示，城市困难家庭享受医疗救助的平均水平

为 3505.33 元。

表 3—43 同时对 2014 年与 2015 年城市困难家庭享受医疗救助等值金额的发展趋势进行比较。根据抽样结果，2015 年的医疗救助等值金额较 2014 年有所减少。

表 3—43　2014 年、2015 年城市困难家庭享受医疗救助等值金额的基本统计（元）

年份	均值	标准差	偏度	峰度
2014	3895.31	5416.00	2.44	9.64
2015	3505.33	5040.87	2.54	10.19

比较分析

表 3—44 进一步通过描述比较的方式，对比 2015 年低保家庭和低保边缘家庭在医疗救助等值金额方面的情况。比较结果显示，低保家庭和低保边缘家庭在医疗救助等值金额方面不存在明显的差异（$P>0.05$）。

表 3—44　2015 年分人群城市困难家庭享受医疗救助等值金额的分布情况（元）

人群	均值	标准差
低保家庭	3437.09	4896.56
低保边缘家庭	3702.32	5418.47
$F=0.47$　　$P=0.492$		

（3）接受过 2015 年重特大疾病医疗救助获得状况

描述分析与趋势分析

表 3—45 对 2015 年城市困难家庭接受过重特大疾病医疗救助状况进行基本描述分析。根据调查结果显示，城市困难家庭中接受过重特大疾病医疗救助的占 6.07%。

表 3—45 同时对 2014 年与 2015 年重特大疾病医疗救助接受状况进

行趋势分析。根据抽样结果，两年在重特大疾病医疗救助接受状况方面的比例基本保持一致。2015 年，城市困难家庭接受过重特大疾病医疗救助的占比有所提升。

表 3—45　2014 年、2015 年城市困难家庭接受过重特大疾病医疗救助状况的分布情况（%）

	2014 年	2015 年
是	5.56	6.07
否	94.44	93.93
合计	100.00	100.00

比较分析

表 3—46 进一步通过描述比较的方式，对比 2015 年低保家庭和低保边缘家庭在重特大疾病医疗救助接受状况。比较结果显示，低保家庭和低保边缘家庭在重特大医疗救助接受状况方面存在十分明显的差异（$P<0.01$）。2015 年城市困难家庭中，接受过重特大疾病医疗救助的低保家庭占比高于低保边缘家庭，相差 2.89%。

表 3—46　2015 年分人群城市困难家庭接受过重特大疾病医疗救助的分布情况（%）

人群	是	否
低保家庭	7.24	93.76
低保边缘家庭	4.35	95.65
$\chi^2=14.853$　　$P=0.000$		

（4）重特大疾病救助水平

描述分析与趋势分析

表 3—47 对 2015 年城市困难家庭享受重特大疾病救助金额进行基本描述分析。根据调查结果显示，城市困难家庭在 2015 年，享受重特

大疾病救助金额的平均水平为 1031. 24 元。

表 3—47 同时对 2014 年与 2015 年城市困难家庭重特大疾病医疗救助金额的发展趋势进行比较。根据抽样结果，两年的重特大疾病医疗救助金额的均值基本保持稳定，并略有减少。

表 3—47　2014 年、2015 年城市困难家庭享受重特大疾病救助金额的基本统计（元）

年份	均值	标准差	偏度	峰度
2014	1162. 02	7377. 93	16. 17	335. 73
2015	1031. 24	4693. 40	16. 59	388. 45

比较分析

表 3—48 进一步通过描述比较的方式，对比 2015 年低保家庭和低保边缘家庭重特大疾病救助金额的情况。比较结果显示，低保家庭和低保边缘家庭在重特大疾病救助金额方面不存在明显的差异（$P>0.05$）。

表 3—48　2015 年分人群城市困难家庭享受重特大疾病救助金额分布情况（元）

人群	均值	标准差
低保家庭	1020. 72	2965. 10
低保边缘家庭	1054. 41	6915. 97
$F=0.01$　　$P=0.911$		

（5）何种情况下获得重特大疾病医疗救助

描述分析与趋势分析

表 3—49 对 2016 年城市困难家庭在何种情况下获得重特大疾病医疗救助状况进行基本描述分析。根据调查结果显示，52. 16%的城市困难家庭在家庭成员所患疾病在医疗救助病种目录内的情况下得到重特大疾病医疗救助；其次是持有低保证，占比为 30. 98%。

表 3—49 同时对 2015 年与 2016 年城市困难家庭在何种情况下获得

重特大疾病医疗救助状况进行趋势分析。根据抽样结果，两年的家庭成员所患疾病在医疗救助病种目录内的比重有所提高，而花费过高的比重则有所减少。

表 3—49　2015 年、2016 年城市困难家庭在何种情况下获得重特大疾病医疗救助的分布情况（%）

	2015 年	2016 年
家庭成员所患疾病在医疗救助病种目录内	41.85	52.16
花费过高	30.83	13.33
持有低保证	23.31	30.98
其他	4.01	3.53
合计	100.00	100.00

比较分析

表 3—50 进一步通过描述比较的方式，对比 2015 年低保家庭和低保边缘家庭在何种情况下得到重特大疾病医疗救助的分布情况。比较结果显示，低保家庭和低保边缘家庭在何种情况下得到重特大疾病医疗救助方面存在十分明显的差异（$P<0.01$）。低保家庭在花费过高的情况下得到重特大疾病医疗救助的比例明显低于低保边缘家庭，相差 13.58%。

表 3—50　2015 年分人群城市困难家庭在何种情况下获得重特大疾病医疗救助的分布情况（%）

人群	家庭成员所患疾病在医疗救助病种目录内	花费过高	持有低保证	其他
低保家庭	49.72	9.39	39.23	1.66
低保边缘家庭	58.11	22.97	10.81	8.11
$\chi^2=27.856$　　$P=0.000$				

（二）城市困难家庭医疗救助政策效果评估

1. 主观效果评估

（1）医疗救助对家庭帮助作用

描述分析与趋势分析

表3—51对2015年城市困难家庭医疗救助所起作用进行基本描述分析。根据调查结果显示，城市困难家庭认为医疗救助所起作用很大的比例为55.39%；其次为较大，占比为20.47%。

表3—51同时对2014年与2015年医疗救助所起作用的情况进行趋势分析。根据抽样结果，两年在医疗救助所起作用方面的比例基本保持一致。

表3—51 2014年、2015年城市困难家庭医疗救助所起作用的分布情况（%）

	2014年	2015年
很大	55.63	55.39
较大	17.35	20.47
一般	18.09	16.52
较小	6.31	6.43
无作用	2.62	1.19
合计	100.00	100.00

比较分析

表3—52进一步通过描述比较的方式，对比2015年低保家庭和低保边缘家庭医疗救助所起作用的分布情况。比较结果显示，低保家庭和低保边缘家庭在医疗救助所起作用方面存在明显的差异（P<0.05）。低保家庭中认为医疗救助所起作用很大的占比高于低保边缘家庭，相差8.87%。

表 3—52　2015 年分人群城市困难家庭医疗救助所起作用的分布情况（%）

人群	很大	较大	一般	较小	无作用
低保家庭	57.99	20.11	15.70	5.10	1.10
低保边缘家庭	49.12	21.55	18.37	9.54	1.41
$\chi^2 = 10.486$　　P = 0.033					

（2）重特大医疗救助效果评估

描述分析与趋势分析

表 3—53 对 2016 年城市困难家庭认为重特大医疗救助效果明显的分布情况进行基本描述分析。根据调查结果显示，城市困难家庭中，非常同意救助效果明显的占 36.96%，比较同意救助效果明显的占 28.02%。

表 3—53 同时对 2015 年与 2016 年城市困难家庭认为重特大医疗救助效果明显的发展趋势进行比较。根据抽样结果，两年在救助效果是否明显方面的比例基本保持一致。同时 2016 年城市困难家庭中，非常同意救助效果明显的占比稍有下降。

表 3—53　2015 年、2016 年城市困难家庭认为重特大医疗救助效果明显的分布情况（%）

	2015 年	2016 年
很不同意	4.95	8.17
不太同意	4.46	6.61
一般	18.81	16.73
比较同意	32.43	28.02
非常同意	39.36	36.96
说不清	—	3.50
合计	100.00	100.00

表 3—54 对 2016 年城市困难家庭认为大病补助的病种太少的分布情况进行基本描述分析。根据调查结果显示，城市困难家庭中，比较同意大病

补助病种太少的占26.46%，认为大病补助病种太少一般的占16.73%。

表3—54同时对2015年与2016年城市困难家庭认为大病补助病种太少的发展趋势进行比较。根据抽样结果，2016年认为大病补助病种太少的比例较2015年下降。

表3—54　2015年、2016年城市困难家庭认为大病补助的病种太少的分布情况（%）

	2015年	2016年
很不同意	6.97	8.95
不太同意	12.60	12.06
一般	30.56	16.73
比较同意	29.22	26.46
非常同意	20.64	14.79
说不清	—	21.01
合计	100.00	100.00

表3—55对2016年城市困难家庭认为救助标准太低的分布情况进行基本描述分析。根据调查结果显示，城市困难家庭中，比较同意救助标准太低的占24.61%，不太同意救助标准太低的占16.02%。

表3—55同时对2015年与2016年城市困难家庭认为救助标准太低的发展趋势进行比较。根据抽样结果，2016年认为救助标准太低的比例较2015年有所下降。

表3—55　2015年、2016年城市困难家庭认为救助标准太低的分布情况（%）

	2015年	2016年
很不同意	7.93	12.11
不太同意	15.86	16.02
一般	26.85	19.14

（续表）

	2015 年	2016 年
比较同意	28. 64	24. 61
非常同意	20. 72	17. 19
说不清	—	10. 94
合计	100. 00	100. 00

表 3—56 对 2016 年城市困难家庭认为申请和审核手续方便的分布情况进行基本描述分析。根据调查结果显示，城市困难家庭中，非常同意申请和审核手续方便的占 28. 02%，比较同意申请和审核手续方便的占 27. 63%。

表 3—56 同时对 2015 年与 2016 年城市困难家庭认为申请和审核手续方便的发展趋势进行比较。根据抽样结果，2016 年认为申请和审核手续方便的比例较 2015 年有所下降。

表 3—56　2015 年、2016 年城市困难家庭认为申请和审核手续方便的分布情况（%）

	2015 年	2016 年
很不同意	4. 77	5. 84
不太同意	11. 31	10. 51
一般	19. 85	22. 57
比较同意	37. 94	27. 63
非常同意	26. 13	28. 02
说不清	—	5. 45
合计	100. 00	100. 00

表 3—57 对 2016 年城市困难家庭认为费用结算及时、方便的分布情况进行基本描述分析。根据调查结果显示，城市困难家庭中，比较同意费用结算及时、方便的占 33. 98%，非常同意费用结算及时、方便的

占28.13%。

表3—57同时对2015年与2016年城市困难家庭认为费用结算及时、方便的进行趋势比较。根据抽样结果，两年在费用结算是否及时、方便方面的比例基本保持一致。

表3—57　2015年、2016年城市困难家庭认为费用结算及时、方便的分布情况（%）

	2015年	2016年
很不同意	4.07	5.47
不太同意	7.89	7.03
一般	20.36	17.19
比较同意	37.66	33.98
非常同意	30.03	28.13
说不清	—	8.20
合计	100.00	100.00

比较分析

表3—58进一步通过描述比较的方式，对比2016年低保家庭和低保边缘家庭认为重特大医疗救助效果明显的分布情况。比较结果显示，低保家庭和低保边缘家庭在认为救助效果是否明显方面不存在明显的差异（P>0.05）。

表3—58　2016年分人群城市困难家庭认为重特大医疗救助效果明显的分布情况（%）

人群	很不同意	不太同意	一般	比较同意	非常同意	说不清
低保家庭	8.20	6.56	16.94	27.32	38.25	2.73
低保边缘家庭	8.11	6.76	16.22	29.73	33.78	5.41
$\chi^2=1.489$　　P=0.914						

表3—59进一步通过描述比较的方式，对比2016年低保家庭和低保边缘家庭认为大病补助病种太少的分布情况。比较结果显示，低保家庭和低

保边缘家庭在认为大病补助病种太少方面不存在明显的差异（P>0.05）。

表 3—59　2016 年分人群城市困难家庭认为大病补助的病种太少的分布情况（%）

人群	很不同意	不太同意	一般	比较同意	非常同意	说不清
低保家庭	7.10	13.11	16.39	27.87	14.75	20.77
低保边缘家庭	13.51	9.46	17.57	22.97	14.86	21.62
$\chi^2=3.542$　　P=0.617						

表 3—60 进一步通过描述比较的方式，对比 2016 年低保家庭和低保边缘家庭认为救助标准太低的分布情况。比较结果显示，低保家庭和低保边缘家庭在认为救助标准太低方面不存在明显的差异（P>0.05）。

表 3—60　2016 年分人群城市困难家庭认为救助标准太低的分布情况（%）

人群	很不同意	不太同意	一般	比较同意	非常同意	说不清
低保家庭	11.54	15.93	19.78	27.47	16.48	8.79
低保边缘家庭	13.51	16.22	17.57	17.57	18.92	16.22
$\chi^2=5.237$　　P=0.388						

表 3—61 进一步通过描述比较的方式，对比 2016 年低保家庭和低保边缘家庭认为申请和审核手续方便的分布情况。比较结果显示，低保家庭和低保边缘家庭在认为申请和审核手续是否方便方面不存在明显的差异（P>0.05）。

表 3—61　2016 年分人群城市困难家庭认为申请和审核手续方便的分布情况（%）

人群	很不同意	不太同意	一般	比较同意	非常同意	说不清
低保家庭	6.01	9.84	21.31	28.42	30.05	4.37
低保边缘家庭	5.41	12.16	25.68	25.68	22.97	8.11
$\chi^2=3.186$　　P=0.671						

表3—62进一步通过描述比较的方式，对比2016年低保家庭和低保边缘家庭认为费用结算及时、方便的分布情况。比较结果显示，低保家庭和低保边缘家庭在认为费用结算是否及时、方便方面不存在明显的差异（P>0.05）。

表3—62　2016年分人群城市困难家庭认为费用结算及时、方便的分布情况（%）

人群	很不同意	不太同意	一般	比较同意	非常同意	说不清
低保家庭	4.40	7.69	17.58	36.26	28.02	6.04
低保边缘家庭	8.11	5.41	16.22	28.38	28.38	13.51
$\chi^2=6.318$　　P=0.277						

2. 客观效果评估描述分析与趋势分析

表3—63对2015年城市困难家庭医疗救助占比进行基本描述分析。根据调查结果显示，城市困难家庭2015年医疗救助占医疗花费比例均值为38.11%。同时，2015年，城市困难家庭医疗救助占总救助金额的比例均值为36.5%。

表3—63同时对2014年与2015年医疗救助占比进行趋势分析。根据抽样结果，两年的医疗救助占医疗花费的比例均值基本保持一致，并稍有提升。同时，2015年的医疗救助占总救助金额比例均值较2014年有所下降。

表3—63　2014年、2015年城市困难家庭医疗救助占比的基本统计（%）

		均值	标准差	偏度	峰度
2014年	医疗救助占医疗花费比例	35.39	32.79	0.79	2.40
	医疗救助占总救助金额的比例	47.22	37.43	0.23	1.52

（续表）

		均值	标准差	偏度	峰度
2015 年	医疗救助占医疗花费比例	38.11	35.77	0.67	2.01
	医疗救助占总救助金额的比例	36.50	34.13	0.69	2.11

二、城市困难家庭教育救助政策运行状况与评估

（一）城市困难家庭教育救助政策运行状况

1. 教育花费状况

（1）描述分析与趋势分析

表 3—64 对 2015 年城市困难家庭户均受教育人数和教育花费状况等进行基本描述分析。根据调查结果显示，在户均人数上，义务教育阶段人数最多；其次为大学教育阶段、高中教育阶段和学前教育阶段；在户均和人均教育花费上，大学教育阶段花费最多；其次为高中教育阶段、学前教育阶段和义务教育阶段；在课外辅导方面，义务教育阶段课外辅导花费最多；其次为高中、学前和大学教育阶段；在政府教育救助中，大学教育阶段获得救助金额最多；其次为高中教育阶段。根据以上数据，可发现，义务教育阶段的户均上学孩童最多、户均人均花费最少，很大程度上，反映了义务教育的巨大成效。

表 3—64 同时对 2014 年与 2015 年的发展趋势进行比较。根据抽样结果，两年在户均人数、户均教育花费和人均教育花费的情况上基本保持一致。2015 年城市困难家庭在大学课外辅导花费上有所降低，而学

前教育阶段的政府教育救助金额也有所提高，说明政府对学前教育阶段的支持力度不断加大。

表 3—64　2014 年、2015 年城市困难家庭户均受教育人数、教育花费的基本统计

（均值比较）

		户均人数（人）	户均教育花费（元）	人均教育花费（元）	课外辅导（元）	政府教育救助金额（元）
学前教育阶段	2014 年	0. 07	3158. 38	2972. 38	59. 21	74. 51
	2015 年	0. 07	3860. 55	3666. 58	68. 12	134. 35
义务教育阶段	2014 年	0. 26	1926. 84	1647. 86	741. 36	81. 94
	2015 年	0. 28	2053. 51	1681. 82	834. 79	63. 46
高中教育阶段	2014 年	0. 10	5075. 68	4846. 92	387. 46	301. 98
	2015 年	0. 11	5087. 32	4907. 02	400. 31	407. 15
大学教育阶段	2014 年	0. 12	10382. 56	9708. 00	125. 94	878. 21
	2015 年	0. 12	11726. 50	11302. 84	65. 83	1122. 04

（2）比较分析

表 3—65 进一步通过描述比较的方式，对比 2015 年低保家庭和低保边缘家庭教育花费的状况，比较结果显示，在学前教育阶段，低保家庭受教育户均人数少于低保边缘家庭；但在高中教育阶段，低保家庭受教育户均人数则超过了低保边缘家庭。在教育花费方面，低保家庭在学前教育阶段、义务教育阶段、高中教育阶段和大学教育阶段的平均花费，均少于低保边缘家庭。在课外辅导方面，低保家庭在学前教育阶段的课外辅导费用略高于低保边缘家庭，其他教育阶段的平均课外辅导花费则均低于低保边缘家庭。在政府教育救助金额方面，低保家庭在各教育阶段的平均救助金额均高于低保边缘家庭。

表 3—65　2015 年分人群城市困难家庭教育花费的基本统计（元）

	人群	户均人数（人）	教育花费	课外辅导	政府教育救助金额
学前教育阶段	低保家庭	0.06	3456.53	72.66	204.93
	低保边缘家庭	0.07	4375.40	62.06	45.66
义务教育阶段	低保家庭	0.26	1805.95	651.07	103.36
	低保边缘家庭	0.29	2372.32	1090.20	12.53
高中教育阶段	低保家庭	0.11	4817.23	335.71	551.15
	低保边缘家庭	0.10	5548.27	512.68	178.43
大学教育阶段	低保家庭	0.12	10739.89	55.93	1352.88
	低保边缘家庭	0.12	13139.89	81.18	794.97

2. 教育费用来源

（1）描述分析与趋势分析

表 3—66 对 2015 年城市困难家庭学前教育阶段的教育费用来源进行多重响应分析。根据调查结果显示，家里的积蓄是城市困难家庭上学前教育费用的最主要来源，比例为 53.87%；其次为借钱和亲友无偿资助，比例分别为 19.50%和 10.84%。

表 3—66 同时对 2014 年与 2015 年的发展趋势进行比较。根据抽样结果，两年在学前教育阶段的教育费用来源分布上情况基本保持稳定。

表 3—66　2014 年、2015 年城市困难家庭上学前教育阶段的教育费用来源（%）

教育费用来源	2014 年		2015 年	
	百分比	个案百分比	百分比	个案百分比
家里的积蓄	59.41	69.03	53.87	67.44
借钱	21.95	25.51	19.50	24.42

（续表）

教育费用来源	2014 年		2015 年	
	百分比	个案百分比	百分比	个案百分比
学校提供的奖助学金和贷款	—	—	2.17	2.71
慈善助学	0.35	0.40	—	—
地方政府救助	3.83	4.45	5.26	6.59
亲友无偿资助	8.19	9.51	10.84	13.57
学校减免或勤工俭学	2.09	2.43	2.79	3.49
其他途径	4.18	4.86	5.57	6.98
合计	100.00	116.19	100.00	125.19

表 3—67 对 2015 年城市困难家庭义务教育阶段的教育费用来源进行多重响应分析。根据调查结果显示，家里的积蓄是城市困难家庭义务教育阶段费用的最主要来源，比例为 49.81%；其次是借钱、亲友无偿资助和地方政府救助，比例分比为 16.32%、11.19%和 8.12%。

表 3—67 同时对 2014 年与 2015 年义务教育阶段教育费用来源的发展趋势进行比较。根据抽样结果，两年在义务教育阶段的教育费用来源分布情况上基本保持稳定，其中费用来源于政府救助的比例有所提高。

表 3—67　2014 年、2015 年城市困难家庭义务教育阶段的教育费用来源（%）

教育费用来源	2014 年		2015 年	
	百分比	个案百分比	百分比	个案百分比
家里的积蓄	54.20	67.58	49.81	67.64
借钱	16.16	20.15	16.32	22.16
学校提供的奖助学金和贷款	2.04	2.54	4.14	5.62
慈善助学	1.14	1.43	1.07	1.46

（续表）

教育费用来源	2014 年		2015 年	
	百分比	个案百分比	百分比	个案百分比
地方政府救助	6.56	8.18	8.12	11.03
亲友无偿资助	11.04	13.76	11.19	15.19
学校减免或勤工俭学	5.12	6.39	5.29	7.18
其他途径	3.73	4.65	4.06	5.52
合计	100.00	124.67	100.00	135.80

表 3—68 对 2015 年城市困难家庭高中教育阶段的教育费用来源进行多重响应分析。根据调查结果显示，家里的积蓄是城市困难家庭高中教育阶段费用的最主要来源，比例为 37.05%；其次为借钱、亲友无偿资助与学校提供的奖助学金和贷款，比例分别为 19.68%、14.62% 和 9.99%。

表 3—68 同时对 2014 年与 2015 年高中教育阶段的费用来源的发展趋势进行比较。根据抽样结果，两年在高中教育阶段的教育费用来源情况上基本保持一致。

表 3—68　2014 年、2015 年城市困难家庭高中教育阶段的教育费用来源（%）

教育费用来源	2014 年		2015 年	
	百分比	个案百分比	百分比	个案百分比
家里的积蓄	43.20	62.59	37.05	60.38
借钱	20.46	29.64	19.68	32.08
学校提供的奖助学金和贷款	6.45	9.35	9.99	16.27
慈善助学	2.09	3.02	0.72	1.18
地方政府救助	6.55	9.50	7.96	12.97
亲友无偿资助	14.60	21.15	14.62	23.82

（续表）

教育费用来源	2014 年		2015 年	
	百分比	个案百分比	百分比	个案百分比
学校减免或勤工俭学	4.67	6.76	7.09	11.56
其他途径	1.99	2.88	2.89	4.72
合计	100.00	144.89	100.00	162.97

表 3—69 对 2015 年城市困难家庭大学教育阶段的教育费用来源进行多重响应分析。根据调查结果显示，家里的积蓄是城市困难家庭大学教育阶段教育费用的最主要来源，比例为 26.93%；其次是借钱、学校提供的奖助学和贷款及亲友无偿资助，比例分别为 20.22%、16.42% 和 14.86%。

表 3—69 同时对 2014 年与 2015 年大学教育阶段教育费用来源的发展趋势进行比较。根据抽样结果，两年在大学教育阶段的教育费用来源分布情况上基本保持稳定。

表 3—69 2014 年、2015 年城市困难家庭大学教育阶段的教育费用来源（%）

教育费用来源	2014 年		2015 年	
	百分比	个案百分比	百分比	个案百分比
家里的积蓄	32.31	53.29	26.93	50.42
借钱	21.57	35.57	20.22	37.87
学校提供的奖助学金和贷款	14.58	24.05	16.42	30.75
慈善助学	2.23	3.67	2.12	3.97
地方政府救助	7.60	12.53	9.27	17.36
亲友无偿资助	13.97	23.04	14.86	27.82
学校减免或勤工俭学	5.60	9.24	8.04	15.06
其他途径	2.15	3.54	2.12	3.97
合计	100.00	164.94	100.00	187.24

(2) 比较分析

表3—70进一步通过描述比较的方式，对比2015年低保家庭和低保边缘家庭学前教育费用来源状况，比较结果显示，低保家庭和低保边缘家庭在学前教育费用来源方面存在一定差异。其中，低保家庭学前教育费用来源主要是家里的积蓄、借钱、亲友无偿资助和地方政府救助；而低保边缘家庭学前教育费用来源主要是慈善助学、地方政府救助和学校减免或勤工俭学。

表3—70　2015年分人群城市困难家庭学前教育费用来源的分布情况（%）

教育费用来源	低保家庭	低保边缘家庭
家里的积蓄	59.59	77.68
借钱	25.34	23.21
学校提供的奖助学金和贷款	4.11	0.89
慈善助学	—	100.00
地方政府救助	11.64	100.00
亲友无偿资助	17.81	8.04
学校减免或勤工俭学	6.16	100.00
其他途径	8.22	5.36

表3—71进一步通过描述比较的方式，对比2015年低保家庭和低保边缘家庭义务教育费用来源状况，比较结果显示，低保家庭和低保边缘家庭在义务教育费用来源方面存在一定差异。低保家庭义务教育费用来源主要是家里的积蓄、借钱、亲友无偿资助和地方政府救助；而低保边缘家庭义务教育费用来源主要是家里的积蓄、借钱和亲友无偿资助。

表 3—71　2015 年分人群城市困难家庭城市困难家庭义务教育费用来源的分布情况（%）

教育费用来源	低保家庭	低保边缘家庭
家里的积蓄	59.11	79.70
借钱	22.86	21.05
学校提供的奖助学金和贷款	8.75	1.25
慈善助学	1.79	1.00
地方政府救助	17.14	2.26
亲友无偿资助	18.21	10.78
学校减免或勤工俭学	8.98	4.76
其他途径	7.14	3.26

表 3—72 进一步通过描述比较的方式，对比 2015 年低保家庭和低保边缘家庭高中教育费用来源状况，比较结果显示，低保家庭和低保边缘家庭在高中教育费用来源方面存在一定差异。低保家庭高中教育费用来源主要是家里的积蓄、借钱、亲友无偿资助与学校提供的奖助学金和贷款；而低保边缘家庭高中教育费用来源主要是慈善助学、家里的积蓄和借钱。

表 3—72　2015 年分人群城市困难家庭高中教育费用来源的分布情况（%）

教育费用来源	低保家庭	低保边缘家庭
家里的积蓄	54.85	69.87
借钱	33.96	28.85
学校提供的奖助学金和贷款	21.64	7.05
慈善助学	1.87	100.00
地方政府救助	17.91	4.49
亲友无偿资助	25.75	20.51
学校减免或勤工俭学	14.55	6.41
其他途径	5.22	3.85

表 3—73 进一步通过描述比较的方式，对比 2015 年低保家庭和低保边缘家庭大学教育费用来源状况，比较结果显示，低保家庭和低保边缘家庭在大学教育费用来源方面存在一定差异。低保家庭大学教育费用来源主要是借钱、家里的积蓄、学校提供的奖助学金和贷款；而低保边缘家庭大学教育费用来源主要是家里的积蓄、借钱、亲友无偿资助与学校提供的奖助学金和贷款。

表 3—73　2015 年分人群城市困难家庭大学教育费用来源的分布情况（%）

教育费用来源	低保家庭	低保边缘家庭
家里的积蓄	40.43	65.46
借钱	41.49	32.47
学校提供的奖助学金和贷款	34.40	25.26
慈善助学	6.03	1.03
地方政府救助	19.50	14.43
亲友无偿资助	27.30	28.35
学校减免或勤工俭学	15.60	14.43
其他途径	5.67	1.55

3. 教育救助 2015 年获得状况

（1）描述分析与趋势分析

表 3—74 对 2015 年城市困难家庭教育救助享受状况进行基本描述分析。根据调查结果显示，2015 年城市困难家庭享受教育救助的比例为 14.74%。

表 3—74 同时对 2014 年与 2015 年城市困难家庭教育救助享受状况的发展趋势进行比较。根据抽样结果，两年在教育救助享受状况的分布情况上基本保持稳定。

表 3—74　2014 年、2015 年城市困难家庭教育救助享受状况的分布情况（%）

	2014 年	2015 年
有	12.42	14.74
没有	87.58	85.26
合计	100.00	100.00

（2）教育救助 2015 年获得状况比较分析

表 3—75 进一步通过描述比较的方式，对比 2015 年低保家庭和低保边缘家庭教育救助享受状况，比较结果显示，低保家庭和低保边缘家庭在教育救助享受状况方面存在十分明显的差异（$P<0.01$），低保家庭享受教育救助的比例相对较大，低保边缘家庭享受教育救助的比例较小。

表 3—75　分人群城市困难家庭 2015 年教育救助享受状况的分布情况（%）

人群	有	没有
低保家庭	18.01	81.99
低保边缘家庭	9.89	90.11
$\chi^2=53.340$　　$P=0.000$		

4. 教育救助 2015 年救助水平

（1）描述分析与趋势分析

表 3—76 对 2015 年城市困难家庭享受教育救助的水平进行基本描述分析。根据调查结果显示，2015 年城市困难家庭享受教育救助等值金额的均值为 1785.90 元。

表 3—76 同时对 2014 年与 2015 年享受教育救助等值金额的发展趋势进行比较。根据抽样结果，两年在享受教育救助等值金额的情况上基本保持稳定。

表 3—76　2014 年、2015 年城市困难家庭享受教育救助等值金额的基本统计（元）

年份	均值	标准差	偏度	峰度
2014	1550.73	1589.23	1.56	5.20
2015	1785.90	1598.95	1.49	4.88

（2）比较分析

表 3—77 进一步通过描述比较的方式，对比 2015 年低保家庭和低保边缘家庭教育救助水平，比较结果显示，低保家庭和低保边缘家庭在教育救助水平方面不存在明显的差异（P>0.05）。

表 3—77　2015 年分人群城市困难家庭享受教育救助等值金额的分布情况（元）

人群	均值	标准差
低保家庭	1743.02	1563.30
低保边缘家庭	1900.81	1693.71
F = 1.13　　P = 0.289		

（二）城市困难家庭教育救助政策效果评估

1. 主观效果评估

（1）描述分析与趋势分析

表 3—78 对 2015 年城市困难家庭教育救助政策所起作用的评价进行基本描述分析。根据调查结果显示，城市困难家庭认为教育救助所起作用很大的比例为 54.50%，认为作用较大的比例为 21.54%。

表 3—78 同时对 2014 年与 2015 年教育救助政策所起作用的分布情况进行比较。根据抽样结果，两年在教育救助所起作用的分布情况上基本保持稳定。

表 3—78　2014 年、2015 年城市困难家庭教育救助政策所起作用的分布情况（%）

	2014 年	2015 年
很大	54. 90	54. 50
较大	22. 99	21. 54
一般	14. 74	19. 61
较小	6. 05	3. 86
无作用	1. 32	0. 48
合计	100. 00	100. 00

（2）比较分析

表 3—79 进一步通过描述比较的方式，对比 2015 年低保家庭和低保边缘家庭对教育救助政策所起作用的看法，比较结果显示，低保家庭和低保边缘家庭在对教育救助政策所起作用的看法上存在明显的差异（$P<0.05$），具体而言，低保家庭认为教育救助政策所起作用很大的比例明显高于低保边缘家庭。

表 3—79　2015 年分人群城市困难家庭教育救助政策所起作用分布情况（%）

人群	很大	较大	一般	较小	无作用
低保家庭	58. 06	19. 65	19. 21	2. 43	0. 66
低保边缘家庭	45. 24	26. 79	20. 24	7. 74	—
$\chi^2=16.704$　　P = 0. 002					

2. 客观效果评估

表 3—80 对 2015 年城市困难家庭教育救助状况的客观效果进行基本描述分析。根据调查结果显示，2015 年城市困难家庭教育救助占教育花费的比例均值为 35. 89%。城市困难家庭教育救助占总救助金额比例的均值为 30. 69%。

表3—80同时对2014年与2015年城市困难家庭教育救助占比的发展趋势进行比较。根据抽样结果，两年在教育救助占比的情况上基本保持稳定。

表3—80　2014年、2015年城市困难家庭教育救助占比的基本统计（%）

		均值	标准差	偏度	峰度
2014年	教育救助占教育花费比例	35.97	31.35	0.96	2.65
	教育救助占总救助金额比例	32.94	35.13	1.00	2.47
2015年	教育救助占教育花费比例	35.89	30.50	0.97	2.77
	教育救助占总救助金额比例	30.69	32.28	1.26	3.17

三、城市困难家庭就业创业支持政策运行状况与评估

（一）城市困难家庭就业创业支持政策运行状况

1. 家庭成员失业率

（1）描述分析与趋势分析

表3—81对城市困难家庭失业率进行基本描述分析。根据调查结果显示，2016年城市困难家庭失业率均值为39.84%，在一定程度上呈现出失业率较高的特点。

表3—81同时对2015年与2016年城市困难家庭失业率的发展趋势进行比较。根据抽样结果，两年城市困难家庭失业率情况上基本保持一致。

表 3—81　2015 年、2016 年城市困难家庭失业率的基本统计（%）

年份	均值	标准差	偏度	峰度
2015	41.99	41.02	0.31	1.52
2016	39.84	40.71	0.38	1.57

（2）比较分析

表 3—82 进一步通过比较描述的方式，对比 2016 年低保家庭和低保边缘家庭的家庭成员失业率状况，比较结果显示，低保家庭和低保边缘家庭在家庭成员失业率方面存在十分明显的差异（P<0.01），低保家庭的家庭成员失业率明显高于低保边缘家庭。

表 3—82　2016 年分人群城市困难家庭成员失业率的分布情况（%）

人群	均值	标准差
低保家庭	46.10	42.84
低保边缘家庭	31.95	36.43
F = 87.89　　P = 0.000		

2. 劳动力就业途径

表 3—83 对 2016 年城市困难家庭主要劳动力的就业途径进行多重响应分析。根据调查结果显示，城市困难家庭主要劳动力的就业途径为自己灵活就业的比例较高，为 22.94%；其次为亲友介绍就业，比例为 15.38%。

表 3—83 同时对 2015 年与 2016 年城市困难家庭主要劳动力的就业途径的发展趋势进行比较。根据抽样结果，两年在主要劳动力的就业途径比例均值分布情况上基本保持稳定，两年数据无较大差异。

表 3—83 2015 年、2016 年城市困难家庭主要劳动力的就业途径（%）

就业途径	2015 年		2016 年	
	百分比	个案百分比	百分比	个案百分比
到职业介绍机构	2.04	2.43	2.16	2.67
参加各种招聘会	4.37	5.21	3.81	4.70
直接到用人单位应聘	11.51	13.72	11.70	14.44
亲友介绍就业	13.02	15.51	15.38	18.98
社区介绍就业	4.83	5.76	5.40	6.67
政府提供公益岗位	1.70	2.02	2.16	2.67
自主创业	2.86	3.40	3.56	4.40
自己灵活就业	25.00	29.78	22.94	28.32
其他途径	3.96	4.72	4.42	5.46
家庭没有劳动力	30.71	36.59	28.46	35.13
合计	100.00	119.14	100.00	123.45

（二）城市困难家庭就业创业支持政策效果评估

1. 就业创业支持服务覆盖比例

（1）描述分析与趋势分析

表 3—84 对 2016 年城市困难家庭就业创业支持覆盖比例进行基本描述分析。根据调查结果显示，接受过就业服务项目的困难家庭比例为 17.40%。

表 3—84 同时对 2015 年与 2016 年城市困难家庭就业创业支持覆盖比例发展趋势进行比较，根据抽样结果，两年在接受过劳动就业创业服务项目比例上基本无较大差异。

表 3—84　2015 年、2016 年城市困难家庭是否接受过政府提供的劳动就业创业服务项目的分布情况（%）

	2015 年	2016 年
接受过就业服务项目	16.72	17.40
没有接受过任何就业服务项目	83.28	82.60
合计	100.00	100.00

（2）比较分析

表 3—85 进一步通过描述比较的方式，对比 2016 年低保家庭和低保边缘家庭在劳动就业服务项目接受方面的情况，比较结果显示，低保家庭和低保边缘家庭在接受劳动就业服务项目方面不存在明显的差异（P>0.05）。

表 3—85　2016 年分人群困难家庭是否接受过政府提供的劳动就业服务分布情况（%）

人群	接受过就业服务项目	没有接受过任何就业服务项目
低保家庭	18.11	81.89
低保边缘家庭	16.42	83.58
$\chi^2=2.003$　　P=0.157		

2. 就业支持服务内容分布

表 3—86 对 2016 年城市困难家庭获得的劳动就业支持服务项目情况进行基本描述分析。根据调查结果显示，获得职业介绍就业服务的比例最大，为 6.49%；其次为免费培训、小额低息贷款和结对帮扶，比例分别为 6.33%、3.30%和 3.19%。

表 3—86 同时对 2015 年与 2016 年城市困难家庭获得的劳动就业支

持服务项目情况发展趋势进行比较。根据抽样结果，两年在获得的劳动就业服务项目的情况基本一致，获得较多的服务项目依然为职业介绍、免费培训与小额低息贷款。

表3—86　2016年城市困难家庭获得的劳动就业支持服务项目（%）

就业途径	2015年		2016年	
	百分比	个案百分比	百分比	个案百分比
职业介绍	6.27	6.65	6.49	6.88
税收优惠	0.79	0.84	0.58	0.61
小额低息贷款	2.85	3.03	3.30	3.50
技术支持	0.98	1.04	1.11	1.18
结对帮扶	3.19	3.38	3.19	3.38
免费培训	6.48	6.87	6.33	6.71
有偿培训	0.27	0.29	0.45	0.47
其他	0.65	0.68	0.69	0.73
没有接受过任何就业服务项目	78.52	83.28	77.87	82.60
合计	100.00	136.28	100.00	106.08

四、城市困难家庭住房补贴政策运行状况与评估

（一）2015年城市困难家庭住房补贴政策运行状况

1. 住房补贴获得状况

（1）描述分析与趋势分析

表3—87对2015年城市困难家庭住房补贴获得状况进行基本描述分析。根据调查结果显示，城市困难家庭享受过住房补贴的比例为7.66%。

表3—87同时对2014年与2015年是否曾经享受过住房补贴的发展趋势进行比较。根据抽样结果，两年在是否曾经享受过住房补贴的分布情况上基本保持稳定。

表3—87　2014年、2015年城市困难家庭是否曾经享受过住房补贴的分布情况（%）

	2014年	2015年
有	8.74	7.66
没有	91.26	92.34
合计	100.00	100.00

（2）比较分析

表3—88进一步通过描述比较的方式，对比2015年低保家庭和低保边缘家庭住房补贴获得状况，比较结果显示，低保家庭和低保边缘家庭在住房补贴方面存在十分明显的差异（P<0.01）。低保家庭获得住房补贴的比例相对较多，低保边缘家庭获得住房补贴的比例相对较少。

表3—88　2015年分人群城市困难家庭住房补贴获得分布情况（%）

人群	有	没有
低保家庭	9.43	90.57
低保边缘家庭	5.00	95.00
$\chi^2=28.169$　　$P=0.000$		

2. 住房补贴享受水平

（1）描述分析与趋势分析

表3—89对2015年城市困难家庭住房补贴享受水平进行基本描述分析。根据调查结果显示，城市困难家庭享受住房补贴的等值金额的均值为1059.31元。

表3—89同时对2014年与2015年城市困难家庭享受住房补贴等值

金额的发展趋势进行比较。根据抽样结果，2015 年享受住房补贴等值金额的数量较去年有所下降。

表 3—89　2014 年、2015 年城市困难家庭享受住房补贴等值金额的基本统计（元）

年份	均值	标准差	偏度	峰度
2015	1059. 31	1915. 84	3. 17	15. 41
2014	1242. 11	1895. 13	2. 19	8. 93

（2）比较分析

表 3—90 进一步通过描述比较的方式，对比 2015 年低保家庭和低保边缘家庭住房补贴享受水平，比较结果显示，低保家庭和低保边缘家庭在住房补贴享受水平方面不存在明显的差异（P>0. 05）。

表 3—90　2015 年分人群城市困难家庭享受住房补贴等值金额的分布情况（元）

人群	均值	标准差
低保家庭	1021. 31	1912. 05
低保边缘家庭	1167. 15	1948. 53
F = 0. 31　　P = 0. 578		

（二）城市困难家庭住房补贴政策效果评估

1. 主观效果评估

（1）描述分析与趋势分析

表 3—91 对 2015 年城市困难家庭住房补贴政策所起作用的评价进行基本描述分析。根据调查结果显示，城市困难家庭认为住房补贴政策起作用很大的比例为 51. 85%，认为作用一般的比例为 21. 91%。

表 3—91 同时对 2014 年与 2015 年城市困难家庭住房补贴政策所起作用的发展趋势进行比较。根据抽样结果，两年在住房补贴政策所起作用比例均值情况上基本保持一致。

表 3—91　2014 年、2015 年城市困难家庭住房补贴政策所起作用的分布情况（%）

	2014 年	2015 年
很大	56. 43	51. 85
较大	20. 06	20. 06
一般	15. 99	21. 91
较小	6. 11	5. 25
无作用	1. 41	0. 93
合计	100. 00	100. 00

（2）比较分析

表 3—92 进一步通过描述比较的方式，对比 2015 年低保家庭和低保边缘家庭对住房补贴政策所起作用的看法，比较结果显示，低保家庭和低保边缘家庭在对住房补贴政策所起作用的看法上不存在明显的差异（$P>0.05$）。

表 3—92　2015 年分人群城市困难家庭住房补贴政策所起作用的分布情况（%）

人群	很大	较大	一般	较小	无作用
低保家庭	55. 88	18. 07	21. 01	3. 78	1. 26
低保边缘家庭	41. 18	25. 88	24. 71	8. 24	—
$\chi^2=8.474$　　$P=0.076$					

2. 客观效果评估

表 3—93 对 2015 年城市困难家庭住房补贴政策效果进行基本描述

分析。根据调查结果显示，城市困难家庭住房救助占住房花费的比例均值为 74. 10%，城市困难家庭住房救助占总救助金额的比例均值为 17. 97%。

表 3—93 同时对 2014 年与 2015 年城市困难家庭住房补贴金额的发展趋势进行比较。根据抽样结果，两年在住房补贴金额占比分布情况上基本保持稳定。

表 3—93　2014 年、2015 年城市困难家庭住房救助占比的基本统计（%）

		均值	标准差	偏度	峰度
2014 年	住房救助占住房花费比例	73. 66	29. 68	-0. 73	2. 23
	住房救助占总救助金额的比例	23. 88	33. 37	1. 33	3. 32
2015 年	住房救助占住房花费比例	74. 10	32. 84	-0. 85	2. 24
	住房救助占总救助金额的比例	17. 97	29. 72	1. 88	5. 26

第三节　城市困难家庭其他救助政策运行状况与评估

一、城市困难家庭临时救助政策运行状况与评估

（一）2015 年城市困难家庭临时救助政策运行状况

1. 临时救助获得状况

（1）描述分析与趋势分析

表 3—94 对 2015 年城市困难家庭是否曾经享受过临时救助进行基本描述分析，根据调查结果显示，9. 12%的困难家庭表示曾经享受过临时救助。

表3—94同时对2014年与2015年是否曾经享受过临时救助的发展趋势进行比较。根据抽样结果，两年在是否曾经享受过临时救助比例均值上基本保持稳定。

表3—94 2014年、2015年城市困难家庭是否曾经享受过临时救助的分布情况（%）

	2014年	2015年
有	9.03	9.12
没有	90.97	90.88
合计	100.00	100.00

（2）比较分析

表3—95进一步通过描述比较的方式，对比2015年低保家庭和低保边缘家庭获得临时救助状况。比较结果显示，低保家庭和低保边缘家庭之间存在非常显著的差异（P<0.01），低保家庭中曾获得临时救助的占比相对较高。

表3—95 2015年分人群城市困难家庭是否曾经享受过临时救助金额的分布情况（元）

人群	有	没有
低保家庭	10.21	89.79
低保边缘家庭	7.53	92.47
$\chi^2=8.799$ P=0.003		

2. 临时救助享受水平

（1）描述分析与趋势分析

表3—96对2015年城市困难家庭临时救助享受水平进行基本描述分析。根据调查结果显示，城市困难家庭享受临时救助的等值金额均值为1080.34元。

表3—96同时对2014年与2015年城市困难家庭享受临时救助等值金额的发展趋势进行比较。根据抽样结果，两年在享受临时救助等值金额的情况上基本保持一致。

表3—96　2014年、2015年城市困难家庭享受临时救助等值金额的基本统计（元）

年份	均值	标准差	偏度	峰度
2014	1012.10	1375.07	3.43	18.12
2015	1080.34	1216.14	2.37	10.07

（2）比较分析

表3—97进一步通过描述比较的方式，对比2015年低保家庭和低保边缘家庭临时救助等值金额的享受水平，比较结果显示，低保家庭和低保边缘家庭在享受临时救助等值金额方面不存在明显的差异（P>0.05）。

表3—97　2015年分人群城市困难家庭享受临时救助等值金额的分布情况（元）

人群	均值	标准差
低保家庭	1049.75	1185.25
低保边缘家庭	1141.74	1278.61
F=0.48	P=0.490	

（二）城市困难家庭临时救助政策效果评估

1. 主观效果评估

（1）描述分析与趋势分析

表3—98对2015年城市困难家庭临时救助政策所起作用的评价进

行基本描述分析。根据调查结果显示，城市困难家庭认为临时救助政策所起作用很大的比例为 40.41%，认为作用一般的比例为 31.31%。

表 3—98 同时对 2014 年与 2015 年临时救助政策所起作用分布情况的发展趋势进行比较。根据抽样结果，认为 2015 年临时救助政策所起作用为一般的比例有所上升。

表 3—98　2014 年、2015 年城市困难家庭临时救助政策所起作用的分布情况（%）

	2014 年	2015 年
很大	40.21	40.41
较大	25.95	20.21
一般	23.52	31.31
较小	9.41	7.51
无作用	0.91	1.55
合计	100.00	100.00

（2）比较分析

表 3—99 进一步通过描述比较的方式，对比 2015 年低保家庭和低保边缘家庭对临时救助政策所起作用的看法，比较结果显示，低保家庭和低保边缘家庭在对临时救助政策所起作用的看法上存在十分明显的差异（P<0.01），相比于低保边缘家庭，低保家庭认为临时救助所起作用很大的比例相对较大。

表 3—99　2015 年分人群城市困难家庭临时救助所起作用分布情况（%）

人群	很大	较大	一般	较小	无作用
低保家庭	46.12	20.16	28.29	3.88	1.55
低保边缘家庭	28.91	20.31	34.38	14.84	1.56
$\chi^2=21.019$　　P=0.000					

2. 客观效果评估

表3—100对2015年城市困难家庭临时救助政策效果进行基本描述分析。根据调查结果显示，城市困难家庭临时救助占总救助水平比例的均值为28.75%。

表3—100同时对2014年与2015年的发展趋势进行比较。根据抽样结果，两年在临时救助占总救助的比例略有下降，2014年为34.67%，2015年为28.75%。

表3—100　2014年、2015年城市困难家庭临时救助金额占比的基本统计（%）

		均值	标准差	偏度	峰度
2014年	临时救助占总救助水平比例	34.67	37.71	0.89	2.10
2015年		28.75	34.39	1.26	3.03

二、城市困难家庭水电、燃料、取暖费减免政策运行状况与评估

（一）2015年城市困难家庭水电、燃料、取暖费减免政策运行状况

1. 水电、燃料、取暖费减免获得状况

（1）描述分析与趋势分析

表3—101对2015年城市困难家庭是否曾享受过水电、燃料、取暖费减免政策进行基本描述分析，根据调查结果显示，20.06%城市困难家庭表示曾享受过此政策。

表3—101同时对2014年与2015年的发展趋势进行比较。根据抽

样结果，两年在是否曾经享受过水电、燃料、取暖费减免的分布情况基本保持稳定。

表 3—101　2014 年、2015 年城市困难家庭是否曾享受过水电、燃料、取暖费减免分布情况（%）

	2014 年	2015 年
有	17.86	20.06
没有	82.14	79.94
合计	100.00	100.00

（2）比较分析

表 3—102 进一步通过描述比较的方式，对比 2015 年低保家庭和低保边缘家庭获得水电、燃料、取暖费减免的状况。比较结果显示，低保家庭和低保边缘家庭之间存在十分明显的差异（$P<0.01$），低保家庭曾享受过水电、燃料、取暖费减免的比例高于低保边缘家庭。

表 3—102　2015 年分人群城市困难家庭水电、燃料、取暖费减免获得分布情况（%）

人群	有	没有
低保家庭	29.17	70.83
低保边缘家庭	6.59	93.41
$\chi^2=322.590$　　$P=0.000$		

2. 水电、燃料、取暖费减免享受水平

（1）描述分析与趋势分析

表 3—103 对 2015 年城市困难家庭享受水电、燃料、取暖费减免水平进行基本描述分析，根据调查结果显示，城市困难家庭享受水电、燃

料、取暖费减免水平等值金额的均值为339.19元。

表3—103同时对2014年与2015年享受水电、燃料、取暖费减免享受水平等值金额的发展趋势进行比较。根据抽样结果，2015年在享受水电、燃料、取暖费减免享受水平等值金额情况上基本稳定。

表3—103　2014年、2015年享受水电、燃料、取暖费减免享受水平等值金额统计（元）

年份	均值	标准差	偏度	峰度
2014	371.55	424.03	1.74	6.75
2015	339.19	435.01	2.03	7.43

（2）水电、燃料、取暖费减免享受水平比较分析

表3—104进一步通过描述分析的方式，对比2015年低保家庭和低保边缘家庭水电、燃料、取暖费减免享受水平状况。比较结果显示，低保家庭和低保边缘家庭在享受水电、燃料、取暖费减免水平方面存在非常显著的差异（P<0.01），低保家庭享受水电、燃料、取暖费减免金额的均值相对低于低保边缘家庭。

表3—104　2015年水电、燃料、取暖费减免享受水平等值金额分布情况（元）

人群	均值	标准差
低保家庭	315.29	422.42
低保边缘家庭	493.14	483.71
F=12.67　P=0.000		

（二）城市困难家庭水电、燃料、取暖费减免政策效果评估

1. 主观效果评估

（1）描述分析与趋势分析

表3—105对2015年城市困难家庭水电、燃料、取暖费减免占比进行基本描述分析。根据调查结果显示，城市困难家庭认为水电、燃料、取暖费减免政策所起作用很大的比例为43.43%，占比最大。

表3—105同时对2014年与2015年水电、燃料、取暖费减免政策所起作用的发展趋势进行比较。根据抽样结果，两年在水电、燃料、取暖费减免政策所起作用的情况基本一致。城市困难家庭对水电、燃料、取暖费减免政策评价依然以很大、较大与一般为主。

表3—105　2014年、2015年水电、燃料、取暖费减免政策所起作用的分布情况（%）

	2014年	2015年
很大	49.19	43.43
较大	20.60	17.51
一般	20.29	27.81
较小	7.92	8.88
无作用	2.00	2.37
合计	100.00	100.00

（2）比较分析

表3—106进一步通过描述比较的方式，对比2015年低保家庭和低保边缘家庭对水电、燃料、取暖费减免政策所起作用的看法，比较结果显示，低保家庭和低保边缘家庭在对水电、燃料、取暖费减免政策所起作用的看法上不存在明显的差异（P>0.05）。

表 3—106　2015 年分人群城市困难家庭水电、燃料、取暖费政策所起作用的分布情况（%）

人群	很大	较大	一般	较小	无作用
低保家庭	43.38	17.46	27.29	9.28	2.59
低保边缘家庭	43.75	17.86	31.25	6.25	0.89
$\chi^2=2.749$　　$P=0.601$					

2. 客观效果评估

表 3—107 对 2015 年城市困难家庭水电、燃料、取暖费减免政策效果进行基本描述分析。根据调查结果显示，城市困难家庭水电、燃料、取暖费减免占水电燃料采暖花费水平比例均值为 22.62%。在水电、燃料、取暖费减免占总救助的比例方面，比例均值为 9.57%。

表 3—107 同时对 2014 年与 2015 年水电、燃料、取暖费减免的发展趋势进行比较。根据抽样结果，两年在临时救助金额占比分布情况上稍有变化，其中 2015 年水电、燃料、取暖费减免占总救助水平比例为 9.57%，与去年相比相差 8.60%。

表 3—107　2014 年、2015 年城市困难家庭水电、燃料、取暖费减免占比的基本统计（%）

		均值	标准差	偏度	峰度
2014 年	水电、燃料、取暖费减免占水电燃料采暖花费比例	27.14	26.98	1.21	3.48
	水电、燃料、取暖费减免占总救助水平比例	18.17	31.06	1.89	5.05
2015 年	水电、燃料、取暖费减免占水电燃料采暖花费比例	22.62	24.11	1.50	4.50
	水电、燃料、取暖费减免占总救助水平比例	9.57	21.45	3.38	13.74

三、城市困难家庭物价补贴或节假日一次性救助政策运行状况与评估

（一）2015 年城市困难家庭物价补贴或节假日一次性救助政策运行状况

1. 物价补贴或节假日一次性救助获得状况

（1）描述分析与趋势分析

表 3—108 对 2015 年城市困难家庭是否曾享受过物价补贴或节假日一次性救助获得状况进行基本描述分析。根据调查结果显示，城市困难家庭 2015 年曾经享受过物价补贴或节假日一次性救助的比例为 18.44%。

表 3—108 同时对 2014 年与 2015 年是否曾享受过物价补贴或节假日一次性救助的分布情况的发展趋势进行比较。根据抽样结果，两年在是否曾享受过物价补贴或节假日一次性救助的分布情况上基本保持稳定。

表 3—108　2014 年、2015 年是否曾享受过物价补贴或节假日一次性救助的分布情况（%）

	2014 年	2015 年
有	19.38	18.44
没有	80.62	81.56
合计	100.00	100.00

（2）比较分析

表 3—109 进一步通过描述比较的方式，对比 2015 年低保家庭和低保边缘家庭物价补贴或节假日一次性救助获得情况，比较结果显示，低保家庭和低保边缘家庭在物价补贴或节假日一次性救助获得方面存在非常显著的差异（P<0.01）。低保家庭获得物价补贴或节假日一次性救助的比例高于低保边缘家庭，相差 10.73%。

表 3—109 2015 年物价补贴或节假日一次性救助获得分布情况（%）

人群	有	没有
低保家庭	22.79	77.21
低保边缘家庭	12.06	87.94
$\chi^2=77.670$ P=0.000		

2. 物价补贴或节假日一次性救助享受水平

（1）描述分析与趋势分析

表 3—110 对 2015 年城市困难家庭物价补贴或节假日一次性救助享受水平进行基本描述分析。根据调查结果显示，城市困难家庭物价补贴或节假日一次性救助等值金额的均值为 586.70 元。

表 3—110 同时对 2014 年与 2015 年物价补贴或节假日一次性救助享受水平的发展趋势进行比较。根据抽样结果，两年在物价补贴或节假日一次性救助等值金额的情况上基本保持稳定。

表 3—110 2014 年、2015 年物价补贴或节假日一次性救助等值金额的基本统计（元）

年份	均值	标准差	偏度	峰度
2014	555.05	526.37	2.61	13.27
2015	586.70	641.26	3.14	16.56

（2）比较分析

表 3—111 进一步通过比较描述的方式，对比 2015 年低保家庭和低保边缘家庭物价补贴或节假日一次性救助享受水平，结果显示，低保家庭和低保边缘家庭在物价补贴或节假日一次性救助等值金额方面存在明显的差异（$P<0.05$）。低保家庭物价补贴或节假日一次性救助享受金额略低于低保边缘家庭。

表3—111　2015年分人群城市困难家庭物价补贴或节假日一次性救助等值金额的分布情况（元）

人群	均值	标准差
低保家庭	558.03	617.80
低保边缘家庭	665.74	697.45
F=4.09　　P=0.043		

（二）城市困难家庭物价补贴或节假日一次性救助政策效果评估

1. 主观效果评估

（1）描述分析与趋势分析

表3—112对2015年城市困难家庭物价补贴或节假日一次性救助政策进行基本描述分析。根据调查结果显示，城市困难家庭认为物价补贴或节假日一次性救助政策所起作用很大的比例为38.43%，认为作用较大的比例为21.08%。

表3—112同时对2014年与2015年物价补贴或节假日一次性救助政策的发展趋势进行比较。根据抽样结果，两年在物价补贴或节假日一次性救助政策上存在一定的差异，2015年认为物价补贴或节假日一次性救助政策起作用很大的比例较上年减少了9.13%。

表3—112　2014年、2015年物价补贴或节假日一次性救助政策所起作用的分布情况（%）

	2014年	2015年
很大	47.56	38.43
较大	21.63	21.08

（续表）

	2014 年	2015 年
一般	22.69	28.15
较小	7.42	10.28
无作用	0.71	2.06
合计	100.00	100.00

（2）比较分析

表 3—113 进一步通过描述比较的方式，对比 2015 年低保家庭和低保边缘家庭对物价补贴或节假日一次性救助政策所起作用的看法，比较结果显示，低保家庭和低保边缘家庭在对物价补贴或节假日一次性救助政策所起作用的看法上存在非常显著的差异（$P<0.01$）。低保家庭认为物价补贴或节假日一次性救助政策所起作用很大的比例高于低保边缘家庭，相差 9.79%。

表 3—113　2015 年物价补贴或节假日一次性救助政策所起作用的分布情况（%）

人群	很大	较大	一般	较小	无作用
低保家庭	41.01	22.34	24.26	9.77	2.61
低保边缘家庭	31.22	17.56	39.02	11.71	0.49
$\chi^2=20.977$　　$P=0.000$					

2. 客观效果评估

表 3—114 对 2015 年城市困难家庭物价补贴或节假日一次性救助政策效果进行基本描述分析。根据调查结果显示，城市困难家庭物价补贴或节假日一次性救助占总救助金额的比例方面，比例均值为 22.07%。

表 3—114 同时对 2014 年与 2015 年的发展趋势进行比较。根据抽样结果，两年在物价补贴或节假日一次性救助金额占比的分布情况上基本保持稳定。

表 3—114　2014 年、2015 年物价补贴或节假日一次性救助金额占比统计（%）

年份	均值	标准差	偏度	峰度
2014	25.65	34.94	1.43	3.37
2015	22.07	33.17	1.67	4.16

四、城市困难家庭自然灾害救助政策运行状况与评估

（一）2015 年城市困难家庭自然灾害救助政策运行状况

1. 自然灾害救助获得状况

（1）描述分析与趋势分析

表 3—115 对 2015 年城市困难家庭是否曾经享受过自然灾害救助政策获得状况进行基本描述分析。根据调查结果显示，城市困难家庭获得自然灾害救助的比例为 1.58%。

表 3—115 同时对 2014 年与 2015 年是否曾经享受过自然灾害救助的发展趋势进行比较。根据抽样结果，两年在是否曾经享受过自然灾害救助的分布情况上基本保持一致。

表 3—115　2014 年、2015 年城市困难家庭是否曾经享受过自然灾害救助的分布情况（%）

	2014 年	2015 年
有	1.69	1.58
没有	98.31	98.42
合计	100.00	100.00

（2）比较分析

表3—116进一步通过描述比较的方式，对比2015年低保家庭和低保边缘家庭自然灾害救助获得状况，比较结果显示，低保家庭和低保边缘家庭在自然灾害救助获得状况方面不存在明显的差异（P>0.05）。

表3—116　2015年分人群城市困难家庭自然灾害救助获得分布情况（%）

人群	有	没有
低保家庭	1.43	98.57
低保边缘家庭	1.82	98.18
$\chi^2=1.030$　　P=0.310		

2. 自然灾害救助享受水平

（1）描述分析与趋势分析

表3—117对2015年城市困难家庭自然灾害救助享受水平进行基本描述分析。根据调查结果显示，城市困难家庭获得自然灾害救助的等值金额为306.72元。

表3—117同时对2014年与2015年城市困难家庭自然灾害救助水平的发展趋势进行比较。根据抽样结果，两年在自然灾害救助水平的情况上基本保持稳定。

表3—117　2014年、2015年城市困难家庭自然灾害救助等值金额的基本统计（元）

年份	均值	标准差	偏度	峰度
2014	386.58	302.83	0.86	2.78
2015	306.72	264.99	1.29	4.31

（2）比较分析

表3—118进一步通过比较描述的方式，对比2015年低保家庭和低保边缘家庭自然灾害救助享受水平，比较结果显示，低保家庭和低保边缘家庭在自然灾害救助等值金额方面不存在明显的差异（P>0.05）。

表3—118　2015年分人群城市困难家庭自然灾害救助等值金额的分布情况（元）

人群	均值	标准差
低保家庭	298.44	251.00
低保边缘家庭	315.86	283.83
F=0.06　　P=0.800		

（二）城市困难家庭自然灾害救助政策效果评估

1. 主观效果评估

（1）描述分析与趋势分析

表3—119对2015年城市困难家庭自然灾害救助政策进行基本描述分析。根据调查结果显示，城市困难家庭认为自然灾害救助政策所起作用一般的比例为38.81%，认为作用很大和较小的比例分别为34.33%和14.93%。

表3—119同时对2014年与2015年自然灾害救助政策所起作用的发展趋势进行比较。根据抽样结果，两年在自然灾害救助政策所起作用的分布情况上有所变化。2015年认为自然灾害救助政策作用一般的比例上升了13.00%。

表 3—119　2014 年、2015 年城市困难家庭自然灾害救助政策所起作用的分布情况（%）

	2014 年	2015 年
很大	37. 10	34. 33
较大	18. 55	11. 94
一般	25. 81	38. 81
较小	16. 13	14. 93
无作用	2. 42	—
合计	100. 00	100. 00

（2）比较分析

表 3—120 进一步通过描述比较的方式，对比 2015 年低保家庭和低保边缘家庭对自然灾害救助政策所起作用的看法，比较结果显示，低保家庭和低保边缘家庭在对自然灾害救助政策所起作用的看法上不存在明显的差异（P>0. 05）。

表 3—120　2015 年分人群城市困难家庭自然灾害救助所起作用分布情况（%）

人群	很大	较大	一般	较小	无作用
低保家庭	44. 44	16. 67	27. 78	11. 11	—
低保边缘家庭	22. 58	6. 45	51. 61	19. 35	—
$\chi^2=6.972$　　P=0. 073					

2. 客观效果评估

表 3—121 对 2015 年城市困难家庭自然灾害救助政策效果进行基本描述分析。根据调查结果显示，城市困难家庭自然灾害救助占总救助金额的比例方面，比例均值为 41. 86%。

表3—121同时对2014年与2015年自然灾害救助金额水平的发展趋势进行比较。根据抽样结果，这两年在自然灾害救助金额占比情况上有所提高，2015年自然灾害救助占总救助水平比例提高了12.07%。

表3—121　2014年、2015年城市困难家庭自然灾害救助金额占比的基本统计（%）

		均值	标准差	偏度	峰度
2014年	自然灾害救助占总救助水平比例	29.79	38.81	1.13	2.47
2015年		41.86	45.52	0.43	1.26

五、城市困难家庭其他救助或优惠项目收入政策运行状况与评估

（一）2015年城市困难家庭其他救助或优惠项目收入政策运行状况

1. 其他救助或优惠项目收入享受状况

（1）描述分析与趋势分析

表3—122对2015年城市困难家庭是否曾经享受其他救助或优惠项目收入状况进行基本描述分析。根据调查结果显示，城市困难家庭享受过其他救助或优惠项目收入的比例为4.66%。

表3—122同时对2014年与2015年是否曾经享受过其他救助或优惠项目收入的发展趋势进行比较。根据抽样结果，两年在是否曾经享受过其他救助或优惠项目收入的分布情况上基本保持稳定。

表 3—122　2014 年、2015 年是否曾经享受过其他救助或优惠项目收入的分布情况（%）

	2014 年	2015 年
有	3. 50	4. 66
没有	96. 50	95. 34
合计	100. 00	100. 00

（2）比较分析

表 3—123 进一步通过描述比较的方式，对比 2015 年低保家庭和低保边缘家庭其他救助或优惠项目收入享受状况，比较结果显示，低保家庭和低保边缘家庭在享受其他救助或优惠项目收入方面不存在明显的差异（P>0. 05）。

表 3—123　2015 年分人群城市困难家庭其他救助或优惠项目收入享受分布情况（%）

人群	有	没有
低保家庭	5. 11	94. 89
低保边缘家庭	4. 00	96. 00
χ^2 = 2. 801　　P = 0. 094		

2. 其他救助或优惠项目收入享受水平

（1）描述分析与趋势分析

表 3—124 对 2015 年城市困难家庭其他救助或优惠项目收入享受水平进行基本描述分析。根据调查结果显示，城市困难家庭享受其他救助或优惠项目收入的等值金额为 771. 80 元。

表 3—124 同时对 2014 年与 2015 年城市困难家庭享受其他救助或优惠项目收入等值金额的发展趋势进行比较。根据抽样结果，两年在

享受其他救助或优惠项目收入等值金额的水平上略有上升，提高了57.63元。

表3—124　2014年、2015年享受其他救助或优惠项目收入等值金额的基本统计（元）

年份	均值	标准差	偏度	峰度
2014	714.17	958.82	2.40	8.94
2015	771.80	997.21	2.20	8.09

（2）比较分析

表3—125进一步通过描述比较的方式，对比2015年低保家庭和低保边缘家庭其他救助或优惠项目收入享受水平，比较结果显示，低保家庭和低保边缘家庭在其他救助或优惠项目收入等值金额方面不存在明显的差异（P>0.05）。

表3—125　2015年享受其他救助或优惠项目收入等值金额的分布情况（元）

人群	均值	标准差
低保家庭	719.85	1057.56
低保边缘家庭	869.94	871.46
F=0.93　P=0.335		

（二）城市困难家庭其他救助或优惠项目收入政策效果评估

1. 主观效果评估

（1）描述分析与趋势分析

表3—126对2015年城市困难家庭其他救助或优惠项目收入政策所起作用的评价进行基本描述分析。根据调查结果显示，城市困难家

庭认为其他救助或优惠项目所起作用很大的比例为40.82%，占比最大。

表3—126同时对2014年与2015年城市困难家庭其他救助或优惠项目收入所起作用的分布情况发展趋势进行比较。根据抽样结果，两年在其他救助或优惠项目收入所起作用分布情况上基本无较大变化。

表3—126　2014年、2015年其他救助或优惠项目收入所起作用的分布情况（%）

	2014年	2015年
很大	41.02	40.82
较大	23.83	17.86
一般	25.00	28.06
较小	6.64	9.18
无作用	3.52	4.08
合计	100.00	100.00

（2）比较分析

表3—127进一步通过描述比较的方式，对比2015年低保家庭和低保边缘家庭对其他救助或优惠项目收入所起作用的看法，比较结果显示，低保家庭和低保边缘家庭在对其他救助或优惠项目收入所起作用的看法上不存在明显的差异（P>0.05）。

表3—127　2015年分人群城市困难家庭其他救助或优惠项目收入所起作用的分布情况（%）

人群	很大	较大	一般	较小	无作用
低保家庭	38.76	15.50	31.78	9.30	4.65
低保边缘家庭	44.78	22.39	20.90	8.96	2.99
$\chi^2=3.730$　　P=0.444					

2. 客观效果评估

表 3—128 对 2015 年城市困难家庭其他救助或优惠项目政策效果进行基本描述分析。根据调查结果显示，城市困难家庭住房救助占住房花费的比例均值为 26.14%。

表 3—128 同时对 2014 年与 2015 年其他救助或优惠项目金额占比的发展趋势进行比较。根据抽样结果，两年在其他救助或优惠项目金额占比情况上基本保持稳定。

表 3—128　2014 年、2015 年城市困难家庭其他救助或优惠项目金额占比的基本统计（%）

		均值	标准差	偏度	峰度
2014 年	其他救助或优惠项目占总救助金额的比例	28.58	36.73	1.21	2.77
2015 年		26.14	36.62	1.30	3.02

六、城市困难家庭其他费用减免政策运行状况与评估

（一）2015 年城市困难家庭其他费用减免政策运行状况

1. 其他费用减免享受状况

（1）描述分析与趋势分析

表 3—129 对 2015 年城市困难家庭是否曾经享受过其他费用减免状况进行基本描述分析。根据调查结果显示，城市困难家庭没有享受过其他费用减免的比例为 97.80%，而享受过其他费用减免的比例为 2.20%。

表 3—129 同时对 2014 年与 2015 年城市困难家庭是否曾经享受过其他费用减免情况的发展趋势进行比较。根据抽样结果，两年在是否曾经享受过其他费用减免的分布情况上基本保持稳定。

表3—129 2014年、2015年城市困难家庭是否曾经享受过其他费用减免的分布情况（%）

	2014年	2015年
有	2.53	2.20
没有	97.47	97.80
合计	100.00	100.00

（2）比较分析

表3—130进一步通过描述比较的方式，对比2015年低保家庭和低保边缘家庭其他费用减免享受状况，比较结果显示，低保家庭和低保边缘家庭在其他费用减免方面存在非常显著的差异（P<0.01），低保家庭享受其他费用减免的比例明显高于低保边缘家庭，相差1.52%。

表3—130 2015年分人群城市困难家庭其他费用减免获得分布情况（%）

人群	有	没有
低保家庭	2.81	97.19
低保边缘家庭	1.29	98.71
$\chi^2=10.884$　　P＝0.001		

2. 其他费用减免享受水平

（1）描述分析与趋势分析

表3—131对2015年城市困难家庭其他费用减免享受水平进行基本描述分析。根据调查结果显示，城市困难家庭享受其他费用减免的等值金额均值为290.36元。

表3—131同时对2014年与2015年城市困难家庭其他费用减免等值金额的发展趋势进行比较。根据抽样结果，两年在其他费用减免等值金额的情况上有所降低，2015年均值下降了191.52元。

表 3—131　2014 年、2015 年城市困难家庭其他费用减免等值金额的基本统计（元）

年份	均值	标准差	偏度	峰度
2014	481.88	827.80	3.38	15.60
2015	290.36	435.83	3.34	15.57

（2）比较分析

表 3—132 进一步通过描述比较的方式，对比 2015 年低保家庭和低保边缘家庭其他费用减免享受水平，比较结果显示，低保家庭和低保边缘家庭在其他费用减免享受等值金额方面不存在明显的差异（P>0.05）。

表 3—132　分人群城市困难家庭 2015 年其他费用减免等值金额的分布情况（元）

人群	均值	标准差
低保家庭	282.72	420.32
低保边缘家庭	315.20	493.80
F = 0.08　　P = 0.773		

（二）城市困难家庭其他费用减免政策效果评估

1. 主观效果评估

（1）描述分析与趋势分析

表 3—133 对 2015 年城市困难家庭其他费用减免政策所起作用的评价进行基本描述分析。根据调查结果显示，城市困难家庭认为其他费用减免政策所起作用很大的比例为 38.71%，认为作用较大的比例为 18.28%。

表 3—133 同时对 2014 年与 2015 年城市困难家庭其他费用减免政策所起作用的分布情况进行比较。根据抽样结果，两年在其他费用减免

政策所起作用的分布情况上略变化。城市困难家庭 2015 年认为其他费用减免政策所起作用很大的比例降低了 16.70%。

表 3—133　2014 年、2015 年城市困难家庭其他费用减免政策所起作用的分布情况（%）

	2014 年	2015 年
很大	45.41	38.71
较大	20.54	18.28
一般	26.49	32.26
较小	6.49	9.68
无作用	1.08	1.08
合计	100.00	100.00

（2）比较分析

表 3—134 进一步通过描述比较的方式，对比 2015 年低保家庭和低保边缘家庭对其他费用减免政策所起作用的看法，比较结果显示，低保家庭和低保边缘家庭在对其他费用减免政策所起作用的看法上不存在明显的差异（P>0.05）。

表 3—134　2015 年分人群城市困难家庭其他费用减免政策所起作用分布情况（%）

人群	很大	较大	一般	较小	无作用
低保家庭	42.25	19.72	29.58	7.04	1.41
低保边缘家庭	27.27	13.64	40.91	18.18	—
$\chi^2=4.446$　P=0.349					

2. 客观效果评估

表 3—135 对 2015 年城市困难家庭其他费用减免金额效果进行基本描述分析。根据调查结果显示，城市困难家庭其他费用减免占总救助金

额的比例均值为 12. 69%。

表 3—135 同时对 2014 年与 2015 年城市困难家庭其他费用减免金额占比的发展趋势进行比较。根据抽样结果，两年在其他费用减免金额占比的情况上基本保持稳定。

表 3—135　2014 年、2015 年城市困难家庭其他费用减免金额占比的基本统计（%）

		均值	标准差	偏度	峰度
2014 年	其他费用减免占总救助金额的比例	18. 97	33. 18	1. 88	4. 83
2015 年		12. 69	27. 31	2. 74	8. 95

七、城市困难家庭司法与法律援助政策运行状况与评估

（一）2015 年城市困难家庭司法与法律援助政策运行状况

1. 司法与法律援助享受状况

（1）描述分析与趋势分析

表 3—136 对 2015 年城市困难家庭是否曾经享受过司法与法律援助状况进行基本描述分析。根据调查结果显示，城市困难家庭享受过司法与法律援助的比例为 0. 85%。

表 3—136 同时对 2014 年与 2015 年是否曾经享受过司法与法律援助分布情况的发展趋势进行比较。根据抽样结果，两年在是否曾经享受过司法与法律援助的情况上基本保持一致。

表 3—136　2014 年、2015 年城市困难家庭是否曾经享受过司法与法律援助的分布情况（%）

	2014 年	2015 年
有	0. 82	0. 85
没有	99. 18	99. 15
合计	100. 00	100. 00

（2）比较分析

表 3—137 进一步通过描述比较的方式，对比 2015 年低保家庭和低保边缘家庭司法与法律援助享受状况，比较结果显示，低保家庭和低保边缘家庭在司法与法律援助方面不存在明显的差异（P>0. 05）。

表 3—137　2015 年分人群城市困难家庭司法与法律援助享受状况分布情况（%）

人群	有	没有
低保家庭	0. 99	99. 01
低保边缘家庭	0. 65	99. 35
χ^2 = 1. 409　　P = 0. 235		

2. 司法与法律援助享受水平

（1）描述分析与趋势分析

表 3—138 对 2015 年城市困难家庭司法与法律援助享受水平进行基本描述分析。根据调查结果显示，城市困难家庭享受司法与法律援助的等值金额为 144. 17 元。

表 3—138 同时对 2014 年与 2015 年司法与法律援助享受水平的发展趋势进行比较。根据抽样结果，两年在享受司法与法律援助等值金额的水平上有所变化，2015 年享受司法与法律援助等值金额的均值增长了 73. 13 元，增长幅度较大。

表 3—138　2014 年、2015 年城市困难家庭享受司法与法律援助等值金额的基本统计（元）

年份	均值	标准差	偏度	峰度
2014	71.04	235.33	5.00	29.89
2015	144.17	335.65	2.25	6.59

（2）比较分析

表 3—139 进一步通过描述比较的方式，对比 2015 年低保家庭和低保边缘家庭司法与法律援助享受水平，比较结果显示，低保家庭和低保边缘家庭在司法与法律援助等值金额方面不存在明显的差异（$P>0.05$）。

表 3—139　2015 年分人群城市困难家庭享受司法与法律援助等值金额的分布情况（元）

人群	均值	标准差
低保家庭	205.95	387.29
低保边缘家庭	0	0
$F=2.49$　　$P=0.126$		

（二）城市困难家庭司法与法律援助政策效果评估

1. 主观效果评估

（1）描述分析与趋势分析

表 3—140 对 2015 年城市困难家庭司法与法律援助政策所起作用进行基本描述分析。根据调查结果显示，城市困难家庭认为司法与法律援助政策所起作用很大的比例为 30.56%，认为作用较大的比例为 13.89%。

表 3—140 同时对 2014 年与 2015 年司法与法律援助政策所起作用分布情况的发展趋势进行比较。根据抽样结果，两年在司法与法律援助

政策所起作用的分布情况上稍有变化，2015 年认为司法与法律援助政策所起作用一般的比例有所上升，提高了 18.89%。

表 3—140　2014 年、2015 年城市困难家庭司法与法律援助政策所起作用的分布情况（%）

	2014 年	2015 年
很大	40.00	30.56
较大	11.67	13.89
一般	20.00	38.89
较小	6.67	2.78
无作用	21.67	13.89
合计	100.00	100.00

（2）比较分析

表 3—141 进一步通过描述比较的方式，对比 2015 年低保家庭和低保边缘家庭司法与法律援助政策所起作用的看法，比较结果显示，低保家庭和低保边缘家庭在对司法与法律援助政策所起作用的看法上不存在明显的差异（$P>0.05$）。

表 3—141　2015 年分人群城市困难家庭司法与法律援助政策所起作用分布情况（%）

人群	很大	较大	一般	较小	无作用
低保家庭	36.00	20.00	36.00	4.00	4.00
低保边缘家庭	18.18	—	45.45	—	36.36
$\chi^2=9.370$　　$P=0.052$					

2. 客观效果评估

表 3—142 对 2015 年城市困难家庭司法与法律援助政策效果进行基本描述分析。根据调查结果显示，这一比例均值为 1.47%。

表3—142同时对2014年与2015年司法与法律援助金额占比的发展趋势进行比较。根据抽样结果，两年在司法与法律援助占总救助金额的比例均值情况上略有下降。

表3—142　2014年、2015年城市困难家庭司法与法律援助金额占比的基本统计（%）

		均值	标准差	偏度	峰度
2014年	司法与法律援助占总救助金额的比例	4.53	16.67	5.09	29.18
2015年		1.47	2.87	1.61	3.97

八、城市困难家庭失业救助政策运行状况与评估

（一）2015年城市困难家庭失业救助政策运行状况

1. 失业救助政策获得状况

（1）描述分析与趋势分析

表3—143对2015年城市困难家庭是否曾经享受过失业救助获得状况进行基本描述分析。根据调查结果显示，城市困难家庭享受过失业救助的比例为1.87%。

表3—143同时对2014年与2015年是否曾经享受过失业救助分布情况的发展趋势进行比较。根据抽样结果，两年在是否曾经享受过失业救助的分布情况上基本保持一致。

表 3—143　2014 年、2015 年城市困难家庭是否曾经享受过失业救助的分布情况（%）

	2014 年	2015 年
有	1. 86	1. 87
没有	98. 14	98. 13
合计	100. 00	100. 00

（2）比较分析

表 3—144 进一步通过描述比较的方式，对比 2015 年低保家庭和低保边缘家庭失业救助获得状况，比较结果显示，低保家庭和低保边缘家庭在失业救助获得方面不存在明显的差异（P>0. 05）。

表 3—144　2015 年分人群城市困难家庭失业救助获得分布情况（%）

人群	有	没有
低保家庭	1. 62	98. 38
低保边缘家庭	2. 24	97. 76
$\chi^2 = 2.076$　　P = 0. 150		

2. 失业救助享受水平

（1）描述分析与趋势分析

表 3—145 对 2015 年城市困难家庭失业救助享受水平进行基本描述分析。根据调查结果显示，城市困难家庭享受失业救助的等值金额为 1702. 11 元。

表 3—145 同时对 2014 年与 2015 年失业救助享受水平的发展趋势进行比较。根据抽样结果，两年在失业救助等值金额的享受水平上略有提高。

表 3—145　2014 年、2015 年城市困难家庭享受失业救助等值金额的基本统计（元）

年份	均值	标准差	偏度	峰度
2014	1470.04	1927.74	1.12	2.85
2015	1702.11	1738.20	0.68	2.31

（2）比较分析

表 3—146 进一步通过描述比较的方式，对比 2015 年低保家庭和低保边缘家庭失业救助享受水平，比较结果显示，低保家庭和低保边缘家庭在失业救助等值金额方面不存在明显的差异（P>0.05）。

表 3—146　2015 年分人群城市困难家庭享受失业救助等值金额的分布情况（元）

人群	均值	标准差
低保家庭	1905.16	1718.57
低保边缘家庭	1460.00	1763.94
F=0.93　P=0.340		

（二）城市困难家庭失业救助政策效果评估

1. 主观效果评估

（1）描述分析与趋势分析

表 3—147 对 2015 年城市困难家庭失业救助政策所起作用的评价进行基本描述分析。根据调查结果显示，城市困难家庭认为失业救助政策所起作用很大的比例为 39.24%，认为作用较大的比例为 15.19%。

表 3—147 同时对 2014 年与 2015 年失业救助政策所起作用分布情况的发展趋势进行比较。根据抽样结果，两年在失业救助政策所起作用的分布情况上基本保持稳定。

表 3—147 2014 年、2015 年城市困难家庭失业救助政策所起作用的分布情况（%）

	2014 年	2015 年
很大	34.07	39.24
较大	18.52	15.19
一般	25.19	30.38
较小	10.37	8.86
无作用	11.85	6.33
合计	100.00	100.00

（2）比较分析

表 3—148 进一步通过描述比较的方式，对比 2015 年低保家庭和低保边缘家庭对失业救助政策所起作用的看法，比较结果显示，低保家庭和低保边缘家庭在对失业救助政策所起作用的看法上不存在明显的差异（$P>0.05$）。

表 3—148 2015 年分人群城市困难家庭失业救助政策所起作用分布情况（%）

人群	很大	较大	一般	较小	无作用
低保家庭	46.34	12.20	34.15	4.88	2.44
低保边缘家庭	31.58	18.42	26.32	13.16	10.53
$\chi^2=5.561$ P=0.234					

2. 客观效果评估

表 3—149 对 2015 年城市困难家庭失业救助政策效果进行基本描述分析。根据调查结果显示，城市困难家庭失业救助占总救助金额的比例均值为 27.64%。

表 3—149 同时对 2014 年与 2015 年失业救助占总救助金额的发展

趋势进行比较。根据抽样结果，两年在失业救助占总救助金额的比例上基本保持一致。

表 3—149　2014 年、2015 年城市困难家庭失业救助占比的基本统计（%）

		均值	标准差	偏度	峰度
2014 年	失业救助占总救助金额的比例	27.35	33.25	1.03	2.71
2015 年		27.64	32.05	1.30	3.48

九、城市困难家庭慈善救助政策运行状况与评估

（一）2015 年城市困难家庭慈善救助政策运行状况

1. 慈善救助享受状况

（1）描述分析

表 3—150 对 2015 年城市困难家庭是否曾经享受过慈善救助状况进行基本描述分析。根据调查结果显示，城市困难家庭享受过慈善救助的比例为 6.26%。

表 3—150　2015 年城市困难家庭是否曾经享受过慈善救助的分布情况（%）

	有效百分比	累计百分比
有	6.26	6.26
没有	93.74	100.00
合计	100.00	

（2）比较分析

表 3—151 进一步通过描述比较的方式，对比 2015 年低保家庭和低保边缘家庭慈善救助享受状况，比较结果显示，低保家庭和低保边缘家

庭在慈善救助方面存在非常显著的差异（P<0.05）。低保家庭享受过慈善救助的比例为8.07%，低保边缘家庭享受过慈善救助的比例为3.59%。

表3—151　2015年分人群城市困难家庭慈善救助获得分布情况（%）

人群	有	没有
低保家庭	8.07	91.93
低保边缘家庭	3.59	96.41
$\chi^2=34.731$　　P=0.000		

2. 慈善救助享受水平

（1）描述分析

表3—152对2015年城市困难家庭慈善救助享受水平进行基本描述分析。根据调查结果显示，城市困难家庭享受慈善救助等值金额的平均水平为5189.45元。

表3—152　2015年城市困难家庭享受慈善救助等值金额的基本统计（元）

年份	均值	标准差	偏度	峰度
2015	5189.45	52385.05	15.59	245.84

（2）比较分析

表3—153进一步通过描述比较的方式，对比2015年低保家庭和低保边缘家庭慈善救助享受水平，比较结果显示，低保家庭和低保边缘家庭在慈善救助享受水平方面不存在明显的差异（P>0.05）。

表3—153　2015年分人群城市困难家庭享受慈善救助等值金额的分布情况（元）

人群	均值	标准差
低保家庭	1123.73	2666.26
低保边缘家庭	749.90	107101.75
F=3.67　　P=0.057		

（二）城市困难家庭慈善救助政策效果评估

1. 主观效果评估

（1）描述分析

表3—154对2015年城市困难家庭慈善救助政策所起作用进行基本描述分析。根据调查结果显示，城市困难家庭认为慈善救助所起作用很大的比例为43.02%，认为作用较大的比例为21.89%。

表3—154　2015年城市困难家庭慈善救助政策所起作用的分布情况（%）

	有效百分比	积累百分比
很大	43.02	43.02
较大	21.89	64.91
一般	28.30	93.21
较小	5.66	98.87
无作用	1.13	100.00
合计	100.00	

（2）比较分析

表3—155进一步通过描述比较的方式，对比2015年低保家庭和低保边缘家庭慈善救助政策所起作用的看法，比较结果显示，低保家庭和低保边缘家庭在对慈善救助政策所起作用的看法上不存在明显的差异（$P>0.05$）。

表3—155　2015年分人群城市困难家庭慈善救助政策所起作用的分布情况（%）

人群	很大	较大	一般	较小	无作用
低保家庭	46.08	22.55	25.00	5.88	0.49
低保边缘家庭	32.79	19.67	39.34	4.92	3.28
$\chi^2=8.822$　　$P=0.234$					

2. 客观效果评估

表 3—156 对 2015 年城市困难家庭慈善救助政策效果进行基本描述分析。根据调查结果显示，城市困难家庭慈善救助占总救助金额的比例均值为 20.00%。

表 3—156　2015 年城市困难家庭慈善救助占比的基本统计（%）

	均值	标准差	偏度	峰度
慈善救助占总救助金额的比例	20.00	1803.04	14.96	228.35

第四节　本章小结

一、城市困难家庭最低生活保障制度运行状况与评估研究结论

（一）描述分析结论

在城市困难家庭申请低保状况方面，申请低保的比例为 84.60%。2016 年城市困难家庭成功申请低保的比例为 85.37%，而 42.26%的城市困难家庭由于不符合条件而导致申请低保未获批准。2016 年城市困难家庭未申请低保的最主要原因中，不符合条件同样占比最大，达到 59.45%。

在城市困难家庭享受低保状况方面，享受过低保的比例为 72.63%。其中，第一次享受低保的时间集中于 2007—2011 年，比例达到

31.61%。在低保享受状况方面，59.78%的城市困难家庭目前仍享受低保，每月领取低保金金额的平均水平为648.55元。

在2015年城市困难家庭低保金享受待遇方面，享受低保金的比例为64.75%，而没有享受的比例为35.25%。城市困难家庭2015年享受低保金额的均值为6964.56元。

在低保管理状况方面，核查周期的平均月数为5.79个月。而大部分低保家庭领取低保金是按月领取，比例达到85.88%；其次为按季度领取，比例为12.49%。绝大部分低保家庭选择到银行或邮局柜台领取，比例为96.40%。而领取方式为工作人员送到手上的比例最小，为0.32%。有86.93%的城市困难家庭所在社区/村进行了低保审批公示。

（二）趋势分析结论

在城市困难家庭申请低保状况方面，2016年申请低保的城市困难家庭较2015年有所增加。其中，成功申请的城市低保家庭较2015年略有增加，因不符合条件、其他人家庭更贫困、低保评审不合理这三个原因而申请低保未获批准的比例较2015年有所降低。

在城市困难家庭享受低保状况方面，2016年享受过低保的城市困难家庭较2015年有所增加。2016年的连续享受月数均值及城市困难家庭的退保次数均与2015年基本保持一致。在低保享受状况方面，2016年享受低保的比例较2015年稍有增加，同时每月领取的低保金金额也相对提高。

在城市困难家庭低保金享受待遇方面，2015年城市困难家庭中，享受过低保金的比例较2014年有所提升，享受低保金数额的平均水平也有所增加。

在低保管理状况方面，2016年核查周期的平均月数与2015年基本保持稳定。低保家庭低保金领取周期中，按月领取和不定期的比例较2015年略有提高，而按季度领取和按年领取的比例则略有降低。2016

年低保家庭低保金领取方式与2015年基本保持一致。2016年相对2015年，有更多地社区/村公示低保审批情况。

（三）比较分析结论

在城市困难家庭2015年低保金享受待遇方面，低保家庭和低保边缘家庭在2015年低保金享受情况方面存在十分明显的差异；在享受低保金数额方面也存在十分明显的差异，具体而言，低保户在享受低保金比例与享受低保金数额方面均高于低保边缘家庭。

二、城市困难家庭专项社会救助政策运行状况与评估研究结论

（一）描述分析结论

在就医情况方面，老人和成年人在患病最初阶段，选择去药店买药的比例最大，分别占比30.33%和41.30%，而儿童在患病最初阶段，选择去私人诊所或社区/村卫生服务站的比例最大，比例为18.22%；在就医负担方面，53.53%的城市困难家庭认为看病带来的经济负担非常重和较重；在医疗救助政策运行状况方面，23.93%的家庭享受过医疗救助，平均救助水平为3505.33元；在重特大医疗救助享受状况方面，6.07%的困难家庭表示接受过重特大医疗救助，52.16%的困难家庭是在家庭成员所患疾病在医疗救助病种目录内得到的重特大医疗救助；在医疗救助政策评估方面，主观上，八成左右的困难家庭认为医疗救助所起作用很大或较大，其中，在重特大医疗救助效果评估上，大部分困难家庭认为重特大医疗救助效果明显，申请和审核手续方便和费用结算及时，但部分困难家庭认为重特大医疗救助的病种太少、救助的标准太

低；客观上，医疗救助占医疗花费、总救助金额的比例均值分别为38.11%和36.50%。

在教育救助方面，大学教育阶段的户均和人均教育花费最高，但其获得救助金额也最高，此外，接受义务教育的户均人数最多；在教育花费方面，家里的积蓄是大部分城市困难家庭各教育阶段教育费用的最主要来源；在教育救助运行状况方面，14.74%困难家庭都获得过教育救助，平均教育救助水平为1785.90元；在教育救助政策评估方面，主观上，七成左右的城市困难家庭认为教育救助政策的作用很大或较大，客观上，教育救助占教育花费和总救助金额的比例均值分别为35.89%和30.69%。

在就业创业支持运行状况方面，城市困难家庭2016年失业率均值为39.84%，就业途径主要为自己灵活就业和亲友介绍就业；在家庭就业支持政策效果评估方面，17.40%的城市困难家庭表示接受过就业服务项目，其中大部分城市困难家庭获得的劳动就业服务项目为免费培训和职业介绍。

在住房补贴运行状况方面，城市困难家庭2015年享受过住房补贴的比例为7.66%，平均补助水平为1059.31元；在住房补贴政策效果评估方面，主观上，71.91%的困难家庭认为住房补贴所起作用很大或较大；客观上，住房补贴占住房花费和总救助金额的比例均值分别为74.10%和17.97%。

（二）趋势分析结论

在就医情况方面，2016年城市困难家庭的成员对诊疗途径的选择与2015年基本保持一致。在就医负担方面，2016年认为看病经济负担非常重和较重的比例较2015年有所下降。在医疗救助政策运行状况方面，2015年城市困难家庭享受过医疗救助的比例较2014年稍有降低。在重特大医疗救助享受状况方面，2015年接受过重特大医疗救助的比例较 2014 年略有提升。在医疗救助政策评估方面，2015 年，认为医疗救助所起作用很大和较大的比例相对 2014 年有所提高。2015 年医疗救助占医疗花费的比例相比 2014 年有所提高，而医疗救助占总救助金额的比例则稍有下降。

在教育救助方面，大学教育阶段的户均和人均教育花费仍然最高，户均教育花费从 10382.56 元增长为 11726.50 元，其获得救助金额也有所提高，此外，各阶段接受教育的人数基本保持稳定；在教育花费方面，家里的积蓄是大部分城市困难家庭各教育阶段教育费用的最主要来源，但其占比较去年有所下降；在教育救助运行状况方面，2015 年获得教育救助的比例较去年稍有提升，从 12.42%提高为 14.74%，平均教育救助水平也从 1550.73 元上升为 1785.90 元；在教育救助政策评估方面，主观上，城市困难家庭对教育救助的满意度总体上较去年有所提升，客观上，教育救助占教育花费和总救助金额的比例均值较去年稍有下降。

在就业创业支持运行状况方面，城市困难家庭 2016 年失业率均值较去年有所下降，为 39.84%，下降幅度为 2.15%，就业途径主要为自己灵活就业的比例从 2015 年的 25.00%下降至 2016 年的 22.94%；在家庭就业支持政策效果评估方面，2016 年接受过就业服务项目帮助的人较去年大幅度减少，而其中大部分城市困难家庭获得的劳动就业服务项目为免费培训和职业介绍。

在住房补贴运行状况方面，城市困难家庭 2015 年享受过住房补贴的比例较去年稍有下降，下降幅度为 1.08%，平均补助水平也下降为 1059.31 元；在住房补贴政策效果评估方面，主观上，认为住房补贴所起作用很大和较大的占比情况与上年基本持平；客观上，住房补贴占住房花费比例较上年稍有上升，而总救助金额的比例均值与上年相差较大，相差幅度为 5.91%。

（三）比较分析结论

在就医情况方面，低保家庭和低保边缘家庭在老人和儿童患病最初阶段诊疗途径的选择方面存在明显的差异；在看病带来的经济负担方面，低保家庭和低保边缘家庭之间存在差异，低保家庭认为医疗支出带来的经济负担更重；在医疗救助方面，低保家庭和低保边缘家庭在医疗救助、重特大医疗救助获得状况和何种情况下获得重特大医疗救助方面存在明显的差异，而在医疗救助享受水平方面不存在明显的差异，在效果评估方面，主观上，低保家庭和低保边缘家庭在评价医疗救助所起作用上存在明显的差异，但在评价重特大医疗救助效果方面不存在明显的差异。

在教育花费方面，低保家庭在各教育阶段的平均教育花费低于低保边缘家庭，但低保家庭在各教育阶段获得的平均教育救助金额明显高于低保边缘家庭，此外，低保家庭在各教育阶段的受教育户均人数与低保边缘家庭相比，大致持平；在教育费用来源方面，低保家庭和低保边缘家庭在各教育阶段教育费用来源方面存在一定差异，大部分低保家庭在各教育阶段教育费用来源为地方政府救助的比例均高于低保边缘家庭；在教育救助运行状况方面，低保家庭和低保边缘家庭在教育救助享受情况方面存在非常显著的差异，低保家庭获得过教育救助的比例为18.01%而低保边缘家庭为9.89%；在教育救助政策评估方面，低保家庭和低保边缘家庭在对教育救助政策所起作用的看法上存在明显的差异。

在家庭就业创业支持运行状况方面，低保家庭和低保边缘家庭在家庭成员失业率方面存在非常显著的差异，低保边缘家庭的失业率相对较低；在家庭就业支持政策效果评估方面，低保家庭和低保边缘家庭在就业支持服务覆盖面方面不存在明显的差异。

在住房补贴运行状况方面，低保家庭和低保边缘家庭在享受住房补贴方面存在非常显著的差异，低保家庭获得住房补贴的比例相对较多，而低保家庭和低保边缘家庭在住房补贴享受水平方面不存在明显的差异，平均水平在1100元左右。在住房补贴政策效果评估方面，低保家庭和低保边缘家庭间不存在明显的差异，低保家庭和低保边缘家庭认为住房补贴政策作用很大或较大的比例相对持平。

三、城市困难家庭其他救助政策运行状况与评估研究结论

（一）描述分析结论

在城市困难家庭临时救助政策运行状况与评估方面，2015年有9.12%的困难家庭表示曾经享受过临时救助，平均水平为1080.34元。城市困难家庭主观上认为临时救助所起作用很大的比例为40.41%，认为作用较大的比例为20.21%，而认为无作用和较小的比例分别为1.55%和7.51%，而客观上临时救助占总救助水平比例的均值为28.75%。

在城市困难家庭水电、燃料、取暖费减免政策运行与评估方面，20.06%城市困难家庭表示曾享受过水电、燃料、取暖费减免政策，减免水平的均值为339.19元。城市困难家庭主观上认为水电、燃料、取暖费减免政策所起作用很大的比例为43.43%，认为作用较大的比例为17.51%，而认为无作用和较小的比例分别为2.37%和8.88%。而客观上，水电、燃料、取暖费减免占水电燃料采暖花费水平比例均值为22.62%，占总救助金额的比例均值为9.57%。

在城市困难家庭物价补贴或节假日一次性救助政策运行状况与评估方面，城市困难家庭在2015年曾经享受过物价补贴或节假日一次

性救助的比例为18.44%，而救助金额的均值为586.70元。城市困难家庭主观上认为物价补贴或节假日一次性救助政策所起作用很大的比例为38.43%，认为作用较大的比例为21.08%，而认为无作用和较小的比例分别为2.06%和10.28%。而在客观上，物价补贴或节假日一次性救助占总救助金额的比例方面，比例均值为22.07%，在一定程度上对城市困难家庭的生活水平和生活质量产生了一定影响。

在城市困难家庭自然灾害救助政策运行状况与评估方面，城市困难家庭获得自然灾害救助的比例为1.58%，而救助的平均金额为306.72元。城市困难家庭主观上认为自然灾害救助政策所起作用很大的比例为34.33%，认为作用较大的比例为11.94%，而认为作用较小的比例为14.93%。而在客观上，城市困难家庭在自然灾害救助占总救助金额的比例方面，比例均值为41.86%，可以发现，自然灾害救助这一政策，在一定程度上对城市困难家庭的生活水平和生活质量产生了影响。

在城市困难家庭其他救助或优惠项目收入政策运行状况与评估方面，城市困难家庭享受过其他救助或优惠项目收入的比例为4.66%，而享受其他救助或优惠项目的平均水平为771.80元。在主观上，城市困难家庭认为其他救助或优惠项目所起作用很大的比例为40.82%，认为所起作用较大的比例为17.86%，而认为无作用的比例为4.08%。而在客观上，城市困难家庭住房救助占住房花费的比例均值为26.14%。

在城市困难家庭其他费用减免政策运行状况与评估方面，城市困难家庭享受过其他费用减免的比例为2.20%，减免的平均水平为290.36元。在主观上，城市困难家庭认为其他费用减免政策所起作用很大的比例为38.71%，认为作用较大的比例为18.28%，而认为无作用的比例为1.08%。而客观上，其他费用减免占总救助金额的比例均值为12.69%。

在城市困难家庭司法与法律援助政策运行状况与评估方面，城市困难家庭享受过司法与法律援助政策的比例为0.85%，而享受司法与法律援助的平均水平为144.17元。在主观上，城市困难家庭认为司法与法律援助所起作用很大的比例为30.56%，认为作用较大的比例为13.89%，而认为无作用的比例为13.89%。而客观上，司法与法律援助占总救助金额的比例均值为1.47%。

在城市困难家庭失业救助政策运行状况与评估方面，城市困难家庭享受过失业救助的比例为1.87%，而享受失业救助等值金额的平均水平为1702.11元。在主观上，城市困难家庭认为失业救助政策所起作用很大的比例为39.24%，认为作用较大的比例为15.19%，而认为无作用的比例为6.33%。而客观上，失业救助占总救助的比例均值为27.64%。

（二）趋势分析结论

在临时救助方面，2015年分布情况与2014年基本保持一致，在临时救助享受等值金额方面略有提升，但临时救助占总救助水平比例从34.67%下降为28.75%。在水电、燃料、取暖费减免享受水平方面，2015年较去年稍有下降，由371.55元变为了339.19元，且在所起作用分布情况中认为其作用很大的比例也从49.19%下降为43.43%。在物价补贴或节假日一次性救助方面，2015年与2014年基本保持一致。在自然灾害救助情况方面，2015年的自然灾害救助水平较2014年有所下降，从386.58元下降为306.72元。

在是否享受过其他救助或优惠项目方面。2015年接受其他救助或优惠项目的占比和救助水平都较2014年稍有上升，享受比例从3.50%上升为4.66%，享受水平由714.17元上升为771.80元。而在满意度上，认为救助作用很大和较大的比例则分别从41.02%和23.83%下降为40.82%和17.86%。在法律援助享受状况方面，2015年法律援助等值金额水平较上一年度有较大幅度的提升，从71.04元提高为144.17元。但其占总救助金额的比例从4.53%下降为了1.47%。在获得失业救助方面，享受过失业救助的分布情况与去年基本保持一致，而失业救助等值金额则较去年有较大幅度的上升，由 1470.04 元上升为 1702.11 元。

(三) 比较分析结论

2015 年，在临时救助所起作用、水电、燃料、取暖费减免获得状况、享受水平、物价补贴或节假日一次性救助获得情况及其所起作用分布状况方面，低保家庭与低保边缘家庭存在非常显著的差异。具体而言，在临时救助所起作用方面，低保家庭较低保边缘家庭认为其所起作用更大。在水电、燃料、取暖费减免获得状况方面，低保家庭的获得情况明显高于低保边缘家庭。在物价补贴或节假日一次性救助获得状况方面，低保家庭均高于低保边缘家庭，而在水电、燃料、取暖费减免享受水平上，低保家庭低于低保边缘家庭。

在临时救助金额分布情况、物价补贴或节假日一次性救助水平情况上低保家庭与低保边缘家庭存在明显的差异。具体而言，在临时救助金额分布情况上，低保家庭要高于低保边缘家庭，而在物价补贴或节假日一次性救助补贴水平上低保家庭要低于低保边缘家庭。

在临时救助所起作用分布情况、物价补贴或节假日一次性救助享受水平、自然灾害救助享受水平及主观效果评估、其他救助或优惠项目收入享受水平、其他费用减免享受水平主观效果评估、司法与法律援助享受状况、享受水平及主观效果评估、失业救助政策获得状况、享受水平及主观效果评估方面，低保家庭与低保边缘家庭不存在明显的差异。

第四章　城市困难家庭其他社会政策支持与社会服务享有状况

第一节　城市困难家庭其他社会政策支持运行状况与评估

一、城市困难家庭社会保险政策运行状况与评估

（一）城市困难家庭社会保险政策运行状况

1. 养老保险

（1）养老保险基本情况分析

描述分析

表4—1对2015年城市困难家庭享有、参加退休金或养老保险人数的分布情况进行基本描述分析。根据调查结果显示，城市困难家庭中没有参加退休金或养老保险的占比最大，为52.47%；其次，家庭中1人、2人享有退休金或养老保险的比例共计43.44%。

表4—1　2014年、2015年城市困难家庭享有、参加退休金或养老保险人数分布情况（%）

	2014年	2015年
0	52. 43	52. 47
1	23. 96	23. 86
2	19. 13	19. 58
3	2. 98	2. 58
4人及以上	1. 49	1. 51
合计	100. 00	100. 00

比较分析

表4—2进一步通过描述比较的方式，对比2015年低保家庭和低保边缘家庭享有、参加退休金或养老保险的人数状况。比较结果显示，低保家庭和低保边缘家庭在享有、参加退休金或养老保险的人数方面存在非常显著的差异（P<0. 01）。59. 98%的低保家庭没有享受、参加退休金或养老保险高于低保边缘家庭，相差17. 80%。

表4—2　2015年分人群城市困难家庭享有、参加退休金或养老保险的人数基本统计（%）

人群	0	1	2	3	4	5	6	7
低保家庭	59. 98	22. 37	14. 73	2. 02	0. 55	0. 32	—	0. 04
低保边缘家庭	41. 18	26. 18	26. 82	3. 41	2. 29	0. 12	—	0
$\chi^2 = 185.122$　　P = 0. 000								

（2）养老保险参保人数占家庭总人口数比例

描述分析

表4—3对2015年城市困难家庭退休金或养老保险参保人数占家庭总人口数比例进行基本描述分析。根据调查结果显示，城市困难家庭享有、参加退休金或养老保险的人数占家庭总人口数的比例均值

为 27.53%。

表 4—3　2014 年、2015 年城市困难家庭退休金或养老保险参保人数占家庭总人口数比例（%）

年份	均值	标准差	偏度	峰度
2014	28.27	35.31	0.92	2.48
2015	27.53	34.43	0.94	2.59

比较分析

表 4—4 进一步通过描述比较的方式，对比 2015 年低保家庭和低保边缘家庭退休金或养老保险参保人数占家庭总人口数比例。比较结果显示，在退休金或养老保险参保人数占家庭总人口数比例上，低保家庭和低保边缘家庭存在十分明显的差异（P<0.01）。低保家庭中，享有、参加退休金或养老保险人数占家庭总人口数的比例低于低保边缘家庭，相差 13.24%。

表 4—4　2015 年退休金或养老保险参保人数占家庭总人口数比例（%）

人群	均值	标准差
低保家庭	22.23	31.84
低保边缘家庭	35.47	36.58
F = 153.43　　P = 0.000		

（3）养老保险保障水平评价

描述分析与趋势分析

表 4—5 对 2015 年城市困难家庭退休金或养老保险的保障水平进行基本描述分析。根据调查结果显示，城市困难家庭享有退休金或养老保险的平均保障水平为 13247.54 元。

表4—5同时对2014年与2015年城市困难家庭享有退休金或养老保险保障水平的发展趋势进行比较。根据抽样结果，2015年城市困难家庭退休金或养老保险平均保障水平略有提高，相比2014年上涨了532.01元。

表4—5　2014年、2015年城市困难家庭退休金或养老保险的保障水平（元）

年份	均值	标准差	偏度	峰度
2015	13247.54	16004.24	1.17	3.49
2014	12715.53	16143.00	1.10	2.90

比较分析

表4—6进一步通过描述比较的方式，对比2015年低保家庭和低保边缘家庭退休金或养老保险平均保障水平。比较结果显示，低保家庭和低保边缘家庭在退休金或养老保险的平均保障水平方面存在非常显著的差异（$P<0.01$）。低保边缘家庭退休金或养老保险的平均保障水平明显高于低保家庭。

表4—6　2015年分人群城市困难家庭退休金或养老保险平均保障水平的基本统计（元）

人群	均值	标准差
低保家庭	11791.26	15579.27
低保边缘家庭	14678.33	16270.98
$F=15.88$　　$P=0.000$		

（4）养老保险满意度评价

描述分析与趋势分析

表4—7对2015年城市困难家庭对退休金或养老保险的满意度进行描述分析。根据调查结果显示，28.68%的被访者对退休金或养老保险的满意度非常高，18.28%的被访者对满意度的评价为比较高，仅有

20.04%的被访者对退休金或养老保险的满意度比较低或非常低。

表4—7同时对2014年与2015年城市困难家庭对退休金或养老保险满意度的发展趋势进行比较。根据抽样结果，两年在退休金或养老保险满意度方面基本保持稳定。满意度非常高或比较高的被访者在2014年及2015年均达到45%以上。

表4—7 2014年、2015年城市困难家庭对退休金或养老保险的满意度（%）

	2014年	2015年
非常高	32.32	28.68
比较高	17.70	18.28
一般	30.24	33.00
比较低	13.13	10.80
非常低	6.62	9.24
合计	100.00	100.00

比较分析

表4—8进一步通过描述比较的方法，对比2015年低保家庭和低保边缘家庭对退休金或养老保险的满意度状况。比较结果显示，低保家庭和低保边缘家庭对退休金或养老保险的满意度存在十分明显的差异（P<0.01）。低保家庭在满意度非常高、比较高上的比重高出低保边缘家庭9.77%。

表4—8 2015年分人群城市困难家庭对退休金或养老保险的满意度（%）

人群	非常高	比较高	一般	比较低	非常低
低保家庭	33.13	18.72	31.23	9.61	7.31
低保边缘家庭	24.22	17.86	34.81	11.91	11.20
$\chi^2=26.513$　　P=0.000					

（5）养老保险总体分析

表4—9对2015年城市困难家庭参加退休金或养老保险的总体情况进行基本描述分析。根据调查结果显示，城市困难家庭参加退休金或养老保险的人数占家庭总人口数的比例为27.53%；退休金或养老保险的平均保障水平为13247.54元；有46.96%的城市困难家庭对退休金或养老保险的满意度非常高、比较高。

进一步通过描述比较的方式，对比2015年低保家庭和低保边缘家庭参加退休金或养老保险的总体状况。从参保比例来看，低保家庭比例明显低于低保边缘家庭；从保障水平来看，低保家庭也低于低保边缘家庭，相差2887.07元；在对退休金或养老保险的满意度评价中，满意度非常高或比较高的低保家庭明显多于低保边缘家庭。

表4—9　2015年城市困难家庭退休金或养老保险总体分析

退休金或养老保险		总体	低保家庭	低保边缘家庭
参保比例(%)		27.53	22.23	35.47
保障水平(元)		13247.54	11791.26	14678.33
满意度(%)	非常高	28.68	33.13	24.22
	比较高	18.28	18.72	17.86
	一般	33.00	31.23	34.81
	比较低	10.80	9.61	11.91
	非常低	9.24	7.31	11.20

2. 医疗保险

（1）医疗保险基本情况分析

描述分析

表4—10对2015年城市困难家庭享有、参加医疗保险的人数分布情况进行基本描述分析。根据调查结果显示，城市困难家庭享有医疗保

险的人数主要集中在0至3人的区间内，无人享有医疗保险的家庭占比最大，达到26.98%；其次为家庭中2人享有医疗保险，占比22.24%。

表4—10 2014年、2015年城市困难家庭享有、参加医疗保险的人数分布情况（%）

	2014年	2015年
0	24.20	26.98
1	17.09	19.05
2	24.15	22.24
3	17.95	16.07
4	9.17	8.33
5	4.60	4.31
6人及以上	2.86	3.02
合计	100.00	100.00

比较分析

表4—11进一步通过描述比较的方式，对比2015年低保家庭和低保边缘家庭享有、参加医疗保险的人数状况。比较结果显示，在享有、参加医疗保险的人数方面，低保家庭和低保边缘家庭存在十分明显的差异（$P<0.01$）。低保家庭没有享受、参加医疗保险的比例明显高于低保边缘家庭。

表4—11 2015年分人群城市困难家庭享有、参加医疗保险的人数（%）

人群	0	1	2	3	4	5	6	7	8	8人以上
低保家庭	27.38	21.00	20.25	16.28	8.36	4.04	1.66	0.83	0.12	0.08
低保边缘家庭	26.43	16.17	25.13	15.81	8.32	4.60	1.95	1.00	0.29	0.24
$\chi^2=33.020$ $P=0.001$										

（2）医疗保险参保人数占家庭总人口数比例

描述分析

表4—12对2015年城市困难家庭医疗保险参保人数占家庭总人口数比例进行基本描述分析。根据调查结果显示，城市困难家庭参加医疗保险的人数占家庭总人口数的比例均值为62.06%。

表4—12　2014年、2015年城市困难家庭医疗保险参保人数占家庭总人口数比例（%）

年份	均值	标准差	偏度	峰度
2014	66.40	42.04	-0.70	1.75
2015	62.06	43.09	-0.49	1.49

比较分析

表4—13进一步通过描述比较的方式，对比2015年低保家庭和低保边缘家庭医疗保险参保人数占家庭总人口数比例。比较结果显示，在医疗保险参保人数占家庭总人口数方面，低保家庭和低保边缘家庭不存在显著的差异（P>0.05）。

表4—13　2015年分人群城市困难家庭医疗保险参保人数占家庭总人口数比例（%）

人群	均值	标准差
低保家庭	62.07	43.33
低保边缘家庭	62.06	42.76
F=0.00　　P=0.992		

（3）医疗保险保障水平评价

描述分析

表4—14对2015年城市困难家庭医疗保险保障水平进行基本描述分析。根据调查结果显示，城市困难家庭享有的医疗保险平均保障水平为3743.19元。

表 4—14　2014 年、2015 年城市困难家庭医疗保险保障水平（元）

年份	均值	标准差	偏度	峰度
2015	3743.19	9941.40	4.51	26.40
2014	3745.66	10208.17	4.41	25.28

比较分析

表 4—15 进一步通过描述比较的方式，对比 2015 年低保家庭和低保边缘家庭医疗保险保障水平。比较结果显示，低保家庭和低保边缘家庭在医疗保险保障水平方面不存在明显的差异（P>0.05）。

表 4—15　2015 年分人群城市困难家庭医疗保险保障水平（元）

人群	均值	标准差
低保家庭	3791.35	9911.31
低保边缘家庭	3683.28	10000.36
F = 0.08　　P = 0.780		

（4）医疗保险满意度评价

描述分析与趋势分析

表 4—16 对 2015 年城市困难家庭对医疗保险的满意度进行基本描述分析。根据调查结果显示，对医疗保险满意度非常高或比较高的占比超过半数，达到 54.78%；满意度比较低或非常低的仅占 9.93%。

表 4—16 同时对 2014 年与 2015 年城市困难家庭对医疗保险满意度的发展趋势进行比较。根据抽样结果，两年的医疗保险保障水平满意度分布情况基本稳定，没有明显变化。

表 4—16　2014 年、2015 年城市困难家庭对医疗保险的满意度（%）

	2014 年	2015 年
非常高	31.04	32.68
比较高	24.23	22.10
一般	33.36	35.29
比较低	7.15	5.78
非常低	4.22	4.15
合计	100.00	100.00

比较分析

表 4—17 进一步通过描述比较的方式，对比 2015 年低保家庭和低保边缘家庭对医疗保险的满意度状况。比较结果显示，低保家庭和低保边缘家庭在对医疗保险的满意度方面存在非常显著的差异（$P<0.01$）。低保家庭对医疗保险保障水平满意度非常高或比较高的占比，高出低保边缘家庭 9.99%。

表 4—17　2015 年分人群城市困难家庭对医疗保险的满意度（%）

人群	非常高	比较高	一般	比较低	非常低
低保家庭	36.09	22.76	32.09	5.43	3.62
低保边缘家庭	27.71	21.15	39.95	6.32	4.86
$\chi^2=33.321$　　$P=0.000$					

（5）参加城镇居民基本医疗保险的缴费情况

描述分析与趋势分析

表 4—18 对 2015 年城市困难家庭参加城镇居民基本医疗保险的缴费情况进行基本描述分析。根据调查结果显示，城市困难家庭选择自己全额负担城镇居民基本医疗的比例为 37.58%；选择政府全额负担的比

例为 21.63%；选择政府个人按比例负担的比例为 20.97%。

表 4—18 同时对 2014 年与 2015 年城市困难家庭参加城镇居民基本医疗保险缴费情况的发展趋势进行比较。根据抽样结果，两年在缴费情况方面基本保持稳定，选择自己全额负担的占比均接近 40%。

表 4—18　2014 年、2015 年城市困难家庭参加城镇居民基本医疗保险的缴费情况（%）

	2014 年	2015 年
自己全额负担	39.71	37.58
政府全额负担	21.57	21.63
政府按个人比例负担	24.66	20.97
不适用	14.06	19.83
合计	100.00	100.00

比较分析

表 4—19 进一步通过描述比较的方式，对比 2015 年低保家庭和低保边缘家庭参加城镇居民基本医疗保险的缴费情况。比较结果显示，低保家庭和低保边缘家庭在参加城镇居民基本医疗保险的缴费情况方面存在十分明显的差异（$P<0.01$）。低保家庭自己全额负担城镇居民基本医疗保险的占比明显低于低保边缘家庭。

表 4—19　2015 年参加城镇居民基本医疗保险的缴费情况（%）

人群	自己全额负担	政府全额负担	政府个人按比例负担	不适用
低保家庭	27.97	30.31	23.30	18.42
低保边缘家庭	51.71	8.79	17.57	21.93
$\chi^2=391.497$　　$P=0.000$				

（6）医疗保险总体分析

表4—20对2015年城市困难家庭参加医疗保险的总体情况进行基本描述分析。根据调查结果显示，城市困难家庭医疗保险的参保比例为62.06%，医疗保险的平均保障水平为3743.19元，54.78%的被访者对医疗保险满意度非常高或比较高。在城镇居民基本医疗保险缴费情况方面，选择自己全额负担占比37.58%，政府全额负担占比21.63%。

进一步比较低保家庭和低保边缘家庭参加医疗保险的总体情况，发现低保家庭的医疗保险参保比例与低保边缘家庭基本持平；低保家庭在医疗保险保障水平上略高于低保边缘家庭；在医疗保险满意度方面，低保家庭满意度非常高或比较高的比重明显高于低保边缘家庭；在城镇居民基本医疗保险缴费情况方面，选择自己全额承担的低保家庭低于低保边缘家庭23.74%，选择政府全额承担的低保家庭高于低保边缘家庭21.52%。

表4—20　2015年城市困难家庭医疗保险总体分析

医疗保险		总体	低保家庭	低保边缘家庭
参保比例(%)		62.06	62.07	62.06
保障水平(元)		3743.19	3791.35	3683.28
满意度(%)	非常高	32.68	36.09	27.71
	比较高	22.10	22.76	21.15
	一般	35.29	32.09	39.95
	比较低	5.78	5.43	6.32
	非常低	4.15	3.62	4.86

（续表）

医疗保险		总体	低保家庭	低保边缘家庭
参加城镇居民基本医疗保险缴费情况分析（%）	自己全额负担	37.58	27.97	51.71
	政府全额负担	21.63	30.31	8.79
	政府个人按比例负担	20.97	23.30	17.57
	不适用	19.83	18.42	21.93

3. 工伤保险

(1) 工伤保险基本情况分析

描述分析

表4—21对2015年城市困难家庭享有、参加工伤保险的人数分布情况进行基本描述分析。根据调查结果显示，未享有、参加工伤保险的城市困难家庭占据主要比例，达到97.40%。

表4—21　2014年、2015年城市困难家庭享有、参加工伤保险的人数分布情况（%）

	2014年	2015年
0	96.63	97.40
1	2.37	2.01
2人及以上	0.99	0.59
合计	100.00	100.00

比较分析

表4—22进一步通过描述比较的方式，对比2015年低保家庭和低保边缘家庭享有、参加工伤保险的人数分布状况。比较结果显示，低保家庭和低保边缘家庭在享有、参加工伤保险的人数方面存在非常显著的

差异（P<0.01）。低保家庭中2015年未参加、享有工伤保险的占比明显高于低保边缘家庭。

表4—22　2015年分人群城市困难家庭享有、参加工伤保险的人数（%）

人群	0	1	2	3	4	5
低保家庭	98.73	1.15	0.12	0	—	0
低保边缘家庭	95.40	3.30	1.12	0.12	—	0.06
$\chi^2=48.523$　　P=0.000						

(2) 工伤保险参保人数占家庭总人口数比例

描述分析

表4—23对2015年城市困难家庭工伤保险参保人数占家庭总人口数比例进行基本描述分析。根据调查结果显示，城市困难家庭享有、参加工伤保险的比例均值为1.13%。

表4—23　2014年、2015年城市困难家庭工伤保险参保人数占家庭总人口数比例（%）

年份	均值	标准差	偏度	峰度
2014	1.39	8.24	7.07	60.86
2015	1.13	7.77	8.53	87.22

比较分析

表4—24进一步通过描述比较的方式，对2015年低保家庭和低保边缘家庭工伤保险参保人数占家庭总人口数比例进行对比。比较结果显示，在工伤保险参保人数占家庭总人口数比例方面，低保家庭和低保边缘家庭存在十分明显的差异（P<0.01）。低保家庭中工伤保险参保人数占家庭总人口数的比例明显低于低保边缘家庭，相差1.81%。

表 4—24　2015 年分人群城市困难家庭工伤保险参保人数占家庭总人口数比例（%）

人群	均值	标准差
低保家庭	0.40	3.75
低保边缘家庭	2.21	11.28
F=54.54　　P=0.000		

（3）工伤保险保障水平评价

描述分析

表 4—25 对 2015 年城市困难家庭工伤保险保障水平进行基本描述分析。根据调查结果显示，城市困难家庭的工伤保险平均保障水平为 136.30 元。

表 4—25　2014 年、2015 年城市困难家庭工伤保险保障水平（元）

年份	均值	标准差	偏度	峰度
2014	70.97	387.53	7.02	56.31
2015	136.30	509.10	4.76	28.15

比较分析

表 4—26 进一步通过描述比较的方式，对比 2015 年低保家庭和低保边缘家庭工伤保险保障水平。比较结果显示，低保家庭和低保边缘家庭在工伤保险保障水平方面不存在明显的差异（P>0.05）。

表 4—26　2015 年分人群城市困难家庭工伤保险保障水平（元）

人群	均值	标准差
低保家庭	184.40	736.94
低保边缘家庭	118.36	398.34
F=0.30　　P=0.583		

（4）工伤保险满意度评价

描述分析

表4—27对2015年城市困难家庭工伤保险的满意度进行基本描述分析。根据调查结果显示，城市困难家庭对工伤保险满意度非常高或比较高的占比为33.65%，满意度比较低或非常低的仅为4.67%。

表4—27　2014年、2015年城市困难家庭对工伤保险的满意度（%）

	2014年	2015年
非常高	15.93	12.15
比较高	15.49	21.50
一般	65.93	61.68
比较低	1.77	1.87
非常低	0.88	2.80
合计	100.00	100.00

比较分析

表4—28进一步通过描述比较的方式，对比2015年低保家庭和低保边缘家庭对工伤保险的满意度状况。比较结果显示，低保家庭和低保边缘家庭在工伤保险满意度方面不存在明显的差异（$P>0.05$）。低保家庭对工伤保险满意度非常高或比较高的比重为40.00%，略高于低保边缘家庭的31.17%。

表4—28　2015年分人群城市困难家庭对工伤保险的满意度（%）

人群	非常高	比较高	一般	比较低	非常低
低保家庭	6.67	33.33	56.67	3.33	0
低保边缘家庭	14.29	16.88	63.64	1.30	3.90
$\chi^2=5.566$　　$P=0.234$					

（5）工伤保险总体分析

表4—29对2015年城市困难家庭参加工伤保险的总体情况进行基本描述分析。根据调查结果显示，城市困难家庭参加工伤保险的人数占家庭总人口数的比例均值为1.13%；工伤保险的平均保障水平为136.30元；有33.65%的城市困难家庭对工伤保险的满意度非常高或比较高。

进一步比较低保家庭和低保边缘家庭参加工伤保险的总体情况，发现低保家庭参加工伤保险的人数占家庭总人口数的比例均值低于低保边缘家庭，而在工伤保险的平均保障水平方面高于低保边缘家庭。从满意度来看，低保家庭对工伤保险的满意度非常高或比较高的比例高于低保边缘家庭。

表4—29　2015年城市困难家庭工伤保险总体分析

工伤保险		总体	低保家庭	低保边缘家庭
参保比例(%)		1.13	0.40	2.21
保障水平(元)		136.30	184.40	118.36
满意度(%)	非常高	12.15	6.67	14.29
	比较高	21.50	33.33	16.88
	一般	61.68	56.67	63.64
	比较低	1.87	3.33	1.30
	非常低	2.80	0	3.90

4. 失业保险

（1）失业保险基本情况分析

描述分析

表4—30对2015年城市困难家庭享有、参加失业保险的人数分布情况进行基本描述分析。根据调查结果显示，城市困难家庭中没有获得

失业保险的占据主要比例，达到96.31%。

表4—30　2014年、2015年城市困难家庭享有、参加失业保险的人数分布情况（%）

	2014年	2015年
0	96.12	96.31
1	2.68	2.98
2人及以上	1.20	0.71
合计	100.00	100.00

比较分析

表4—31进一步通过描述比较的方式，对比2015年低保家庭和低保边缘家庭享有、参加失业保险的人数状况。比较结果显示，低保家庭和低保边缘家庭在工伤保险满意度方面存在非常显著的差异（P<0.01）。低保家庭未享有、参加失业保险的人数比重高于低保边缘家庭，差值为3.38%。

表4—31　2015年分人群城市困难家庭享有、参加失业保险的人数（%）

人群	0	1	2	3
低保家庭	97.66	2.18	0.16	0
低保边缘家庭	94.28	4.18	1.41	0.12
$\chi^2=41.901$　　P=0.000				

（2）失业保险参保人数占家庭总人口数比例

描述分析

表4—32对2015年城市困难家庭失业保险参保人数占家庭总人口数比例进行基本描述分析。根据调查结果显示，城市困难家庭享有、参加失业保险的比例均值为1.54%。

表 4—32 2014 年、2015 年城市困难家庭失业保险参保人数占家庭总人口数比例（%）

年份	均值	标准差	偏度	峰度
2014	1.67	9.21	6.49	50.52
2015	1.54	8.77	7.07	61.97

比较分析

表 4—33 进一步通过描述比较的方式，对 2015 年低保家庭和低保边缘家庭失业保险参保人数占家庭总人口数比例进行对比。比较结果显示，在失业保险参保人数占家庭总人口数比例方面，低保家庭和低保边缘家庭存在十分明显的差异（$P<0.01$）。低保边缘家庭这一比例均值高于低保家庭，高出 1.71%。

表 4—33 2015 年分人群城市困难家庭失业保险参保人数占家庭总人口数比例（%）

人群	均值	标准差
低保家庭	0.85	5.96
低保边缘家庭	2.56	11.70
F = 38.21　　P = 0.000		

（3）失业保险保障水平评价

描述分析

表 4—34 对 2015 年城市困难家庭失业保险保障水平进行基本描述分析。根据调查结果显示，城市困难家庭 2015 年的失业保险平均保障水平为 850.00 元。

表 4—34　2014 年、2015 年城市困难家庭失业保险保障水平（元）

年份	均值	标准差	偏度	峰度
2014	556.62	1799.03	3.51	14.79
2015	850.00	2062.70	2.71	9.45

比较分析

表 4—35 进一步通过描述比较的方式，对比 2015 年低保家庭和低保边缘家庭失业保险保障水平。比较结果显示，低保家庭和低保边缘家庭在 2015 年失业保险保障水平方面不存在明显的差异（P>0.05）。

表 4—35　2015 年分人群城市困难家庭失业保险保障水平（元）

人群	均值	标准差
低保家庭	1043.48	2299.87
低保边缘家庭	744.05	1926.89
F=0.62　P=0.431		

（4）失业保险满意度评价

描述分析

表 4—36 对 2015 年城市困难家庭对失业保险的满意度进行基本描述分析。根据调查结果显示，对医疗保险满意度非常高或比较高的占比为 31.79%，而满意度比较低或非常低的仅占 7.28%。

表 4—36　2014 年、2015 年城市困难家庭对失业保险的满意度（%）

	2014 年	2015 年
非常高	12.08	13.91
比较高	18.87	17.88
一般	62.64	60.93

（续表）

	2014 年	2015 年
比较低	4. 15	5. 96
非常低	2. 26	1. 32
合计	100. 00	100. 00

比较分析

表 4—37 进一步通过描述比较的方式，对比 2015 年低保家庭和低保边缘家庭对失业保险的满意度状况。比较结果显示，对失业保险的满意度方面，低保家庭和低保边缘家庭不存在明显的差异（P>0. 05）。

表 4—37　2015 年分人群城市困难家庭对失业保险的满意度（%）

人群	非常高	比较高	一般	比较低	非常低
低保家庭	15. 25	20. 34	59. 32	3. 39	1. 69
低保边缘家庭	13. 04	16. 30	61. 96	7. 61	1. 09
$\chi^2=1.668$　　P = 0. 796					

（5）失业保险总体分析

表 4—38 对 2015 年城市困难家庭参加失业保险的总体情况进行基本描述分析。根据调查结果显示，城市困难家庭参加失业保险的人数占家庭总人口数的比例均值为 1. 54%；失业保险的平均保障水平为 850. 00 元；城市困难家庭中，31. 79%的被访者对失业保险的满意度非常高或比较高，而满意度比较低或非常低的仅占 7. 28%。

进一步比较低保家庭和低保边缘家庭参加失业保险的总体情况，发现低保家庭参加失业保险的人数占家庭总人口数的比例均值低于低保边缘家庭；低保家庭参加、享有失业保险的平均保障水平低于低保边缘家庭；低保家庭对失业保险的满意度非常高或比较高的比例明显高于低保边缘家庭。

表 4—38　2015 年城市困难家庭失业保险总体分析

失业保险		总体	低保家庭	低保边缘家庭
参保比例(%)		27. 53	22. 23	35. 47
保障水平(元)		13247. 54	11791. 26	14678. 33
满意度(%)	非常高	13. 91	15. 25	13. 04
	比较高	17. 88	20. 34	16. 30
	一般	60. 93	59. 32	61. 96
	比较低	5. 96	3. 39	7. 61
	非常低	1. 32	1. 69	1. 09

5. 生育保险

(1) 生育保险基本情况分析

描述分析

表 4—39 对 2015 年城市困难家庭享有、参加生育保险的人数分布情况进行基本描述分析。根据调查结果显示，城市困难家庭中没有参加生育保险的占据主要比例，达到 98. 11%。

表 4—39　2014 年、2015 年城市困难家庭享有、参加生育保险的人数分布情况（%）

	2014 年	2015 年
0	98. 30	98. 11
1	1. 26	1. 56
2 人及以上	0. 44	0. 33
合计	100. 00	100. 00

比较分析

表4—40进一步通过描述比较的方式，对比2015年低保家庭和低保边缘家庭享有、参加生育保险的人数。比较结果显示，低保家庭和低保边缘家庭在享有、参加生育保险的人数方面存在十分明显的差异（P<0.01）。未享有生育保险的低保家庭占比明显高于低保边缘家庭。

表4—40　2015年分人群城市困难家庭享有、参加生育保险的人数（%）

人群	0	1	2
低保家庭	99.09	0.75	0.16
低保边缘家庭	96.64	2.77	0.59
$\chi^2=32.684$　　P=0.000			

（2）生育保险参保人数占家庭总人口数比例

描述分析

表4—41对2015年城市困难家庭生育保险参保人数占家庭总人口数比例的情况进行基本描述分析。根据调查结果显示，城市困难家庭2015年生育保险参保人数占家庭总人口数比例均值为0.80%。

表4—41　2014年、2015年城市困难家庭生育保险参保人数占家庭总人口数比例（%）

年份	均值	标准差	偏度	峰度
2014	0.67	5.75	10.58	133.62
2015	0.80	6.63	10.57	133.18

比较分析

表4—42进一步通过描述比较的方式，对比2015年低保家庭和低保边缘家庭生育保险参保人数占家庭总人口数比例。比较结果显示，低保家庭和低保边缘家庭在生育保险参保人数占家庭总人口数比例方面存

在非常显著的差异（P<0.01）。低保家庭生育保险参保人数占家庭总人口数的比例均值明显低于低保边缘家庭。

表4—42　2015年分人群城市困难家庭生育保险参保人数占家庭总人口数比例（%）

人群	均值	标准差
低保家庭	0.39	4.64
低保边缘家庭	1.42	4.64
F=24.29　　P=0.000		

（3）生育保险保障水平评价

描述分析

表4—43对2015年城市困难家庭生育保险保障水平进行基本描述分析。根据调查结果显示，城市困难家庭生育保险平均保障水平为442.54元。

表4—43　2014年、2015年城市困难家庭生育保险保障水平（元）

年份	均值	标准差	偏度	峰度
2014	794.76	1696.62	1.88	4.78
2015	442.54	1114.33	2.79	10.24

比较分析

表4—44进一步通过描述比较的方式，对比2015年低保家庭和低保边缘家庭生育保险保障水平状况。比较结果显示，低保家庭和低保边缘家庭在生育保险保障水平方面不存在明显的差异（P>0.05）。

表4—44　2015年分人群城市困难家庭生育保险保障水平（元）

人群	均值	标准差
低保家庭	407.27	911.11
低保边缘家庭	458.37	1202.85
F=0.03　　P=0.860		

（4）生育保险满意度评价

描述分析

表4—45对2015年城市困难家庭对生育保险的满意度进行基本描述分析。根据调查结果显示，城市困难家庭对生育保险的满意度为非常高、比较高的比例为29.33%。

表4—45　2014年、2015年城市困难家庭对生育保险的满意度（%）

	2014年	2015年
非常高	13.91	8.00
比较高	33.04	21.33
一般	44.35	54.67
比较低	3.48	10.67
非常低	5.22	5.33
合计	100.00	100.00

比较分析

表4—46进一步通过描述比较的方式，对比2015年低保家庭和低保边缘家庭对生育保险的满意度状况。比较结果显示，低保家庭和低保边缘家庭在对生育保险的满意度方面不存在显著差异（P>0.05）。

表4—46　2015年分人群城市困难家庭对生育保险的满意度（%）

人群	非常高	比较高	一般	比较低	非常低
低保家庭	8.70	17.39	52.17	13.04	8.70
低保边缘家庭	7.69	23.08	55.77	9.62	3.85
$\chi^2=1.178$　　P=0.882					

(5) 生育保险总体分析

表4—47对2015年城市困难家庭参加生育保险的总体情况进行整体描述分析。根据调查结果显示，城市困难家庭参加生育保险的人数占家庭总人口数的比例均值为0.80%；生育保险的平均保障水平为442.54元；有29.33%的被访者对生育保险的满意度非常高或比较高。

进一步比较低保家庭和低保边缘家庭参加生育保险的总体情况，发现低保家庭生育保险的参保比例及平均保障水平均低于低保边缘家庭；低保家庭对生育保险的满意度非常高或比较高的比例低于低保边缘家庭。

表4—47　2015年城市困难家庭生育保险总体分析

生育保险		总体	低保家庭	低保边缘家庭
参保比例(%)		27.53	22.23	35.47
保障水平(元)		13247.54	11791.26	14678.33
满意度(%)	非常高	8.00	8.70	7.69
	比较高	21.33	17.39	23.08
	一般	54.67	52.17	55.77
	比较低	10.67	13.04	9.62
	非常低	5.33	8.70	3.85

(二) 城市困难家庭社会保险政策运行评估

表4—48对2015年城市困难家庭享有社会保险的总体情况进行基本描述分析。根据调查结果显示，在城市困难家庭参保比例方面，参加退休金或养老保险、医疗保险的比例较高，所占比例分别为27.53%、62.06%，而工伤保险、失业保险和生育保险的参保率相对较低，所占比

表4—48　2015年城市困难家庭享有社会保险的总体情况

	人群		退休金或养老保险	医疗保险	工伤保险	失业保险	生育保险
参保比例（%）	总体		27.53	62.06	1.13	1.54	0.80
	低保家庭		22.23	62.07	0.40	0.85	0.39
	低保边缘家庭		35.47	62.06	2.21	2.56	1.42
保障水平（元）	总体		13247.54	3743.19	136.30	850.00	442.54
	低保家庭		11791.26	3791.35	184.40	1043.48	407.27
	低保边缘家庭		14678.33	3683.28	118.36	744.05	458.37
满意度（%）	总体	非常高	28.68	32.68	12.15	13.91	8.00
		比较高	18.28	22.10	21.50	17.88	21.33
		一般	33.00	35.29	61.68	60.93	54.67
		比较低	10.80	5.78	1.87	5.96	10.67
		非常低	9.24	4.15	2.80	1.32	5.33
	低保家庭	非常高	33.13	36.09	6.67	15.25	8.70
		比较高	18.72	22.76	33.33	20.34	17.39
		一般	31.23	32.09	56.67	59.32	52.17
		比较低	9.61	5.43	3.33	3.39	13.04
		非常低	7.31	3.62	0	1.69	8.70
	低保边缘家庭	非常高	24.22	27.71	14.29	13.04	7.69
		比较高	17.86	21.15	16.88	16.30	23.08
		一般	34.81	39.95	63.64	61.96	55.77
		比较低	11.91	6.32	1.30	7.61	9.62
		非常低	11.20	4.86	3.90	1.09	3.85

例分别为 1.13%、1.54%和 0.80%。在城市困难家庭享有社会保险的保障水平方面，城市困难家庭享有退休金或养老保险的保障水平为 13247.54 元，享有医疗保险的保障水平为 3743.19 元，享有工伤保险的保障水平为 136.30 元，享有失业保险的保障水平为 850.00 元，享有生育保险的保障水平为 442.54 元；在城市困难家庭对社会保险的满意度方面，46.96%的城市困难家庭对退休金或养老保险的满意度非常高或比较高，医疗保险、工伤保险、失业保险以及生育保险这一比例分别为 54.78%、33.65%、31.79%、29.33%。

二、城市困难家庭社会福利政策运行状况与评估

（一）城市困难家庭社会福利政策运行状况

1. 享有、参加老人、残疾人、儿童等福利津贴基本情况分析

（1）描述分析与趋势分析

表 4—49 对 2015 年城市困难家庭享有、参加老人、残疾人、儿童等福利津贴的人数情况进行基本描述分析。根据调查结果显示，2015 年城市困难家庭中没有获得老人、残疾人、儿童等福利津贴的人数占比最大，为 80.99%；家庭中有 1、2 人享有、参加老人、残疾人、儿童等福利津贴的比例为 18.63%。

表 4—49 同时对 2014 年与 2015 年城市困难家庭享有、参加退休金或养老保险人数的分布情况进行比较。根据抽样结果，两年在享有、参加老人、残疾人、儿童等福利津贴的人数方面略有上升。80.99%的城市困难家庭在 2015 年未享受老人、残疾人、儿童等福利津贴，相比于 2014 年下降了 6.27%。

表4—49　2014年、2015年城市困难家庭享有、参加老人、残疾人、儿童等福利津贴的人数分布情况（%）

	2014年	2015年
0	87.26	80.99
1	10.37	15.32
2	2.11	3.31
3人及以上	0.25	0.38
合计	100.00	100.00

（2）比较分析

表4—50进一步通过描述比较的方式，对比2015年低保家庭和低保边缘家庭享有、参加老人、残疾人、儿童等福利津贴的人数状况。比较结果显示，低保家庭和低保边缘家庭在享有、参加老人、残疾人、儿童等福利津贴的人数方面存在非常显著的差异（$P<0.01$）。低保家庭没有享受、参加老人、残疾人、儿童等福利津贴的比例明显低于低保边缘家庭。

表4—50　2015年分人群城市困难家庭享有、参加老人、残疾、儿童等福利津贴人数（%）

人群	0	1	2	3	4
低保家庭	75.93	19.16	4.32	0.48	0.12
低保边缘家庭	88.44	9.67	1.83	0.06	0
$\chi^2=105.829$　　$P=0.000$					

2. 老人、残疾人、儿童等福利津贴参保人数占家庭总人口数比例

（1）描述分析与趋势分析

表4—51对2015年城市困难家庭老人、残疾人、儿童等福利津贴

参保人数占家庭总人口数比例进行基本描述分析。根据调查结果显示，城市困难家庭老人、残疾人、儿童等福利津贴参保人数占家庭总人口数比例均值为9.12%。

表4—51同时对2014年与2015年城市困难家庭老人、残疾人、儿童等福利津贴参保人数占家庭总人口数比例的发展趋势进行比较。根据抽样结果，相较于2014年，2015年城市困难家庭享有、参加老人、残疾人、儿童等福利津贴的人数比例均值略有上升。

表4—51　2014年、2015年城市困难家庭老人、残疾人、儿童等福利津贴参保人数占家庭总人口数比例（%）

年份	均值	标准差	偏度	峰度
2014	6.30	19.49	3.58	15.91
2015	9.12	22.32	2.78	10.40

（2）比较分析

表4—52进一步通过描述比较的方式，对比2015年低保家庭和低保边缘家庭老人、残疾人、儿童等福利津贴参保人数占家庭总人口数的比例状况。比较结果显示，低保家庭和低保边缘家庭在老人、残疾人、儿童等福利津贴参保人数占家庭总人口数比例方面存在十分明显的差异（$P<0.01$）。2015年低保家庭的老人、残疾人、儿童等福利津贴参保人数占家庭总人口数比例均值明显高于低保边缘家庭。

表4—52　2015年分人群城市困难家庭老人、残疾人、儿童等福利津贴参保人数占家庭总人口数比例（%）

人群	均值	标准差
低保家庭	11.80	24.90
低保边缘家庭	5.17	17.14
F=90.04　　P=0.000		

3. 老人、残疾人、儿童等福利津贴保障水平评价

（1）描述分析

表4—53对2015年城市困难家庭老人、残疾人、儿童等福利津贴保障水平情况进行基本描述分析。根据调查结果显示，2015年平均保障水平为1993.92元。

表4—53　2014年、2015年城市困难家庭老人、残疾人、儿童等福利津贴保障水平（元）

年份	均值	标准差	偏度	峰度
2014	1853.28	2034.65	1.95	6.42
2015	1993.92	2055.15	2.08	7.15

（2）比较分析

表4—54进一步通过描述比较的方式，对比2015年低保家庭和低保边缘家庭老人、残疾人、儿童等福利津贴保障水平情况。比较结果显示，低保家庭和低保边缘家庭在老人、残疾人、儿童等福利津贴保障水平方面，不存在明显的差异（P>0.05）。

表4—54　2015年分人群城市困难家庭老人、残疾人、儿童等福利津贴保障水平（元）

人群	均值	标准差
低保家庭	1927.52	2025.78
低保边缘家庭	2195.99	2134.94
F=2.39　　P=0.122		

4. 老人、残疾人、儿童等福利津贴满意度评价

（1）描述分析

表4—55对2015年城市困难家庭对老人、残疾人、儿童等福利津贴的满意度情况进行基本描述分析。2015年，城市困难家庭对老人、

残疾人、儿童等福利津贴的满意度非常高与比较高的占比分别为33.88%与19.75%。

表4—55　2014年、2015年城市困难家庭对老人、残疾人、儿童等福利津贴的满意度（%）

	2014年	2015年
非常高	24.81	33.88
比较高	19.28	19.75
一般	33.80	32.75
比较低	12.89	7.25
非常低	9.21	6.38
合计	100.00	100.00

（2）比较分析

表4—56进一步通过描述比较的方式，对比2015年低保家庭和低保边缘家庭对老人、残疾人、儿童等福利津贴的满意度状况。比较结果显示，低保家庭和低保边缘家庭对老人、残疾人、儿童等福利津贴的满意度方面存在明显的差异（$P<0.05$）。低保家庭对老人、残疾人、儿童等福利津贴满意度非常高明显高于低保边缘家庭，相差13.11%。

表4—56　2015年分人群城市困难家庭对老人、残疾人、儿童等福利津贴的满意度（%）

人群	非常高	比较高	一般	比较低	非常低
低保家庭	37.09	19.54	30.96	6.79	5.63
低保边缘家庭	23.98	20.41	38.27	8.67	8.67
$\chi^2=12.849$　　$P=0.012$					

（二）城市困难家庭社会福利政策运行评估

表4—57对2015年城市困难家庭享有老人、残疾人、儿童等福利津贴的总体情况进行基本描述分析。根据调查结果显示，2015年城市困难家庭享有老人、残疾人、儿童等福利津贴的人数占家庭总人口数的比例均值为9.12%；老人、残疾人、儿童等福利津贴的平均保障水平为1993.92元；从满意度来看，53.63%的被访家庭对老人、残疾人、儿童等福利津贴的满意度为非常高或比较高。

进一步比较低保家庭和低保边缘家庭享有老人、残疾人、儿童等福利津贴的总体情况，发现低保家庭中享有老人、残疾人、儿童等福利津贴的人数占家庭总人口数的比例均值为11.80%，明显高于低保边缘家庭，但平均保障水平低于低保边缘家庭268.47元；低保家庭对老人、残疾人、儿童等福利津贴的满意度非常高或比较高的比例明显高于低保边缘家庭。

表4—57　2015年城市困难家庭享有老人、残疾人、儿童等福利津贴的总体情况

老人、残疾人、儿童等福利津贴		总体	低保家庭	低保边缘家庭
参保比例（%）		9.12	11.80	5.17
保障水平（元）		1993.92	1927.52	2195.99
满意度（%）	非常高	33.88	37.09	23.98
	比较高	19.75	19.54	20.41
	一般	32.75	30.96	38.27
	比较低	7.25	6.79	8.67
	非常低	6.38	5.63	8.67

第二节　城市困难家庭社会服务供需状况

一、城市困难家庭社会服务需求分析

（一）社会服务需求状况

1. 描述分析与趋势分析

表4—58对2016年城市困难家庭需要帮助的分布情况进行多重响应分析。根据调查结果显示，在2016年城市困难家庭需要的帮助中，减免医疗费和直接提供生活金或生活品占比较大，均超过20%；其次是帮助家里劳动力找份工作、资助子女完成学业和帮助修建住房，占比均达到10%以上。

表4—58同时对2015年与2016年城市困难家庭所需帮助的发展趋势进行比较。根据抽样结果，两年在城市困难家庭目前需要帮助的分布情况上基本保持稳定，其中直接提供生活金或生活品与减免医疗费占比均超过20%。

表4—58　2015年、2016年城市困难家庭目前需要帮助分布情况（%）

服务项目	2015年		2016年	
	百分比	个案百分比	百分比	个案百分比
直接提供生活金或生活品	22.77	68.12	20.95	64.39
帮助家里劳动力找份工作	10.34	30.93	10.32	31.71
提供技能培训、指点致富门路	6.57	19.66	6.91	21.25
提供低息贷款或生产资金	4.51	13.50	4.59	14.10
资助子女完成学业	10.94	32.75	10.52	32.32

（续表）

服务项目	2015 年		2015 年	
	百分比	个案百分比	百分比	个案百分比
减免医疗费	23.42	70.09	23.13	71.08
帮助修建住房	10.97	32.83	10.58	32.51
结对帮扶	7.86	23.51	9.68	29.77
其他	2.62	7.84	3.33	10.25
合计	100.00	299.23	100.00	307.38

2. 比较分析

表4—59进一步通过描述比较的方式，对比2016年低保家庭和低保边缘家庭需要帮助的分布情况。比较结果显示，低保家庭和低保边缘家庭在目前需要的帮助方面存在一定差异。具体而言，低保家庭需要直接提供生活金或生活品的占比高于低保边缘家庭，相差11.44%；低保家庭需要减免医疗费的占比高于低保边缘家庭，相差12.65%。

表4—59　2016年分人群城市困难家庭目前需要帮助分布情况（%）

服务项目	低保家庭	低保边缘家庭
直接提供生活金或生活品	69.07	57.63
帮助家里劳动力找份工作	31.44	32.12
提供技能培训、指点致富门路	20.38	22.45
提供低息贷款或生产资金	13.60	14.85
资助子女完成学业	34.62	28.93
减免医疗费	76.17	63.52
帮助修建住房	34.58	29.40
结对帮扶	32.83	25.28
其他	7.18	14.73

（二）面临困难和主要求助对象

1. 当前城市困难家庭面临的困难

（1）描述分析与趋势分析

表 4—60 对 2016 年城市困难家庭面临的困难情况进行多重响应分析。根据调查结果显示，家庭成员疾病负担重占比最大，达到 19.68%；其次为家庭主要成员没有劳动能力、家庭主要劳动力没有工作，占比均达到 15%以上。

表 4—60 同时对 2015 年与 2016 年城市困难家庭面临困难的发展趋势进行比较。根据抽样结果，两年在城市困难家庭面临的困难方面基本一致，家庭成员疾病负担重、家庭主要劳动力没有劳动能力、家庭主要成员没有工作占据主要比例。

表 4—60　2015 年、2016 年当前城市困难家庭面临的困难（%）

困难类型	2015 年		2016 年	
	百分比	个案百分比	百分比	个案百分比
家庭主要劳动力没有工作	15.60	50.21	15.17	48.62
家庭主要成员没有劳动能力	15.85	51.00	15.91	50.98
家庭最主要收入者被长期拖欠工资	1.11	3.57	1.32	4.23
家庭成员疾病负担重	19.88	63.98	19.68	63.08
家庭成员需要长期照料	12.70	40.88	12.01	38.48
子女教育负担难以承受	9.74	31.36	9.85	31.59
家庭成员发生意外事故	1.69	5.45	1.71	5.48
家庭财产遭受重大损失	0.82	2.65	0.92	2.95
居住条件差	12.55	40.39	12.65	40.54
赡养老人负担重	6.75	21.72	7.19	23.03

（续表）

困难类型	2015 年		2016 年	
	百分比	个案百分比	百分比	个案百分比
其他	1.58	5.07	1.67	5.34
没有困难	1.72	5.53	1.93	6.19
合计	100.00	321.81	100.00	320.51

（2）比较分析

表 4—61 进一步通过描述比较的方式，对比 2016 年低保家庭和低保边缘家庭面临的困难状况。比较结果显示，低保家庭和低保边缘家庭在面临的困难方面存在一定差异。

表 4—61　2016 年当前城市困难家庭面临的困难（%）

困难类型	低保家庭	低保边缘家庭
家庭主要劳动力没有工作	53.92	40.59
家庭主要成员没有劳动能力	61.40	35.59
家庭最主要收入者被长期拖欠工资	3.88	4.76
家庭成员疾病负担重	70.03	52.65
家庭成员需要长期照料	43.23	31.53
子女教育负担难以承受	33.14	29.29
家庭成员发生意外事故	6.06	4.59
家庭财产遭受重大损失	3.05	2.76
居住条件差	42.60	37.41
赡养老人负担重	23.63	22.00
其他	4.83	6.06
没有困难	2.30	12.00

具体而言，低保家庭面临家庭主要成员没有劳动能力的困难占比高于低保边缘家庭；低保家庭面临家庭成员疾病负担重的困难占比高于低保边缘家庭；低保家庭面临主要劳动力没有工作的困难占比高于低保边缘家庭。

2. 2016 年遇到的临时或突发性困难

（1）描述分析与趋势分析

表 4—62 对 2016 年城市困难家庭是否遇到如下临时或突发性困难情况进行多重响应分析。根据调查结果显示，没有遇到临时或突发性困难占比最大，为 52.70%；其次，短期失业、家庭成员突发重大疾病的占比在 18%左右。

表 4—62 同时对 2015 年与 2016 年城市困难家庭是否遇到如下临时或突发性困难的发展趋势进行比较。根据抽样结果，两年在城市困难家庭面临临时或突发性困难方面相差不大，超过 1/2 的城市困难家庭均没有遇到临时或突发性困难。

表 4—62　2015 年、2016 年城市困难家庭是否遇到如下临时或突发性困难（%）

困难类型	2015 年		2016 年	
	百分比	个案百分比	百分比	个案百分比
自然灾害导致的临时性困难	3.19	3.48	2.75	3.05
交通事故等意外事故	2.63	2.87	3.11	3.45
家庭成员突发重大疾病	18.88	20.63	17.18	19.02
短期失业	14.52	15.86	18.14	20.08
其他临时性困难	4.66	5.10	6.12	6.78
没有	56.12	61.33	52.70	58.35
合计	100.00	109.27	100.00	110.73

（2）比较分析

表4—63进一步通过描述比较的方式，对比2016年低保家庭和低保边缘家庭面临的临时或突发性困难状况。比较结果显示，低保家庭和低保边缘家庭在面临临时或突发性困难方面差异不大。

表4—63　2016年分人群城市困难家庭面临临时或突发性困难（%）

困难类型	低保家庭	低保边缘家庭
自然灾害导致的临时性困难	3.25	2.76
交通事故等意外事故	3.40	3.53
家庭成员突发重大疾病	19.91	17.65
短期失业	18.80	21.76
其他临时性困难	7.13	6.18
没有	58.31	58.59

3. 城市困难家庭的主要求助对象

表4—64对2016年城市困难家庭的主要求助对象的分布情况进行基本描述分析。根据调查结果显示，城市困难家庭的求助对象主要为亲戚、村/居委会、政府以及朋友。

表4—64同时对2015年与2016年城市困难家庭的主要求助对象的发展趋势进行比较。根据抽样结果，两年在主要求助对象的分布情况上基本保持稳定，求助对象均主要为亲戚、村/居委会、政府以及朋友。

表4—64　2015年、2016年城市困难家庭的主要求助对象的分布情况（限选三项）（%）

	第一有效百分比		第二有效百分比		第三有效百分比		相对百分比	
	2015年	2016年	2015年	2016年	2015年	2016年	2015年	2016年
政府	11.08	14.63	13.90	13.80	14.37	13.70	12.57	14.20

（续表）

	第一有效百分比		第二有效百分比		第三有效百分比		相对百分比	
	2015 年	2016 年	2015 年	2016 年	2015 年	2016 年	2015 年	2016 年
村/居委会	27.09	26.32	20.46	21.80	20.39	18.48	23.76	23.51
雇主或工作单位	0.68	0.80	0.99	1.17	1.54	1.52	0.93	1.04
工青妇残等组织	0.16	0.12	0.64	0.91	1.17	1.98	0.49	0.69
媒体	0.08	0.09	0.22	0.31	1.41	0.89	0.35	0.30
亲戚	54.07	51.02	16.05	19.26	11.99	11.50	34.38	33.85
朋友	2.08	2.32	31.93	27.36	12.87	15.70	13.83	12.90
邻居	1.53	1.98	4.46	5.68	11.84	14.13	4.23	5.24
慈善公益类社会组织	0.07	0.12	0.39	0.62	1.12	1.88	0.35	0.58
其他	3.14	2.60	10.97	9.10	23.30	20.20	9.11	7.70
合计	100.00	100.00	100.00	100.00	100.00	100.00	100.00	100.00

二、城市困难家庭社会服务供给分析

（一）已享受的社会服务

1. 描述分析与趋势分析

表4—65对2016年城市困难家庭已享受的社会服务分析情况进行多重响应分析。根据调查结果显示，环境卫生占比最大，为20.14%；其次，社区治安占比为16.72%；再次，办理社会保障服务、医疗卫生保健服务占比均达到12%以上。

表4—65同时对2015年与2016年城市困难家庭已享受的社会服务分析状况的发展趋势进行比较。根据抽样结果，两年在城市困难家庭已享受的社会服务方面基本一致，其中环境卫生、社区治安、办理社会保障服务、医疗卫生保健服务占据较高比例。

表4—65　2015年、2016年城市困难家庭已享受的社会服务分析（%）

服务项目	2015年		2016年	
	百分比	个案百分比	百分比	个案百分比
社区养老服务	3.64	14.73	4.01	14.92
幼儿托护	1.88	7.59	1.02	3.80
社区治安	16.81	67.98	16.72	62.14
环境卫生	19.14	77.42	20.14	74.85
办理社会保障服务	12.85	51.98	12.44	46.25
劳动就业服务	5.59	22.61	4.68	17.41
医疗卫生保健服务	13.23	53.51	12.41	46.10
文化娱乐服务	7.96	32.20	8.14	30.26

（续表）

服务项目	2015 年		2016 年	
	百分比	个案百分比	百分比	个案百分比
家政服务	1.49	6.04	1.55	5.75
法律服务	1.90	7.69	2.02	7.51
物业服务	5.62	22.73	5.85	21.73
紧急救援	1.70	6.87	1.83	6.79
计生服务	4.34	17.55	4.69	17.43
心理咨询	1.42	5.74	1.48	5.51
其他	2.43	9.85	3.01	11.19
合计	100.00	404.48	100.00	371.64

2. 比较分析

表 4—66 进一步通过描述比较的方式，对比 2016 年低保家庭和低保边缘家庭已享受的社会服务。比较结果显示，低保家庭和低保边缘家庭在已享受的社会服务方面存在一定差异。具体而言，低保家庭享受办理社会保障服务的比例明显高于低保边缘家庭；低保家庭享受物业服务所占比例低于低保边缘家庭。

表 4—66　2016 年分人群城市困难家庭已享受的社会服务（%）

服务项目	低保家庭	低保边缘家庭
社区养老服务	13.92	16.47
幼儿托护	4.17	3.26
社区治安	62.58	61.49
环境卫生	74.23	75.77

（续表）

服务项目	低保家庭	低保边缘家庭
办理社会保障服务	52.52	37.03
劳动就业服务	16.78	18.36
医疗卫生保健服务	47.99	43.36
文化娱乐服务	28.47	33.00
家政服务	5.21	6.52
法律服务	6.72	8.65
物业服务	19.56	25.00
紧急救援	6.48	7.29
计生服务	16.78	18.48
心理咨询	5.65	5.33
其他	11.17	11.20

（二）对社区/村现有社会服务的评价

1. 对社区/村现有社会服务的评价

（1）描述分析与趋势分析

表4—67对2016年城市困难家庭对社区/村现有社会服务的评价进行基本描述分析。根据调查结果显示，环境卫生的满意度占比最高，为21.63%；其次，社区治安为19.95%；其他为12.63%。

表4—67同时对2015年与2016年城市困难家庭对社区/村现有社会服务评价的发展趋势进行比较。根据抽样结果，两年在对现有社会服务的评价方面基本保持稳定。

表4—67　2015年、2016年城市困难家庭对社区/村现有社会服务的评价（%）

	第一有效百分比		第二有效百分比		第三有效百分比		第四有效百分比		第五有效百分比		相对百分比	
	2015年	2016年	2015年	2016年	2015年	2016年	2015年	2016年	2015年	2016年	2015年	2016年
社区养老服务	6.11	10.70	—	5.07	4.55	6.42	9.09	5.71	—	6.43	4.16	7.39
幼儿托护	0.76	0.66	—	1.59	—	1.54	4.55	2.23	—	1.92	0.86	1.38
社区治安	21.69	26.65	31.82	25.42	13.64	14.29	27.27	8.29	—	4.92	22.08	19.95
环境卫生	25.38	27.99	27.27	30.59	18.18	14.47	4.55	7.66	9.09	3.46	20.58	21.63
办理社会保障服务	19.69	12.52	13.64	8.45	18.18	13.70	4.55	9.30	22.73	7.84	15.96	10.93
劳动就业服务	1.43	0.83	—	1.93	4.55	3.26	9.09	5.66	13.64	6.28	3.51	2.62
医疗卫生保健服务	8.28	6.50	—	8.52	13.64	13.27	13.64	15.65	18.18	11.17	8.52	9.92
文化娱乐服务	3.02	2.62	13.64	3.18	4.55	7.59	4.55	10.14	9.09	11.37	6.77	5.35
家政服务	0.41	0.49	—	0.37	—	0.67	—	1.16	—	1.18	0.14	0.63
法律服务	0.21	0.27	—	0.54	—	1.17	—	1.29	—	2.36	0.07	0.80
物业服务	1.37	1.43	—	1.89	—	4.11	—	4.91	4.55	5.89	0.76	2.85
紧急救援	0.31	0.70	—	0.39	—	0.95	—	1.52	—	1.92	0.10	0.86
计生服务	1.82	1.58	4.55	1.93	9.09	3.19	4.55	4.22	4.55	6.20	4.55	2.66
心理咨询	0.16	0.27	—	0.27	—	0.30	4.55	0.73	—	1.28	0.66	0.40
其他	9.36	6.80	9.09	9.85	13.64	15.06	13.64	21.52	18.18	27.79	11.30	12.63
合计	100.00	100.00	100.00	100.00	100.00	100.00	100.00	100.00	100.00	100.00	100.00	100.00

表4—68对2016年城市困难家庭对社区/村提供的各种服务的总体满意度情况进行基本描述分析。根据调查结果显示，71.20%的城市困难家庭对提供的服务很满意、较满意。

表4—68同时对2015年与2016年城市困难家庭对社区/村提供的各种服务的总体满意度的发展趋势进行比较。根据抽样结果，两年在服务的总体满意度方面基本保持稳定。2016年对社区/村提供的各种服务很满意或较满意的城市困难家庭占比均在70%以上。

表4—68 2015年、2016年城市困难家庭对社区/村提供的各种服务的总体满意度（%）

总体满意度	2015年	2016年
很满意	40.76	41.89
较满意	31.97	29.31
一般	23.71	24.80
较不满意	1.90	1.99
很不满意	1.65	2.01
合计	100.00	100.00

（2）比较分析

表4—69进一步通过描述比较的方式，对比2016年低保家庭和低保边缘家庭对社会服务的总体满意度状况。比较结果显示，低保家庭和低保边缘家庭对社会服务的总体满意度存在十分明显的差异（$P<0.01$）。低保家庭对社会服务很满意的占比明显高于低保边缘家庭。

表4—69 2016年分人群城市困难家庭对社会服务的总体满意度（%）

人群	很满意	较满意	一般	较不满意	很不满意
低保家庭	46.23	28.28	22.32	1.63	1.55

（续表）

人群	很满意	较满意	一般	较不满意	很不满意
低保边缘家庭	35.44	30.96	28.36	2.54	2.71
$\chi^2 = 56.580$　　$P = 0.000$					

2. 社区/村最需要改善的服务

（1）描述分析与趋势分析

表4—70对2016年城市困难家庭认为社区/村最需要改善的服务情况进行基本描述分析。根据调查结果显示，18.09%的城市困难家庭认为最需要改善社区养老服务，而其他、环境卫生、医疗卫生保健服务的占比分别为23.24%、12.60%、10.47%。

表4—70同时对2015年与2016年城市困难家庭认为社区/村最需要改善服务的发展趋势进行比较。根据抽样结果，两年在城市困难家庭认为最需要改善的服务方面存在一定差异。除其他服务外，2015年城市困难家庭认为最需要改善的社区/村服务为环境卫生和医疗卫生保健服务，而2016年为社区养老服务和环境卫生。

表4—70　2015年、2016年城市困难家庭认为社区/村最需要改善的服务（%）

服务项目	2015年	2016年
社区养老服务	11.98	18.09
幼儿托护	1.38	2.16
社区治安	8.43	5.76
环境卫生	17.59	12.60
办理社会保障服务	7.01	6.20
劳动就业服务	5.92	5.37
医疗卫生保健服务	13.50	10.47

（续表）

服务项目	2015 年	2016 年
文化娱乐服务	3.98	5.05
家政服务	1.41	1.45
法律服务	0.71	1.62
物业服务	5.76	4.39
紧急救援	1.22	1.54
计生服务	0.25	0.27
心理咨询	0.99	1.79
其他	19.85	23.24
合计	100.00	100.00

（2）比较分析

表 4—71 进一步通过描述比较的方式，对比 2016 年低保家庭和低保边缘家庭在认为社区/村最需要改善的服务情况。比较结果显示，低保家庭和低保边缘家庭在对最需要改善服务的认知方面存在一定差异。

表 4—71　2016 年分人群认为社区/村最需要改善的服务（%）

服务项目	低保家庭	低保边缘家庭
社区养老服务	18.46	17.49
幼儿托护	2.18	2.07
社区治安	5.55	6.09
环境卫生	11.80	13.77
办理社会保障服务	5.88	6.70
劳动就业服务	5.76	4.75
医疗卫生保健服务	10.24	10.85

（续表）

服务项目	低保家庭	低保边缘家庭
文化娱乐服务	4.81	5.42
家政服务	1.40	1.52
法律服务	1.77	1.40
物业服务	3.78	5.30
紧急救援	1.27	1.89
计生服务	0.37	0.12
心理咨询	1.89	1.65
其他	24.84	20.96

（三）了解社会工作服务状况

1. 描述分析与趋势分析

表4—72对2016年城市困难家庭所在社区是否有社会工作方面的专业服务进行基本描述分析。根据调查结果显示，所在社区没有社会工作服务的城市困难家庭占77.63%。

表4—72同时对2015年与2016年城市困难家庭所在社区是否有社会工作方面的专业服务的发展趋势进行比较。根据抽样结果，两年在城市困难家庭了解社会工作服务方面基本保持稳定。所在社区没有社会工作服务的城市困难家庭均超过七成。

表4—72 2015年、2016年城市困难家庭所在社区是否有社会工作方面的专业服务情况（%）

	2015年	2016年
不知道	4.62	—
有	24.10	22.37

（续表）

	2015 年	2016 年
没有	71.28	77.63
合计	100.00	100.00

2. 比较分析

表 4—73 进一步通过描述比较的方式，对比 2016 年低保家庭和低保边缘家庭所在社区是否有社会工作方面的专业服务情况。比较结果显示，低保家庭和低保边缘家庭在这一方面不存在明显的差异（P>0.05）。

表 4—73　2016 年分人群城市困难家庭所在社区是否有社会工作方面的专业服务情况（%）

人群	不知道	有	没有
低保家庭	—	21.98	78.02
低保边缘家庭	—	22.85	77.15
$\chi^2=0.429$　　P = 0.512			

（四）已有硬件服务设施情况

1. 描述分析与趋势分析

表 4—74 对 2016 年城市困难家庭所在社区/村是否有以下社会服务设施情况进行多重响应分析。根据调查结果显示，医疗卫生服务站，计划生育服务站，社区治安站（点），社区文化站、图书室或活动中心，公共体育健身设施及场所与物业服务站（清扫垃圾、绿化、设施养护等），占比均达到 10%。

表 4—74 同时对 2015 年与 2016 年城市困难家庭所在社区/村是否有以下社会服务设施分析的发展趋势进行比较。根据抽样结果，两年在这一方面的比例分布基本保持稳定。

表 4—74　2015 年、2016 年城市困难家庭所在社区/村是否有以下社会服务设施分析（%）

服务设施	2015 年		2016 年	
	百分比	个案百分比	百分比	个案百分比
托老所、养老院	4.22	26.07	3.96	23.94
医疗卫生服务站	11.69	72.15	11.71	70.71
康复保健中心	4.09	25.26	3.98	24.06
社区治安站（点）	11.19	69.09	11.00	66.44
社区文化站、图书室或活动中心	11.02	68.01	10.68	64.54
公共体育健身设施及场所	10.79	66.63	10.76	65.01
便民利民服务点	9.36	57.78	9.01	54.42
计划生育服务站	11.24	69.42	11.14	67.32
流动人口服务站	8.66	53.46	8.33	50.31
物业服务站（清扫垃圾、绿化、设施养护等）	8.60	53.09	10.00	60.40
幼儿园、托儿所	8.35	51.54	8.74	52.80
其他	0.18	1.09	0.15	0.90
以上都没有	0.61	3.79	0.53	3.21
合计	100.00	617.38	99.99	604.06

2. 比较分析

表 4—75 进一步通过描述比较的方式，对比 2016 年低保家庭和低保边缘家庭周围已有的硬件服务设施状况。比较结果显示，低保家庭与低保边缘家庭在周围已有的硬件服务设施方面存在一定差异。具体而言，69.07%的低保家庭周围已有医疗卫生服务站，低于低保边缘家庭

4.01%；低保家庭周围已有的公共体育健身设施及场所的比例为63.49%，低于低保边缘家庭3.98%。

表4—75 2016年分人群城市困难家庭周围已有的硬件服务设施（%）

服务设施	低保家庭	低保边缘家庭
托老所、养老院	23.67	24.38
医疗卫生服务站	69.07	73.08
康复保健中心	23.32	25.21
社区治安站（点）	66.84	65.88
社区文化站、图书室或活动中心	64.29	65.11
公共体育健身设施及场所	63.49	67.47
便民利民服务点	54.48	54.49
计划生育服务站	67.00	67.77
流动人口服务站	49.70	51.30
物业服务站（清扫垃圾、绿化、设施养护等）	59.23	62.16
幼儿园、托儿所	52.77	52.77
其他	0.92	0.89
以上都没有	3.71	2.48

第三节　本章小结

一、城市困难家庭其他社会政策支持运行状况与评估研究结论

（一）描述分析结论

在 2015 年退休金或养老保险运行状况方面，47. 53%的城市困难家庭有 1 人及以上享有、参加退休金或养老保险，参保人数占家庭总人口数的比例均值为 27. 53%，其平均保障水平为 13247. 54 元，约五成的被访者对退休金或养老保险表示满意。

在 2015 年医疗保险运行状况方面，73. 02%的城市困难家庭有 1 人及以上享有、参加医疗保险，参保人数占家庭总人口数的比例均值为 62. 06%，平均保障水平为 3743. 19 元，超过 55%的被访者对医疗保险表示满意。此外，37. 58%的城市困难家庭选择自己全额负担医疗保险的缴费。

在 2015 年工伤保险运行状况方面，近 98%的城市困难家庭家中无人参加、享有工伤保险，对于参加、享有工伤保险的家庭，其平均保障水平为 136. 30 元，超过 30%的被访者对工伤保险表示满意。

在 2015 年失业保险运行状况方面，3. 69%的城市困难家庭家中有人参加、享有失业保险，对于参加、享有失业保险的家庭，其平均保障水平为 850. 00 元，超过 30%的被访者对失业保险表示满意。

在 2015 年生育保险运行状况方面，约 98%的城市困难家庭家中无人参加、享有生育保险，对于参加、享有生育保险的家庭，其平均保障水平为 442. 54 元，大约三成的被访者对生育保险表示满意。

在2015年老人、残疾人、儿童等福利津贴运行状况方面，约两成的城市困难家庭参加、享有老人、残疾人、儿童等福利津贴，参保人数占家庭总人口数的比例均值为9.12%，其平均保障水平为1993.92元，约一半的被访者对老人、残疾人、儿童等福利津贴表示满意。

（二）趋势分析结论

在退休金或养老保险运行状况方面，2014年与2015年城市困难家庭在享有、参加退休金或养老保险的人数比例和满意度方面基本保持稳定，在平均保障水平方面略有提升。

在医疗保险运行状况方面，2014年与2015年城市困难家庭在享有、参加医疗保险的人数比例、医疗保险平均保障水平、医疗保险满意度及参加城镇居民基本医疗保险的缴费情况方面基本保持稳定。

在工伤保险、失业保险和生育保险运行状况方面，2014年与2015年城市困难家庭在享有、参加工伤保险、失业保险和生育保险的人数比例、参保人数占家庭总人口数比例和满意度方面基本保持一致。

在老人、残疾人、儿童等福利津贴运行状况方面，2014年与2015年城市困难家庭享有、参加老人、残疾人、儿童等福利津贴的人数比例基本保持一致，对老人、残疾人、儿童等福利津贴的满意度略有提升。

（三）比较分析结论

在2015年退休金或养老保险运行状况方面，低保家庭和低保边缘家庭在享有、参加退休金或养老保险的人数比例、平均保障水平和满意度等方面，都存在十分显著的差异。其中，低保家庭享有、参加退休金或养老保险的比例高于低保边缘家庭、平均保障水平均低于低保边缘家庭，而满意度则高于低保边缘家庭。

在2015年医疗保险运行状况方面，低保家庭和低保边缘家庭在参加城镇居民医疗保险的缴费情况方面存在十分明显的差异，在满意度方面存在明显的差异，而在享有医疗保险的人数比例、平均保障水平方面，不存在明显的差异。

在2015年工伤保险、失业保险和生育保险运行状况方面，低保家庭和低保边缘家庭在享有、参加工伤保险、失业保险和生育保险的人数比例方面，存在十分明显的差异，低保边缘家庭享有、参加工伤保险、失业保险和生育保险的人数比例均高于低保家庭。

在2015年老人、残疾人、儿童等福利津贴运行状况方面，低保家庭和低保边缘家庭在享有、参加老人、残疾人、儿童等福利津贴的人数比例方面存在十分明显的差异；在满意度方面，存在明显的差异。具体而言，低保家庭享有、参加老人、残疾人、儿童等福利津贴的人数比例及满意度高于低保边缘家庭。

二、城市困难家庭社会服务供需状况研究结论

（一）描述分析结论

在2016年城市困难家庭目前需要的帮助方面，减免医疗费和直接提供生活金或生活品占比均超过20%。在2016年城市困难家庭面临的困难方面，家庭成员疾病负担重占比最大，达到19%；其次是帮助家里劳动力找份工作、资助子女完成学业和帮助修建住房，占比均达到15%以上。在2016年遇到的临时或突发性困难方面，短期失业和家庭成员突发重大疾病的占比约为18%。在2016年主要求助对象方面，选择亲戚、村/居委会、政府以及朋友为主要求助对象的城市困难家庭占据主要比例。

在2016年城市困难家庭已享受的社会服务方面，环境卫生、社区治安、办理社会保障服务以及医疗卫生保健服务享受比例较高。在2016年对社区/村现有社会服务的评价方面，对环境卫生、社区治安以及其他服务的满意度较高，超过七成的城市困难家庭表示总体满意。在2016年社区/村现最需要改善的服务方面，除其他服务外，排在前三位的分别是社区养老服务、环境卫生、医疗卫生保健服务。

在2016年城市困难家庭了解社会工作服务状况方面，近八成表示所在社区没有专业社会工作方面的服务。在2016年城市困难家庭周围已有的硬件服务设施方面，排在前三位的分别是医疗卫生服务站、计划生育服务站、社区治安站（点）。

（二）趋势分析结论

2015年与2016年，城市困难家庭在目前需要的帮助、面临的困难、遇到的临时或突发性困难、主要求助对象方面，基本保持稳定。在目前需要帮助方面，直接提供生活金或生活品与减免医疗费占比均超过20%。面临的困难主要为家庭成员疾病负担重、家庭主要成员没有劳动能力、家庭主要劳动力没有工作。

2015年与2016年，城市困难家庭在已享受的社会服务、对社会服务的评价、所在社区/村是否有社会服务设施方面，基本保持稳定。此外，这两年在最需要改善的服务方面存在一定差异。除其他服务外，2015年城市困难家庭认为最需要改善的社区/村服务为环境卫生和医疗卫生保健服务，而2016年为社区养老服务和环境卫生。

（三）比较分析结论

2016年，低保家庭和低保边缘家庭对社会服务的总体满意度存在十分明显的差异，对社会服务表示满意的低保家庭占比高于低保边缘家庭。

2016年，低保家庭和低保边缘家庭在目前需要的帮助、面临的困难、遇到的临时或突发性困难、已享受的社会服务、认为最需要改善的服务、周围已有的硬件设施等方面，均存在一定差异。其中，在目前需要的帮助方面，需要直接提供生活金或生活品、减免医疗费低保家庭占比明显高于低保边缘家庭；在面临的困难方面，低保家庭面临家庭成员疾病负担重、家庭主要成员没有劳动能力的比例明显高于低保边缘家庭。

中国民生民政系列丛书
ZHONGGUO MINSHENG MINZHENG
XILIE CONGSHU

中国城乡困难家庭社会政策支持系统建设数据分析报告

（下 册）

王杰秀◎主编

人 民 出 版 社

第五章　农村困难家庭基本状况分析

第一节　农村困难家庭人口状况

一、农村困难家庭人口规模状况

（一）描述分析与趋势分析

表5—1对2016年农村困难家庭人口规模进行基本描述分析。根据调查结果显示，2016年农村困难家庭平均成员数的均值为3.18人。

表5—1同时对2015年与2016年农村困难家庭人口规模的发展趋势进行比较。根据抽样结果，两年在家庭平均成员的数量上基本一致。

表5—1　2015年、2016年农村困难家庭平均成员数的基本统计（人）

年份	均值	标准差	偏度	峰度
2015	3.11	1.66	1.17	6.82
2016	3.18	1.64	0.83	4.09

表5—2对2016年农村困难家庭成员数的分布情况进行基本描述分析。根据调查结果显示，2016年农村困难家庭成员数为2人、3人的情况最为普遍，所占比例为47.40%。

表5—2同时对2015年与2016年农村困难家庭成员数分布情况的发展趋势进行比较。根据抽样结果，两年在家庭成员人数的分布情况上基本保持稳定。

表5—2 2015年、2016年农村困难家庭成员数的分布情况（%）

家庭成员数	2015年	2016年
1	15.10	14.47
2	28.24	26.09
3	20.61	21.31
4	17.14	17.74
5	10.35	11.07
6	5.10	5.98
7人及以上	3.43	3.32
合计	100.00	100.00

（二）比较分析

表5—3进一步通过描述比较的方式，对比低保家庭和低保边缘家庭2016年农村困难家庭平均成员人数的具体状况。比较结果显示，低保家庭和低保边缘家庭在平均成员数方面存在十分明显的差异（$P<0.01$），低保边缘家庭的平均成员数量高于低保家庭。

表 5—3 2016 年农村困难家庭平均成员数的基本统计（人）

人群	均值	标准差
低保家庭	3.02	1.56
低保边缘家庭	3.40	1.72
F = 38.57 P = 0.000		

表 5—4 进一步通过描述比较的方式，对比 2016 年低保家庭和低保边缘家庭家庭成员数的分布情况。比较结果显示，低保家庭和低保边缘家庭在家庭成员数方面存在非常显著的差异（P<0.01），低保家庭在家庭成员数为 1 人、2 人、3 人的情况所占比例为 66.48%，高于低保边缘家庭的所占比例 55.72%。

表 5—4 2016 年农村困难家庭成员数的分布情况（%）

人群	1	2	3	4	5	6	7
低保家庭	16.48	26.29	23.71	17.03	9.25	4.96	2.26
低保边缘家庭	11.84	25.65	18.23	18.78	13.50	7.26	4.73
$\chi^2 = 57.46$ P = 0.000							

二、农村困难家庭人口结构状况

（一）性别

1. 描述分析与趋势分析

表 5—5 对 2016 年农村困难家庭人口性别分布状况进行基本描述分析。根据调查结果显示，农村困难家庭成员性别为男性较多，所占比例为 52.39%。

表5—5同时对2015年与2016年农村困难家庭人口性别分布的发展趋势进行比较。根据抽样结果，两年在家庭成员性别的分布情况上基本保持稳定。

表5—5　2015年、2016年农村困难家庭成员性别的分布情况（%）

性别	2015年	2016年
男	53.02	52.39
女	46.98	47.61
合计	100.00	100.00

2. 比较分析

表5—6进一步通过描述比较的方式，对比2016年低保家庭和低保边缘家庭家庭成员性别的分布情况。基于上述分析可以看出，低保家庭和低保边缘家庭在家庭成员性别状况这个维度上不存在明显的差异（$P>0.05$）。

表5—6　2016年农村困难家庭成员性别的分布情况（%）

人群	男	女
低保家庭	52.96	47.04
低保边缘家庭	51.68	48.32
$\chi^2=1.509$　　$P=0.219$		

（二）年龄

1. 描述分析与趋势分析

表5—7对2016年农村困难家庭成员年龄的分布情况进行基本描述分析。根据调查结果显示，家庭成员的年龄多为16岁到59岁，所占比

例为 53.90%。

表 5—7 同时对 2015 年与 2016 年农村困难家庭成员年龄的分布情况的发展趋势进行比较。根据抽样结果，两年在家庭成员年龄的分布情况基本保持稳定。

表 5—7　2015 年、2016 年农村困难家庭成员年龄的分布情况（%）

年龄	2015 年	2016 年
16 岁以下	14.56	14.81
16 岁到 59 岁	54.36	53.90
60 岁及以上	31.08	31.29
合计	100.00	100.00

2. 比较分析

表 5—8 进一步通过描述比较的方式，对比低保家庭和低保边缘家庭 2016 年农村困难家庭人口年龄的分布情况。比较结果显示，低保家庭和低保边缘家庭在人口年龄的分布情况方面存在十分明显的差异（P<0.01），低保边缘家庭成员的年龄分布较为年轻化。

表 5—8　2016 年农村困难家庭人口年龄的分布情况（%）

人群	16 岁以下	16 岁到 59 岁	60 岁及以上
低保家庭	14.49	52.49	33.02
低保边缘家庭	15.21	55.64	29.15
$\chi^2=16.131$　　P=0.000			

（三）婚姻状况

1. 描述分析与趋势分析

表 5—9 对农村困难家庭成员婚姻状况的分布情况进行基本描述分

析。根据调查结果显示，2016 年家庭成员的婚姻状况多为已婚，所占比例为 53.72%。

表 5—9 同时对 2015 年与 2016 年农村困难家庭成员婚姻状况的发展趋势进行比较。根据抽样结果，两年在家庭成员婚姻状况得到分布情况基本一致。

表 5—9　2015 年、2016 年农村困难家庭成员婚姻状况的分布情况（%）

婚姻状况	2015 年	2016 年
已婚	54.69	53.72
未婚	32.86	33.69
离婚	2.33	2.45
丧偶	9.98	9.84
同居	0.14	0.30
合计	100.00	100.00

2. 比较分析

表 5—10 进一步通过描述分析的方式，对比 2016 年低保家庭和低保边缘家庭的家庭成员婚姻状况的分布情况。比较结果显示，低保家庭和低保边缘家庭在家庭成员婚姻方面存在非常显著的差异（$P<0.01$），低保边缘家庭已婚成员所占比例高于低保家庭。

表 5—10　2016 年农村困难家庭成员婚姻状况的分布情况（%）

人群	已婚	未婚	离婚	丧偶	同居
低保家庭	50.33	35.50	2.96	10.93	0.28
低保边缘家庭	57.43	31.74	1.85	8.66	0.32
$\chi^2=55.396$　　$P=0.000$					

（四）文化程度

1. 描述分析

表 5—11 对农村困难家庭的家庭成员文化程度进行基本描述分析。根据调查结果显示，2016 年农村困难家庭中，没上过学、小学、初中、高中/中专文化程度的家庭成员占据较大的比重，分别为 32. 18%、32. 98%、23. 56%、7. 19%。

表 5—11　2015 年、2016 年农村困难家庭成员文化程度的分布情况（%）

文化程度	2015 年	2016 年
没上过学	30. 40	32. 18
小学	35. 41	32. 98
初中	24. 08	23. 56
高中/中专	6. 74	7. 19
大专	1. 56	2. 30
本科	1. 68	1. 66
硕士及以上	0. 13	0. 14
合计	100. 00	100. 00

2. 比较分析

表 5—12 进一步通过描述比较的方式，对比 2016 年低保家庭和低保边缘家庭的家庭成员文化程度状况。比较结果显示，低保家庭和低保边缘家庭在家庭成员文化程度方面存在非常显著的差异（$P<0.01$），低保家庭成员的文化程度低于低保边缘家庭成员。

表 5—12　2016 年农村困难家庭成员文化程度的分布情况（%）

人群	没上过学	小学	初中	高中/中专	大专	本科	硕士及以上
低保家庭	35.10	33.89	20.59	6.89	1.99	1.43	0.10
低保边缘家庭	28.84	31.90	26.94	7.54	2.65	1.94	0.18
$\chi^2 = 81.075$　　P = 0.000							

（五）政治面貌

1. 描述分析与趋势分析

表 5—13 对农村困难家庭的家庭成员政治面貌进行基本描述分析。根据调查结果显示，2016 年农村困难家庭中，政治面貌为群众的家庭成员占据较大比重，所占比例为 88.94%。

表 5—13 同时对 2015 年、2016 年农村困难家庭成员政治面貌分布情况的发展趋势进行比较。根据抽样结果，两年在家庭成员政治面貌的分布情况基本保持稳定。

表 5—13　2015 年、2016 年农村困难家庭成员政治面貌的分布情况（%）

政治面貌	2015 年	2016 年
中共党员	3.98	4.61
民主党派	0.02	0.02
团员	5.34	6.43
群众	90.66	88.94
合计	100.00	100.00

2. 比较分析

表 5—14 进一步通过描述比较的方式，对比 2016 年低保家庭和低保边缘家庭的家庭成员政治面貌状况。比较结果显示，低保家庭和低保

边缘家庭在家庭成员政治面貌方面存在十分明显的差异（P<0.01）。低保边缘家庭中中共党员所占比例高于低保家庭。

表5—14　2016年农村困难家庭成员政治面貌的分布情况（%）

人群	中共党员	民主党派	团员	群众
低保家庭	3.65	0	6.57	89.78
低保边缘家庭	5.71	0.05	6.29	87.95
$\chi^2=24.815$　　P=0.000				

（六）收入状况

1. 描述分析与趋势分析

表5—15对农村困难家庭的家庭成员收入状况进行基本描述分析。根据调查结果显示，2016年农村困难家庭中，无收入的家庭成员占据较大比重，所占比例为61.92%。

表5—15同时对2015年、2016年农村困难家庭成员收入状况分布情况的发展趋势进行比较。根据抽样结果，两年在农村困难家庭成员收入状况的分布情况上基本保持稳定。

表5—15　2015年、2016年农村困难家庭成员收入状况的分布情况（%）

收入状况	2015年	2016年
是家庭的最主要收入人	22.08	20.46
是家庭的一般收入人	14.54	17.63
无收入	63.37	61.92
合计	100.00	100.00

2. 比较分析

表5—16进一步通过描述比较的方式，对比2016年低保家庭和低保边缘家庭的家庭成员收入状况。比较结果显示，低保家庭和低保边缘

家庭在家庭成员收入状况方面存在十分明显的差异（P<0.01）。低保家庭中无收入的家庭成员所占比重明显高于低保边缘家庭。

表5—16 2016年农村困难家庭成员收入状况的分布情况（%）

人群	是家庭的最主要的收入人	是家庭的一般收入人	无收入
低保家庭	19.43	14.20	66.36
低保边缘家庭	21.63	21.54	56.84
$\chi^2=110.109$ P=0.000			

（七）民族与宗教信仰

1. 描述分析与趋势分析

表5—17对农村困难家庭的家庭成员民族的分布进行基本描述分析。根据调查结果显示，2016年农村困难家庭中，汉族占据较大比重，所占比例高达93.42%。

表5—17同时对2015年、2016年农村困难家庭成员民族的分布情况的发展趋势进行比较。根据抽样结果，两年在家庭成员民族的分布情况上基本保持一致。

表5—17 2015年、2016年农村困难家庭成员民族的分布情况（%）

民族	2015年	2016年
汉族	92.88	93.42
回族	—	1.41
维吾尔族	—	0.03
壮族	—	1.45
蒙古族	—	0.11
其他民族	7.12	3.58
合计	100.00	100.00

表5—18对农村困难家庭的家庭成员的宗教信仰进行基本描述分析。根据调查结果显示，2016年农村困难家庭中，有宗教信仰的仅占8.21%；在有宗教信仰的成员中，信奉佛教的相对较多，所占比例为3.86%。

表5—18同时对2015年与2016年农村困难家庭成员宗教信仰的分布情况的发展趋势进行比较分析。根据抽样结果，两年在家庭成员宗教信仰的分布情况上基本保持稳定。

表5—18　2015年、2016年农村困难家庭成员宗教信仰的分布情况（%）

宗教信仰	2015年	2016年
佛教	3.01	3.86
道教	0.18	0.29
伊斯兰教	1.91	1.41
基督教	1.98	2.19
其他宗教	0.31	0.46
没有宗教信仰	92.60	91.79
合计	100.00	100.00

2. 比较分析

表5—19进一步通过描述比较的方式，对比2016年低保家庭和低保边缘家庭的家庭成员的民族状况。比较结果显示，低保家庭和低保边缘家庭在家庭成员民族状况方面存在十分明显的差异（$P<0.01$）。低保家庭中家庭成员为汉族的比例明显高于低保边缘家庭。

表 5—19　2016 年农村困难家庭民族的分布情况（%）

人群	汉族	回族	维吾尔族	壮族	蒙古族	其他民族
低保家庭	93. 96	1. 53	0. 04	0. 74	0. 12	3. 60
低保边缘家庭	92. 76	1. 29	0. 02	2. 26	0. 09	3. 58
$\chi^2 = 38.372$　　P = 0. 000						

表 5—20 进一步通过描述分析的方式，对比 2016 年低保家庭和低保边缘家庭的家庭成员宗教信仰的分布情况。比较结果显示，低保家庭和低保边缘家庭在家庭成员宗教信仰方面存在非常显著的差异（$P<0.01$）。低保边缘家庭中没有宗教信仰的家庭成员所占比例明显高于低保家庭。

表 5—20　2016 年农村困难家庭成员宗教信仰的分布情况（%）

人群	没有宗教信仰	佛教	道教	伊斯兰教	基督教	其他宗教
低保家庭	91. 13	4. 12	0. 16	1. 53	2. 65	0. 40
低保边缘家庭	92. 51	3. 57	0. 44	1. 29	1. 66	0. 53
$\chi^2 = 20.639$　　P = 0. 001						

（八）家庭人口劳动结构

1. 家庭劳动人口数

（1）描述分析与趋势分析

表 5—21 对农村困难家庭的家庭劳动人口数量进行基本描述分析。根据调查结果显示，2016 年农村困难家庭的家庭劳动力人口均值为 1. 17 人。

表 5—21 同时对 2015 年、2016 年农村困难家庭的家庭劳动人口数量的发展趋势进行比较分析。根据抽样结果，两年在家庭劳动人口的数

量上基本保持稳定。

表 5—21　2015 年、2016 年农村困难家庭劳动人口数的基本统计（人）

年份	均值	标准差	偏度	峰度
2015	1.15	1.21	1.11	4.81
2016	1.17	1.23	0.97	3.66

（2）比较分析

表 5—22 进一步通过描述比较的方式，对比 2016 年低保家庭和低保边缘家庭劳动人口数的分布状况。比较结果显示，低保家庭和低保边缘家庭在劳动人口数的分布方面存在十分明显的差异（P<0.01）。低保家庭中劳动人口数量均值显著低于低保边缘家庭。

表 5—22　2016 年农村困难家庭劳动人口数的分布情况（人）

人群	均值	标准差
低保家庭	0.98	1.12
低保边缘家庭	1.43	1.32
F=96.51　　P=0.000		

2. 家庭劳动人口占家庭规模的比重

（1）描述分析与趋势分析

表 5—23 对农村困难家庭的家庭劳动人口占家庭规模比重进行基本描述分析。根据调查结果显示，2016 年农村困难家庭的家庭劳动人口占家庭规模比重的均值为 31.71%。

表 5—23 同时对 2015 年、2016 年农村困难家庭劳动人口占家庭规模比重的发展趋势进行比较分析。根据抽样结果，两年在家庭劳动人口占家庭规模比重的情况上基本保持一致。

表 5—23　2015 年、2016 年农村困难家庭劳动人口占家庭规模比重的基本统计（%）

年份	均值	标准差	偏度	峰度
2015	31. 21	31. 18	0. 64	2. 43
2016	31. 71	32. 10	0. 66	2. 36

（2）比较分析

表 5—24 进一步通过描述比较的方式，对比 2016 年低保家庭和低保边缘家庭的家庭劳动人口占家庭规模比重状况。比较结果显示，低保家庭和低保边缘家庭在家庭劳动人口占家庭规模比重方面存在明显的差异（P<0. 01）。低保边缘家庭中劳动人口的比例高于低保家庭。

表 5—24　2016 年农村困难家庭劳动人口占家庭规模比重的分布情况（%）

人群	均值	标准差
低保家庭	27. 61	30. 83
低保边缘家庭	37. 19	32. 94
F=64. 89　　P=0. 000		

第二节　农村困难家庭经济状况

一、农村困难家庭收入状况

（一）家庭年收入水平

1. 家庭平均年收入水平

（1）描述分析与趋势分析

表 5—25 对农村困难家庭的家庭平均年收入总额进行基本描述分

析。根据调查结果显示，2015 年农村困难家庭平均年收入总额为 10653. 80 元。

表 5—25 同时对 2014 年与 2015 年农村困难家庭的家庭平均年收入总额的发展趋势进行比较。根据抽样结果，两年的农村困难家庭的家庭平均年收入总额基本保持一致，2015 年平均年收入总额略有提升。

表 5—25　2014 年、2015 年农村困难家庭平均年收入总额的基本统计（元）

年份	均值	标准差	偏度	峰度
2014	9974. 00	9858. 83	1. 48	4. 91
2015	10653. 80	10345. 77	1. 47	4. 89

（2）比较分析

表 5—26 进一步通过描述比较的方式，对比 2015 年低保家庭和低保边缘家庭的家庭平均年收入总额状况。比较结果显示，低保家庭和低保边缘家庭在家庭平均年收入总额方面不存在明显的差异（P>0. 05）。

表 5—26　2015 年农村困难家庭平均年收入总额的基本统计（元）

人群	均值	标准差
低保家庭	10403. 58	9693. 82
低保边缘家庭	11034. 05	11173. 10
F=2. 56　　P=0. 110		

2. 家庭人均年收入水平

（1）描述分析与趋势分析

表 5—27 对 2015 年农村困难家庭的家庭人均年收入水平进行基本描述分析。根据调查结果显示，农村困难家庭的人均年收入均值为 3539. 65 元。

表5—27同时对2014年与2015年农村困难家庭的家庭人均年收入总额的发展趋势进行比较。根据抽样结果，两年的农村困难家庭的家庭人均年收入总额基本保持一致。2015年的人均年收入水平略有提升。

表5—27　2014年、2015年农村困难家庭人均年收入水平的基本统计（元）

年份	均值	标准差	偏度	峰度
2014	3351. 82	2801. 00	1. 32	5. 12
2015	3539. 65	2989. 57	1. 38	5. 28

（2）比较分析

表5—28进一步通过描述比较的方式，对比2015年低保家庭和低保边缘家庭的家庭人均年收入水平。比较结果显示，低保家庭和低保边缘家庭在家庭人均年收入水平方面不存在明显的差异（P>0. 05）。

表5—28　2015年农村困难家庭人均年收入水平的分布情况（元）

人群	均值	标准差
低保家庭	3603. 16	2803. 22
低保边缘家庭	3463. 01	3224. 72
F=1. 50　　P=0. 221		

（二）家庭收入来源

1. 家庭收入来源结构

（1）描述分析与趋势分析

表5—29对农村困难家庭收入来源结构进行基本描述分析。根据调查结果显示，2015年农村困难家庭平均劳动收入为6067. 31元，平均经营性净收入为1450. 71元，平均财产性收入为183. 74元，平均转移性

收入为 3175. 14 元，平均其他收入为 78. 70 元。

表 5—29 同时对 2014 年与 2015 年农村困难家庭收入来源结构的发展趋势进行比较。根据抽样结果，两年的农村困难家庭收入来源结构基本保持一致。

表 5—29　2014 年、2015 年农村困难家庭收入来源结构的基本统计（元）

年份	统计量	劳动收入	经营性净收入	财产性收入	转移性收入	其他收入
2014	均值	5484. 95	1418. 80	157. 06	2687. 31	67. 12
	标准差	8928. 93	3105. 23	879. 60	3755. 25	734. 60
	偏度	1. 67	3. 23	7. 48	2. 82	18. 55
	峰度	4. 78	15. 25	66. 05	14. 40	430. 40
2015	均值	6067. 31	1450. 71	183. 74	3175. 14	78. 70
	标准差	9522. 04	3185. 49	898. 26	4209. 30	644. 18
	偏度	1. 73	3. 20	6. 91	2. 34	11. 19
	峰度	5. 23	14. 82	58. 64	10. 14	145. 94

（2）比较分析

表 5—30 进一步通过描述比较的方式，对比 2015 年低保家庭和低保边缘家庭的收入来源结构状况。比较结果显示，低保家庭和低保边缘家庭在平均劳动收入、平均经营性净收入和平均转移性收入方面存在十分明显的差异（P<0. 01），在平均财产性收入和平均其他收入方面不存在明显的差异（P>0. 05）。

与低保家庭相比，低保边缘家庭在平均劳动收入、平均经营性收入方面要明显高于低保家庭。而在平均转移性收入方面，低保边缘家庭要明显低于低保家庭。在平均财产性收入及平均其他收入方面两类家庭没有明显的区别。

表 5—30　2015 年农村困难家庭收入来源结构的分布情况（元）

	人群	均值	标准差
劳动收入	低保家庭	4975.11	8584.25
	低保边缘家庭	7617.67	10528.86
	F=50.15　P=0.000		
经营性净收入	低保家庭	1129.89	2569.98
	低保边缘家庭	1871.25	3812.39
	F=38.68　P=0.000		
财产性收入	低保家庭	178.06	860.50
	低保边缘家庭	192.30	948.00
	F=0.18　P=0.672		
转移性收入	低保家庭	4269.78	4334.73
	低保边缘家庭	1787.23	3606.54
	F=268.21　P=0.000		
其他收入	低保家庭	80.11	660.17
	低保边缘家庭	77.44	625.53
	F=0.01　P=0.912		

2. 家庭收入来源结构占比

（1）描述分析与趋势分析

表 5—31 对农村困难家庭收入来源结构占比进行基本描述分析。根据调查结果显示，2015 年农村困难家庭平均劳动收入占比为 36.85%，平均经营性净收入占比为 16.96%，平均财产性收入占比为 2.89%，平均转移性收入占比为 45.94%，平均其他收入占比为 1.06%。转移性收入和劳动收入占据较大比重。

表 5—31 同时对 2014 年与 2015 年农村困难家庭收入来源结构占比

的发展趋势进行比较。根据抽样结果，两年的农村困难家庭收入来源结构占比基本保持一致。

表 5—31　2014 年、2015 年农村困难家庭收入来源结构占比的基本统计（%）

年份	统计量	劳动收入占比	经营性净收入占比	财产性收入占比	转移性收入占比	其他收入占比
2014	均值	35.10	18.72	2.46	45.54	0.95
	标准差	41.25	31.28	12.34	40.84	7.75
	偏度	0.52	1.56	6.13	0.25	9.84
	峰度	1.51	4.08	42.78	1.40	107.60
2015	均值	36.85	16.96	2.89	45.94	1.06
	标准差	40.80	29.70	13.29	40.50	7.83
	偏度	0.44	1.72	5.79	0.22	9.40
	峰度	1.48	4.68	38.41	1.40	102.63

（2）比较分析

表 5—32 进一步通过描述比较的方式，对比 2015 年低保家庭和低保边缘家庭的收入来源结构占比状况。比较结果显示，低保家庭和低保边缘家庭在劳动收入占比、经营性净收入占比、转移性收入占比方面存在十分明显的差异（$P<0.01$），在财产性收入和其他收入占比方面不存在明显的差异（$P>0.05$）。

低保边缘家庭的平均劳动收入占比、平均经营性净收入占比要明显高于低保边缘家庭。在平均转移性收入占比方面，低保家庭要明显高于低保边缘家庭。在平均财产性收入占比以及平均其他收入占比方面，低保家庭与低保边缘家庭没有明显的区别。

表 5—32　2015 年农村困难家庭收入来源结构占比的分布情况（%）

	人群	均值	标准差
劳动收入占比	低保家庭	29.71	37.26
	低保边缘家庭	47.29	43.44
	F = 116.38　P = 0.000		
经营性净收入占比	低保家庭	12.84	24.50
	低保边缘家庭	22.76	35.03
	F = 73.59　P = 0.000		
财产性收入占比	低保家庭	2.50	11.03
	低保边缘家庭	3.45	15.98
	F = 3.29　P = 0.070		
转移性收入占比	低保家庭	56.92	37.55
	低保边缘家庭	30.57	39.54
	F = 305.43　P = 0.000		
其他收入占比	低保家庭	0.90	6.59
	低保边缘家庭	1.29	9.32
	F = 1.59　P = 0.207		

二、农村困难家庭支出状况

（一）家庭年支出水平

1. 家庭平均年支出水平

（1）描述分析与趋势分析

表 5—33 对农村困难家庭的家庭平均年支出总额进行基本描述分

析。根据调查结果显示，2015 年农村困难家庭平均年支出总额为 27062. 90 元。

表 5—33 同时对 2014 年与 2015 年农村困难家庭的家庭平均年支出总额的发展趋势进行比较。根据抽样结果，两年的农村困难家庭的家庭平均年支出总额基本保持一致。2015 年的平均年支出水平略有提升。

表 5—33　2014 年、2015 年农村困难家庭平均年支出总额的基本统计（元）

年份	均值	标准差	偏度	峰度
2014	26636. 89	29296. 93	2. 79	13. 23
2015	27062. 90	27672. 11	2. 91	15. 28

（2）比较分析

表 5—34 进一步通过描述比较的方式，对比 2015 年低保家庭和低保边缘家庭的家庭平均年支出总额状况。比较结果显示，低保家庭和低保边缘家庭在家庭平均年支出总额方面存在非常显著的差异（P<0. 01）。低保边缘家庭的平均年支出总额要明显高于低保家庭，为 29469. 39 元，而低保家庭仅为 25260. 86 元。

表 5—34　2015 年农村困难家庭平均年支出总额的基本统计（元）

人群	均值	标准差
低保家庭	25260. 86	27812. 07
低保边缘家庭	29469. 39	27369. 85
F = 16. 76　　P = 0. 000		

2. 家庭人均支出水平

（1）描述分析与趋势分析

表 5—35 对农村困难家庭的家庭人均年支出总额进行基本描述分析。根据调查结果显示，2015 年农村困难家庭的人均年支出总额为 9103. 77 元。

表5—35同时对2014年与2015年农村困难家庭的家庭人均年支出总额的发展趋势进行比较。根据抽样结果，两年的农村困难家庭的家庭人均年支出总额基本保持稳定。

表5—35　2014年、2015年农村困难家庭人均年支出总额的基本统计（元）

年份	均值	标准差	偏度	峰度
2014	8942.78	8892.30	2.76	13.07
2015	9103.77	8507.97	2.80	14.55

（2）比较分析

表5—36进一步通过描述比较的方式，对比2015年低保家庭和低保边缘家庭的家庭人均年支出总额状况。比较结果显示，低保家庭和低保边缘家庭在家庭人均年支出总额方面存在非常显著的差异（P<0.01）。与低保家庭相比，低保边缘家庭的家庭人均年支出总额相对较高。

表5—36　2015年农村困难家庭人均年支出总额的分布情况（元）

人群	均值	标准差
低保家庭	8714.59	8208.49
低保边缘家庭	9604.07	8848.46
F=7.82　　P=0.005		

（二）家庭支出结构

1. 大类别支出结构

（1）大类别支出结构

描述分析与趋势分析

表5—37对农村困难家庭大类别支出结构进行基本描述分析。根据调查结果显示，2015年农村困难家庭的平均生活消费支出为24270.70

元，平均转移性支出为 2601. 45 元，平均资产、经营性支出为 136. 70 元，平均其他支出为 62. 05 元。

表 5—37 同时对 2014 年与 2015 年农村困难家庭大类别支出结构的发展趋势进行比较。根据抽样结果，两年的农村困难家庭大类别支出结构基本保持一致。

表 5—37　2014 年、2015 年农村困难家庭大类别支出结构的基本统计（元）

年份	统计量	生活消费支出	转移性支出	资产、经营性支出	其他支出
2014	均值	24553. 37	1908. 61	109. 34	71. 58
	标准差	28535. 80	2389. 32	543. 28	530. 50
	偏度	2. 92	1. 97	6. 22	10. 08
	峰度	14. 01	7. 86	45. 74	124. 50
2015	均值	24270. 70	2601. 45	136. 70	62. 05
	标准差	26507. 35	3312. 90	661. 95	484. 58
	偏度	3. 14	2. 05	6. 06	10. 56
	峰度	16. 86	8. 09	43. 31	137. 41

比较分析

表 5—38 进一步通过描述比较的方式，对比 2015 年低保家庭和低保边缘家庭的大类别支出结构状况。比较结果显示，低保家庭和低保边缘家庭在大类别支出结构这一维度的平均生活消费支出、平均转移性支出、平均其他支出方面存在十分明显的差异（$P<0.01$），在平均资产、经营性支出方面不存在明显的差异（$P>0.05$）。低保边缘家庭的平均生活消费支出、平均转移性支出、平均其他支出要明显高于低保家庭。在平均资产、经营性支出方面，低保家庭与低保边缘家庭不存在明显的差异。

表 5—38 2015 年农村困难家庭大类别支出结构的分布情况（元）

	人群	均值	标准差
生活消费支出	低保家庭	22993.60	26841.31
	低保边缘家庭	25989.43	26031.82
	F=9.23	P=0.002	
转移性支出	低保家庭	2107.67	2828.92
	低保边缘家庭	3248.97	3761.58
	F=87.97	P=0.000	
资产、经营性支出	低保家庭	123.64	632.40
	低保边缘家庭	153.59	700.93
	F=1.38	P=0.240	
其他支出	低保家庭	41.15	414.80
	低保边缘家庭	89.58	562.79
	F=7.17	P=0.007	

（2）大类别支出结构占比

描述分析与趋势分析

表 5—39 对农村困难家庭大类别支出结构占比进行基本描述分析。根据调查结果显示，2015 年农村困难家庭平均生活消费支出占比均值为 88.00%，平均转移性支出占比均值为 11.10%，平均资产、经营性支出占比均值为 0.67%，平均其他支出占比均值为 0.56%。

表 5—39 同时对 2014 年与 2015 年农村困难家庭大类别支出结构占比的发展趋势进行比较。根据抽样结果，两年的农村困难家庭大类别支出结构占比基本保持一致。

表 5—39　2014 年、2015 年农村困难家庭大类别支出结构占比的基本统计（%）

年份	统计量	生活消费支出占比	转移性支出占比	资产、经营性支出占比	其他支出占比
2014	均值	90.07	9.03	0.63	0.63
	标准差	11.76	10.88	3.69	8.40
	偏度	−2.08	2.20	10.84	29.46
	峰度	9.36	10.36	187.65	1194.78
2015	均值	88.00	11.10	0.67	0.56
	标准差	13.41	12.79	3.35	5.56
	偏度	−2.06	2.24	7.47	18.57
	峰度	9.78	11.27	82.51	458.54

比较分析

表 5—40 进一步通过描述比较的方式，对比 2015 年低保家庭和低保边缘家庭的大类别支出结构占比状况。比较结果显示，低保家庭和低保边缘家庭在平均生活消费支出占比和平均转移性支出占比方面存在非常显著的差异（$P<0.01$），在平均资产、经营性支出占比和平均其他支出占比方面不存在明显的差异（$P>0.05$）。

低保家庭的平均生活消费支出占比明显高于低保边缘家庭，而在平均转移性支出占比方面，低保家庭要明显低于低保边缘家庭。在平均资产、经营性支出占比及平均其他支出占比方面，低保家庭与低保边缘家庭没有显著差别。

表5—40 2015年农村困难家庭大类别支出结构占比的分布情况（%）

	人群	均值	标准差
生活消费支出占比	低保家庭	89.20	13.16
	低保边缘家庭	86.49	13.57
	F=29.79 P=0.000		
转移性支出占比	低保家庭	9.97	12.53
	低保边缘家庭	12.53	12.96
	F=29.40 P=0.000		
资产、经营性支出占比	低保家庭	0.66	3.46
	低保边缘家庭	0.68	3.19
	F=0.03 P=0.863		
其他支出占比	低保家庭	0.61	5.54
	低保边缘家庭	0.50	5.60
	F=0.28 P=0.599		

2. 小类别支出结构

（1）小类别支出结构

描述分析与趋势分析

表5—41对2015年农村困难家庭小类别支出结构进行基本描述分析。根据调查结果显示，在生活消费支出方面，农村困难家庭在医疗支出方面最大，平均医疗支出为11534.85元；在转移性支出方面，农村困难家庭在人情往来方面支出较大，平均支出1704.68元；在资产、经营性支出方面，平均盖房、购房、翻修、偿还银行房贷支出为108.77元。

表5—41同时对2014年与2015年农村困难家庭小类别支出结构的发展趋势进行比较。根据抽样结果，两年的农村困难家庭小类别支出结

构基本保持一致。在平均生活消费支出方面，平均医疗支出略有降低，而平均食品、平均教育、平均水电燃料采暖支出均有不同程度的提高。在平均转移性支出方面，平均人情往来，平均赡养、抚养、扶养费，平均购买商业保险、缴纳社会保险等支出均有不同程度的提高。在平均资产、经营性支出方面，平均盖房、平均购房、平均翻修、平均偿还银行房贷支出略有提高。

表5—41　2014年、2015年农村困难家庭小类别支出结构的基本统计（元）

		2014年		2015年	
		均值	标准差	均值	标准差
生活消费支出	食品	6383.58	5635.86	6877.38	6171.39
	衣着	611.56	1123.31	714.43	1258.20
	教育	2213.24	5099.68	2485.72	5433.87
	医疗	13006.89	24918.09	11534.85	22124.71
	住房	388.69	1853.31	421.01	1893.37
	婚丧嫁娶	338.86	1921.81	379.74	1945.17
	水电燃料采暖	1110.08	1116.50	1237.75	1149.09
	文化娱乐	8.91	93.69	22.66	144.27
	交通费	375.57	743.05	358.45	720.82
	邮电通信费	490.58	589.02	533.41	583.47
	上网费	25.45	131.06	46.54	183.28
	家庭设备、用品	413.41	890.17	487.79	1041.42
	其他	26.94	258.34	38.07	322.72

（续表）

		2014 年		2015 年	
		均值	标准差	均值	标准差
转移性支出	赡养、抚养、扶养费	451. 60	1434. 94	585. 68	1676. 57
	人情往来	1237. 11	1502. 50	1704. 68	2300. 15
	购买商业保险、缴纳社会保险等	318. 27	837. 60	382. 85	922. 68
	其他	6. 54	130. 73	16. 72	299. 15
资产、经营性支出	盖房、购房、翻修、偿还银行房贷支出	90. 85	523. 40	108. 77	615. 21
	其他	23. 55	200. 45	29. 70	246. 85

比较分析

表5—42进一步通过描述比较的方式，对比2015年低保家庭和低保边缘家庭的小类别支出结构状况。比较结果显示，第一，在平均生活消费支出方面，低保家庭和低保边缘家庭在平均食品、平均衣着、平均教育、平均住房、平均婚丧嫁娶、平均水电燃料采暖、平均文化娱乐、平均交通费、平均邮电通信费和平均家庭设备、用品支出，平均上网费支出方面存在十分明显的差异（P<0. 01），在平均医疗和其他方面不存在明显的差异（P>0. 05）。第二，在转移性支出方面，低保家庭和低保边缘家庭在平均赡养、抚养、扶养费，平均人情往来，平均购买商业保险、交纳社会保险方面存在十分明显的差异（P<0. 01），在其他方面不存在明显的差异（P>0. 05）。低保边缘家庭平均赡养、抚养、扶养费，平均人情往来，平均购买商业保险、缴纳社会保险方面均明显高于低保家庭。第三，在平均资产、经营性支出方面，低保家庭和低保边缘家庭不存在明显的差异（P>0. 05）。

表 5—42　2015 年农村困难家庭小类别支出结构的分布情况（元）

		人群	均值	标准差
生活消费支出	食品	低保家庭	6496.45	5941.87
		低保边缘家庭	7397.99	6437.20
		F=14.58	P=0.000	
	衣着	低保家庭	564.78	1019.83
		低保边缘家庭	913.04	1494.33
		F=54.89	P=0.000	
	教育	低保家庭	2200.89	4892.98
		低保边缘家庭	2868.49	6057.50
		F=10.70	P=0.001	
	医疗	低保家庭	11480.49	22832.28
		低保边缘家庭	11599.76	21215.29
		F=0.02	P=0.887	
	住房	低保家庭	339.00	1640.21
		低保边缘家庭	531.26	2182.39
		F=7.30	P=0.007	
	婚丧嫁娶	低保家庭	250.76	1536.81
		低保边缘家庭	552.83	2374.65
		F=17.06	P=0.000	
	水电燃料采暖	低保家庭	1125.13	1096.45
		低保边缘家庭	1388.03	1199.07
		F=36.97	P=0.000	
	文化娱乐	低保家庭	14.03	82.75
		低保边缘家庭	33.97	196.97
		F=13.57	P=0.000	

（续表）

		人群	均值	标准差
生活消费支出	交通费	低保家庭	311.27	655.87
		低保边缘家庭	422.54	795.35
		F=16.93 P=0.000		
	邮电通信费	低保家庭	458.80	526.13
		低保边缘家庭	634.04	639.67
		F=64.00 P=0.000		
	上网费	低保家庭	27.95	141.68
		低保边缘家庭	71.37	224.89
		F=39.90 P=0.000		
	家庭设备、用品	低保家庭	430.66	871.22
		低保边缘家庭	564.59	1226.87
		F=11.67 P=0.001		
	其他	低保家庭	28.95	284.07
		低保边缘家庭	50.02	367.65
		F=3.05 P=0.081		
转移性支出	赡养、抚养、扶养费	低保家庭	468.88	1466.10
		低保边缘家庭	740.32	1908.25
		F=18.32 P=0.000		
	人情往来	低保家庭	1405.61	2098.93
		低保边缘家庭	2103.73	2492.91
		F=65.33 P=0.000		
	购买商业保险、缴纳社会保险等	低保家庭	283.58	646.68
		低保边缘家庭	515.16	1182.99
		F=44.78 P=0.000		
	其他	低保家庭	5.15	70.88
		低保边缘家庭	30.86	444.94
		F=5.34 P=0.021		

（续表）

		人群	均值	标准差
资产、经营性支出	盖房、购房、翻修、偿还银行房贷支出	低保家庭	101.41	593.83
		低保边缘家庭	118.46	644.24
		F=0.52	P=0.470	
	其他	低保家庭	22.97	224.33
		低保边缘家庭	37.17	271.63
		F=2.37	P=0.123	

（2）小类别支出结构占比

描述分析与趋势分析

表5—43对农村困难家庭小类别支出结构占比进行基本描述分析。根据调查结果显示，农村困难家庭平均食品支出占比均值为33.21%，平均医疗支出占比均值为31.46%，占据较大比例。

表5—43同时对2014年与2015年农村困难家庭小类别支出结构占比的发展趋势进行比较。根据抽样结果，两年的农村困难家庭小类别支出结构占比基本保持一致。

表5—43　2014年、2015年农村困难家庭小类别支出结构占比的基本统计（%）

		2014年		2015年	
		均值	标准差	均值	标准差
生活消费支出	食品	34.82	24.12	33.21	21.59
	衣着	2.66	4.23	3.14	5.19
	教育	6.81	14.39	7.43	14.51
	医疗	34.21	27.85	31.46	26.28
	住房	1.29	6.06	1.44	6.41
	婚丧嫁娶	1.11	5.81	1.18	5.58
	水电燃料采暖	6.28	7.07	6.84	7.52
	文化娱乐	0.04	0.36	0.08	0.49
	交通费	1.58	3.68	1.38	2.88
	邮电通信费	2.48	3.88	2.69	3.62
	上网费	0.08	0.50	0.16	0.85
	家庭设备、用品	1.99	4.02	2.22	4.44
	其他	0.13	1.77	0.18	1.45
转移性支出	赡养、抚养、扶养费	1.74	5.69	2.17	6.55
	人情往来	6.14	8.54	7.28	9.66
	购买商业保险、缴纳社会保险等	1.62	3.82	1.97	5.41
	其他	0.04	0.87	0.05	0.82
资产、经营性支出	盖房、购房、翻修、偿还银行房贷	0.52	3.57	0.53	3.11
	其他	0.13	1.19	0.14	1.23

比较分析

表5—44进一步通过描述比较的方式，对比2015年低保家庭和低保边缘家庭的小类别支出结构占比状况。比较结果显示，第一，在生活消费支出占比方面，低保家庭和低保边缘家庭在平均衣着、平均医疗、平均婚丧嫁娶、平均文化娱乐、平均上网费支出方面存在十分明显的差异（P<0. 01），低保边缘家庭均明显高于低保家庭。在平均食品、平均住房、平均邮电通信费方面存在明显的差异（P<0. 05），低保边缘家庭高于低保家庭。平均其他方面均不存在明显的差异（P>0. 05）。第二，在转移性支出占比方面，低保家庭和低保边缘家庭在平均人情往来方面存在十分明显的差异（P<0. 01），在平均赡养、抚养、扶养费，平均购买商业保险、缴纳社会保险等和平均其他方面存在明显的差异（P<0. 05）。低保边缘家庭的平均转移性支出占比均高于低保家庭。第三，在平均资产、经营性支出占比方面，低保家庭和低保边缘家庭在平均盖房、购房、翻修、偿还银行房贷支出和其他方面均不存在明显的差异（P>0. 05）。

表5—44　2015年农村困难家庭小类别支出结构的分布情况（%）

		人群	均值	标准差
生活消费支出	食品	低保家庭	34. 09	22. 30
		低保边缘家庭	32. 10	20. 63
		F=5. 80　P=0. 016		
	衣着	低保家庭	2. 81	4. 76
		低保边缘家庭	3. 57	5. 67
		F=15. 44　P=0. 000		
	教育	低保家庭	7. 32	14. 85
		低保边缘家庭	7. 61	14. 11
		F=0. 27　P=0. 605		

（续表）

		人群	均值	标准差
生活消费支出	医疗	低保家庭	32.61	26.75
		低保边缘家庭	29.86	25.54
		F=7.74	P=0.005	
	住房	低保家庭	1.22	5.69
		低保边缘家庭	1.73	7.25
		F=4.52	P=0.034	
	婚丧嫁娶	低保家庭	0.82	4.50
		低保边缘家庭	1.65	6.75
		F=15.63	P=0.000	
	水电燃料采暖	低保家庭	7.03	8.19
		低保边缘家庭	6.56	6.52
		F=2.73	P=0.099	
	文化娱乐	低保家庭	0.06	0.37
		低保边缘家庭	0.11	0.61
		F=7.89	P=0.005	
	交通费	低保家庭	1.31	2.82
		低保边缘家庭	1.49	2.96
		F=3.08	P=0.080	
	邮电通信费	低保家庭	2.54	3.54
		低保边缘家庭	2.86	3.65
		F=5.66	P=0.017	
	上网费	低保家庭	0.09	0.55
		低保边缘家庭	0.25	1.12
		F=24.83	P=0.000	
	家庭设备、用品	低保家庭	2.25	4.52
		低保边缘家庭	2.17	4.36
		F=0.22	P=0.641	

（续表）

		人群	均值	标准差
生活消费支出	其他	低保家庭	0.15	1.38
		低保边缘家庭	0.22	1.55
		F=1.53	P=0.216	
转移性支出	赡养、抚养、扶养费	低保家庭	1.96	6.33
		低保边缘家庭	2.46	6.82
		F=3.99	P=0.046	
	人情往来	低保家庭	6.46	9.42
		低保边缘家庭	8.35	9.83
		F=27.04	P=0.000	
	购买商业保险、缴纳社会保险等	低保家庭	1.78	5.66
		低保边缘家庭	2.20	5.04
		F=4.12	P=0.043	
	其他	低保家庭	0.02	0.27
		低保边缘家庭	0.08	1.17
		F=3.97	P=0.046	
资产、经营性支出	盖房、购房、翻修、偿还银行房贷支出	低保家庭	0.54	3.27
		低保边缘家庭	0.51	2.87
		F=0.07	P=0.797	
	其他	低保家庭	0.11	1.16
		低保边缘家庭	0.16	1.28
		F=1.20	P=0.273	

（三）家庭恩格尔系数

1. 描述分析与趋势分析

表5—45对农村困难家庭的恩格尔系数进行基本描述分析。根据调查结果显示，农村困难家庭的平均恩格尔系数为33.21%。

表5—45同时对2014年与2015年农村困难家庭的恩格尔系数的发展趋势进行比较。根据抽样结果，两年的农村困难家庭的恩格尔系数保持稳定。

表5—45　2014年、2015年农村困难家庭恩格尔系数的基本统计（%）

年份	均值	标准差	偏度	峰度
2014	34.82	24.12	0.91	3.26
2015	33.21	21.59	0.75	3.08

2. 比较分析

表5—46进一步通过描述比较的方式，对比2015年低保家庭和低保边缘家庭的恩格尔系数状况。比较结果显示，低保家庭和低保边缘家庭在家庭恩格尔系数方面存在明显的差异（P<0.05）。低保家庭的恩格尔系数要明显高于低保边缘家庭。

表5—46　2015年农村困难家庭恩格尔系数的分布情况（%）

人群	均值	标准差
低保家庭	34.09	22.30
低保边缘家庭	32.10	20.63
F=5.80　　P=0.016		

三、农村困难家庭财产状况

（一）储蓄水平

1. 描述分析与趋势分析

表5—47对农村困难家庭的储蓄水平进行基本描述分析。根据调查

结果显示，农村困难家庭的平均储蓄水平为877.33元。

表5—47同时对2015年与2016年农村困难家庭的储蓄水平的发展趋势进行比较。根据抽样结果，两年的农村困难家庭的储蓄水平基本保持稳定，2016年农村困难家庭的平均储蓄水平略有提升。

表5—47　2015年、2016年农村困难家庭储蓄水平的基本统计（元）

年份	均值	标准差	偏度	峰度
2015	763.76	4407.31	7.62	68.70
2016	877.33	4685.17	7.27	62.42

2. 比较分析

表5—48进一步通过描述比较的方式，对比2016年低保家庭和低保边缘家庭的储蓄水平。比较结果显示，低保家庭和低保边缘家庭在储蓄水平方面存在明显的差异（P<0.05）。低保边缘家庭储蓄水平明显高于低保家庭。

表5—48　2016年农村困难家庭储蓄水平的分布情况（元）

人群	均值	标准差
低保家庭	714.40	4205.49
低保边缘家庭	1097.03	5255.87
F=4.71　　P=0.030		

（二）欠债程度及借债原因

1. 家庭欠债状况

（1）描述分析与趋势分析

表5—49对农村困难家庭的欠债情况进行基本描述分析。根据调查

结果显示，农村困难家庭的平均欠债额度为 20013. 80 元。

表 5—49 同时对 2015 年与 2016 年农村困难家庭的欠债情况的发展趋势进行比较。根据抽样结果，2016 年农村困难家庭的平均欠债额度有一定程度的提高。

表 5—49　2015 年、2016 年农村困难家庭欠债状况的基本统计（元）

年份	均值	标准差	偏度	峰度
2015	17707. 11	29000. 37	2. 16	7. 68
2016	20013. 80	35565. 05	2. 52	9. 99

（2）比较分析

表 5—50 进一步通过描述比较的方式，对比 2016 年低保家庭和低保边缘家庭的欠债状况。比较结果显示，低保家庭和低保边缘家庭在欠债方面存在十分明显的差异（P<0. 01）。低保边缘家庭欠债状况明显高于低保家庭。

表 5—50　2016 年农村困难家庭欠债状况的分布情况（元）

人群	均值	标准差
低保家庭	17889. 34	33400. 89
低保边缘家庭	22899. 93	38123. 39
F = 13. 93　　P = 0. 000		

2. 家庭 2015 年新增债务

（1）描述分析与趋势分析

表 5—51 对农村困难家庭 2015 年新增债务进行基本描述分析。根据调查结果显示，农村困难家庭 2015 年平均新增债务为 15488. 14 元。

表 5—51 同时对 2014 年与 2015 年的新增债务发展趋势进行比较。根据抽样结果，两年的新增债务基本稳定。2015 年农村家庭平均新增

债务略有提升。

表 5—51　2014 年、2015 年农村困难家庭新增债务的基本统计（元）

年份	均值	标准差	偏度	峰度
2014	14225. 57	22733. 16	2. 52	10. 19
2015	15488. 14	26060. 11	2. 76	12. 50

（2）比较分析

表 5—52 进一步通过描述比较的方式，对比 2015 年低保家庭和低保边缘家庭新增债务状况。比较结果显示，低保家庭和低保边缘家庭在新增债务方面存在十分明显的差异（P<0. 01）。与低保家庭相比，低保边缘家庭新增债务明显较多。

表 5—52　2015 年农村困难家庭新增债务的分布情况（元）

人群	均值	标准差
低保家庭	13608. 08	24399. 30
低保边缘家庭	17747. 80	27775. 18
F=9. 27　　P=0. 002		

3. 家庭借债原因

（1）描述分析与趋势分析

表 5—53 对 2015 年与 2016 年农村困难家庭借债的最主要原因进行基本描述分析。根据调查结果显示，对于农村困难家庭而言，借债的最主要原因是看病的所占比例最大，为 62. 92%。

表 5—53 同时对 2015 年与 2016 年农村困难家庭借债的最主要原因的发展趋势进行比较。根据抽样结果，两年的农村困难家庭借债的最主要原因基本保持稳定。

表 5—53　2015 年、2016 年农村困难家庭借债的最主要原因的分布情况（%）

借债的最主要原因	2015 年	2016 年
看病	67.19	62.92
孩子上学	9.38	10.54
日常生活需要	6.85	5.31
经营需要	1.19	1.86
买房、租房或修建房	9.24	12.41
婚丧嫁娶	2.76	3.45
意外事故	1.01	0.83
重大自然灾害	0.32	0.14
其他	2.07	2.55
合计	100.00	100.00

（2）比较分析

表 5—54 进一步通过描述比较的方式，对比 2016 年低保家庭和低保边缘家庭的借债最主要原因。比较结果显示，低保家庭和低保边缘家庭在借债最主要原因方面存在非常显著的差异（P<0.01）。在借债原因为看病与孩子上学方面，低保家庭要明显低于低保边缘家庭。在借债原因为买房、租房或修建房、婚丧嫁娶方面，低保家庭要明显低于低保边缘家庭。

表 5—54　2016 年农村困难家庭借债最主要原因的分布情况（%）

人群	看病	孩子上学	日常生活需要	经营需要	买房、租房或修建房	婚丧嫁娶	意外事故	重大自然灾害	其他
低保家庭	66.37	11.34	4.91	1.39	10.58	1.76	1.01	0	2.64
低保边缘家庭	58.63	9.62	5.80	2.44	14.66	5.50	0.61	0.31	2.44
$\chi^2=29.578$　　P=0.000									

(三) 土地状况

1. 描述分析与趋势分析

表5—55对农村困难家庭土地状况进行基本描述分析。根据调查结果显示，2016年农村困难家庭平均拥有土地亩数为3.39亩，2016年农村困难家庭平均实际种植亩数为2.35亩。

表5—55同时对2015年与2016年农村困难家庭土地状况的发展趋势进行比较。根据抽样结果，两年的农村困难家庭土地状况基本保持一致。

表5—55　2015年、2016年农村困难家庭土地状况的基本统计（亩）

		均值	标准差	偏度	峰度
2015年	拥有土地亩数	3.12	3.87	3.42	24.46
	实际种植亩数	2.27	3.54	3.85	29.21
2016年	拥有土地亩数	3.39	4.06	3.07	19.23
	实际种植亩数	2.35	3.63	3.51	24.67

2. 比较分析

表5—56进一步通过描述比较的方式，对比2016年低保家庭和低保边缘家庭的家庭土地状况。比较结果显示，低保家庭和低保边缘家庭在平均实际种植亩数和平均拥有土地亩数方面均存在十分明显的差异（P<0.01）。在平均拥有土地亩数与平均实际种植亩数方面，低保边缘家庭均明显高于低保家庭。

表5—56　2016年农村困难家庭土地状况的基本统计（亩）

	人群	均值	标准差
拥有土地亩数	低保家庭	3.08	3.56
	低保边缘家庭	3.79	4.60
	F=21.93　P=0.000		
实际种植亩数	低保家庭	2.01	3.11
	低保边缘家庭	2.78	4.16
	F=32.64　P=0.000		

四、农村困难家庭住房状况

（一）住房来源

1. 描述分析与趋势分析

表5—57对农村困难家庭现住房来源进行基本描述分析。根据调查结果显示，2016年农村困难家庭现住房来源主要为自建房，占比为75.74%。其次，现住房来源为继承房，占比为5.37%；再次，现住房来源为政府补贴建房的占比为4.99%；现住房来源为其他的占比均相对较小。

表5—57同时对2015年与2016年农村困难家庭现住房来源的发展趋势进行比较。根据抽样结果，两年的农村困难家庭现住房来源基本保持一致。

表 5—57　2015 年、2016 年农村困难家庭住房来源的分布情况（%）

住房来源	2015 年	2016 年
自建房	77.41	75.74
自购经济适用房或限价商品房	0.48	0.37
自购普通商品房	0.69	0.85
拆迁安置房	3.88	3.91
政府补贴建房	3.19	4.99
工作单位提供免费住房	0.17	0.07
租住单位住房	0.17	0.07
租住廉租房或公租房	0.24	0.27
继承房	5.45	5.37
市场租房	1.90	1.63
借房	3.38	3.64
其他	3.07	3.09
合计	100.00	100.00

2. 比较分析

表 5—58 进一步通过描述比较的方式，对比 2016 年低保家庭和低保边缘家庭的家庭现住房来源状况。比较结果显示，低保家庭和低保边缘家庭在家庭现住房来源方面存在十分明显的差异（P<0.01）。在住房来源为自建房、拆迁安置房方面，低保边缘家庭的占比要明显高于低保家庭。在住房来源为政府补贴建房、继承房、借房方面，低保家庭的占比要明显高于低保边缘家庭。

表 5—58　2016 年农村困难家庭现住房来源的分布情况（%）

住房来源	低保家庭	低保边缘家庭
自建房	72.72	79.78
自购经济适用房或限价商品房	0.42	0.31
自购普通商品房	0.73	1.01
拆迁安置房	3.39	4.61
政府补贴建房	7.02	2.42
工作单位提供免费住房	0.06	0.08
租住单位住房	0.12	0
租住廉租房或公租房	0.36	0.16
继承房	6.35	4.06
市场租房	1.51	1.80
借房	4.60	2.19
其他	2.72	3.59
$\chi^2 = 62.636$　P = 0.000		

（二）平均住房面积和建造费用

1. 现住房建房时间

（1）描述分析与趋势分析

表 5—59 对农村困难家庭现住房建房时间进行基本描述分析。根据调查结果显示，2016 年农村困难家庭现住房于改革开放后至今建立的占 89.45%，占据最大比例。

表 5—59 同时对 2015 年与 2016 年农村困难家庭现住房建房时间的发展趋势进行比较。根据抽样结果，两年的现住房建房时间基本保持一致，没有明显变化。

表 5—59 2015 年、2016 年农村困难家庭现住房建房时间的分布情况（%）

建房时间	2015 年	2016 年
中华人民共和国成立前	0.97	0.93
中华人民共和国成立时至改革开放	10.28	9.62
改革开放后至今	88.75	89.45
合计	100.00	100.00

（2）比较分析

表 5—60 进一步通过描述比较的方式，对比 2016 年低保家庭和低保边缘家庭的现住房建房时间状况。比较结果显示，低保家庭和低保边缘家庭在现住房建房时间方面不存在明显的差异（P>0.05）。

表 5—60 2016 年农村困难家庭现住房建房时间的分布情况（%）

	中华人民共和国成立前	中华人民共和国成立时至改革开放	改革开放后至今
低保家庭	0.99	9.79	89.21
低保边缘家庭	0.85	9.46	89.68
$\chi^2=0.231$　　P=0.891			

2. 人均住房面积

（1）描述分析与趋势分析

表 5—61 对农村困难家庭的人均住房面积进行基本描述分析。根据调查结果显示，2016 年农村困难家庭的人均住房面积为 33.72 平方米。

表 5—61 同时对 2015 年与 2016 年农村困难家庭的人均住房面积的发展趋势进行比较。根据抽样结果，两年的农村困难家庭的人均住房面积基本保持一致，没有明显变化。

表 5—61 2015 年、2016 年农村困难家庭的人均住房面积基本统计（平方米）

年份	均值	标准差	偏度	峰度
2015	32. 17	24. 82	4. 36	47. 64
2016	33. 72	28. 26	3. 59	23. 75

（2）比较分析

表 5—62 进一步通过描述比较的方式，对比 2016 年低保家庭和低保边缘家庭的人均住房面积。比较结果显示，低保家庭和低保边缘家庭在人均住房面积方面不存在明显的差异（P>0. 05）。在人均住房面积方面，低保家庭与低保边缘家庭不存在明显区别。

表 5—62 2016 年农村困难家庭人均住房面积的分布情况（平方米）

人群	均值	标准差
低保家庭	34. 01	29. 48
低保边缘家庭	33. 32	26. 60
F＝0. 42 P＝0. 516		

3. 建造分析

（1）描述分析与趋势分析

表 5—63 对 2016 年农村困难家庭的当时建房花费进行基本描述分析。根据调查结果显示，农村困难家庭当时建房花费平均为 25597. 83 元。

表 5—63 同时对 2015 年与 2016 年农村困难家庭的当时建房花费的发展趋势进行比较。根据抽样结果，2016 年农村困难家庭平均建房花费有一定程度的增加。

表 5—63 2015 年、2016 年农村困难家庭当时建房花费基本统计（元）

年份	均值	标准差	偏度	峰度
2015	23094.12	36149.21	2.47	9.79
2016	25597.83	38120.80	2.13	7.70

（2）比较分析

表 5—64 进一步通过描述比较的方式，对比 2016 年低保家庭和低保边缘家庭的当时建房花费情况。比较结果显示，低保家庭和低保边缘家庭在当时建房花费方面存在非常显著的差异（P<0.01）。与低保家庭相比，低保边缘家庭平均建房花费相对较高。

表 5—64 2016 年分人群农村困难家庭当时建房花费的分布情况（元）

人群	均值	标准差
低保家庭	22994.27	35438.81
低保边缘家庭	28920.59	41123.84
F=14.47　　P=0.000		

（三）住房质量及满意度

1. 住房质量

（1）描述分析与趋势分析

表 5—65 对农村困难家庭的住房质量进行基本描述分析。根据调查结果显示，2016 年农村困难家庭现住房为危房的占 35.54%。

表 5—65 同时对 2015 年与 2016 年农村困难家庭的住房质量的发展趋势进行比较。根据抽样结果，两年的农村困难家庭的住房质量基本保持一致，2016 年现住房为危房的比例略有下降。

表 5—65 2015 年、2016 年农村困难家庭的现住房质量的分布情况（%）

	2015 年	2016 年
是危房	36.98	35.54
不是危房	63.02	64.46
合计	100.00	100.00

（2）比较分析

表 5—66 进一步通过描述比较的方式，对比 2016 年低保家庭和低保边缘家庭的家庭住房质量情况。比较结果显示，低保家庭和低保边缘家庭在住房质量方面存在十分明显的差异（$P<0.01$）。低保家庭现住房为危房的比例要明显高于低保边缘家庭。

表 5—66 2016 年农村困难家庭住房质量的分布情况（%）

人群	不是危房	是危房
低保家庭	60.93	39.07
低保边缘家庭	68.98	31.02
$\chi^2=20.400$ $P=0.000$		

2. 住房满意度

（1）描述分析

表 5—67 对 2016 年农村困难家庭对目前家庭居住环境的满意度进行基本描述分析。根据调查结果显示，大部分家庭都对家居环境持满意态度，农村困难家庭对家居环境的满意程度主要集中在非常满意、较满意、一般三个部分，约占总体满意度分布的 70%—90%，而对家居环境不太满意或很不满意的部分占比较少，约占总体满意度分布的 10%—30%。

表 5—67　2015 年、2016 年农村困难家庭对目前家庭居住环境的满意度的分布情况（%）

年份	家庭居住环境	非常满意	较满意	一般	不太满意	很不满意
2015	绿化状况	32.53	30.70	24.13	7.48	5.16
	环境卫生状况	33.75	32.98	23.41	5.76	4.11
	交通便利状况	33.22	31.67	21.02	8.27	5.82
	治安状况	35.37	36.59	21.32	3.84	2.88
	生活服务设施	26.17	31.34	30.71	8.16	3.62
2016	绿化状况	31.75	31.34	23.97	6.61	6.34
	环境卫生状况	33.74	32.35	23.49	5.35	5.07
	交通便利状况	34.18	32.72	19.78	7.12	6.20
	治安状况	35.01	34.77	22.45	4.33	3.45
	生活服务设施	26.37	30.39	32.38	6.83	4.02

（2）比较分析

表 5—68 进一步通过描述比较的方式，对比 2016 年低保家庭和低保边缘家庭的住房满意度。比较结果显示，低保家庭和低保边缘家庭在环境卫生状况、生活服务设施、交通便利状况方面均存在十分明显的差异（P<0.01），在绿化状况、治安状况方面存在明显的差异（P<0.05）。低保边缘家庭对家庭住房持满意态度的比重，均明显低于低保家庭。

表 5—68　2016 年农村困难家庭住房满意度分布情况（%）

		很不满意	不太满意	一般	较满意	非常满意
绿化状况	低保家庭	5.66	6.76	22.40	31.59	33.60
	低保边缘家庭	7.26	6.31	26.03	30.99	29.42
	$\chi^2 = 11.028$　　P = 0.026					

（续表）

		很不满意	不太满意	一般	较满意	非常满意
环境卫生状况	低保家庭	4.79	4.42	22.73	31.88	36.18
	低保边缘家庭	5.40	6.49	24.41	33.10	30.59
	$\chi^2=14.191$ P=0.007					
交通便利状况	低保家庭	5.64	6.61	18.26	32.58	36.89
	低保边缘家庭	6.95	7.81	21.72	32.89	30.63
	$\chi^2=16.094$ P=0.003					
治安状况	低保家庭	2.86	3.83	21.52	35.50	36.29
	低保边缘家庭	4.23	4.93	23.73	33.91	33.20
	$\chi^2=9.989$ P=0.041					
生活服务设施	低保家庭	3.67	5.93	30.52	30.95	28.93
	低保边缘家庭	4.49	7.95	34.88	29.61	23.07
	$\chi^2=19.391$ P=0.001					

（四）住房预期

1. 住房预期

（1）描述分析与趋势分析

表5—69对农村困难家庭是否有自建或自购房的打算进行基本描述分析。根据调查结果显示，2016年农村困难家庭有自建或自购房打算的仅占8.97%。

表5—69同时对2015年与2016年农村困难家庭是否有自建或自购房的打算的发展趋势进行比较。根据抽样结果，两年的农村困难家庭是否有自建或自购房打算的分布情况基本保持一致。

表 5—69　2015 年、2016 年农村困难家庭近两年是否有自建或自购房打算的分布情况（%）

	2015 年	2016 年
是	7. 14	8. 97
否	92. 86	91. 03
合计	100. 00	100. 00

（2）比较分析

表 5—70 进一步通过描述比较的方式，对比 2016 年低保家庭和低保边缘家庭近两年是否有自建或自购房打算情况。比较结果显示，低保家庭和低保边缘家庭在近两年是否有自建或自购房打算方面存在十分明显的差异（P<0. 01）。低保边缘家庭有自建或自购房打算的占比明显高于低保家庭。

表 5—70　2016 年农村困难家庭近两年是否有自建或自购房打算的分布情况（%）

人群	有	无
低保家庭	7. 44	92. 56
低保边缘家庭	10. 94	89. 06
χ^2 = 10. 804　　P = 0. 001		

2. 自建或自购房预计花费

（1）描述分析与趋势分析

表 5—71 对农村困难家庭自建或自购房预计花费进行基本描述分析。根据调查结果显示，2016 年农村困难家庭平均准备花 9. 69 万元来自建或自购房。

表 5—71 同时对 2015 年与 2016 年农村困难家庭自建或自购房预计花费的发展趋势进行比较。根据抽样结果，两年的农村困难家庭平均自

建或自购房预计花费基本保持一致。

表 5—71　2015 年、2016 年农村困难家庭自建或自购房预计花费的基本统计（万元）

年份	均值	标准差	偏度	峰度
2015	10.54	8.05	0.71	2.74
2016	9.69	7.42	1.03	3.56

（2）比较分析

表 5—72 进一步通过描述比较的方式，对比 2016 年低保家庭和低保边缘家庭的平均自建或自购房预计花费情况。比较结果显示，低保家庭和低保边缘家庭在平均自建或自购房预计花费方面不存在明显的差异（P>0.05）。

表 5—72　2016 年分人群农村困难家庭自建或自购房预计花费的分布情况（万元）

人群	均值	标准差
低保家庭	8.97	6.79
低保边缘家庭	10.35	7.94
F = 1.77　　P = 0.185		

五、农村困难家庭耐用消费品拥有情况

表 5—73 对农村困难家庭耐用消费品拥有情况进行多重响应分析。根据调查结果显示，2016 年农村困难家庭拥有彩色电视机的占比最高，为 25.17%；其次，拥有洗衣机的占比为 15.72%，拥有冰箱的占比为 15.67%，拥有电动自行车的占比为 12.23%，拥有手机的占比为

11.15%，拥有摩托车的占比为6.76%，拥有空调的占比为4.94%。

表5—73同时对2015年与2016年农村困难家庭耐用消费品拥有情况的发展趋势进行比较。根据抽样结果，两年的农村困难家庭耐用消费品拥有情况基本保持稳定。2016年，农村困难家庭拥有彩色电视机、洗衣机、摩托车、贵重物品的比例略有下降，其他耐用品的拥有比率均有不同程度的上升。

表5—73　2015年、2016年农村困难家庭耐用消费品拥有情况（%）

耐用消费品	2015年		2016年	
	百分比	个案百分比	百分比	个案百分比
彩色电视机	29.16	75.55	25.17	76.59
洗衣机	15.90	41.19	15.72	47.84
冰箱	14.01	36.29	15.67	47.67
空调	4.18	10.82	4.94	15.02
电脑	2.80	7.25	3.35	10.19
电动自行车	11.18	28.97	12.23	37.21
摩托车	6.79	17.60	6.76	20.56
手机	8.98	23.26	11.15	33.91
汽车	0.48	1.24	0.69	2.11
贵重物品（古董字画、珠宝、金银首饰、钢琴等）	0.39	1.00	0.29	0.88
以上都没有	6.16	15.96	4.03	12.27
合计	100.00	259.13	100.00	304.25

第三节　农村困难家庭医疗与就业状况

一、农村困难家庭医疗状况

(一) 家庭成员的患病情况

1. 家庭成员患慢性病情况

(1) 描述分析与趋势分析

表5—74对农村困难家庭的家庭成员患慢性病情况进行基本描述分析。根据调查结果显示，2016年农村困难家庭中患慢性病人数为1人的占比最大，达到了40.66%。

表5—74同时对2015年、2016年农村困难家庭成员患慢性病人数分布情况的发展趋势进行比较分析。根据抽样结果，两年内农村困难家庭患慢性病人数的分布情况基本保持一致。此外，2016年家庭成员患慢性病的人数为1人的所占比例相较2015年略有升高。

表5—74　2015年、2016年农村困难家庭成员患慢性病人数的分布情况（%）

患慢性病人数	2015年	2016年
0	43.20	39.23
1	38.06	40.66
2	16.12	17.76
3	2.09	2.07
4	0.48	0.20
5	0.05	0.07
合计	100.00	100.00

表5—75对农村困难家庭的家庭成员慢性病花费及报销分布情况进行基本描述分析。根据调查结果显示，2015年农村困难家庭平均慢性病花费为11226.27元，平均医疗保险报销费用为3027.68元。

表5—75同时对2014年、2015年农村困难家庭成员慢性病花费及报销情况的发展趋势进行比较分析。根据抽样结果，两年内家庭成员慢性病花费和医疗报销费用的分布情况基本保持一致。

表5—75　2014年、2015年农村困难家庭成员慢性病花费及报销分布情况（元）

		均值	标准差	偏度	峰度
2014年	慢性病花费	12028.84	20988.89	4.26	26.61
	医疗报销费用	3789.63	11804.81	6.81	60.93
2015年	慢性病花费	11226.27	19749.54	4.74	33.24
	医疗报销费用	3027.68	8453.67	7.16	78.88

（2）比较分析

表5—76进一步通过描述比较的方式，对比2016年低保家庭和低保边缘家庭的家庭成员患慢性病人数。比较结果显示，低保家庭和低保边缘家庭在家庭成员患慢性病人数方面不存在明显的差异（$P>0.05$）。

表5—76　2016年农村困难家庭成员患慢性病人数的分布情况（%）

人群	0	1	2	3	4	5
低保家庭	37.81	41.14	18.45	2.36	0.18	0.06
低保边缘家庭	41.14	40.05	16.78	1.72	0.23	0.08
$\chi^2=4.942$　　$P=0.423$						

表5—77进一步通过描述比较的方式，对比2015年低保家庭和低保边缘家庭的家庭成员慢性病花费及报销状况。比较结果显示，低保家

庭和低保边缘家庭在家庭成员慢性病花费及报销方面均不存在明显的差异（P>0.05）。

表 5—77　2015 年农村困难家庭成员慢性病花费及报销的分布情况（元）

	人群	均值	标准差
慢性病花费	低保家庭	10603.05	19252.08
	低保边缘家庭	12069.72	20433.71
	F=2.31　P=0.129		
慢性病报销	低保家庭	2953.35	8020.76
	低保边缘家庭	3102.77	9016.78
	F=0.13　P=0.723		

2. 家庭成员患大病情况

（1）描述分析与趋势分析

表 5—78 对农村困难家庭的家庭成员患大病情况进行基本描述分析。根据调查结果显示，2016 年，75.14%的农村困难家庭中无人患大病；其次，21.67%的农村困难家庭中有 1 人患大病；患大病人数为 2 人及以上的只占据较小比例，仅为 3.19%。

表 5—78 同时对 2015 年、2016 年农村困难家庭成员患大病人数分布情况的发展趋势进行比较分析。根据抽样结果，两年内家庭成员患大病人数的分布情况基本保持稳定。家中无人患大病的情况占据较大比重，且所占比例均超过 70%。

表 5—78　2015 年、2016 年农村困难家庭成员患大病人数的分布情况（%）

患大病人数	2015 年	2016 年
0	71.80	75.14
1	24.85	21.67

（续表）

患大病人数	2015 年	2016 年
2	3. 12	2. 89
3	0. 21	0. 27
4	0. 02	0. 03
合计	100. 00	100. 00

表 5—79 对农村困难家庭的家庭成员大病花费及报销情况进行基本描述分析。根据调查结果显示，2015 年农村困难家庭平均大病花费为 31234. 12 元，平均医疗保险报销费用为 9677. 95 元。

表 5—79　2014 年、2015 年农村困难家庭成员大病花费及报销分布情况（元）

		均值	标准差	偏度	峰度
2014 年	大病花费	29879. 38	40853. 80	2. 04	7. 10
	医疗报销费用	10077. 24	19873. 19	3. 39	17. 55
2015 年	大病花费	31234. 12	43169. 16	2. 10	7. 04
	医疗报销费用	9677. 95	17927. 88	3. 13	15. 01

表 5—80 对农村困难家庭的家庭成员因大病借债情况进行基本描述。根据调查结果显示，2015 年农村困难家庭平均因大病借债 13191. 33 元。

表 5—80 同时对 2014 年、2015 年农村困难家庭因大病借债金额分布情况的发展趋势进行比较分析。根据抽样结果，两年内家庭成员因大病借债金额的分布情况基本保持一致，均值上下浮动不大。

表 5—80　2014 年、2015 年农村困难家庭因大病借债金额的分布情况（元）

年份	均值	标准差	偏度	峰度
2014	13709.64	22341.68	2.12	7.09
2015	13191.33	21039.86	2.20	7.74

（2）比较分析

表 5—81 进一步通过描述比较的方式，对比 2016 年低保家庭和低保边缘家庭的家庭成员患大病人数。比较结果显示，低保家庭和低保边缘家庭在家庭成员患大病人数方面存在明显的差异（$P<0.05$）。低保边缘家庭中无人患大病的比重明显高于低保家庭。

表 5—81　2016 年农村困难家庭成员患大病人数的分布情况（%）

人群	0	1	2	3	4
低保家庭	73.26	22.87	3.45	0.42	0
低保边缘家庭	77.52	20.22	2.11	0.08	0.08
$\chi^2=13.052$　　$P=0.011$					

表 5—82 进一步通过描述比较的方式，对比 2015 年低保家庭和低保边缘家庭的家庭成员大病花费及报销状况。比较结果显示，低保家庭和低保边缘家庭在家庭成员大病花费及报销方面不存在明显的差异（$P>0.05$）。

表 5—82　2015 年农村困难家庭成员大病花费及报销的分布情况（元）

	人群	均值	标准差
大病花费	低保家庭	32326.49	45063.50
	低保边缘家庭	29287.04	39926.60
	$F=0.83$　　$P=0.361$		

（续表）

	人群	均值	标准差
大病报销	低保家庭	10598. 99	20067. 97
	低保边缘家庭	8021. 14	13401. 66
	F = 3. 41　　P = 0. 065		

表 5—83 进一步通过描述比较的方式，对比 2015 年低保家庭和低保边缘家庭因大病借债状况。比较结果显示，低保家庭和低保边缘家庭在因大病借债方面不存在明显的差异（P>0. 05）。

具体而言，低保家庭因大病借债金额均值为 13779. 43 元，而低保边缘家庭为 12336. 07 元。总体来说，在因大病借债金额的分布情况这个维度上，低保家庭和低保边缘家庭间相差较小，不存在明显的差异。

表 5—83　2015 年农村困难家庭成员因大病借债金额的分布情况（元）

人群	均值	标准差
低保家庭	13779. 43	21785. 50
低保边缘家庭	12336. 07	19872. 01
F = 0. 77　　P = 0. 379		

（二）家庭成员健康分布

1. 描述分析与趋势分析

表 5—84 对农村困难家庭成员的健康状况进行基本描述分析。根据调查结果显示，2016 年农村困难家庭成员健康状况为一般的所占比例最大，为 31. 99%。

表 5—84 同时对 2015 年、2016 年农村困难家庭成员健康状况分布情况的发展趋势进行比较分析。根据抽样结果，两年内家庭成员健康状况的分布情况基本保持一致。

表5—84　2015年、2016年农村困难家庭成员健康状况的分布情况（%）

健康状况	2015年	2016年
很好	14.19	14.01
较好	12.90	13.90
一般	30.05	31.99
较差	23.23	22.90
很差	19.63	17.19
合计	100.00	100.00

在健康状况较差或很差的人群中，进一步分析患病状况。表5—85对农村困难家庭成员的患病状况进行基本描述分析。根据调查结果显示，2016年农村困难家庭成员患慢性病占比最高，所占比例为50.76%。

表5—85同时对2015年、2016年农村困难家庭患病状况分布情况的发展趋势进行比较分析。根据抽样结果，两年内家庭成员患病状况的分布情况基本保持一致。其中，家庭成员患慢性病的比例最高，所占比例均超过50%。此外，2016年家庭成员患大病的情况所占比例略有降低。

表5—85　2015年、2016年农村困难家庭成员患病状况的分布情况（%）

健康状况	2015年	2016年
大病	22.42	20.05
慢性病	50.90	50.76
其他	9.74	11.65
无	16.94	17.54
合计	100.00	100.00

2. 比较分析

表 5—86 进一步通过描述比较的方式，对比 2016 年低保家庭和低保边缘家庭两者的家庭成员健康分布状况。比较结果显示，低保家庭和低保边缘家庭在家庭成员健康分布方面存在非常显著的差异（P<0. 01）。低保家庭中健康状况为很好和较好的比重均明显低于低保边缘家庭。

表 5—86　2016 年农村困难家庭成员健康状况的分布情况（%）

健康状况	低保家庭	低保边缘家庭
很好	12. 15	16. 17
较好	13. 20	14. 79
一般	29. 39	35. 04
较差	25. 21	20. 25
很差	20. 06	13. 75
$\chi^2 = 132.598$　　P = 0. 000		

在健康状况较差或很差的人群中，进一步分析患病状况。表 5—87 进一步通过描述比较的方式，对比 2016 年低保家庭和低保边缘家庭两者的家庭患病状况。比较结果显示，低保家庭和低保边缘家庭在患病状况方面不存在明显的差异（P>0. 05）。

表 5—87　2016 年农村困难家庭成员患病状况的分布情况（%）

患病状况	大病	慢性病	其他	无
低保家庭	20. 84	50. 00	11. 16	18. 00
低保边缘家庭	18. 86	51. 76	12. 48	16. 89
$\chi^2 = 4.260$　　P = 0. 235				

（三）家庭残疾人数

1. 描述分析与趋势分析

表5—88以家庭为单位分析家庭成员残疾人状况，对农村困难家庭的残疾人数进行基本描述分析。根据调查结果显示，2016年农村困难家庭中无人残疾的占比最大，达到了62.22%。

表5—88同时对2015年、2016年农村困难家庭成员残疾人数分布情况的发展趋势进行比较分析。根据抽样结果，两年内家庭成员残疾人数的分布情况基本保持一致。

表5—88　2015年、2016年农村困难家庭成员残疾人数的分布情况（%）

残疾人数	2015年	2016年
0	61.31	62.22
1	31.63	30.31
2	6.02	6.59
3	0.81	0.75
4	0.24	0.14
合计	100.00	100.00

在健康状况较差或很差的人群中，进一步分析残疾等级状况。表5—89对农村困难家庭成员残疾状况进行基本描述分析。根据调查结果显示，2016年农村困难家庭中，无残疾情况占比最大，为69.45%。

表5—89同时对2015年、2016年农村困难家庭成员残疾状况分布情况的发展趋势进行比较分析。根据抽样结果，两年内家庭成员残疾状况的分布情况基本保持一致。

表5—89　2015年、2016年农村困难家庭成员残疾状况的分布情况（%）

残疾人数	2015年	2016年
残疾一级(重度)	5.79	6.65
残疾二级(中度)	10.59	11.23
残疾三级(轻度)	7.73	7.13
残疾四级及以下	4.51	5.55
其他	9.60	—
无	61.78	69.45
合计	100.00	100.00

以家庭为单位分析家庭领取残疾补贴人数状况。表5—90对农村困难家庭目前在领取残疾补贴人数进行基本描述分析。根据调查结果显示，2016年农村困难家庭中领取残疾补贴人数为0人占比最大，为54.07%；其次为1人领取残疾补贴，占比为39.06%，领取残疾补贴人数为2人及以上的只占据较小比例，仅为6.87%。

表5—90同时对2015年、2016年农村困难家庭领取残疾补贴人数的分布情况的发展趋势进行比较分析。根据抽样结果，2016年领取残疾补贴的人数略有上升，此类情况与残疾人数分布情况的变化基本保持一致。

表5—90　2015年、2016年农村困难家庭领取残疾补贴人数的分布情况（%）

残疾补贴人数	2015年	2016年
0	61.94	54.07
1	33.79	39.06
2	3.90	6.33
3	0.31	0.45
4	0.06	0.09
合计	100.00	100.00

2. 比较分析

以家庭为单位分析家庭残疾人状况。表5—91进一步通过描述比较的方式，对比2016年低保家庭和低保边缘家庭的残疾人数。比较结果显示，低保家庭和低保边缘家庭在残疾人数方面存在非常显著的差异（P<0.01）。低保家庭中存在残疾人的比重明显高于低保边缘家庭。

表5—91　2016年农村困难家庭成员残疾人数的分布情况（%）

人群	0	1	2	3	4
低保家庭	53.57	36.08	9.14	1.09	0.12
低保边缘家庭	73.46	22.72	3.36	0.31	0.16
$\chi^2=130.791$　　P=0.000					

在健康状况较差或很差的人群中，进一步分析残疾等级状况。表5—92进一步通过描述比较的方式，对比低保家庭和低保边缘家庭的残疾状况。比较结果显示，低保家庭和低保边缘家庭在残疾状况方面存在非常显著的差异（P<0.01）。低保家庭中家庭成员的残疾状况比低保边缘家庭更加严重。

表5—92　2016年农村困难家庭成员残疾状况的分布情况（%）

人群	残疾一级（重度）	残疾二级（中度）	残疾三级（轻度）	残疾四级及以下	无
低保家庭	8.70	13.29	8.83	5.04	64.14
低保边缘家庭	3.60	8.08	4.62	6.38	77.33
$\chi^2=132.741$　　P=0.000					

以家庭为单位分析家庭领取残疾补贴人数状况。表5—93进一步通过描述比较的方式，对比低保家庭和低保边缘家庭目前领取残疾补贴人数。比较结果显示，低保家庭和低保边缘家庭在领取残疾补贴人数方面

存在非常显著的差异（P<0. 01）。低保家庭中领取残疾补贴的人数明显高于低保边缘家庭。

表 5—93 2016 年农村困难家庭领取残疾补贴人数的分布情况（%）

人群	0	1	2	3	4
低保家庭	48. 16	43. 70	7. 48	0. 52	0. 13
低保边缘家庭	67. 55	28. 32	3. 83	0. 29	0
$\chi^2 = 36.163$　　P = 0. 000					

（四）长期照料人数与照料方式

1. 长期照料人数

（1）描述分析与趋势分析

表 5—94 对农村困难家庭中需要长期照料的人数进行基本描述分析。根据调查结果显示，2016 年农村困难家庭中需要长期照料人数为 0 的所占比例最大，为 65. 66%。

表 5—94 同时对 2015 年、2016 年农村困难家庭需要长期照料人数分布情况的发展趋势进行比较分析。根据抽样结果，两年内家庭需要长期照料人数的分布情况基本保持一致。

表 5—94 2015 年、2016 年农村困难家庭需要长期照料人数的分布情况（%）

需要长期照料人数	2015 年	2016 年
0	62. 51	65. 66
1	30. 19	28. 80
2	5. 95	4. 38
3	0. 93	0. 95
4	0. 36	0. 14

（续表）

需要长期照料人数	2015年	2016年
5	0.05	0.07
6	0.02	—
合计	100.00	100.00

（2）比较分析

表5—95进一步通过描述比较的方式，对比2016年低保家庭和低保边缘家庭需要长期照料人数。比较结果显示，低保家庭和低保边缘家庭在需要长期照料人数方面存在非常显著的差异（P<0.01）。低保家庭中需要长期照料的人数明显高于低保边缘家庭。

表5—95　2016年农村困难家庭需要长期照料人数的分布情况（%）

人群	0	1	2	3	4	5
低保家庭	60.19	32.91	5.51	1.15	0.12	0.12
低保边缘家庭	72.91	23.34	2.89	0.70	0.16	0
$\chi^2=55.208$　　P=0.000						

2. 长期照料方式

（1）描述分析与趋势分析

表5—96对农村困难家庭中需要长期照料的家庭成员的主要照料方式进行基本描述分析。根据调查结果显示，2016年农村困难家庭中，94.86%的需要长期照料的家庭成员是由家人或亲属照料，占总体比重最大。

表5—96同时对2015年、2016年农村困难家庭需要长期照料方式分布情况的发展趋势进行比较分析。根据抽样结果，两年中需要长期照料方式的分布情况基本一致。

表 5—96　2015 年、2016 年农村困难家庭需要长期照料方式的分布情况（%）

主要照料方式	2015 年	2016 年
家人或亲属照料	95. 18	94. 86
社区居家照料	0. 19	0. 20
聘请保姆照料	0. 32	0. 49
送养老院等专门机构照料	0. 70	0. 49
无人照料	3. 62	3. 96
合计	100. 00	100. 00

（2）比较分析

表 5—97 进一步通过描述比较的方式，对比 2016 年低保家庭和低保边缘家庭的家庭成员长期照料方式。比较结果显示，低保家庭和低保边缘家庭在家庭成员长期照料方式方面不存在明显的差异（P>0. 05）。

表 5—97　2016 年农村困难家庭长期照料方式的分布情况（%）

人群	家人或亲属照料	社区居家照料	聘请保姆	送养老院等专门机构照料	无人照料
低保家庭	94. 22	0. 30	0. 46	0. 61	4. 41
低保边缘家庭	96. 54	0	0. 58	0	2. 88
$\chi^2=4.721$　　P=0. 317					

二、农村困难家庭就业状况

（一）被访者就业状况分析

1. 描述分析与趋势分析

表5—98对农村困难家庭被访者就业状况进行基本描述分析。根据调查结果显示，2016年农村困难家庭被访者就业状况主要集中于在乡务农为主、年老不参加劳动、在乡打零工为主、劳动年龄但丧失劳动能力，占比分别为35.89%、28.42%、9.64%和9.53%。

表5—98同时对2015年、2016年农村困难家庭被访者就业分布情况的发展趋势进行比较分析。根据抽样结果，两年内被访者就业的分布情况基本保持稳定。

表5—98　2015年、2016年农村困难家庭被访者就业的分布情况（%）

职业类型	2015年	2016年
在校学生	0.54	0.49
在乡务农为主	33.14	35.89
在乡打零工为主	8.33	9.64
在乡从事个体、经营等为主	1.00	1.12
离乡打零工为主	1.98	2.20
离乡从事个体、经营等为主	0.15	0.31
离乡做合同工	0.12	0.14
村或乡镇干部（农技员、医生、教师、文化工）	0.59	1.01
长期料理家务	3.96	4.96

（续表）

职业类型	2015 年	2016 年
失业、无业（有劳动能力）	3.57	3.60
劳动年龄但丧失劳动能力	12.41	9.53
年老不参加劳动	32.14	28.42
其他	2.08	2.69
合计	100.00	100.00

2. 比较分析

表 5—99 进一步通过描述比较的方式，对比 2016 年低保家庭和低保边缘家庭被访者就业状况。比较结果显示，低保家庭和低保边缘家庭在被访者就业状况方面存在非常显著的差异（P<0.01）。低保家庭中就业状况为劳动年龄但丧失劳动能力和年老不参加劳动的比重明显高于低保边缘家庭。

表 5—99　2016 年农村困难家庭被访者就业的分布情况（%）

职业类型	低保家庭	低保边缘家庭
在校学生	0.56	0.40
在乡务农为主	33.04	39.47
在乡打零工为主	7.59	12.33
在乡从事个体、经营等为主	1.24	0.96
离乡打零工为主	1.62	2.96
离乡从事个体、经营等为主	0.31	0.32
离乡做合同工	0.12	0.16
村或乡镇干部（农技员、医生、教师、文化工）	0.25	2.00

（续表）

职业类型	低保家庭	低保边缘家庭
长期料理家务	5.29	4.56
失业、无业（有劳动能力）	4.04	2.96
劳动年龄但丧失劳动能力	12.51	5.68
年老不参加劳动	30.80	25.38
其他	2.61	2.80
$\chi^2=97.149$　　P=0.000		

（二）家庭成员就业状况分析

1. 描述分析与趋势分析

表5—100对农村困难家庭成员就业状况进行基本描述分析。根据调查结果显示，2016年农村困难家庭成员就业状况主要集中于在乡务农为主、年老不参加劳动、在校学生，占比分别为20.48%、17.71%、15.51%。

表5—100同时对2015年、2016年农村困难家庭成员就业分布情况的发展趋势进行比较分析。根据抽样结果，两年内家庭成员就业情况均以在乡务农为主。此外，2016年年老不参加劳动的情况相较2015年来说略有降低。

表5—100　2015年、2016年农村困难家庭成员就业的分布情况（%）

职业类型	2015年	2016年
学龄前儿童	4.88	4.77
在校学生	14.92	15.51
在乡务农为主	20.36	20.48

（续表）

职业类型	2015 年	2016 年
在乡打零工为主	8.56	9.09
在乡从事个体、经营等为主	0.74	0.91
离乡打零工为主	6.66	6.73
离乡从事个体、经营等为主	0.28	0.46
离乡做合同工	1.20	1.94
村或乡镇干部（农技员、医生、教师、文化工）	0.40	0.60
长期料理家务	5.31	6.14
失业、无业（有劳动能力）	3.40	3.62
劳动年龄但丧失劳动能力	10.02	8.48
年老不参加劳动	20.57	17.71
其他	2.71	3.57
合计	100.00	100.00

2. 比较分析

表 5—101 进一步通过描述比较的方式，对比 2016 年低保家庭和低保边缘家庭成员就业状况。比较结果显示，低保家庭和低保边缘家庭在家庭成员就业状况方面存在十分明显的差异（$P<0.01$）。低保家庭中劳动年龄但丧失劳动能力的家庭成员比重明显高于低保边缘家庭，而低保边缘家庭中在乡务农为主的家庭成员占比明显高于低保家庭。

表 5—101　2016 年农村困难家庭成员就业的分布情况（%）

职业类型	低保家庭	低保边缘家庭
学龄前儿童	4.25	5.39

（续表）

职业类型	低保家庭	低保边缘家庭
在校学生	15.65	15.39
在乡务农为主	18.54	22.60
在乡打零工为主	7.96	10.40
在乡从事个体、经营等为主	0.74	1.10
离乡打零工为主	5.54	8.10
离乡从事个体、经营等为主	0.39	0.54
离乡做合同工	1.95	1.94
村或乡镇干部（农技员、医生、教师、文化工）	0.23	1.03
长期料理家务	6.26	6.00
失业、无业（有劳动能力）	3.69	3.54
劳动年龄但丧失劳动能力	11.77	4.71
年老不参加劳动	19.41	15.74
其他	3.63	3.51
$\chi^2=242.584$　　P=0.000		

（三）家庭最主要收入人最近从事的职业类型

1. 描述分析与趋势分析

表5—102对农村困难家庭最主要收入人最近从事的职业类型进行基本描述分析。根据调查结果显示，2016年农村困难家庭最主要收入人最近从事的职业类型为农、林、牧、渔、水利业生产人员，占比最大，所占比例达到34.59%。

表5—102同时对2015年、2016年农村困难家庭最主要收入人最近从事的职业类型分布情况的发展趋势进行比较分析。根据抽样结果，两年内最主要收入人最近从事的职业类型均以农、林、牧、渔、水利业生产人员为主，其所占比例均为35%左右。

表5—102　2015年、2016年农村困难家庭最主要收入人最近从事的职业类型的分布情况（%）

职业类型	2015年	2016年
国家机关、党群组织、企事业单位负责人	0.50	0.85
专业技术人员	1.95	1.94
办事人员和有关人员	0.45	0.85
商业、服务人员	4.79	5.20
农、林、牧、渔、水利业生产人员	35.05	34.59
生产、运输设备操作人员及有关人员	4.88	4.59
军人	0.19	0.17
不便分类的其他从业人员	16.73	19.66
无业	35.45	32.14
合计	100.00	100.00

2. 比较分析

表5—103进一步通过描述比较的方式，对比2016年低保家庭和低保边缘家庭最主要收入人最近从事的职业类型。比较结果显示，低保家庭和低保边缘家庭在最主要收入人最近从事的职业类型方面存在十分明显的差异（P<0.01）。低保家庭中最主要收入人职业类型为无业的比重明显高于低保边缘家庭。

表5—103　2016年分人群农村困难家庭最主要收入人最近从事的职业类型的分布情况（%）

职业类型	低保家庭	低保边缘家庭
国家机关、党群组织、企事业单位负责人	0.30	1.56
专业技术人员	1.39	2.66
办事人员和有关人员	0.85	0.86
商业、服务人员	5.08	5.40
农、林、牧、渔、水利业生产人员	32.08	37.87
生产、运输设备操作人员及有关人员	3.63	5.87
军人	0.18	0.16
不便分类的其他从业人员	18.70	20.97
无业	37.77	24.65
$\chi^2=74.986$　　P=0.000		

（四）家庭主要收入人最近从事工作所属行业

1. 描述分析与趋势分析

表5—104对农村困难家庭最主要收入人最近从事工作所属行业进行基本描述分析。根据调查结果显示，农村困难家庭最主要收入人最近从事工作所属行业主要集中于农、林、牧、渔业，未就业和其他，分别占比为38.68%、28.26%和9.19%。

表5—104同时对2015年、2016年农村困难家庭最主要收入人最近从事工作所属行业分布情况的发展趋势进行比较分析。根据抽样结果，两年内最主要收入人最近从事工作所属行业的分布情况基本保持稳定。其中，农、林、牧、渔业均占据最大比重，所占比例超过35%。

表 5—104 2015 年、2016 年农村困难家庭最主要收入人最近从事工作所属行业的分布情况（%）

行业	2015 年	2016 年
农、林、牧、渔业	37.28	38.68
采矿业	0.31	0.34
制造业	4.25	4.66
电力、热力、燃气及水生产和供应业	0.67	0.68
建筑业	6.78	6.91
批发和零售业	1.74	2.18
交通运输、仓储和邮政业	1.58	1.12
住宿和餐饮业	1.74	2.11
信息传输、软件和信息技术服务业	0.12	0.27
金融业	0.21	0.34
房地产业	0.14	0.17
租赁和商务服务业	0.45	0.27
科学研究和技术服务业	0.05	0.07
水利、环境和公共设施管理业	0.24	0.51
居民服务、修理和其他服务业	1.96	2.72
教育	0.19	0.27
卫生和社会工作	0.67	0.61
文化、体育和娱乐业	0.10	0.24
公共管理、社会保障和社会组织	0.21	0.37
国际组织	—	—
其他	7.79	9.19
未就业	33.51	28.26
合计	100.00	100.00

2. 比较分析

表 5—105 进一步通过描述比较的方式，对比 2016 年低保家庭和低保边缘家庭主要收入人最近从事工作所属行业状况。比较结果显示，低保家庭和低保边缘家庭在家庭主要收入人最近从事工作所属行业方面存在十分明显的差异（$P<0.01$）。低保家庭主要收入人未就业的比重明显高于低保边缘家庭。

表 5—105　2016 年分人群农村困难家庭最主要收入人最近从事工作所属行业分布情况（%）

行业	低保家庭	低保边缘家庭
农、林、牧、渔业	35. 70	42. 44
采矿业	0. 18	0. 55
制造业	4. 36	5. 09
电力、热力、燃气及水生产和供应业	0. 36	1. 10
建筑业	6. 55	7. 44
批发和零售业	2. 24	2. 04
交通运输、仓储和邮政业	0. 73	1. 64
住宿和餐饮业	2. 30	1. 88
信息传输、软件和信息技术服务业	0. 30	0. 23
金融业	0. 30	0. 39
房地产业	0. 06	0. 31
租赁和商务服务业	0. 30	0. 23
科学研究和技术服务业	0. 06	0. 08

（续表）

行业	低保家庭	低保边缘家庭
水利、环境和公共设施管理业	0.30	0.78
居民服务、修理和其他服务业	2.55	2.98
教育	0.18	0.39
卫生和社会工作	0.61	0.63
文化、体育和娱乐业	0.18	0.31
公共管理、社会保障和社会组织	0.12	0.70
国际组织	—	—
其他	8.55	10.02
未就业	34.06	20.75
$\chi^2=86.630$　　P = 0.000		

（五）青壮年外出打工状况

1. 青壮年外出打工的比例

（1）描述分析与趋势分析

表5—106对农村困难家庭所在村庄青少年外出打工状况进行基本描述分析。根据调查结果显示，2016年农村困难家庭所在村庄青少年外出打工比例达到75%以上的占比最大，达到25.42%。

表5—106同时对2015年、2016年农村困难家庭所在村庄青少年外出打工分布情况的发展趋势进行比较分析。根据抽样结果，两年内青少年外出打工的分布情况基本保持一致。

表 5—106 2015 年、2016 年农村困难家庭所在村庄青少年外出打工的分布情况（%）

	2015 年	2016 年
少于 25%	19.90	14.46
25%—50%	25.51	17.52
51%—75%	26.09	16.60
75%以上	28.49	25.42
不知道	—	26.00
合计	100.00	100.00

（2）比较分析

表 5—107 进一步通过描述比较的方式，对比 2016 年低保家庭和低保边缘家庭所在村庄青少年外出打工状况。比较结果显示，低保家庭和低保边缘家庭在所在村庄青少年外出打工状况方面，不存在明显的差异（$P>0.05$）。

表 5—107 2016 年农村困难家庭所在村庄青少年外出打工的分布情况（%）

	低保家庭	低保边缘家庭
少于 25%	14.05	14.78
25%—50%	16.66	18.69
51%—75%	17.14	15.79
75%以上	25.38	25.65
不知道	26.77	25.10
$\chi^2=3.543$ $P=0.471$		

2. 青壮年外出打工的影响

表 5—108 对农村困难家庭所在村庄青壮年外出打工带来的影响进行多重响应分析。根据调查结果显示，2016 年农村困难家庭所在村庄

青壮年外出打工带来的影响主要为收入增加了、开阔了眼界、学习到了技能、增加了本村与外界的联系，占比分别为 15.69%、13.23%、12.43%和 11.30%。

表 5—108 同时对 2015 年、2016 年农村困难家庭所在村庄青壮年外出打工的影响的分布情况的发展趋势进行比较分析。根据抽样结果，2016 年家庭成员认为青壮年外出打工影响更多的是收入增加了、开阔了眼界、学习到了技能等积极性作用的所占比例整体有所提升，而认为其影响更多是留下越来越多的老人，缺乏照顾；留下越来越多的孩子，教育成问题等消极性影响的所占比例整体略有下降。

表 5—108 2015 年、2016 年农村困难家庭所在村庄青壮年外出打工的影响分布情况（%）

	2015 年		2016 年	
	百分比	个案百分比	百分比	个案百分比
收入增加了	15.62	58.68	15.69	65.09
学习到了技能	10.86	40.80	12.43	51.56
开阔了眼界	11.61	43.62	13.23	54.88
增加了本村与外界的联系	—	—	11.30	46.89
土地闲置，缺人耕种	8.59	32.27	6.80	28.20
留下越来越多的老人，缺乏照顾	13.90	52.20	9.78	40.55
留下越来越多的孩子，教育成问题	11.24	42.24	8.31	34.46
夫妻不能团聚，家庭矛盾增加	6.77	25.42	4.96	20.59
社会治安不好，偷盗诈骗案件增多	3.03	11.37	2.40	9.97
村子冷清了，文化、娱乐活动搞不起来	6.94	26.09	5.39	22.35
修路、公共卫生等集体的事情没人操持了	3.87	14.54	2.71	11.25
村委会选举没人来投票了	2.75	10.31	2.24	9.31

（续表）

	2015 年		2016 年	
	百分比	个案百分比	百分比	个案百分比
其他	0.42	1.58	1.02	4.22
没有上面的问题	4.40	16.52	3.73	15.47
合计	100.00	375.64	100.00	414.78

第四节 农村困难家庭社会心态、社会参与状况

一、农村困难家庭心理健康状况

（一）农村困难家庭心理观念状况

1. 被访者的自卑感

（1）描述分析与趋势分析

表5—109对农村困难家庭被访者与人交往感觉自卑的分布情况进行基本描述分析。根据调查结果显示，47.62%的被访者表示从未有过这一感觉，占总体比重最大。

表5—109同时对2015年与2016年农村困难家庭被访者的自卑感的发展趋势进行比较。根据抽样结果，两年在被访者的自卑感分布情况上基本保持一致，从未有过与人交往感觉自卑的比例均在47%以上。

表 5—109　2015 年、2016 年农村困难家庭被访者与人交往感觉自卑的分布情况（%）

	2015 年	2016 年
经常有	15. 03	12. 97
有时有	19. 02	17. 84
很少有	13. 46	16. 07
从未有过	47. 48	47. 62
说不清	5. 01	5. 51
总计	100. 00	100. 00

（2）比较分析

表 5—110 进一步通过描述比较的方式，对比低保家庭和低保边缘家庭 2016 年农村困难家庭被访者与人交往感觉自卑的分布情况。比较结果显示，低保家庭和低保边缘家庭在与人交往感觉自卑方面存在十分明显的差异（$P<0.01$）。低保家庭中存在这种情况的比重高于低保边缘家庭。

表 5—110　2016 年农村困难家庭被访者与人交往感觉自卑的分布情况（%）

人群	经常有	有时有	很少有	从未有过	说不清
低保家庭	14. 07	20. 62	15. 77	44. 09	5. 46
低保边缘家庭	11. 33	14. 37	16. 56	52. 11	5. 63
$\chi^2=29.972$　　$P=0.000$					

2. 被访者的绝望感

（1）描述分析与趋势分析

表 5—111 对农村困难家庭被访者感到自己和家庭的未来没有希望的分布情况进行基本描述分析。根据调查结果显示，45. 37%的被访者

表示从未有过这一感觉，占比最大。

表5—111同时对2015年与2016年农村困难家庭被访者的绝望感的发展趋势进行比较。根据抽样结果，两年在被访者的绝望感分布情况上基本保持一致。

表5—111　2015年、2016年农村困难家庭被访者感到自己和家庭的未来没有希望的分布情况（%）

	2015年	2016年
经常有	17.62	17.13
有时有	19.29	17.81
很少有	12.68	15.50
从未有过	45.54	45.37
说不清	4.86	4.19
总计	100.00	100.00

（2）比较分析

表5—112进一步通过描述比较的方式，对比低保家庭和低保边缘家庭2016年农村困难家庭被访者感到自己和家庭未来没有希望的分布情况。比较结果显示，低保家庭和低保边缘家庭感到自己和家庭未来没有希望方面存在十分明显的差异（$P<0.01$）。低保家庭中存在这种情况的占比明显高于低保边缘家庭。

表5—112　2016年分人群农村困难家庭被访者感到自己和家庭未来没有希望的分布情况（%）

人群	经常有	有时有	很少有	从未有过	说不清
低保家庭	18.39	20.21	15.53	41.50	4.37
低保边缘家庭	15.48	14.70	15.56	50.27	3.99
$\chi^2=28.284$　　$P=0.000$					

3. 被访者的焦虑感

（1）描述分析与趋势分析

表5—113对农村困难家庭被访者感到情绪沮丧、心情焦虑的分布情况进行基本描述分析。根据调查结果显示，28.02%的被访者表示这一感觉从未有过，占比最大。

表5—113同时对2015年与2016年农村困难家庭被访者的焦虑感的发展趋势进行比较。根据抽样结果，两年在被访者的焦虑感分布情况上变化不大，从未有过感到情绪沮丧、心情焦虑感觉的比例略有下降。

表5—113　2015年、2016年农村困难家庭被访者感到情绪沮丧、心情焦虑的分布情况（%）

	2015年	2016年
经常有	26.73	26.05
有时有	27.69	27.88
很少有	13.01	15.98
从未有过	29.95	28.02
说不清	2.62	2.07
总计	100.00	100.00

（2）比较分析

表5—114进一步通过描述比较的方式，对比低保家庭和低保边缘家庭2016年农村困难家庭被访者感到情绪沮丧、心情焦虑的分布情况。比较结果显示，低保家庭和低保边缘家庭感到情绪沮丧、心情焦虑方面存在十分明显的差异（P<0.01）。低保家庭中存在这种现象的比重高于低保边缘家庭。

表 5—114　2016 年分人群农村困难家庭被访者感到情绪沮丧、心情焦虑的分布情况（%）

人群	经常有	有时有	很少有	从未有过	说不清
低保家庭	28.10	30.65	14.29	24.71	2.24
低保边缘家庭	23.26	24.28	18.19	32.40	1.87
$\chi^2 = 39.491$　　P = 0.000					

（二）农村困难家庭思想观念状况

1. 被访者的责任观念

（1）描述分析与趋势分析

表 5—115 对农村困难家庭被访者对个人应该承担更多的责任来养活自己这一观念的分布情况进行基本描述分析。根据调查结果显示，2016 年农村困难家庭中，81.49%的被访者表示同意这一观点。

表 5—115 同时对 2015 年与 2016 年农村困难家庭被访者的责任观念的发展趋势进行比较。根据抽样结果，两年在被访者的责任观念分布情况上基本稳定。

表 5—115　2015 年、2016 年农村困难家庭被访者认为个人应该承担更多的责任来养活自己分布情况（%）

	2015 年	2016 年
很同意	46.62	46.63
比较同意	35.34	34.86
不太同意	6.20	6.97
不同意	6.32	6.94
说不清	5.53	4.59
总计	100.00	100.00

（2）比较分析

表 5—116 进一步通过描述比较的方式，对比低保家庭和低保边缘家庭 2016 年农村困难家庭被访者个人应承担更多责任来养活自己观念的分布情况。比较结果显示，低保家庭和低保边缘家庭个人应承担更多责任来养活自己观念方面存在十分明显的差异（P<0. 01）。低保家庭同意这一观点的比重明显低于低保边缘家庭。

表 5—116　2016 年分人群农村困难家庭被访者个人应承担更多责任来养活自己的分布情况（%）

人群	很同意	比较同意	不太同意	不同意	说不清
低保家庭	44. 67	34. 67	7. 45	7. 88	5. 33
低保边缘家庭	49. 18	35. 21	6. 32	5. 70	3. 59
$\chi^2=14.274$　　P = 0. 006					

2. 被访者的奋斗观念

（1）描述分析与趋势分析

表 5—117 对农村困难家庭被访者对努力工作通常能够带来好生活这一观念的分布情况进行基本描述分析。根据调查结果显示，2016 年农村困难家庭中，90. 99%的被访者表示同意这一观点。

表 5—117 同时对 2015 年与 2016 年农村困难家庭被访者的奋斗观念的发展趋势进行比较。根据抽样结果，两年在被访者的奋斗观念分布情况上变化不大。

表 5—117　2015 年、2016 年农村困难家庭被访者认为努力工作通常能够带来好生活的分布情况（%）

	2015 年	2016 年
很同意	57. 79	59. 21

（续表）

	2015 年	2016 年
比较同意	32. 15	31. 78
不太同意	3. 57	3. 03
不同意	2. 96	3. 03
说不清	3. 53	2. 96
总计	100. 00	100. 00

（2）比较分析

表 5—118 进一步通过描述比较的方式，对比低保家庭和低保边缘家庭 2016 年农村困难家庭被访者努力工作能带来好生活观念的分布情况。比较结果显示，低保家庭和低保边缘家庭努力工作能带来好生活观念方面不存在明显的差异（P>0. 05）。

表 5—118　2016 年分人群农村困难家庭被访者努力工作能带来好生活情况（%）

人群	很同意	比较同意	不太同意	不同意	说不清
低保家庭	57. 51	32. 75	3. 45	3. 21	3. 09
低保边缘家庭	61. 51	30. 60	2. 42	2. 73	2. 73
$\chi^2=6.410$　　P=0. 171					

3. 被访者的平等观念

（1）描述分析与趋势分析

表 5—119 对农村困难家庭被访者对收入应该尽可能均等这一观念的分布情况进行基本描述分析。根据调查结果显示，2016 年农村困难家庭中，77. 43%的被访者表示同意这一观点。

表 5—119 同时对 2015 年与 2016 年农村困难家庭被访者的平等观念的发展趋势进行比较。根据抽样结果，两年在被访者的平等观念分布

情况上变化不大。

表 5—119　2015 年、2016 年农村困难家庭被访者收入应该尽可能均等的分布情况（%）

	2015 年	2016 年
很同意	45.10	40.13
比较同意	34.14	37.30
不太同意	5.69	7.62
不同意	4.80	7.15
说不清	10.27	7.79
总计	100.00	100.00

（2）比较分析

表 5—120 进一步通过描述比较的方式，对比低保家庭和低保边缘家庭 2016 年农村困难家庭被访者收入应该尽可能均等的观念分布情况。比较结果显示，低保家庭和低保边缘家庭收入应该尽可能均等观念方面不存在明显的差异（P>0.05）。

表 5—120　2016 年分人群农村困难家庭被访者收入应该尽可能均等的分布情况（%）

人群	很同意	比较同意	不太同意	不同意	说不清
低保家庭	39.72	37.05	8.13	6.97	8.13
低保边缘家庭	40.55	37.81	7.03	7.27	7.34
$\chi^2=2.017$　　P=0.733					

4. 被访者的人生观念

（1）描述分析与趋势分析

表 5—121 对农村困难家庭被访者对自己可以掌握自己的命运这一感觉的分布情况进行基本描述分析。根据调查结果显示，2016 年农村

困难家庭中，71.19%的被访者表示同意这一观点。

表5—121同时对2015年与2016年农村困难家庭被访者的人生观念的发展趋势进行比较。根据抽样结果，两年在被访者的人生观念分布情况上变化不大。

表5—121　2015年、2016年农村困难家庭被访者表示自己可以掌握自己的命运情况（%）

	2015年	2016年
很同意	41.11	40.65
比较同意	28.97	30.54
不太同意	9.16	9.35
不同意	12.06	12.55
说不清	8.70	6.90
总计	100.00	100.00

（2）比较分析

表5—122进一步通过描述比较的方式，对比低保家庭和低保边缘家庭2016年农村困难家庭被访者自己可以掌握自己的命运感觉的分布情况。比较结果显示，低保家庭和低保边缘家庭自己可以掌握自己的命运感觉方面存在十分明显的差异（$P<0.01$）。低保家庭中认同这一观点的比重明显低于低保边缘家庭。

表5—122　2016年分人群农村困难家庭被访者表示自己可以掌握自己的命运的分布情况（%）

人群	很同意	比较同意	不太同意	不同意	说不清
低保家庭	38.82	29.74	10.36	13.81	7.27
低保边缘家庭	43.05	31.56	8.05	11.02	6.33
$\chi^2=13.463$　　$P=0.009$					

（三）农村困难家庭经济状况变化情况

1. 描述分析与趋势分析

表5—123对农村困难家庭目前生活水平与一年前的比较进行基本描述分析。根据调查结果显示，2016年农村困难家庭中，42.59%的家庭表示基本没有变化，占比相对最大。

表5—123同时对2015年与2016年农村困难家庭的生活水平变化状况的发展趋势进行比较。根据抽样结果，两年在农村困难家庭目前生活水平与一年前比较分布情况上变化不大。

表5—123　2015年、2016年农村困难家庭目前生活水平与一年前比较的分布情况（%）

	2015年	2016年
好多了	10.25	12.54
好一些	25.77	26.51
基本没有变化	37.21	42.59
差一些	15.47	11.25
差多了	11.30	7.10
合计	100.00	100.00

2. 比较分析

表5—124进一步通过描述比较的方式，对比低保家庭和低保边缘家庭2016年农村困难家庭被访者经济状况变化的分布情况。比较结果显示，低保家庭和低保边缘家庭经济状况存在十分明显的差异（$P<0.01$）。低保家庭中认为家庭经济状况变好的比重明显高于低保边缘家庭。

表 5—124 2016 年分人群农村困难家庭经济状况变化的分布情况（%）

人群	好多了	好一些	基本没有变化	差一些	差多了
低保家庭	13.44	29.42	40.86	10.41	5.87
低保边缘家庭	11.24	22.87	44.89	12.33	8.67
$\chi^2=27.487$ P=0.000					

二、农村困难家庭社会参与状况

（一）参与社区/村公共事务的状况

1. 参与社区/村公共事务的意愿

（1）描述分析与趋势分析

表 5—125 对农村困难家庭被访者参与社区/村公共事务意愿的分布情况进行基本描述分析。根据调查结果显示，2016 年农村困难家庭中，有 70.41%的被访者表示愿意参与社区/村公共事务。

表 5—125 同时对 2015 年与 2016 年农村困难家庭参与社区/村公共事务的意愿的发展趋势进行比较。根据抽样结果，两年在农村困难家庭参与社区/村公共事务意愿分布情况上变化不大。

表 5—125 2015 年、2016 年农村困难家庭被访者参与社区/村公共事务意愿的分布情况（%）

	2015 年	2016 年
很愿意	46.35	43.86
比较愿意	24.52	26.55
一般	15.12	16.42

（续表）

	2015 年	2016 年
不太愿意	10.36	10.20
很不愿意	3.65	2.97
合计	100.00	100.00

（2）比较分析

表 5—126 进一步通过描述比较的方式，对比低保家庭和低保边缘家庭 2016 年农村困难家庭被访者参与社区事务意愿的分布情况。比较结果显示，低保家庭和低保边缘家庭参与社区事务意愿不存在明显的差异（P>0.05）。

表 5—126　2016 年分人群农村困难家庭被访者参与社区事务意愿分布情况（%）

人群	很愿意	比较愿意	一般	不太愿意	很不愿意
低保家庭	44.53	25.85	16.55	10.16	2.92
低保边缘家庭	42.99	27.49	16.37	10.18	2.98
$\chi^2=1.131$　　P=0.889					

2. 参加社区居委会换届选举活动

（1）描述分析与趋势分析

表 5—127 对农村困难家庭参加社区居委会换届选举活动情况进行基本描述分析。根据调查结果显示，2016 年农村困难家庭参加换届选举占比为 68.89%。

表 5—127 同时对 2015 年与 2016 年农村困难家庭参加社区居委会换届选举活动的发展趋势进行比较。根据抽样结果，两年在农村困难家庭参加社区居委会换届选举活动分布情况上变化不大。

表 5—127 2015 年、2016 年农村困难家庭参加社区居委会换届选举活动分布情况（%）

参加情况	2015 年	2016 年
有	73.17	68.89
没有	26.83	27.00
不关心	—	4.11
合计	100.00	100.00

（2）比较分析

表 5—128 进一步通过描述比较的方式，对比低保家庭和低保边缘家庭 2016 年农村困难家庭参加社区居委会换届选举活动的分布情况。比较结果显示，低保家庭和低保边缘家庭参加社区居委会换届选举活动不存在明显的差异（$P>0.05$）。

表 5—128 2016 年分人群农村困难家庭参加社区居委会换届选举活动分布情况（%）

人群	有	没有	不关心
低保家庭	69.55	26.21	4.24
低保边缘家庭	68.36	27.66	3.98
$\chi^2=0.822$　　$P=0.663$			

3. 参加社区事务监督活动状况

（1）描述分析与趋势分析

表 5—129 对农村困难家庭参加社区事务监督活动状况进行基本描述分析。根据调查结果显示，2016 年农村困难家庭参加社区事务监督活动占比为 16.81%。

表 5—129 同时对 2015 年与 2016 年农村困难家庭参加社区事务监

督活动的发展趋势进行比较。根据抽样结果，两年在农村困难家庭参加社区事务监督活动分布情况上变化不大。

表5—129　2015年、2016年农村困难家庭参加社区事务监督活动分布情况（%）

参加情况	2015年	2016年
有	17.38	16.81
没有	82.62	74.55
不关心	—	8.64
合计	100.00	100.00

（2）比较分析

表5—130进一步通过描述比较的方式，对比低保家庭和低保边缘家庭2016年农村困难家庭参加社区事务监督活动的分布情况。比较结果显示，低保家庭和低保边缘家庭参加社区事务监督活动不存在明显的差异（$P>0.05$）。

表5—130　2016年分人群农村困难家庭参加社区事务监督活动分布情况（%）

人群	有	没有	不关心
低保家庭	17.20	74.38	8.42
低保边缘家庭	16.42	74.59	8.99
$\chi^2=0.538$　　$P=0.764$			

4. 参加社区居务监督活动意愿

（1）描述分析与趋势分析

表5—131对农村困难家庭参加社区居务监督活动意愿状况进行基本描述分析。根据调查结果显示，2016年农村困难家庭愿意参加社区居务监督活动占比52.57%。

表5—131同时对2015年与2016年农村困难家庭参加社区居务监

督活动意愿的发展趋势进行比较。根据抽样结果，两年在农村困难家庭参加社区居务监督意愿活动分布情况上变化不大。

表5—131 2015年、2016年农村困难家庭参加社区居务监督活动意愿分布情况（%）

意愿情况	2015年	2016年
愿意	69.31	52.57
不愿意	30.69	29.50
不关心	—	17.93
合计	100.00	100.00

（2）比较分析

表5—132进一步通过描述比较的方式，对比低保家庭和低保边缘家庭2016年农村困难家庭参加社区居务监督活动的分布情况。比较结果显示，低保家庭和低保边缘家庭参加社区居务监督活动不存在明显的差异（P>0.05）。

表5—132 2016年分人群农村困难家庭参加社区居务监督活动意愿分布情况（%）

人群	愿意	不愿意	不关心
低保家庭	53.15	29.09	17.76
低保边缘家庭	51.80	29.92	18.28
$\chi^2=0.531$　P=0.767			

5. 参加社区文娱类活动状况

（1）描述分析与趋势分析

表5—133对农村困难家庭参加社区文娱类活动状况进行基本描述分析。根据调查结果显示，2016年农村困难家庭参加社区文娱类活动状况占比为13.24%。

表 5—133 同时对 2015 年与 2016 年农村困难家庭参加社区文娱类活动的发展趋势进行比较。根据抽样结果，两年在农村困难家庭参加社区文娱类活动分布情况上变化不大。

表 5—133　2015 年、2016 年农村困难家庭参加社区文娱类活动分布情况（%）

参加情况	2015 年	2016 年
有	13. 26	13. 24
没有	86. 74	79. 31
不关心	—	7. 45
合计	100. 00	100. 00

（2）比较分析

表 5—134 进一步通过描述比较的方式，对比低保家庭和低保边缘家庭 2016 年农村困难家庭参加社区文娱类活动状况的分布情况。比较结果显示，低保家庭和低保边缘家庭参加社区文娱类活动状况不存在明显的差异（P>0. 05）。

表 5—134　2016 年分人群农村困难家庭参加社区文娱类活动状况分布情况（%）

人群	有	没有	不关心
低保家庭	12. 62	80. 22	7. 16
低保边缘家庭	14. 05	78. 06	7. 88
$\chi^2=2.041$　　P = 0. 360			

6. 参加社区公益类活动状况

（1）描述分析与趋势分析

表 5—135 对农村困难家庭参加社区公益类活动状况进行基本描述分析。根据调查结果显示，2016 年农村困难家庭参加社区公益类活动状况占比为 13. 97%。

表 5—135 同时对 2015 年与 2016 年农村困难家庭参加社区公益类

活动的发展趋势进行比较。根据抽样结果，两年在农村困难家庭参加社区公益类活动分布情况上变化不大。

表 5—135　2015 年、2016 年农村困难家庭参加社区公益类活动状况分布情况（%）

参加情况	2015 年	2016 年
有	15.64	13.97
没有	84.36	79.61
不关心	—	6.42
合计	100.00	100.00

（2）比较分析

表 5—136 进一步通过描述比较的方式，对比低保家庭和低保边缘家庭 2016 年农村困难家庭参加社区公益类活动状况的分布情况。比较结果显示，低保家庭和低保边缘家庭参加社区公益类活动不存在明显的差异（$P>0.05$）。

表 5—136　2016 年分人群农村困难家庭参加社区公益类活动状况分布情况（%）

人群	有	没有	不关心
低保家庭	12.71	80.39	6.90
低保边缘家庭	15.61	78.53	5.85
$\chi^2=5.881$　　$P=0.053$			

7. 参加社区创建类活动状况

（1）描述分析与趋势分析

表 5—137 对农村困难家庭参加社区创建类活动状况进行基本描述分析。根据调查结果显示，2016 年农村困难家庭参加社区创建类活动状况占比为 15.79%。

表 5—137 同时对 2015 年与 2016 年农村困难家庭参加社区创建类活动的发展趋势进行比较。根据抽样结果，两年在农村困难家庭参加社区创建类活动分布情况上变化不大。

表 5—137　2015 年、2016 年农村困难家庭参加社区创建类活动状况分布情况（%）

参加情况	2015 年	2016 年
有	14. 80	15. 79
没有	85. 20	77. 60
不关心	—	6. 60
合计	100. 00	100. 00

（2）比较分析

表 5—138 进一步通过描述比较的方式，对比低保家庭和低保边缘家庭 2016 年农村困难家庭被访者参加社区创建类活动状况的分布情况。比较结果显示，低保家庭和低保边缘家庭参加社区创建类活动不存在明显的差异（P>0. 05）。

表 5—138　2016 年分人群农村困难家庭参加社区创建类活动状况分布情况（%）

人群	有	没有	不关心
低保家庭	15. 50	77. 78	6. 72
低保边缘家庭	16. 13	77. 37	6. 50
$\chi^2=0.253$　　P = 0. 881			

8. 参加社区公共事务维护类活动状况

（1）描述分析与趋势分析

表 5—139 对农村困难家庭参加社区公共事务维护类活动状况进行基本描述分析。根据调查结果显示，2016 年农村困难家庭参加社区公共事务维护类活动状况占比为 14. 26%。

表5—139同时对2015年与2016年农村困难家庭参加社区公共事务维护类活动的发展趋势进行比较。根据抽样结果，两年在农村困难家庭参加社区公共事务维护类活动分布情况上变化不大。

表5—139　2015年、2016年农村困难家庭参加社区公共事务维护类活动状况分布情况（%）

参加情况	2015年	2016年
有	14.85	14.26
没有	85.15	78.94
不关心	—	6.81
合计	100.00	100.00

（2）比较分析

表5—140进一步通过描述比较的方式，对比低保家庭和低保边缘家庭2016年农村困难家庭社区公共事务维护类活动状况的分布情况。比较结果显示，低保家庭和低保边缘家庭参加社区公共事务维护类活动不存在明显的差异（$P>0.05$）。

表5—140　2016年分人群农村困难家庭参加社区公共事务维护类活动状况分布情况（%）

人群	有	没有	不关心
低保家庭	13.76	79.33	6.91
低保边缘家庭	14.92	78.36	6.72
$\chi^2=0.810$　　$P=0.667$			

9. 参加社区网络互动状况

（1）描述分析与趋势分析

表5—141对农村困难家庭参加社区网络互动状况进行基本描述分

析。根据调查结果显示，2016 年农村困难家庭参加社区网络互动占比为 2.65%。

表 5—141 同时对 2015 年与 2016 年农村困难家庭参加社区网络互动的发展趋势进行比较。根据抽样结果，两年在农村困难家庭参加社区网络互动分布情况上变化不大。

表 5—141 2015 年、2016 年农村困难家庭参加社区网络互动状况分布情况（%）

参加情况	2015 年	2016 年
参加	1.01	2.65
没有参加	58.99	61.61
没有这些网络平台	40.00	29.37
不关心	—	6.36
合计	100.00	100.00

（2）比较分析

表 5—142 进一步通过描述比较的方式，对比低保家庭和低保边缘家庭 2016 年农村困难家庭参加社区网络互动状况的分布情况。比较结果显示，低保家庭和低保边缘家庭参加社区网络互动存在十分明显的差异（P<0.01）。低保家庭中参加社区网络互动的比重明显低于低保边缘家庭。

表 5—142 2016 年分人群农村困难家庭参加社区网络互动状况分布情况（%）

人群	有	没有	没有这些网络平台	不关心
低保家庭	1.76	61.24	29.62	7.39
低保边缘家庭	3.83	61.97	29.19	5.01
$\chi^2=18.220$　　P=0.000				

（二）农村困难家庭社会交往状况

1. 社会交往状况

（1）描述分析与趋势分析

表5—143对农村困难家庭认识的居委会人员数量进行基本描述分析。根据调查结果显示，2016年农村困难家庭平均认识的居委会人员数量为4.81个。

表5—143同时对2015年与2016年农村困难家庭认识的居委会人员数发展趋势进行比较。根据抽样结果，两年在农村困难家庭认识的居委会人员数分布情况上基本保持一致。

表5—143　2015年、2016年农村困难家庭认识的居委会人员数基本统计（个）

年份	均值	标准差	偏度	峰度
2015	4.68	2.86	3.77	35.20
2016	4.81	3.20	4.48	43.58

表5—144对农村困难家庭打招呼邻居数量进行基本描述分析。根据调查结果显示，2016年农村困难家庭平均打招呼邻居数量为85.67个。

表5—144同时对2015年与2016年农村困难家庭打招呼邻居数量发展趋势进行比较。根据抽样结果，两年在农村困难家庭打招呼邻居数量分布情况变化不大，打招呼邻居数量的均值略有下降。

表5—144　2015年、2016年农村困难家庭打招呼邻居数量基本统计（个）

年份	均值	标准差	偏度	峰度
2015	89.85	178.36	3.75	17.85
2016	85.67	161.29	3.66	18.14

表 5—145 对农村困难家庭登门居民数量进行基本描述分析。根据调查结果显示，2016 年农村困难家庭登门居民数量均值为 20.48 个。

表 5—145 同时对 2015 年与 2016 年农村困难家庭登门居民数量发展趋势进行比较。根据抽样结果，两年在农村困难家庭打招呼邻居数量分布情况基本一致。

表 5—145　2015 年、2016 年农村困难家庭登门居民数量基本统计（个）

年份	均值	标准差	偏度	峰度
2015	19.70	48.58	6.46	55.13
2016	20.48	53.59	6.12	47.33

表 5—146 对农村困难家庭可倾诉邻居数量进行基本描述分析。根据调查结果显示，2016 年农村困难家庭可倾诉邻居数量均值为 6.02 个。

表 5—146 同时对 2015 年与 2016 年农村困难家庭可倾诉邻居数量发展趋势进行比较。根据抽样结果，两年在农村困难家庭可倾诉邻居数量分布情况基本相同，打招呼邻居数量的均值均超过 5 人。

表 5—146　2015 年、2016 年农村困难家庭可倾诉邻居数量基本统计（个）

年份	均值	标准差	偏度	峰度
2015	5.64	12.13	5.22	35.62
2016	6.02	13.51	5.12	32.45

表 5—147 对农村困难家庭拜访邻居次数进行基本描述分析。根据调查结果显示，2016 年农村困难家庭平均拜访邻居次数为 7.93 次。

表 5—147 同时对 2015 年与 2016 年农村困难家庭拜访邻居次数发展趋势进行比较。根据抽样结果，两年在农村困难家庭拜访邻居次数分布情况基本一致。

表 5—147　2015 年、2016 年农村困难家庭拜访邻居次数基本统计（次）

年份	均值	标准差	偏度	峰度
2015	8.04	13.76	3.51	19.53
2016	7.93	13.60	3.53	19.65

表 5—148 对农村困难家庭邻居拜访次数进行基本描述分析。根据调查结果显示，2016 年农村困难家庭平均邻居拜访次数为 8.73 次。

表 5—148 同时对 2015 年与 2016 年农村困难家庭邻居拜访次数发展趋势进行比较。根据抽样结果，两年在农村困难家庭邻居拜访次数分布情况基本保持稳定。

表 5—148　2015 年、2016 年农村困难家庭邻居拜访次数基本统计（次）

年份	均值	标准差	偏度	峰度
2015	8.56	14.31	3.48	18.80
2016	8.73	14.24	3.49	19.10

表 5—149 对农村困难家庭委托他人帮忙次数进行基本描述分析。根据调查结果显示，2016 年农村困难家庭平均委托他人帮忙次数为 1.82 次。

表 5—149 同时对 2015 年与 2016 年农村困难家庭委托他人帮忙次数发展趋势进行比较。根据抽样结果，两年在农村困难家庭委托他人帮忙次数分布情况基本一致。

表 5—149　2015 年、2016 年农村困难家庭委托他人帮忙次数基本统计（次）

年份	均值	标准差	偏度	峰度
2015	1.53	1.36	2.17	5.71
2016	1.82	1.62	1.46	3.13

表 5—150 对农村困难家庭从邻居借到东西次数进行基本描述分析。根据调查结果显示，2016 年农村困难家庭平均从邻居借到东西次数为 1. 30 次。

表 5—150 同时对 2015 年与 2016 年农村困难家庭从邻居借到东西次数发展趋势进行比较。根据抽样结果，两年在农村困难家庭从邻居借到东西次数分布情况基本保持一致。

表 5—150　2015 年、2016 年农村困难家庭从邻居借到东西次数基本统计（次）

年份	均值	标准差	偏度	峰度
2015	1. 25	0. 96	3. 66	14. 36
2016	1. 30	1. 06	3. 21	11. 32

（2）比较分析

表 5—151 进一步通过描述比较的方式，对比低保家庭和低保边缘家庭 2016 年农村困难家庭认识的居委会人员数量。比较结果显示，低保家庭和低保边缘家庭平均认识的居委会人员数量不存在明显的差异（P>0. 05）。

表 5—151　2016 年分人群农村困难家庭认识的居委会人员数量（个）

人群	均值	标准差
低保家庭	4. 79	3. 02
低保边缘家庭	4. 85	3. 42
F = 0. 28　　P = 0. 600		

表 5—152 进一步通过描述比较的方式，对比低保家庭和低保边缘家庭 2016 年农村困难家庭打招呼邻居数量。比较结果显示，低保家庭和低保边缘家庭打招呼邻居数量存在十分明显的差异（P<0. 01）。低保家庭中平均家庭打招呼邻居数量明显低于低保边缘家庭。

表 5—152　2016 年分人群农村困难家庭打招呼邻居数量（个）

人群	均值	标准差
低保家庭	77.34	151.92
低保边缘家庭	96.42	172.45
F=9.06　　P=0.003		

表 5—153 进一步通过描述比较的方式，对比低保家庭和低保边缘家庭 2016 年农村困难家庭登门居民数量。比较结果显示，低保家庭和低保边缘家庭平均登门居民数量存在十分明显的差异（P<0.01）。低保家庭中家庭平均认识的居委会人员数量明显低于低保边缘家庭。

表 5—153　2016 年分人群农村困难家庭登门居民数量（个）

人群	均值	标准差
低保家庭	17.62	47.40
低保边缘家庭	24.17	60.54
F=10.34　　P=0.001		

表 5—154 进一步通过描述比较的方式，对比低保家庭和低保边缘家庭 2016 年农村困难家庭可倾诉邻居数量。比较结果显示，低保家庭和低保边缘家庭平均可倾诉邻居数量存在明显的差异（P<0.05）。低保家庭的可倾诉邻居数量明显低于低保边缘家庭。

表 5—154　2016 年分人群农村困难家庭可倾诉邻居数量（个）

人群	均值	标准差
低保家庭	5.52	12.78
低保边缘家庭	6.66	14.41
F=5.04　　P=0.025		

表 5—155 进一步通过描述比较的方式，对比低保家庭和低保边缘家庭 2016 年农村困难家庭平均拜访邻居次的分布情况。比较结果显示，低保家庭和低保边缘家庭平均拜访邻居次数不存在明显的差异（P>0.05）。

表 5—155　2016 年分人群农村困难家庭拜访邻居次数（次）

人群	均值	标准差
低保家庭	7.71	13.50
低保边缘家庭	8.18	13.74
F=0.83　　P=0.362		

表 5—156 进一步通过描述比较的方式，对比低保家庭和低保边缘家庭 2016 年农村困难家庭邻居拜访次数。比较结果显示，低保家庭和低保边缘家庭邻居平均拜访次数存在明显的差异（P<0.05）。低保家庭的邻居拜访次数明显低于低保边缘家庭。

表 5—156　2016 年分人群农村困难家庭邻居拜访次数（次）

人群	均值	标准差
低保家庭	8.14	13.51
低保边缘家庭	9.48	15.06
F=6.19　　P=0.013		

表 5—157 进一步通过描述比较的方式，对比低保家庭和低保边缘家庭 2016 年农村困难家庭委托他人帮忙次数。比较结果显示，低保家庭和低保边缘家庭平均委托他人帮忙次数不存在明显的差异（P>0.05）。

表 5—157　2016 年分人群农村困难家庭委托他人帮忙次数（次）

人群	均值	标准差
低保家庭	1.85	1.64
低保边缘家庭	1.78	1.59
F = 1.20　　P = 0.274		

表 5—158 进一步通过描述比较的方式，对比低保家庭和低保边缘家庭 2016 年农村困难家庭从邻居借到东西次数。比较结果显示，低保家庭和低保边缘家庭平均从邻居借到东西次数不存在明显的差异（P>0.05）。

表 5—158　2016 年分人群农村困难家庭从邻居借到东西次数（次）

人群	均值	标准差
低保家庭	1.30	1.06
低保边缘家庭	1.30	1.05
F = 0.00　　P = 0.947		

2. 社会交往意愿

（1）描述分析与趋势分析

表 5—159 对 2016 年农村困难家庭是否愿意与周边邻居或其他人打交道进行基本描述分析。根据调查结果显示，愿意与周边邻居或其他人打交道的农村困难家庭被访者占比为 91.81%。

表 5—159 同时对 2015 年与 2016 年农村困难家庭社会交往意愿发展趋势进行比较。根据抽样结果，两年在农村困难家庭是否愿意与周边邻居或其他人打交道分布情况上基本保持稳定。

表 5—159　2015 年、2016 年农村困难家庭是否愿意与周边邻居或其他人打交道的情况（%）

	2015 年	2016 年
很愿意	57. 62	57. 57
愿意	35. 37	34. 24
一般	4. 67	5. 37
不愿意	1. 55	2. 41
很不愿意	0. 79	0. 41
合计	100. 00	100. 00

（2）比较分析

表 5—160 进一步通过描述比较的方式，对比低保家庭和低保边缘家庭 2016 年农村困难家庭社会交往意愿的分布情况。比较结果显示，低保家庭和低保边缘家庭是否愿意与周边邻居打交道不存在明显的差异（P>0. 05）。

表 5—160　2016 年分人群农村困难家庭是否愿意与周边邻居打交道的分布情况（%）

人群	很愿意	愿意	一般	不愿意	很不愿意
低保家庭	56. 09	35. 13	5. 69	2. 67	0. 42
低保边缘家庭	59. 64	32. 94	5. 00	2. 03	0. 39
$\chi^2=4.481$　　P = 0. 345					

三、农村困难家庭社会融合状况

1. 描述分析与趋势分析

表 5—161 对 2016 年农村困难家庭遭受社区/村里其他人歧视的程度进行基本描述分析。根据调查结果显示，认为完全没有歧视的农村困

难家庭占比最大，达到了 64.84%。

表 5—161 同时对 2015 年与 2016 年农村困难家庭遭受歧视情况的发展趋势进行比较。根据抽样结果，两年在农村困难家庭遭受歧视情况分布变化幅度不大。

表 5—161　2015 年、2016 年农村困难家庭遭受歧视情况（%）

遭受歧视状况	2015 年	2016 年
很严重	2.66	2.84
较为严重	3.00	2.66
一般	11.06	13.70
有一些歧视	16.19	15.95
完全没有	67.09	64.84
合计	100.00	100.00

2. 比较分析

表 5—162 进一步通过描述比较的方式，对比低保家庭和低保边缘家庭 2016 年农村困难家庭遭受社区/村里其他人歧视程度的分布情况。比较结果显示，低保家庭和低保边缘家庭遭受社区里其他人歧视程度存在十分明显的差异（P<0.01）。低保家庭中完全没有遭受社区里其他人歧视的比例明显低于低保边缘家庭。

表 5—162　2016 年分人群农村困难家庭遭受社区/村里其他人歧视程度的分布情况（%）

人群	很严重	较为严重	一般	有一些	完全没有
低保家庭	2.86	3.10	14.36	17.46	62.23
低保边缘家庭	2.83	2.04	12.79	14.05	68.29
$\chi^2 = 13.630$　　P = 0.009					

第五节　本章小结

一、农村困难家庭人口状况研究结论

（一）描述分析结论

2016年农村困难家庭的平均家庭成员数为3.18人，家庭成员数在5人及以内的占农村困难家庭的90.68%。在性别与年龄方面，女性成员数占比47.61%，男性成员数占比52.39%，家庭成员年龄在16岁到59岁的所占比例最高，为53.90%。在婚姻状况方面，农村困难家庭婚姻状况为已婚和未婚的所占比例较高。在文化程度方面，农村困难家庭文化程度大都集中在没上过学、小学、初中、高中、中专。在政治面貌方面，群众占比最高，为88.94%。在收入状况方面，无收入的家庭成员占据较大比重，所占比例为61.92%。在民族与宗教信仰方面，汉族占据绝对比重，达93.42%，其他民族占比6.58%；没有宗教信仰占比较大，达91.79%，在有宗教信仰的成员中，信仰佛教的成员相对较多，占3.86%。在家庭劳动结构方面，农村困难家庭的平均家庭劳动力人口数为1.17人，家庭劳动人口占家庭规模比重均值为31.71%。

（二）趋势分析结论

2016年农村困难家庭人口性别分布情况、家庭成员人口平均数、年龄分布情况、婚姻状况、文化程度、宗教信仰、劳动人口数等多方面基本与2015年保持一致。此外，在家庭成员政治面貌这一维度上，2016年家庭成员为中共党员、团员的所占比例有所提高，群众的所占比例相对减少。在家庭人口收入状况方面，2016 年无收入的家庭成员所占比例有所降低。

（三）比较分析结论

在家庭成员数方面，相比于低保边缘家庭，低保家庭更倾向于以小规模家庭为主。在性别方面，低保家庭和低保边缘家庭不存在明显的差异。在年龄方面，低保家庭成员在 16 岁到 59 岁的占比为 52. 49%，而低保边缘家庭同类比例为 55. 6%，两者相差 3. 15%。在婚姻状况方面，相比于低保边缘家庭，低保家庭未婚、离婚、丧偶的占比更高。在文化程度方面，低保家庭成员文化程度相对低于低保边缘家庭。在政治面貌方面，低保家庭成员为群众的占比更高。在收入状况方面，低保家庭成员无收入所占比例高于低保边缘家庭 9. 52%。在民族与宗教信仰方面，低保家庭成员为汉族的占比高于低保边缘家庭，没有宗教信仰的占比低于低保边缘家庭。在家庭人口劳动结构方面，低保边缘家庭的家庭劳动人口数、劳动人口占家庭规模比重，均高于低保家庭。

二、农村困难家庭经济状况研究结论

（一）描述分析结论

在家庭收入状况方面，2015 年农村困难家庭的平均年收入总额为 10653. 80 元，人均年收入总额为 3539. 65 元。在收入来源方面，农村困难家庭收入最主要的来源为转移性收入和劳动收入，结构占比分别为 45. 94%和 36. 85%。在家庭支出状况方面，2015 年农村困难家庭的平均年支出总额为 27062. 90 元，人均年支出总额为 9103. 77 元。在支出结构方面，家庭消费支出中，平均生活消费支出是最主要的支出，占比为 88. 00%。其中，平均食品支出和平均医疗支出占据较大比例，分别为

33.21%和31.46%。在恩格尔系数方面，农村困难家庭的平均恩格尔系数为33.21%。在财产状况方面，农村困难家庭的平均储蓄水平为877.33元，平均欠债金额为20013.80元，2015年平均新增债务为15488.14元，62.92%的农村困难家庭借债的最主要原因为看病。在土地状况方面，2016年农村困难家庭平均拥有土地亩数为3.39亩，平均实际种植亩数为2.35亩。在住房状况方面，2016年农村困难家庭现住房来源主要为自建房，占比为75.74%；89.45%以上的建房时间为改革开放后至今；目前，人均住房面积为33.72平方米，当时建房花费为25597.83元；35.54%为危房，约60%的农村困难家庭对当前家庭居住环境感到非常满意或较满意。在住房预期方面，8.97%的农村困难家庭在近两年有自建或自购房打算，平均预计花费9.69万元。在耐用消费品拥有情况方面，农村困难家庭拥有彩色电视机、洗衣机、冰箱和电动自行车的占比最高。

（二）趋势分析结论

在家庭年收入水平方面，与2014年相比，2015年的家庭平均年收入与人均年收入基本保持稳定，略有提高。在收入来源结构方面，2015年农村困难家庭在劳动收入占比方面略有提升，在经营性收入占比方面略有下降。在家庭年支出水平方面，2015年农村困难家庭的家庭年平均支出水平与人均支出水平均略有提高。在家庭年支出结构方面，平均生活消费支出占比、平均其他收入占比略有下降，而平均转移性支出占比、平均资产性支出占比略有提高。2015年，平均家庭恩格尔系数有一定程度的下降。

在财产状况方面，2016年农村困难家庭的平均储蓄水平略有提升，欠债情况有较大程度的提高。与2014年相比，2015年农村困难家庭平均新增债务基本保持稳定，略有提升。在借债原因方面，借债原因为看病的占比有一定程度的下降，借债原因为买房、租房或修建房的占比则有一定程度的提高。在土地拥有状况方面，拥有土地亩数与实际种植亩数的均值都有一定程度的提升。

在住房来源方面，住房来源为自建房的占比有一定程度的下降，来源为政府补贴建房的占比有一定程度的提升。在平均住房面积和建造费用方面，2015 年与 2016 年没有明显变化。在建房花费方面，2016 年略有提升。在住房质量及满意度方面，2016 年农村家庭是危房的占比有一定程度的下降。在住房满意度方面，2015 年与 2016 年的满意度保持一致，没有明显变化。

（三）比较分析结论

在家庭年收入水平方面，低保家庭和低保边缘家庭相差不大。在收入来源方面，低保边缘家庭在平均劳动收入、平均经营收入方面要明显高于低保家庭。而在平均转移性收入方面，低保边缘家庭要明显低于低保家庭。在平均财产性收入及平均其他收入方面两类家庭没有明显的区别。在家庭年平均支出水平方面，低保边缘家庭的户均年支出总额和人均年支出总额，均明显高于低保家庭。在支出结构方面，低保边缘家庭的平均生活消费支出、平均转移性支出、平均其他支出要明显高于低保家庭。在平均资产、经营性支出方面，低保家庭与低保边缘家庭不存在明显的差异。低保家庭的平均恩格尔系数高于低保边缘家庭。

在财产状况方面，低保家庭平均储蓄水平与欠债水平均明显低于低保边缘家庭，2015 年平均新增债务也低于低保边缘家庭。相比于低保边缘家庭，低保家庭的主要借债原因更集中于看病。在土地状况方面，低保边缘家庭平均拥有土地亩数和实际种植亩数均高于低保边缘家庭。

在住房来源方面，低保家庭现住房来源为自建房的占比，明显低于低保边缘家庭，但在现住房来源为政府拆迁安置房方面，低保家庭的占比要明显高于低保边缘家庭。在平均住房面积方面，低保边缘家庭与低保家庭不存在明显的差异，但在建房花费方面，低保边缘家庭明显高于低保家庭。在住房质量方面，低保家庭住房为危房的比例高于低保边缘家庭。在住房满意度方面，低保家庭对居住环境的满意度明显高于低保边缘家庭。在住房预期方面，低保边缘家庭在近两年有自建或自购房打算的比例均值更高，且预计花费也更高。

三、农村困难家庭医疗与就业状况研究结论

（一）描述分析结论

在家庭成员患慢性病情况方面，60.77%的农村困难家庭中有成员患慢性病，2015年平均慢性病花费为11226.27元，平均医疗保险报销费用为3027.68元。在家庭成员患大病情况方面，24.86%的农村困难家庭中有成员患大病，2015年平均大病花费为31234.12元，平均医疗保险报销费用为9677.95元，此外，2015年农村困难家庭平均因大病借债13191.33元。在家庭成员健康分布方面，27.91%的家庭成员健康状况为很好或较好。在家庭残疾人数方面，37.78%的农村困难家庭中有残疾人，其中，以残疾二级（中度）为主，所占比例为11.23%。45.93%的残疾成员目前领取残疾补贴。在长期照料方面，34.34%的农村困难家庭中有成员需要长期照料，其中，94.86%选择由家人或亲属照料的照料方式。

农村困难家庭被访者就业状况主要集中于在乡务农为主、年老不参加劳动、在乡打零工为主、劳动年龄但丧失劳动能力，家庭成员就业状况主要集中于在乡务农为主、年老不参加劳动、在校学生。最主要收入人最近从事的职业类型主要集中于无业，农、林、牧、渔、水利业生产人员和不便分类的其他从业人员。其中，农、林、牧、渔、水利业生产

人员占比最大，所占比例达到34.59%。其次，无业的占比为32.14%；而其他职业类型均占比较小。家庭最主要收入人最近从事工作所属行业主要集中于农、林、牧、渔业，未就业，其他和建筑业。农村困难家庭所在村庄青少年外出打工达到75%以上的，占比为25.42%，带来的影响主要为开阔了眼界、学习到了技能、增加了本村与外界的联系。

（二）趋势分析结论

在农村困难家庭医疗状况方面，2015年与2016年基本保持一致。两年内农村困难家庭患慢性病人数的分布情况基本相同。此外，2016年家庭成员中存在患慢性病成员所占比例相较2015年略有升高。2015年家庭成员平均慢性病花费及报销相较2014年也略有提升。两年内家庭成员患大病人数的分布情况则基本保持稳定。家中无人患大病的情况占据较大比重，且所占比例均超过70%。家庭成员健康状况的分布情况变化不明显。其中，身体健康状况为一般的均占较大比重。就残疾情况而言，两年内家庭成员残疾人数的分布情况基本保持一致，2016年残疾一级（重度）、残疾二级（中度）所占比例略有提高。另外，2016年农村困难家庭中需要长期照料的家庭成员无人照料的情况有所增加，照料方式中送养老院等专门机构照料所占比例略有降低。

（三）比较分析结论

在家庭成员患慢性病情况和患大病情况方面，低保家庭和低保边缘家庭无显著差异。在家庭成员健康分布方面，低保边缘家庭成员的健康状况相对好于低保家庭成员。在家庭残疾人数方面，低保边缘家庭中残疾人数相对少于低保家庭，同时，残疾程度轻于低保家庭，领取残疾补贴人数也少于低保家庭。在长期照料方面，低保家庭中需要长期照料人数高于低保边缘家庭，且无人照料的占比更高。

在农村困难家庭就业状况方面，相比于低保边缘家庭，低保家庭被访者和家庭成员就业状况更集中于年老不参加劳动、劳动年龄但丧失劳动能力；相比于低保边缘家庭，低保家庭最主要收入人最近从事的职业类型更集中于无业；相比于低保边缘家庭，低保家庭最主要收入人最近从事工作所属行业更集中于未就业。

四、农村困难家庭社会心态、社会参与状况研究结论

（一）描述分析结论

在被访者的自卑感方面，47.62%的被访者表示从未有过在与人交往中感觉自卑。在被访者的绝望感方面，45.37%的被访者表示从未感到自己和家庭的未来没有希望。在被访者的焦虑感方面，28.02%的被访者表示从未感到情绪沮丧、心情焦虑。在被访者的责任观念方面，46.63%的被访者表示很同意个人应该承担更多的责任来养活自己。在被访者的奋斗观念方面，59.21%的被访者表示很认同努力工作通常能够带来好生活。在被访者的平等观念方面，40.13%的被访者表示很同意收入应该尽可能均等。在被访者的人生观念方面，40.65%的被访者表示很同意自己可以掌握自己的命运。在经济状况变化方面，12.54%的家庭表示目前生活水平与一年前的相比较好多了。

在参与社区/村公共事务的意愿方面，43.86%的被访者表示很愿意参与社区/村公共事务，68.89%参加社区居委会换届选举活动，16.81%参加社区事务监督活动，52.57%表示愿意参加社区居务活动，13.24%参加社区文娱类活动，13.97%参加社区公益类活动，15.79%参加社区创建类活动，14.26%参加社区公共社区维护类活动，2.65%参加社区网络互动。在社会交往状况方面，农村困难家庭平均认识4.81个居委会人员，登门居民数量平均为20.48个，可倾

诉邻居数量平均为6.02个，拜访邻居次数平均为7.93次，邻居拜访次数平均为8.73次，委托他人帮忙次数平均为1.82次，从邻居借到东西次数平均为1.30次。57.57%的农村困难家庭很愿意与周边邻居或其他人打交道。在社会融合方面，农村困难家庭表示遭受到很严重和较为严重歧视的占比总计为5.50%。

（二）趋势分析结论

与2015年相比，2016年在农村困难家庭心理观念状况方面，被访者的自卑感、绝望感、焦虑感的分布情况基本保持稳定，从未有过感到情绪沮丧、心情焦虑感觉的比例略有下降。在被访者的责任观念、奋斗观念、人生观念方面与2015年基本保持一致，2016年很同意努力工作通常能够带来好生活感觉的比例略有提升了1.42%。很同意收入应该尽可能均等感觉的比例略有下降，下降了4.97%。在经济状况变化方面，农村困难家庭目前生活水平与一年前比较分布情况上略有变化，认为目前生活水平与一年前比较基本没有变化的比例略有增加，增加了5.38%。

在社会参与状况方面，社区公益类、社区文娱类、社区创建类活动、社区公共事务维护类活动、社区网络互动较2015年相比略有下降。在社会交往状况方面，登门居民、可倾诉邻居数量，拜访邻居和邻居拜访次数基本保持一致。打招呼邻居数量的均值略有下降，下降了4.18%。

在社会交往意愿方面，愿意与周边邻居或其他人打交道的分布情况上基本保持稳定。而遭受歧视情况分布情况变化幅度不大，完全没有遭受歧视的比例略有下降，下降了2.25%。

（三）比较分析结论

在被访者的自卑感、绝望感、焦虑感方面，低保家庭和低保边缘家庭存在十分明显的差异。在被访者的责任观念、奋斗观念、平等观念、人生观念方面，低保家庭和低保边缘家庭不存在明显的差异。在经济状况变化方面，低保家庭和低保边缘家庭存在十分明显的差异，低保家庭认为目前生活水平与一年前比较好多了或好一些的比例高于低保边缘家庭。

在参与社区/村公共事务的意愿方面，低保家庭被访者表示很愿意和比较愿意的比例低于低保边缘家庭。在参加社区居委会换届选举活动、社区事务监督活动、社区居务监督活动意愿、社区文娱类活动、社区创建类活动、社区公共事务维护类活动低保家庭和低保边缘家庭不存在明显的差异，社区公益类活动、社区网络互动方面存在十分明显的差异。相比于低保家庭，低保边缘家庭打招呼邻居数量更多，委托他人帮忙更少。在社会交往意愿方面，低保家庭很愿意与周边邻居或其他人打交道的比例为 56.09%，低保边缘家庭很愿意与周边邻居或其他人打交道的比例为 59.64%。在社会融合方面，低保家庭和低保边缘家庭存在十分明显的差异，低保家庭受到社区/村里其他人歧视更为严重。

第六章　农村困难家庭社会救助政策运行状况与评估

第一节　农村困难家庭最低生活保障制度运行状况与评估

一、农村困难家庭最低生活保障制度运行状况

（一）农村困难家庭申请低保状况

1. 是否申请过低保描述分析与趋势分析

表6—1对2016年农村困难家庭申请低保状况进行基本描述分析。根据调查结果显示，2016年农村困难家庭中，有84.06%申请过低保。

表6—1同时对2015年与2016年申请低保状况的发展趋势进行比较。根据抽样结果，2016年的低保申请比例较2015年有了提高。

表 6—1　2015 年、2016 年农村困难家庭申请低保状况的分布情况（%）

	2015 年	2016 年
是	78.79	84.06
否	21.21	15.94
合计	100.00	100.00

2. 最初申请低保时间描述分析

表 6—2 对 2016 年申请过低保的家庭最初申请低保时间进行基本描述分析。根据调查结果显示，2016 年选择在 2014—2016 年间申请低保的家庭占比最多，达到 35.17%。

表 6—2　2016 年申请过低保的家庭最初申请低保时间的分布情况（%）

最初申请低保的时间	有效百分比	累计百分比
1997—2001 年	4.50	4.50
2002—2006 年	11.04	15.55
2007—2011 年	29.19	44.74
2012—2013 年	20.10	64.83
2014—2016 年	35.17	100.00
合计	100.00	

3. 是否成功申请低保描述分析与趋势分析

表 6—3 对 2016 年农村困难家庭是否成功申请低保状况进行基本描述分析。根据调查结果显示，农村困难家庭成功申请低保的占 78.99%。

表 6—3 同时对 2015 年与 2016 年农村困难家庭是否成功申请低保状况进行趋势分析。根据抽样结果，2016 年农村困难家庭成功申请低保的比例较 2015 年有所提升。

表6—3 2015年、2016年农村困难家庭是否成功申请低保的分布情况（%）

	2015年	2016年
是	74.14	78.99
否	25.86	21.01
合计	100.00	100.00

4. 申请低保未获批准的最主要原因分析

表6—4对2016年农村困难家庭申请低保未获批准的最主要原因进行基本描述分析。根据调查结果显示，34.68%的农村困难家庭表示不知道未获批准的最主要原因；31.02%的农村困难家庭是由于不符合条件而未获批准。

表6—4同时对2015年与2016年农村困难家庭申请低保未获批准的最主要原因进行趋势分析。根据抽样结果，在这两年中，农村困难家庭在申请低保未获批准最主要原因方面的比例基本保持一致。

表6—4 2015年、2016年农村困难家庭申请低保未获批准的最主要原因分布情况（%）

	2015年	2016年
不符合条件	30.10	31.02
其他人家庭更贫困	14.86	9.83
低保评审不合理	14.13	13.87
不知道	—	34.68
其他	40.91	10.60
合计	100.00	100.00

5. 未申请低保的最主要原因描述分析与趋势分析

表 6—5 对 2016 年农村困难家庭未申请低保的最主要原因进行基本描述分析。根据调查结果显示，因不符合条件而未申请低保的农村困难家庭占比最大，达到 44.87%。

表 6—5 同时对 2015 年与 2016 年农村困难家庭未申请低保的最主要原因进行趋势分析。根据抽样结果，农村困难家庭未申请低保主要原因仍为不了解相关政策及不符合条件，但两者占比有一定变化，其中不了解相关政策的占比有所下降，而不符合条件的占比则有所上升。

表 6—5 2015 年、2016 年农村困难家庭未申请低保的最主要原因分布情况（%）

	2015 年	2016 年
不了解相关政策	30.29	21.37
不符合条件	39.19	44.87
手续太麻烦	3.38	5.13
顾及面子，自力更生，不想吃低保	16.67	12.39
不想提供家庭经济情况	0.68	0.85
其他	9.80	15.38
合计	100.00	100.00

（二）农村困难家庭享受低保状况

1. 是否享受过低保描述分析与趋势分析

表 6—6 对 2016 年农村困难家庭是否享受过低保进行基本描述分析。根据调查结果显示，2016 年农村困难家庭中，享受过低保的占 66.58%。

表 6—6 同时对 2015 年与 2016 年农村困难家庭是否享受过低保的发展趋势进行比较。根据抽样结果，2016 年享受过低保的农村困难家庭较 2015 年有所增加。

表 6—6 2015 年、2016 年农村困难家庭是否享受过低保的分布情况（%）

	2015 年	2016 年
是	57. 13	66. 58
否	42. 87	33. 42
合计	100. 00	100. 00

2. 享受低保的时间

（1）第一次享受低保的时间描述分析

表 6—7 对 2016 年农村困难家庭第一次享受低保的年份进行基本描述分析。根据调查结果显示，32. 88%的农村困难家庭在 2007—2011 年之间第一次享受低保。

表 6—7 2016 年农村困难家庭第一次享受低保的年份的分布情况（%）

第一次享受低保的时间	有效百分比	累计百分比
1997—2001 年	4. 50	4. 50
2002—2006 年	11. 96	16. 47
2007—2011 年	32. 88	49. 34
2012—2013 年	21. 84	71. 19
2014—2016 年	28. 81	100. 00
合计	100. 00	

（2）累计享受低保月数描述分析与趋势分析

表 6—8 对 2016 年累计享受低保月数进行基本描述分析。根据调查结果显示，2016 年累计享受低保月数的均值为 55. 83。

表 6—8 同时对 2015 年与 2016 年累计享受低保月数的发展趋势进行比较。根据抽样结果，在这两年中，农村困难家庭累计享受低保月数的均值基本保持稳定。

表 6—8　2015 年、2016 年累计享受低保月数的基本统计（月）

年份	均值	标准差	偏度	峰度
2015	56.28	43.47	1.34	5.03
2016	55.83	47.56	1.24	4.35

(3) 退保次数描述分析与趋势分析

表 6—9 对 2016 年农村困难家庭低保退出次数进行基本描述分析。根据调查结果显示，2016 年农村困难家庭退保次数均值为 0.23。

表 6—9 同时对 2015 年与 2016 年农村困难家庭低保退出次数进行趋势分析。根据抽样结果，在这两年中，农村困难家庭在退保次数方面的均值基本保持一致。

表 6—9　2015 年、2016 年农村困难家庭低保退出次数的基本统计（次）

年份	均值	标准差	偏度	峰度
2015	0.21	0.45	2.92	20.11
2016	0.23	0.51	3.67	30.86

3. 目前享受低保状况描述分析与趋势分析

表 6—10 对 2016 年农村困难家庭目前的低保享受状况进行基本描述分析。根据调查结果显示，2016 年农村困难家庭中，56.34% 目前还在享受低保，目前未享受低保的占 43.66%。

表 6—10 同时对 2015 年与 2016 年农村困难家庭目前的低保享受状况进行趋势分析。根据抽样结果，2016 年享受低保的农村困难家庭较 2015 年有所增加。

表 6—10　2015 年、2016 年农村困难家庭目前是否还享受低保的分布情况（%）

	2015 年	2016 年
是	49.79	56.34
否	50.21	43.66

4. 农村低保家庭每月领取低保金数额描述分析与趋势分析

表 6—11 对 2016 年农村低保家庭每月领取低保金数额进行基本描述分析。根据调查结果显示，2016 年农村低保家庭每月领取低保金数额的平均水平为 354.30 元。

表 6—11 同时对 2015 年与 2016 年农村低保家庭每月领取低保金数额的发展趋势进行比较。根据抽样结果，2016 年农村低保家庭每月领取的低保金数额相对 2015 年有所增加。

表 6—11　2015 年、2016 年农村低保家庭每月领取低保金数额的基本统计（元）

年份	均值	标准差	偏度	峰度
2015	314.63	269.83	2.44	13.97
2016	354.30	313.73	2.25	11.66

（三）农村困难家庭低保金享受待遇

1. 农村困难家庭是否享受低保金

（1）描述分析与趋势分析

表 6—12 对 2015 年农村困难家庭低保金享受情况进行基本描述分析。根据调查结果显示，2015 年曾经享受过低保的占 58.06%。

表 6—12 同时对 2014 年与 2015 年农村困难家庭低保金享受情况进行趋势分析。根据抽样结果，2015 年农村困难家庭曾经享受低保金的比例较 2014 年有所提升。

表 6—12　2014 年、2015 年农村困难家庭曾经享受低保金的分布情况（%）

	2014 年	2015 年
是	51.84	58.06
否	48.16	41.94
合计	100.00	100.00

（2）比较分析

表 6—13 进一步通过描述比较的方式，对比 2015 年低保家庭和低保边缘家庭低保金享受的状况。比较结果显示，低保家庭和低保边缘家庭在这一方面存在十分明显的差异（P<0.01）。低保家庭中享有低保金的比重远高于低保边缘家庭中。

表 6—13　2015 年农村困难家庭是否曾经享受低保金的分布情况（%）

人群	有	没有
低保家庭	92.37	7.63
低保边缘家庭	13.58	86.42
$\chi^2=1800.000$　　P=0.000		

2. 农村困难家庭享受低保金数额

（1）描述分析与趋势分析

表 6—14 对 2015 年农村困难家庭享受低保金数额进行基本描述分析。根据调查结果显示，2015 年农村困难家庭低保金的平均享受水平为 3919.60 元。

表 6—14 同时对 2014 年与 2015 年农村困难家庭享受低保金数额进行趋势分析。根据抽样结果，2015 年农村困难家庭低保金的平均享受水平较 2014 年有所提升。

表 6—14　2014 年、2015 年农村困难家庭享受低保金数额的基本统计（元）

年份	均值	标准差	偏度	峰度
014	3446. 35	2799. 55	1. 92	8. 59
2015	3919. 60	3480. 76	2. 21	11. 002

（2）比较分析

表 6—15 进一步通过描述比较的方式，对比 2015 年低保家庭和低保边缘家庭低保金享受数额的状况。比较结果显示，低保家庭和低保边缘家庭在这一方面存在十分明显的差异（P<0. 01）。低保家庭的低保金平均享受水平明显高于低保边缘家庭，相差 1106. 51 元。

表 6—15　2015 年农村困难家庭享受低保金数额的基本统计（元）

人群	均值	标准差
低保家庭	4033. 05	3500. 78
低保边缘家庭	2926. 54	3146. 51
F = 15. 20　　P = 0. 000		

（四）低保管理状况

1. 农村低保工作人员核查家庭收入和财产情况的周期描述分析与趋势分析

表 6—16 对 2016 年低保工作人员核查家庭收入和财产状况的周期进行基本描述分析。根据调查结果显示，平均核查周期为 6. 40 个月。

表 6—16 同时对 2015 年与 2016 年低保工作人员核查家庭收入和财产状况的周期进行趋势分析。根据抽样结果，在这两年中，农村低保工作人员的核查周期基本保持稳定。

表 6—16　2015 年、2016 年低保工作人员核查家庭收入和财产状况的周期基本统计（月）

年份	均值	标准差	偏度	峰度
2016	6. 40	4. 50	0. 13	1. 52
2015	6. 24	4. 47	0. 21	1. 54

2. 农村低保家庭领取低保金的方式描述分析与趋势分析

表 6—17 对 2016 年农村低保家庭低保金领取方式进行基本描述分析。根据调查结果显示，2016 年农村低保家庭中，大部分选择到银行或邮局柜台领取，比例为 96. 85%。

表 6—17 同时对 2015 年与 2016 年农村低保家庭低保金领取方式的发展趋势进行比较。根据抽样结果，在这两年中，农村低保家庭在低保金领取方式方面的比例基本保持稳定。

表 6—17　2015 年、2016 年农村低保家庭低保金领取方式的分布情况（%）

	2015 年	2016 年
通过社区/村委员会领取	1. 53	1. 75
到银行或邮局柜台领取	96. 70	96. 85
工作人员送到手上	0. 43	0. 30
其他	1. 34	1. 09
合计	100. 00	100. 00

3. 所在社区/村对低保审批的公示情况描述分析与趋势分析

表 6—18 对 2016 年农村困难家庭所在社区/村低保审批公示情况进行基本描述分析。根据调查结果显示，2016 年农村困难家庭所在社区/村中，公示低保审批情况的占 81. 35%。

表6—18同时对2015年与2016年农村困难家庭所在社区/村低保审批公示情况进行趋势分析。根据抽样结果，在这两年中，农村困难家庭所在社区/村在低保审批公示方面的比例基本保持稳定。

表6—18 2015年、2016年农村困难家庭所在社区/村低保审批公示情况的分布情况（%）

	2015年	2016年
不知道	5.63	—
是	78.60	81.35
否	16.04	18.65
合计	100.00	100.00

二、农村困难家庭最低生活保障制度运行评估

（一）低保制度效果评估

1. 低保金对解决生活困难家庭的帮助程度描述分析与趋势分析

表6—19对2016年低保金对解决生活困难家庭的帮助程度进行基本描述分析。根据调查结果显示，认为低保金对解决生活困难的作用很大的比重最大，占比为55.48%。

表6—19同时对2015年与2016年低保金对解决农村困难家庭的帮助程度进行趋势分析。根据抽样结果，在这两年中，农村困难家庭对低保金的作用评价基本保持一致。

表6—19 2015年、2016年低保金对解决生活困难家庭的帮助程度的分布情况（%）

	2015年	2016年
作用很大	56.55	55.48

（续表）

	2015 年	2016 年
作用比较大	20.06	19.31
作用一般	16.68	20.18
作用比较小	4.25	3.07
作用很小	2.46	1.95
合计	100.00	100.00

2. 农村低保家庭对低保及低保配套优惠政策效果评价描述分析与趋势分析

表 6—20 对 2016 年农村低保家庭对低保及低保配套优惠政策效果进行基本描述分析。根据调查结果显示，认为低保金作用更大的占比 75.95%；其次为有低保证，获得的医疗、教育、住房等专项救助，占比 16.34%。

表 6—20 同时对 2015 年与 2016 年农村低保家庭对低保及低保配套优惠政策效果进行趋势分析。根据抽样结果，在这两年中，农村低保家庭对低保及低保配套优惠政策效果的评价基本保持一致。

表 6—20　2015 年、2016 年农村低保家庭认为下列哪方面作用更大的分布情况（%）

	2015 年	2016 年
低保金	76.82	75.95
低保配套优惠政策（如可享受水电暖费减免、帮扶）	3.81	6.01
有低保证，获得的医疗、教育、住房等专项救助	17.81	16.34
其他	1.55	1.70
合计	100.00	100.00

（二）低保制度问题分析

1. 对低保公示制度的态度

（1）描述分析与趋势分析

表6—21对2016年农村困难家庭对低保公示制度的态度进行基本描述分析。根据调查结果显示，86.52%的农村困难家庭表示赞成低保公示制度。

表6—21同时对2015年与2016年农村困难家庭对低保公示制度的态度进行趋势分析。根据抽样结果。在这两年中，农村困难家庭对低保公示制度的态度基本保持一致。

表6—21　2015年、2016年农村困难家庭对低保公示制度的态度分布情况（%）

	2015年	2016年
赞成	88.88	86.52
无所谓	4.63	5.79
反对	1.36	1.36
说不清	5.13	6.33
合计	100.00	100.00

（2）比较分析

表6—22进一步通过描述比较的方式，对比2016年低保家庭和低保边缘家庭在对低保公示制度的态度方面的情况。比较结果显示，低保家庭和低保边缘家庭在对低保公示制度的态度方面存在十分明显的差异（$P<0.01$）。低保家庭中，对低保公示制度表示赞成的比重明显高于低保边缘家庭，高出9.92%。

表 6—22　2016 年农村困难家庭对低保公示制度的态度的分布情况（%）

人群	赞成	无所谓	反对	说不清
低保家庭	90.91	4.91	1.09	3.09
低保边缘家庭	80.99	6.81	1.64	10.56
$x^2=77.668$　　P=0.000				

2. 所在社区/村低保评审过程公平程度评价

（1）描述分析与趋势分析

表 6—23 对 2016 年农村困难家庭对所在社区/村低保评审过程中公平程度的评价进行基本描述分析。根据调查结果显示，2016 年农村困难家庭中，认为低保评审过程公平的占 68.87%。

表 6—23 同时对 2015 年与 2016 年农村困难家庭对所在社区/村低保评审过程中公平程度的评价进行趋势分析。根据抽样结果，在这两年中，农村困难家庭对所在社区/村低保评审过程公平程度的评价基本保持一致。

表 6—23　2015 年、2016 年农村困难家庭对所在社区/村低保评审过程公平程度的评价分布情况（%）

	2015 年	2016 年
公平	73.48	68.87
一般	7.09	8.10
不公平	7.64	8.54
说不清	11.79	14.49
合计	100.00	100.00

（2）比较分析

表6—24进一步通过描述比较的方式，对比2016年低保家庭和低保边缘家庭对所在社区/村低保评审过程公平程度的评价。比较结果显示，低保家庭和低保边缘家庭在对低保评审过程公平程度的评价方面，存在十分明显的差异（P<0.01）。低保家庭中，认为低保评审过程公平的占比明显高于低保边缘家庭，高出28.06%。

表6—24　2016年农村困难家庭所在社区/村低保评审过程公平程度评价的分布情况（%）

人群	公平	一般	不公平	说不清
低保家庭	81.11	7.26	3.03	8.60
低保边缘家庭	53.05	9.23	15.73	21.99
$\chi^2=311.030$　　P=0.000				

3. 低保工作存在的问题

（1）低保管理问题

描述分析与趋势分析

表6—25对2016年农村困难家庭认为存在低保金太少的现象进行基本描述分析。根据调查结果显示，比较同意低保金太少现象的占32.31%。

表6—25同时对2015年与2016年农村困难家庭认为存在低保金太少的现象进行趋势分析。根据抽样结果，在这两年间，农村困难家庭对低保金太少现象的评价基本一致。

表6—25　2015年、2016年农村困难家庭认为低保工作存在低保金太少的现象的分布情况（%）

	2015年	2016年
不知道	3.28	—

（续表）

	2015 年	2016 年
非常同意	23.73	22.03
比较同意	32.53	32.31
无所谓	17.35	22.90
不太同意	16.44	16.40
非常不同意	6.66	6.36
合计	100.00	100.00

表 6—26 对 2016 年农村困难家庭认为存在该保的没保现象进行基本描述分析。根据调查结果显示，比较同意该保的没保现象的占 25.69%。

表 6—26 同时对 2015 年与 2016 年农村困难家庭认为存在该保的没保现象进行趋势分析。根据抽样结果，在这两年间，农村困难家庭对该保的没保现象的评价基本一致。

表 6—26　2015 年、2016 年农村困难家庭认为低保工作存在该保的没保的现象分布情况（%）

	2015 年	2016 年
不知道	4.74	—
非常同意	17.42	16.32
比较同意	23.40	25.69
无所谓	16.19	21.13
不太同意	25.04	24.40
非常不同意	13.21	12.46
合计	100.00	100.00

表6—27对2016年农村困难家庭认为存在该退的没退现象进行基本描述分析。调查结果分析显示比较同意存在该退的没退的现象仅占19.12%。

表6—27同时对2015年与2016年农村困难家庭认为存在该退的没退的现象进行趋势分析。根据抽样结果，在这两年间，农村困难家庭对该退的没退的现象的评价变化较大。2016年比较同意该退的没退的现象较2015年有所提高。

表6—27　2015年、2016年农村困难家庭认为低保工作存在该退的没退的现象分布情况（%）

	2015年	2016年
不知道	7.22	—
非常同意	9.79	12.89
比较同意	15.72	19.12
无所谓	20.50	27.17
不太同意	29.94	25.53
非常不同意	16.84	15.30
合计	100.00	100.00

表6—28对2016年农村困难家庭认为存在家庭收入核查太烦琐的现象进行基本描述分析。根据调查结果显示，不太同意这一现象的家庭占比最大，达到25.96%。

表6—28同时对2015年与2016年农村困难家庭认为存在家庭收入核查太烦琐的现象进行趋势分析。根据抽样结果，在这两年间，农村困难家庭对家庭收入核查太烦琐的现象的评价基本一致。

表 6—28　2015 年、2016 年农村困难家庭认为存在家庭收入核查太烦琐的现象分布情况（%）

	2015 年	2016 年
不知道	4. 69	—
非常同意	12. 19	14. 52
比较同意	14. 78	20. 12
无所谓	23. 11	25. 75
不太同意	28. 26	25. 96
非常不同意	16. 97	13. 66
合计	100. 00	100. 00

表 6—29 对 2016 年农村困难家庭认为存在低保资格认定靠关系、走后门现象进行基本描述分析。根据调查结果显示，非常不同意低保资格认定靠关系、走后门的现象占 36. 40%，不太同意低保资格认定靠关系、走后门的占 32. 79%。

表 6—29 同时对 2015 年与 2016 年农村困难家庭认为存在低保资格认定靠关系、走后门的现象进行趋势分析。根据抽样结果，在这两年间，农村困难家庭对这一现象的评价基本一致。

表 6—29　2015 年、2016 年农村困难家庭认为存在低保资格认定靠关系、走后门的现象的分布情况（%）

	2015 年	2016 年
不知道	3. 86	—
非常同意	4. 72	6. 70
比较同意	8. 55	10. 41
无所谓	10. 74	13. 71
不太同意	32. 80	32. 79
非常不同意	39. 33	36. 40
合计	100. 00	100. 00

表6—30对2016年农村困难家庭认为低保工作存在有损害个人尊严和侵犯隐私的现象进行基本描述分析。根据调查结果显示，不同意低保工作存在有这一现象的占58.71%。

表6—30同时对2015年与2016年农村困难家庭认为低保工作存在有损害个人尊严和侵犯隐私的现象进行趋势分析。根据抽样结果，在这两年间，农村困难家庭对低保工作存在有损低个人尊严和隐私现象的评价基本一致。

表6—30　2015年、2016年农村困难家庭认为低保工作存在有损害个人尊严和侵犯隐私的现象的分布情况（%）

	2015年	2016年
不知道	2.62	—
非常同意	5.72	6.96
比较同意	11.20	13.29
无所谓	16.48	21.04
不太同意	34.83	33.71
非常不同意	29.16	25.00
合计	100.00	100.00

比较分析

表6—31进一步通过描述比较的方式，对比2016年低保家庭和低保边缘家庭对低保工作存在的管理问题的评价。比较结果显示，在对低保工作存在的管理问题方面的评价，低保家庭和低保边缘家庭之间均存在十分明显的差异（P<0.01）。

在低保金太少问题方面，低保家庭对此持非常同意态度的比重高于低保边缘家庭；而在该保的没保，该退的没退，家庭收入核查太烦琐、太频繁，低保资格认定靠关系、走后门，有损低保家庭的尊严和隐私问题等方面，低保边缘家庭的认同感均明显高于低保家庭。

表 6—31　2016 年农村低保工作存在的管理问题评价的分布情况（%）

		非常同意	比较同意	无所谓	不太同意	非常不同意
低保金太少	低保家庭	25.99	35.09	14.09	18.15	6.68
	低保边缘家庭	16.68	28.58	34.74	14.09	5.91
	$\chi^2=176.039$　P = 0.000					
该保的没保	低保家庭	12.88	25.20	19.69	28.48	13.75
	低保边缘家庭	20.80	26.40	22.96	19.12	10.72
	$\chi^2=61.534$　P = 0.000					
该退的没退	低保家庭	10.97	17.88	25.11	28.47	17.57
	低保边缘家庭	15.35	20.74	29.74	21.78	12.38
	$\chi^2=43.623$　P = 0.000					
家庭收入核查太烦琐、太频繁	低保家庭	13.51	18.80	20.82	28.75	18.12
	低保边缘家庭	15.86	21.90	32.37	22.06	7.81
	$\chi^2=109.422$　P = 0.000					
低保资格认定靠关系、走后门	低保家庭	4.31	6.90	11.51	35.53	41.75
	低保边缘家庭	9.85	14.89	16.49	29.22	29.54
	$\chi^2=125.954$　P = 0.000					
损害个人尊严和侵犯隐私	低保家庭	7.40	13.94	17.74	34.19	26.73
	低保边缘家庭	6.43	12.54	25.24	32.94	22.86
	$\chi^2=25.672$　P = 0.000					

（2）低保家庭行为问题

描述分析与趋势分析

表 6—32 对农村困难家庭认为存在低保家庭隐瞒工作或收入的现象进行基本描述分析。根据调查结果显示，59.54%的农村困难家庭不认同存在这一现象。

表6—32同时对2015年与2016年农村困难家庭认为存在低保家庭隐瞒工作或收入的现象进行趋势分析。根据抽样结果，在这两年中，农村困难家庭对这一现象的态度基本保持一致。

表6—32　2015年、2016年农村困难家庭认为存在低保家庭隐瞒工作或收入的现象分布情况（%）

	2015年	2016年
不知道	5.22	—
非常同意	4.86	6.46
比较同意	10.17	13.19
无所谓	15.58	20.80
不太同意	35.90	34.76
非常不同意	28.28	24.78
合计	100.00	100.00

表6—33对2016年农村困难家庭认为存在很多低保家庭有依赖心理，不努力找工作的现象进行基本描述分析。根据调查结果显示，67.21%的农村困难家庭不认同存在这一现象。

表6—33同时对2015年与2016年农村困难家庭认为存在很多低保家庭有依赖心理，不努力找工作的现象进行趋势分析。根据抽样结果，在这两年中，农村困难家庭对这一现象的态度有一定程度的变化。2016年选择非常不同意比例有所减少。

表6—33　农村困难家庭认为很多低保家庭有依赖心理，不努力找工作的现象的分布情况（%）

	2015年	2016年
不知道	3.74	—
非常同意	3.48	5.39

（续表）

	2015 年	2016 年
比较同意	8.52	11.02
无所谓	11.79	16.38
不太同意	39.02	39.12
非常不同意	33.45	28.09
合计	100.00	100.00

表 6—34 对 2016 年农村困难家庭认为存在很多低保工作人员不认真、不负责的现象进行基本描述分析。根据调查结果显示，70.43%的农村困难家庭不同意存在这种现象。

表 6—34 同时对 2015 年与 2016 年农村困难家庭认为存在很多低保工作人员不认真、不负责的现象进行趋势分析。根据抽样结果，在这两年中，农村困难家庭对这种现象的态度基本稳定。

表 6—34　2015 年、2016 年农村困难家庭认为很多低保工作人员不认真、不负责的现象分布情况（%）

	2015 年	2016 年
不知道	3.17	—
非常同意	4.57	5.77
比较同意	8.12	9.10
无所谓	11.45	14.70
不太同意	36.72	39.16
非常不同意	35.98	31.27
合计	100.00	100.00

比较分析

表6—35进一步通过描述比较的方式，对比低保家庭和低保边缘家庭对低保工作存在行为问题的评价。比较结果显示，低保家庭和低保边缘家庭在对低保工作存在的行为问题方面的评价均存在十分明显的差异（P<0.01）。

具体而言，在“低保家庭隐瞒工作或收入”“低保家庭有依赖心理、不努力找工作”“工作人员不认真、不负责”三项问题方面，低保边缘家庭的认同感均高于低保家庭。

表6—35　2016年农村低保工作存在的行为问题评价的分布情况（%）

		非常同意	比较同意	无所谓	不太同意	非常不同意
低保家庭隐瞒工作或收入	低保家庭	5.58	11.28	18.34	37.61	27.20
	低保边缘家庭	7.64	15.61	23.97	31.05	21.72
	$\chi^2=42.534$　$P=0.000$					
低保家庭有依赖心理、不努力找工作	低保家庭	4.32	10.60	12.58	41.80	30.70
	低保边缘家庭	6.82	11.64	21.27	35.55	24.72
	$\chi^2=57.431$　$P=0.000$					
工作人员不认真、不负责	低保家庭	4.61	7.56	11.24	42.44	34.15
	低保边缘家庭	7.33	11.11	19.16	34.78	27.62
	$\chi^2=69.125$　$P=0.000$					

第二节　农村困难家庭专项社会救助政策运行状况与评估

一、农村困难家庭医疗救助政策运行状况与评估

（一）农村困难家庭医疗救助政策运行状况

1. 就医情况

（1）描述分析与趋势分析

表6—36对2016年农村困难家庭成员（老人、成年人、儿童）在患病最初阶段诊疗途径的选择进行基本描述分析。根据调查结果显示，在老人患病最初阶段，选择去私人诊所或社区/村卫生服务站的比例最大，占比43.20%；在成年人患病最初阶段，选择去私人诊所或社区/村卫生服务站的比例最大，占比39.74%；在儿童患病最初阶段，选择去私人诊所或社区/村卫生服务站的比例最大，占比25.71%。

表6—36同时对2015年与2016年农村困难家庭成员（老人、成年人、儿童）在患病最初阶段诊疗途径的选择进行趋势分析。根据抽样结果，在这两年中，农村困难家庭成员（老人、成年人、儿童）在患病最初阶段选择的诊疗途径的比例基本保持稳定。

表6—36　2015年、2016年农村困难家庭成员通常在患病最初阶段诊疗途径选择的分布情况（%）

	老人		成年人		儿童	
	2015年	2016年	2015年	2016年	2015年	2016年
到药店买药	23.10	22.16	23.88	22.63	10.72	10.03

（续表）

	老人		成年人		儿童	
	2015 年	2016 年	2015 年	2016 年	2015 年	2016 年
去私人诊所或社区/村卫生服务站	45.66	43.20	40.03	39.74	27.38	25.71
去街道医院（乡镇卫生院）	10.97	11.05	8.52	8.81	6.54	7.92
去县、区级医院	3.69	4.89	3.10	3.71	2.08	2.89
去市级以上医院	0.57	1.67	0.98	1.43	0.33	1.50
其他	0.45	0.51	0.64	0.51	0.67	0.54
不治疗	0.45	1.84	1.77	1.57	0.67	0.54
不适用	14.11	14.68	21.09	21.61	51.61	50.87

（2）比较分析

表6—37进一步通过描述比较的方式，对比2016年低保家庭和低保边缘家庭的家庭成员在患病最初阶段诊疗途径的选择。比较结果显示，低保家庭和低保边缘家庭的家庭成员中，老人和儿童在患病最初阶段对诊疗途径的选择存在十分明显的差异（$P<0.01$），而成年人在患病最初阶段诊疗途径的选择不存在明显的差异（$P>0.05$）。

具体说明，老人在患病最初阶段诊疗途径选择方面，低保家庭选择去县、区级医院的占比3.87%，而低保边缘家庭则占比6.17%，相差2.30%；儿童在患病最初阶段诊疗途径选择方面，低保家庭选择到药店买药的占比9.62%，而低保边缘家庭的比例为10.55%，相差0.93%。

表 6—37　2016 年家庭成员通常在患病最初阶段诊疗途径选择的分布情况（%）

	老人		成年人		儿童	
	低保家庭	低保边缘家庭	低保家庭	低保边缘家庭	低保家庭	低保边缘家庭
到药店买药	21.67	22.87	21.44	24.32	9.62	10.55
去私人诊所或社区/村卫生服务站	43.95	42.15	41.25	37.92	25.54	26.09
去街道医院（乡镇卫生院）	10.29	12.02	8.00	9.70	7.02	9.06
去县、区级医院	3.87	6.17	3.51	3.99	2.12	3.91
去市级以上医院	1.15	2.34	1.51	1.33	1.27	1.80
其他	0.61	0.39	0.42	0.63	0.36	0.78
不治疗	2.18	1.41	1.76	1.33	0.79	0.23
不适用	16.28	12.65	22.11	20.80	53.27	47.58
	$\chi^2=26.374$ $P=0.000$		$\chi^2=9.605$ $P=0.212$		$\chi^2=24.713$ $P=0.001$	

2. 农村困难家庭就医负担

（1）描述分析与趋势分析

表 6—38 对 2015 年农村困难家庭看病经济负担进行基本描述分析。根据调查结果显示，2015 年农村困难家庭中，认为看病经济负担非常重的占比 33.48%；其次是一般，占比 31.03%，认为经济负担较重的占比 24.46%。

表 6—38 同时对 2014 年与 2015 年农村困难家庭看病经济负担的发展趋势进行比较。根据抽样结果，在这两年中，农村困难家庭在看病经济负担方面的比例基本保持稳定。

表 6—38　2014 年、2015 年农村困难家庭看病经济负担分布情况（%）

	2014 年	2015 年
非常重	37.33	33.48
较重	26.03	24.46
一般	26.24	31.03
较轻	6.47	6.63
很轻	3.93	4.39
合计	100.00	100.00

（2）比较分析

下文进一步通过描述比较的方式，对比 2015 年低保家庭和低保边缘家庭看病经济负担方面的情况。比较结果显示，低保家庭和低保边缘家庭在看病经济负担方面存在十分明显的差异（P<0.01）。低保家庭中，认为看病经济负担一般的占比低于低保边缘家庭，相差 5.16%。

表 6—39　2015 年农村困难家庭看病经济负担程度分布情况（%）

人群	非常重	较重	一般	较轻	很轻
低保家庭	35.74	24.71	28.77	6.12	4.66
低保边缘家庭	30.49	24.16	33.93	7.35	4.07
$\chi^2=14.434$　　P=0.006					

3. 2015 年农村困难家庭医疗救助的享受状况及享受水平

（1）2015 年医疗救助获得状况

描述分析与趋势分析

表 6—40 对 2015 年农村困难家庭医疗救助享受情况进行基本描述分析。根据调查结果显示，2015 年农村困难家庭中，享受过医疗救助的占比 20.97%。

表6—40同时对2014年与2015年医疗救助享受情况的发展趋势进行比较。根据抽样结果，在这两年中，农村困难家庭在医疗救助享受情况方面的比例基本保持一致。

表6—40　2014年、2015年农村困难家庭是否曾经享受过医疗救助的分布情况（%）

	2014年	2015年
有	23.90	20.97
没有	76.10	79.03
合计	100.00	100.00

比较分析

表6—41进一步通过描述比较的方式，对比2015年低保家庭和低保边缘家庭医疗救助获得的状况。比较结果显示，低保家庭和低保边缘家庭在医疗救助获得情况方面存在十分明显的差异（P<0.01）。

表6—41　2015年农村困难家庭医疗救助获得分布情况（%）

人群	有	没有
低保家庭	24.56	75.44
低保边缘家庭	16.33	83.67
$\chi^2=29.476$　　P=0.000		

（2）2015年医疗救助享受水平

描述分析与趋势分析

表6—42对2015年农村困难家庭享受医疗救助等值金额进行基本描述分析。根据调查结果显示，农村困难家庭享受医疗救助的平均水平为3153.34元。

表6—42同时对2014年与2015年农村困难家庭享受医疗等值金额的发展趋势进行比较。根据抽样结果，2015年的医疗救助等值金额较2014年有所减少。

表6—42　2014年、2015年农村困难家庭享受医疗救助等值金额的基本统计（元）

年份	均值	标准差	偏度	峰度
2014	3276.20	4458.89	2.70	12.81
2015	3153.34	4417.53	2.51	10.84

比较分析

表6—43进一步通过描述比较的方式，对比2015年低保家庭和低保边缘家庭在医疗救助等值金额方面的情况。比较结果显示，低保家庭和低保边缘家庭在医疗救助等值金额方面不存在明显的差异（P>0.05）。

表6—43　2015年农村困难家庭享受医疗救助等值金额分布情况（元）

人群	均值	标准差
低保家庭	2971.76	4394.47
低保边缘家庭	3515.35	4464.74
F＝1.73　P＝0.189		

（3）2015年重特大疾病医疗救助获得状况

描述分析与趋势分析

表6—44对2015年农村困难家庭接受过重特大疾病医疗救助状况进行基本描述分析。根据调查结果显示，农村困难家庭中接受过重特大疾病医疗救助的占比3.71%。

表6—44同时对2014年与2015年重特大疾病医疗救助接受状况进行趋势分析。根据抽样结果，在这两年中，农村困难家庭在重特大疾病医疗救助接受状况方面的比例基本保持一致。

表 6—44　2014 年、2015 年农村困难家庭接受过重特大疾病医疗救助状况的分布情况（%）

	2014 年	2015 年
是	4. 81	3. 71
否	95. 19	96. 29
合计	100. 00	100. 00

比较分析

表 6—45 进一步通过描述比较的方式，对比 2015 年低保家庭和低保边缘家庭在重特大疾病医疗救助接受状况。比较结果显示，低保家庭和低保边缘家庭在重特大医疗救助接受状况方面存在十分明显的差异（P<0. 01）。2015 年农村困难家庭中，接受过重特大疾病医疗救助的低保家庭占比明显高于低保边缘家庭，高出 2. 44%。

表 6—45　2015 年农村困难家庭接受过重特大疾病医疗救助的分布情况（%）

人群	是	否
低保家庭	4. 78	95. 22
低保边缘家庭	2. 34	97. 66
$\chi^2 = 12.001$　　P = 0. 001		

（4）重特大疾病救助水平

描述分析与趋势分析

表 6—46 对 2015 年农村困难家庭享受重特大疾病救助金额进行基本描述分析。根据调查结果显示，2015 年农村困难家庭在享受重特大疾病救助金额的平均水平为 742. 96 元。

表 6—46 同时对 2014 年与 2015 年农村困难家庭重特大疾病医疗救

助金额的发展趋势进行比较。根据抽样结果，在这两年中，农村困难家庭享受的重特大疾病医疗救助金额的均值基本保持稳定。

表 6—46　2014 年、2015 年农村困难家庭享受重特大疾病救助金额的基本统计（元）

年份	均值	标准差	偏度	峰度
2014	880. 92	4097. 01	7. 78	75. 87
2015	742. 96	3677. 63	10. 49	144. 91

比较分析

表 6—47 进一步通过描述比较的方式，对比 2015 年低保家庭和低保边缘家庭重特大疾病救助金额的情况。比较结果显示，低保家庭和低保边缘家庭在重特大疾病救助金额方面不存在明显的差异（P>0. 05）。

表 6—47　2015 年农村困难家庭享受重特大疾病救助金额分布情况（元）

人群	均值	标准差
低保家庭	858. 87	3820. 71
低保边缘家庭	569. 46	3454. 81
F = 1. 06　　P = 0. 303		

（5）何种情况下得到的重特大疾病医疗救助

描述分析与趋势分析

表 6—48 对 2015 年农村困难家庭在何种情况下获得重特大疾病医疗救助状况进行基本描述分析。根据调查结果显示，36. 70%的农村困难家庭在花费过高情况下得到重特大疾病医疗救助。

表 6—48 同时对 2014 年与 2015 年农村困难家庭在何种情况下获得重特大疾病医疗救助状况进行趋势分析。根据抽样结果，在这两年中，农村困难家庭在重特大疾病医疗救助的分布情况上变化较大。2014 年家庭成员所患疾病在医疗救助病种目录内所占比例为

36.14%，而2015年则降至26.61%；2014年持有低保证的比例为20.30%，而2015年则增至28.44%。

表6—48　2014年、2015年农村困难家庭在何种情况下获得重特大疾病医疗救助的分布情况（%）

	2014年	2015年
家庭成员所患疾病在医疗救助病种目录内	36.14	26.61
花费过高	35.15	36.70
持有低保证	20.30	28.44
其他	8.42	8.26
合计	100.00	100.00

比较分析

表6—49进一步通过描述比较的方式，对比2015年低保家庭和低保边缘家庭在何种情况下得到重特大疾病医疗救助的分布情况。比较结果显示，低保家庭和低保边缘家庭在何种情况下得到重特大疾病医疗救助方面存在十分明显的差异（$P<0.01$）。低保家庭在花费过高的情况下得到重特大疾病医疗救助的比例明显低于低保边缘家庭，相差22.95%。

表6—49　2015年农村困难家庭在何种情况下得到重特大疾病医疗救助的分布情况（%）

人群	家庭成员所患疾病在医疗救助病种目录内	花费过高	持有低保证	其他
低保家庭	22.78	30.38	37.97	8.86
低保边缘家庭	36.67	53.33	3.33	6.67
$\chi^2=13.998$　　$P=0.003$				

(二) 农村困难家庭医疗救助政策效果评估

1. 主观效果评估

(1) 2015 年医疗救助对家庭帮助作用

描述分析与趋势分析

表 6—50 对 2015 年农村困难家庭医疗救助所起作用进行基本描述分析。根据调查结果显示，农村困难家庭认为医疗救助所起作用很大的比例为 52.27%，占比最大。

表 6—50 同时对 2014 年与 2015 年医疗救助所起作用的情况进行趋势分析。根据抽样结果，在这两年中，农村困难家庭在医疗救助所起作用方面的比例基本保持一致。

表 6—50　2014 年、2015 年农村困难家庭医疗救助所起作用的分布情况（%）

	2014 年	2015 年
很大	55.37	52.27
较大	18.96	20.45
一般	16.75	19.81
较小	6.12	5.68
无作用	2.81	1.79
合计	100.00	100.00

比较分析

表 6—51 进一步通过描述比较的方式，对比 2015 年低保家庭和低保边缘家庭医疗救助所起作用的分布情况。比较结果显示，低保家庭和低保边缘家庭在医疗救助所起作用方面不存在明显的差异（$P>0.05$）。

表 6—51 2014 年、2015 年农村困难家庭医疗救助所起作用分布情况（%）

人群	很大	较大	一般	较小	无作用
低保家庭	55.06	20.74	18.02	4.94	1.23
低保边缘家庭	46.41	20.10	23.44	7.18	2.87
$\chi^2 = 7.318$　　P = 0.120					

（2）重特大医疗救助效果评估

描述分析与趋势分析

表 6—52 对 2015 年农村困难家庭认为重特大医疗救助效果明显的分布情况进行基本描述分析。根据调查结果显示，农村困难家庭中，非常同意救助效果明显的占 37.61%。

表 6—52 同时对 2014 年与 2015 年农村困难家庭认为救助效果明显的发展趋势进行比较。根据抽样结果，在这两年中，农村困难家庭认为重特大医疗在救助效果是否明显方面的比例变化较大。2015 年农村困难家庭中，非常同意救助效果明显的比例明显提高了 5.77%。

表 6—52 2014 年、2015 年农村困难家庭认为重特大医疗救助效果明显的分布情况（%）

	2014 年	2015 年
很不同意	12.94	6.42
不太同意	7.96	1.83
一般	21.89	15.60
比较同意	25.37	32.11
非常同意	31.84	37.61
说不清	—	6.42
合计	100.00	100.00

表 6—53 对 2014 年、2015 年农村困难家庭认为大病补助病种太少的分布情况进行基本描述分析。根据调查结果显示，农村困难家庭中，

比较同意大病补助病种太少的占 31. 19%，认为大病补助病种太少一般的占 19. 27%，非常同意大病补助病种太少的占 15. 60%。

表 6—53 同时对 2014 年与 2015 年农村困难家庭认为大病补助病种太少的发展趋势进行比较。根据抽样结果，2015 年认为大病补助病种太少的比例较 2014 年下降。

表 6—53　2014 年、2015 年农村困难家庭认为大病补助病种太少的分布情况（%）

	2014 年	2015 年
很不同意	9. 09	2. 75
不太同意	15. 51	11. 01
一般	26. 20	19. 27
比较同意	31. 02	31. 19
非常同意	18. 18	15. 60
说不清	—	20. 18
合计	100. 00	100. 00

表 6—54 对 2015 年农村困难家庭认为救助标准太低的分布情况进行基本描述分析。根据调查结果显示，农村困难家庭中，比较同意救助标准太低的占比最大，达到 25. 69%。

表 6—54 同时对 2014 年与 2015 年农村困难家庭认为救助标准太低的发展趋势进行比较。根据抽样结果，2015 年认为救助标准太低的占比较 2014 年下降。

表 6—54　2014 年、2015 年农村困难家庭认为救助标准太低的分布情况（%）

	2014 年	2015 年
很不同意	9. 55	4. 59
不太同意	15. 58	16. 51

（续表）

	2014 年	2015 年
一般	26. 13	20. 18
比较同意	26. 63	25. 69
非常同意	22. 11	18. 35
说不清	—	14. 68
合计	100. 00	100. 00

表 6—55 对 2015 年农村困难家庭认为申请和审核手续方便的分布情况进行基本描述分析。根据调查结果显示，农村困难家庭中，非常同意申请和审核手续方便的占 26. 61%，比较同意申请和审核手续方便的占 24. 77%。

表 6—55 同时对 2014 年与 2015 年农村困难家庭认为申请和审核手续方便的发展趋势进行比较。根据抽样结果，2015 年认为申请和审核手续方便的占比较 2014 年有一定程度的下降。

表 6—55　2014 年、2015 年农村困难家庭认为申请和审核手续方便的分布情况（%）

	2014 年	2015 年
很不同意	6. 50	5. 50
不太同意	14. 00	17. 43
一般	22. 00	18. 35
比较同意	32. 00	24. 77
非常同意	25. 50	26. 61
说不清	—	7. 34
合计	100. 00	100. 00

表6—56对2015年农村困难家庭认为费用结算及时、方便的分布情况进行基本描述分析。根据调查结果显示，农村困难家庭中，比较同意费用结算及时、方便的占29.36%，非常同意费用结算及时、方便的占28.44%。

表6—56同时对2014年与2015年农村困难家庭认为费用结算及时、方便进行趋势比较。根据抽样结果，在这两年中，农村困难家庭认为在费用结算是否及时、方便方面的占比基本保持一致。

表6—56 2014年、2015年农村困难家庭认为费用结算及时、方便的分布情况（%）

	2014年	2015年
很不同意	7.58	2.75
不太同意	4.55	11.93
一般	21.21	19.27
比较同意	38.89	29.36
非常同意	27.78	28.44
说不清	—	8.26
合计	100.00	100.00

比较分析

表6—57进一步通过描述比较的方式，对比2015年低保家庭和低保边缘家庭认为救助效果明显的分布情况。比较结果显示，低保家庭和低保边缘家庭在认为救助效果是否明显方面不存在明显的差异（$P>0.05$）。

表6—57 2015年农村困难家庭认为救助效果明显的分布情况（%）

人群	很不同意	不太同意	一般	比较同意	非常同意	说不清
低保家庭	8.86	1.27	15.19	32.91	35.44	6.33
低保边缘家庭	0	3.33	16.67	30.00	43.33	6.67
$\chi^2=3.616$ $P=0.606$						

表6—58进一步通过描述比较的方式，对比2015年低保家庭和低保边缘家庭认为大病补助病种太少的分布情况。比较结果显示，低保家庭和低保边缘家庭在认为大病补助病种太少方面不存在明显的差异（P>0.05）。

表6—58　2015年农村困难家庭认为大病救助的病种太少的分布情况（%）

人群	很不同意	不太同意	一般	比较同意	非常同意	说不清
低保家庭	3.80	13.92	17.72	32.91	15.19	16.46
低保边缘家庭	0	3.33	23.33	26.67	16.67	30.00
$\chi^2=5.988$　　P=0.307						

表6—59进一步通过描述比较的方式，对比2015年低保家庭和低保边缘家庭认为救助标准太低的分布情况。比较结果显示，低保家庭和低保边缘家庭在认为救助标准太低方面不存在明显的差异（P>0.05）。

表6—59　2015年农村困难家庭认为救助标准太低的分布情况（%）

人群	很不同意	不太同意	一般	比较同意	非常同意	说不清
低保家庭	3.80	17.72	20.25	25.32	20.25	12.66
低保边缘家庭	6.67	13.33	20.00	26.67	13.33	20.00
$\chi^2=2.026$　　P=0.846						

表6—60进一步通过描述比较的方式，对比2015年低保家庭和低保边缘家庭认为申请和审核手续方便的分布情况。比较结果显示，低保家庭和低保边缘家庭在认为申请和审核手续是否方便方面不存在明显的差异（P>0.05）。

表 6—60 2015 年农村困难家庭认为申请和审核手续方便的分布情况（%）

人群	很不同意	不太同意	一般	比较同意	非常同意	说不清
低保家庭	6.33	20.25	18.99	25.32	25.32	3.80
低保边缘家庭	3.33	10.00	16.67	23.33	30.00	16.67
$\chi^2=6.850$　　P=0.232						

表 6—61 进一步通过描述比较的方式，对比 2015 年低保家庭和低保边缘家庭认为费用结算及时、方便的分布情况。比较结果显示，低保家庭和低保边缘家庭在认为费用结算是否及时、方便方面不存在明显的差异（P>0.05）。

表 6—61 2015 年农村困难家庭认为费用结算及时、方便的分布情况（%）

人群	很不同意	不太同意	一般	比较同意	非常同意	说不清
低保家庭	3.80	12.66	15.19	34.18	27.85	6.33
低保边缘家庭	0	10.00	30.00	16.67	30.00	13.33
$\chi^2=7.342$　　P=0.196						

2. 客观效果评估描述分析与趋势分析

表 6—62 对农村困难家庭医疗救助占比进行基本描述分析。根据调查结果显示，2015 年农村困难家庭医疗救助占医疗花费比例均值为 36.17%。同时，2015 年，农村困难家庭医疗救助占总救助金额的比例均值为 49.51%。

表 6—62 同时对 2014 年与 2015 年医疗救助占比进行趋势分析。根据抽样结果，在这两年中，农村困难家庭医疗救助占医疗花费的比例均值基本保持一致。同时，2015 年的医疗救助占总救助金额比例均值较 2014 年有所下降。

表 6—62　2014 年、2015 年农村困难家庭医疗救助占比的基本统计（%）

		均值	标准差	偏度	峰度
2015 年	医疗救助占医疗花费比例	36.17	34.11	0.78	2.29
	医疗救助占总救助金额的比例	49.51	37.43	0.09	1.50
2014 年	医疗救助占医疗花费比例	34.89	32.94	0.87	2.55
	医疗救助占总救助金额的比例	56.59	37.47	-0.18	1.50

二、农村困难家庭教育救助政策运行状况与评估

（一）农村困难家庭教育救助政策运行状况

1. 教育花费状况

（1）描述分析与趋势分析

表 6—63 对农村困难家庭 2015 年的户均受教育人数和教育花费状况等进行基本描述分析。根据调查结果显示，接受义务教育阶段的户均人数最多；其次为学前教育阶段、高中教育阶段和大学教育阶段；在户均和人均教育花费上，大学阶段花费最多；其次为高中教育阶段、学前教育阶段和义务教育阶段；在课外辅导方面，高中教育阶段花费最多；其次为义务教育、大学教育和学前教育阶段；在政府教育救助方面，大学教育阶段获得救助金额最多；其次为高中教育阶段。

表 6—63 同时对 2014 年与 2015 年农村困难家庭户均受教育人数、教育花费的状况的发展趋势进行比较。根据抽样结果，在这两年中，农村困难家庭在户均受教育人数、教育花费状况上有所变化。2015 年农村困难家庭在高中阶段户均教育花费有所升高，而大学教育阶段的政府教育救助金额略有减少。

表 6—63　2014 年、2015 年户均受教育人数、教育花费的基本统计

	户均人数（人）		户均教育花费（元）		人均教育花费（元）		课外辅导（元）		政府教育救助金额（元）	
	2014 年	2015 年	2014 年	2015 年	2014 年	2015 年	2014 年	2015 年	2014 年	2015 年
学前教育阶段	0.10	0.11	2490.00	2494.09	2279.02	2206.17	12.86	23.35	44.67	61.39
义务教育阶段	0.30	0.33	1929.74	1862.83	1533.09	1478.78	115.79	109.27	84.47	120.20
高中教育阶段	0.08	0.08	5149.90	6536.71	4816.68	6107.19	262.77	250.54	353.01	327.64
大学教育阶段	0.07	0.07	11494.33	13071.05	10203.17	11831.78	131.22	86.84	900.84	824.47

（2）比较分析

表 6—64 进一步通过描述比较的方式，对比 2015 年低保家庭和低保边缘家庭的教育花费状况，比较结果显示，在所有教育阶段，低保家庭受教育户均人数少于低保边缘家庭。在教育花费方面，除了义务教育阶段，低保家庭在学前教育阶段、高中教育阶段和大学教育阶段的平均花费，均少于低保边缘家庭。在课外辅导方面，除大学教育阶段，低保家庭在各教育阶段的平均课外辅导花费均低于低保边缘家庭。在政府教育救助金额方面，低保家庭在各教育阶段的平均救助金额均高于低保边缘家庭。

表 6—64　2015 年农村困难家庭教育花费的基本统计

	人群	户均人数（人）	教育花费（元）	课外辅导（元）	政府教育救助金额（元）
学前教育阶段	低保家庭	0.09	2179.92	13.57	113.39
	低保边缘家庭	0.12	2793.97	32.98	11.36
义务教育阶段	低保家庭	0.31	1872.07	72.27	179.24
	低保边缘家庭	0.35	1857.56	154.39	55.38
高中教育阶段	低保家庭	0.07	6396.82	197.20	331.60
	低保边缘家庭	0.09	6690.60	308.20	323.53
大学教育阶段	低保家庭	0.07	12582.23	153.85	1055.67
	低保边缘家庭	0.08	13643.18	5.81	554.28

2. 教育费用来源

（1）描述分析与趋势分析

表 6—65 对 2015 年农村困难家庭学前教育阶段的教育费用来源进行多重响应分析。根据调查结果显示，家里的积蓄是农村困难家庭学前教育费用的最主要来源，比例为 57.68%；其次为借钱、亲友无偿资助和其他途径，比例分别为 26.65%、5.33%和 4.08%。

表 6—65 同时对 2014 年与 2015 年学前教育阶段费用来源分布的发展趋势进行比较。根据抽样结果，在这两年中，农村困难家庭在学前教育阶段的教育费用来源分布上基本保持一致。

表 6—65　2014 年、2015 年学前教育阶段的教育费用来源（%）

教育费用来源	2014 年		2015 年	
	百分比	个案百分比	百分比	个案百分比
家里的积蓄	56.01	65.08	57.68	71.32
借钱	29.09	33.80	26.65	32.95
学校提供的奖助学金和贷款	0.96	1.12	1.88	2.33
慈善助学	0.24	0.28	—	—
地方政府救助	2.16	2.51	2.19	2.71
亲友无偿资助	5.05	5.87	5.33	6.59
学校减免或勤工俭学	1.44	1.68	2.19	2.71
其他途径	5.05	5.87	4.08	5.04
合计	100.00	116.20	100.00	123.64

表 6—66 对 2015 年农村困难家庭义务教育阶段的教育费用来源进行多重响应分析。根据调查结果显示，家里的积蓄是农村困难家庭义务教育阶段费用的最主要来源，比例为 49.54%；其次是借钱、亲友无偿资助和地方政府救助，比例分比为 20.43%、7.05%和 6.44%。

表 6—66 同时对 2014 年与 2015 年义务教育阶段的教育费用来源的发展趋势进行比较。根据抽样结果，在这两年中，农村困难家庭在义务教育阶段的教育费用来源的分布情况上基本保持稳定，仍以家里的积蓄、借钱以及亲友无偿资助为主。

表 6—66　2014 年、2015 年义务教育阶段的教育费用来源（%）

教育费用来源	2014 年		2015 年	
	百分比	个案百分比	百分比	个案百分比
家里的积蓄	54.84	69.85	49.54	67.27

（续表）

教育费用来源	2014 年		2015 年	
	百分比	个案百分比	百分比	个案百分比
借钱	22. 24	28. 33	20. 43	27. 74
学校提供的奖助学金和贷款	3. 29	4. 18	4. 19	5. 69
慈善助学	1. 01	1. 29	1. 74	2. 36
地方政府救助	4. 55	5. 79	6. 44	8. 74
亲友无偿资助	5. 98	7. 62	7. 05	9. 57
学校减免或勤工俭学	4. 21	5. 36	6. 03	8. 18
其他途径	3. 88	4. 94	4. 60	6. 24
合计	100. 00	127. 36	100. 00	135. 78

表 6—67 对 2015 年农村困难家庭高中教育阶段的教育费用来源进行多重响应分析。根据调查结果显示，家里的积蓄是农村困难家庭高中教育阶段费用的最主要来源，比例为 33. 98%；其次为借钱、学校提供的奖助学金和贷款、亲友无偿资助，比例分别为 30. 92%、11. 98% 和 7. 24%。

表 6—67 同时对 2014 年与 2015 年高中教育阶段的教育费用来源的发展趋势进行比较。根据抽样结果，在这两年中，农村困难家庭在高中教育阶段的教育费用来源的分布情况上稍有变化，学校提供的奖助学金和贷款的比例从 6. 90% 上升到了 11. 98%，相差 5. 08%。

表 6—67　2014 年、2015 年高中教育阶段的教育费用来源（%）

教育费用来源	2014 年		2015 年	
	百分比	个案百分比	百分比	个案百分比
家里的积蓄	39. 64	60. 14	33. 98	56. 48

（续表）

教育费用来源	2014 年		2015 年	
	百分比	个案百分比	百分比	个案百分比
借钱	33.41	50.68	30.92	51.39
学校提供的奖助学金和贷款	6.90	10.47	11.98	19.91
慈善助学	1.34	2.03	1.39	2.31
地方政府救助	3.79	5.74	4.46	7.41
亲友无偿资助	8.91	13.51	7.24	12.04
学校减免或勤工俭学	4.45	6.76	6.41	10.65
其他途径	1.56	2.36	3.62	6.02
合计	100.00	151.69	100.00	166.20

表6—68对2015年农村困难家庭大学教育阶段的教育费用来源进行多重响应分析。根据调查结果显示，借钱是农村困难家庭大学教育阶段教育费用的最主要来源，比例为24.94%；其次是家里的积蓄、学校提供的奖助学金和贷款，比例分别为24.48%、20.75%。

表6—68同时对2014年与2015年大学教育阶段的教育费用来源的发展趋势进行比较。根据抽样结果，在这两年中，农村困难家庭在大学教育阶段的教育费用来源的分布情况上稍有变化，经费来源是家里的积蓄和借钱的比例分别从29.17%、30.09%下降到了24.48%和24.94%。

表6—68　2014年、2015年大学教育阶段的教育费用来源（%）

教育费用来源	2014 年		2015 年	
	百分比	个案百分比	百分比	个案百分比
家里的积蓄	29.17	50.60	24.48	54.12
借钱	30.09	52.21	24.94	55.15

（续表）

教育费用来源	2014 年		2015 年	
	百分比	个案百分比	百分比	个案百分比
学校提供的奖助学金和贷款	18.52	32.13	20.75	45.88
慈善助学	0.69	1.20	3.03	6.70
地方政府救助	6.02	10.44	5.95	12.37
亲友无偿资助	6.94	12.05	9.32	20.62
学校减免或勤工俭学	6.94	12.05	10.96	24.23
其他途径	1.62	2.81	0.93	2.06
合计	100.00	173.49	100.00	221.13

（2）比较分析

表 6—69 进一步通过描述比较的方式，对比低保家庭和低保边缘家庭 2015 年学前教育费用来源的分布情况，比较结果显示，低保家庭和低保边缘家庭在学前教育费用来源方面较为类似。低保家庭学前教育费用来源主要是家里的积蓄、借钱和亲友无偿资助；低保边缘家庭学前教育费用来源主要是家里的积蓄、借钱和亲友无偿资助。

表 6—69　2015 年农村困难家庭学前教育费用来源的分布情况（%）

教育费用来源	低保家庭	低保边缘家庭
家里的积蓄	64.34	75.37
借钱	36.43	28.36
学校提供的奖助学金和贷款	3.88	0.75
慈善助学	0	—
地方政府救助	5.43	—
亲友无偿资助	6.98	5.97

（续表）

教育费用来源	低保家庭	低保边缘家庭
学校减免或勤工俭学	5.43	—
其他途径	7.75	2.24

表6—70进一步通过描述比较的方式，对比2015年低保家庭和低保边缘家庭义务教育费用来源的分布情况，比较结果显示，低保家庭和低保边缘家庭在义务教育费用来源方面存在一定差异。低保家庭义务教育费用来源主要是家里的积蓄、借钱和地方政府救助；而低保边缘家庭义务教育费用来源主要是家里的积蓄、借钱和亲友无偿资助。

表6—70　2015年农村困难家庭义务教育费用来源的分布情况（%）

教育费用来源	低保家庭	低保边缘家庭
家里的积蓄	63.24	71.99
借钱	29.31	25.90
学校提供的奖助学金和贷款	7.46	3.61
慈善助学	3.08	1.51
地方政府救助	12.85	3.92
亲友无偿资助	12.08	6.63
学校减免或勤工俭学	10.03	6.02
其他途径	6.68	5.42

表6—71进一步通过描述比较的方式，对比2015年低保家庭和低保边缘家庭高中教育费用来源的分布情况，比较结果显示，低保家庭和低保边缘家庭在高中教育费用来源方面较为类似。低保家庭高中教育费用来源主要是家里的积蓄、借钱、学校提供的奖助学金和贷款；而低保边缘家庭高中教育费用来源主要是家里的积蓄、借钱、学校提供的奖助学金和贷款。

表6—71　2015年农村困难家庭高中教育费用来源的分布情况（%）

教育费用来源	低保家庭	低保边缘家庭
家里的积蓄	53.10	59.62
借钱	52.21	50.00
学校提供的奖助学金和贷款	23.89	15.38
慈善助学	2.65	1.92
地方政府救助	7.96	6.73
亲友无偿资助	13.27	10.58
学校减免或勤工俭学	15.93	4.81
其他途径	5.31	6.73

表6—72进一步通过描述比较的方式，对比2015年低保家庭和低保边缘家庭大学教育费用来源的分布情况，比较结果显示，低保家庭和低保边缘家庭在大学教育费用来源方面较为类似。具体而言，低保家庭大学教育费用来源主要是借钱、学校提供的奖助学金和贷款、家里的积蓄；而低保边缘家庭大学教育费用来源主要是家里的积蓄、借钱、学校提供的奖助学金和贷款。

表6—72　2015年农村困难家庭大学教育费用来源的分布情况（%）

教育费用来源	低保家庭	低保边缘家庭
家里的积蓄	49.52	59.55
借钱	56.19	53.93
学校提供的奖助学金和贷款	52.38	38.20
慈善助学	10.48	2.25
地方政府救助	17.14	6.74
亲友无偿资助	20.95	20.22

（续表）

教育费用来源	低保家庭	低保边缘家庭
学校减免或勤工俭学	24.76	23.60
其他途径	1.90	2.25

3. 教育救助获得情况

（1）描述分析与趋势分析

表6—73对2015年农村困难家庭教育救助享受情况进行基本描述分析。根据调查结果显示，2015年农村困难家庭享受教育救助的比例为11.05%。

表6—73同时对2014年与2015年教育救助享受状况的发展趋势进行比较。根据抽样结果，在这两年中，农村困难家庭在教育救助享受状况分布情况上基本保持稳定。

表6—73　2014年、2015年农村困难家庭教育救助享受状况的分布情况（%）

	2014年	2015年
有	9.59	11.05
没有	90.41	88.95
合计	100.00	100.00

（2）比较分析

表6—74进一步通过描述比较的方式，对比2015年低保家庭和低保边缘家庭教育救助享受情况，比较结果显示，低保家庭和低保边缘家庭在教育救助享受情况方面存在非常显著的差异（P<0.01）。低保家庭享受教育救助的比例明显高于低保边缘家庭，高出3.11%。

表 6—74　2015 年农村困难家庭教育救助享受状况的分布情况（%）

人群	有	没有
低保家庭	12.41	87.59
低保边缘家庭	9.30	90.70
$\chi^2=7.107$　　P=0.008		

4. 教育救助水平

（1）描述分析与趋势分析

表 6—75 对 2015 年农村困难家庭教育救助的水平进行基本描述分析。根据调查结果显示，2015 年农村困难家庭享受教育救助等值金额的均值为 1302.25 元。

表 6—75 同时对 2014 年与 2015 年享受教育救助等值金额情况的发展趋势进行比较。根据抽样结果，在这两年中，农村困难家庭在享受教育救助等值金额的情况上基本保持一致。

表 6—75　2014 年、2015 年农村困难家庭享受教育救助等值金额的基本统计（元）

年份	均值	标准差	偏度	峰度
2015	1302.25	1339.14	1.83	6.77
2014	1281.43	1342.52	1.90	7.02

（2）比较分析

表 6—76 进一步通过描述比较的方式，对比 2015 年低保家庭和低保边缘家庭教育救助水平，比较结果显示，低保家庭和低保边缘家庭在教育救助水平方面不存在明显的差异（P>0.05）。

表6—76　2015年农村困难家庭享受教育救助等值金额分布情况（元）

人群	均值	标准差
低保家庭	1295.65	1340.31
低保边缘家庭	1325.55	1343.33
F=0.03　　P=0.852		

（二）农村困难家庭教育救助政策效果评估

1. 主观效果评估

（1）描述分析与趋势分析

表6—77为2015年农村困难家庭对教育救助政策所起作用的评价进行基本描述分析。根据调查结果显示，农村困难家庭认为教育救助所起作用很大的比例为51.38%，认为作用较大的比例为18.77%。

表6—77同时对2014年与2015年农村困难家庭对教育救助所起作用评价的分布情况的发展趋势进行比较，根据抽样结果，在这两年中，农村困难家庭在教育救助所起作用的分布情况上基本保持稳定。

表6—77　2014年、2015年农村困难家庭对教育救助所起作用评价的分布情况（%）

	2014年	2015年
很大	48.51	51.38
较大	23.13	18.77
一般	19.65	23.08
较小	7.21	4.62
无作用	1.49	2.15
合计	100.00	100.00

（2）比较分析

表6—78进一步通过描述比较的方式，对比2015年低保家庭和低保边缘家庭对教育救助政策所起作用的看法，比较结果显示，低保家庭和低保边缘家庭在对教育救助政策所起作用的看法上不存在明显的差异（P>0.05）。

表6—78 2015年农村困难家庭对教育救助所起作用看法的分布情况（%）

人群	很大	较大	一般	较小	无作用
低保家庭	54.63	19.02	20.49	4.39	1.46
低保边缘家庭	46.22	18.49	26.89	5.04	3.36
$\chi^2=3.722$　　P=0.445					

2. 客观效果评估

表6—79对2015年农村困难家庭教育救助状况的客观效果进行基本描述分析。根据调查结果显示，2015年农村困难家庭教育救助占教育花费的比例均值为29.86%。农村困难家庭教育救助占总救助金额比例的均值为41.81%。

表6—79同时对2014年与2015年农村困难家庭教育救助状况的客观效果的发展趋势进行比较。根据抽样结果，在这两年中，农村困难家庭在教育救助占比情况上稍有变化，教育救助占教育花费比例有所下降，而教育救助占总救助金额比例则有所上升。

表6—79 2014年、2015年农村困难家庭教育救助占比的基本统计（%）

		均值	标准差	偏度	峰度
2014年	教育救助占教育花费比例	34.34	31.28	1.10	2.93
	教育救助占总救助金额比例	37.84	36.55	0.78	2.03

（续表）

		均值	标准差	偏度	峰度
2015 年	教育救助占教育花费比例	29.86	29.54	1.32	3.58
	教育救助占总救助金额比例	41.81	38.97	0.54	1.62

三、农村困难家庭就业创业支持政策运行状况与评估

（一）农村困难家庭就业支持政策运行状况

1. 描述分析与趋势分析

表 6—80 对农村困难家庭劳动人口占家庭规模比重进行基本描述分析。根据调查结果显示，2016 年农村困难家庭劳动人口占家庭规模比重均值为 31.71%。

表 6—80 同时对 2015 年与 2016 年农村困难家庭劳动人口占家庭规模比重的发展趋势进行比较。根据抽样结果，在这两年中，农村困难家庭在劳动人口占家庭规模比重情况上基本保持稳定。

表 6—80　2015 年、2016 年农村困难家庭劳动人口占家庭规模比重的基本统计（%）

年份	均值	标准差	偏度	峰度
2015	31.21	31.18	0.64	2.43
2016	31.71	32.10	0.66	2.36

2. 比较分析

表 6—81 进一步通过比较描述的方式，对比低保家庭和低保边缘家庭劳动人口占家庭规模比重状况，比较结果显示，2016 年低保家庭和低保边缘家庭在家庭成员劳动人口占家庭规模比重方面存在十分明显的差异（P<0.01）。低保家庭的家庭成员劳动人口占家庭规模比重均值明显低于低保边缘家庭，相差 9.58%。

表 6—81　2016 年农村困难家庭劳动人口占家庭规模比重的分布情况（%）

人群	均值	标准差
低保家庭	27.61	30.83
低保边缘家庭	37.19	32.94
F = 64.89　　P = 0.000		

（二）农村困难家庭就业支持政策效果评估

1. 就业支持服务覆盖比例

（1）描述分析与趋势分析

表 6—82 对农村困难家庭就业创业支持覆盖比例进行基本描述分析。根据调查结果显示，2016 年接受过就业服务项目的困难家庭比例为 87.33%。

表 6—82 同时对 2015 年与 2016 年农村困难家庭就业创业支持覆盖比例的发展趋势进行比较。根据抽样结果，在这两年中，农村困难家庭在就业创业支持覆盖比例分布情况上基本保持稳定。

表 6—82　2015 年、2016 年农村困难家庭是否接受过政府提供的劳动就业创业服务项目的分布情况（%）

	2015 年	2016 年
接受过就业服务项目	90.07	87.33
没有接受过任何就业服务项目	9.93	12.67
合计	100.00	100.00

（2）比较分析

表 6—83 进一步通过描述比较的方式，对比 2016 年低保家庭和低保边缘家庭在劳动就业服务项目接受方面的情况，比较结果显示，低保家庭和低保边缘家庭在接受劳动就业服务项目方面不存在明显的差异（P>0.05）。

表 6—83　2016 年农村困难家庭是否接受过政府提供的劳动就业服务分布情况（%）

人群	接受过就业服务项目	没有接受过任何就业服务项目
低保家庭	86.87	13.13
低保边缘家庭	87.98	12.02
$\chi^2=0.799$　　P=0.371		

2. 就业支持服务内容分布

表 6—84 对农村困难家庭获得的就业支持服务项目情况进行基本描述分析。根据调查结果显示，2016 年获得结对帮扶的比例最大，为 3.96%；其次为免费培训、小额低息贷款和职业介绍，比例分别为 3.67%、3.02%和 2.79%。

表 6—84 同时对 2015 年与 2016 年农村困难家庭获得的就业支持服务项目情况发展趋势进行比较。根据抽样结果，在这两年中，农村困难家庭在获得的就业支持服务项目情况方面有一定变化，由于 2016 年新

增选项没有接受过任何就业服务项目，其比例变化较大。在其他项目分布情况方面主要接受的服务项目为结对帮扶、免费培训与职业介绍。

表 6—84　2016 年农村困难家庭获得的劳动就业服务项目（%）

	2015 年		2016 年	
	百分比	个案百分比	百分比	个案百分比
职业介绍	12.52	16.31	2.79	2.93
税收优惠	9.02	11.75	0.55	0.58
小额低息贷款	17.68	23.02	3.02	3.17
技术支持	9.58	12.47	1.75	1.84
结对帮扶	18.60	24.22	3.96	4.15
免费培训	27.26	35.49	3.67	3.85
有偿培训	1.66	2.16	0.19	0.20
没有接受过任何就业服务项目	—	—	83.53	87.54
其他	3.68	4.80	0.52	0.54
合计	100.00	130.22	100.00	104.80

四、农村困难家庭住房补贴政策运行状况与评估

（一）农村困难家庭住房补贴政策运行状况

1. 住房补贴获得状况

（1）描述分析与趋势分析

表 6—85 对 2015 年农村困难家庭住房补贴获得状况进行基本描述分析。根据调查结果显示，农村困难家庭享受过住房补贴的比例为 3.64%。

表6—85同时对2014年与2015年住房补贴获得状况的发展趋势进行比较。根据抽样结果，在这两年中，农村困难家庭在是否曾经享受过住房补贴的分布情况上基本保持一致。

表6—85　2014年、2015年农村困难家庭是否曾经享受过住房补贴的分布情况（%）

	2014年	2015年
有	2.45	3.64
没有	97.55	96.36
合计	100.00	100.00

（2）比较分析

表6—86进一步通过描述比较的方式，对比低保家庭和低保边缘家庭2015年住房补贴获得状况，比较结果显示，低保家庭和低保边缘家庭在住房补贴方面不存在明显的差异（P>0.05）。

表6—86　2015年农村困难家庭住房补贴获得分布情况（%）

人群	有	没有
低保家庭	4.18	95.82
低保边缘家庭	2.97	97.03
$\chi^2=3.018$　　P=0.082		

2. 住房补贴享受水平

（1）描述分析与趋势分析

表6—87对2015年农村困难家庭住房补贴享受水平进行基本描述分析。根据调查结果显示，农村困难家庭享受住房补贴的平均水平为881.03元。

表6—87同时对2014年与2015年享受住房补贴等值金额的发展趋

势进行比较。根据抽样结果，在这两年中，农村困难家庭在享受住房补贴等值金额的情况上有一定程度的下降。

表 6—87 2014 年、2015 年农村困难家庭享受住房补贴等值金额的基本统计（元）

年份	均值	标准差	偏度	峰度
2014	1424.36	2730.44	2.01	6.15
2015	881.03	1969.99	3.00	12.21

（2）比较分析

表 6—68 进一步通过描述比较的方式，对比 2015 年低保家庭和低保边缘家庭住房补贴享受水平，比较结果显示，低保家庭和低保边缘家庭在住房补贴享受水平方面不存在明显的差异（P>0.05）。

表 6—88 2015 年农村困难家庭享受住房补贴等值金额的分布情况（元）

人群	均值	标准差
低保家庭	712.89	1931.63
低保边缘家庭	1210.00	2045.87
F=0.97 P=0.329		

（二）农村困难家庭住房补贴政策效果评估

1. 主观效果评估

（1）描述分析与趋势分析

表 6—89 为 2015 年农村困难家庭对住房补贴政策所起作用的评价进行基本描述分析。根据调查结果显示，农村困难家庭认为住房补贴所起作用很大的比例为 59.81%。

表6—89同时对2014年与2015年住房补贴政策所起作用分布情况的发展趋势进行比较。根据抽样结果，在这两年中，农村困难家庭在住房补贴政策所起作用的分布情况上基本保持稳定。

表6—89 2014年、2015年农村困难家庭住房补贴政策所起作用的分布情况（%）

	2014年	2015年
很大	66.67	59.81
较大	14.71	17.76
一般	11.76	14.95
较小	4.90	3.74
无作用	1.96	3.74
合计	100.00	100.00

（2）比较分析

表6—90进一步通过描述比较的方式，对比2015年低保家庭和低保边缘家庭对住房补贴政策所起作用的看法，比较结果显示，低保家庭和低保边缘家庭在对住房补贴政策所起作用的看法上存在明显的差异（$P<0.05$）。低保家庭认为住房补贴政策所起作用很大的比例明显高于低保边缘家庭。

表6—90 2015年农村困难家庭住房补贴所起作用分布情况（%）

人群	很大	较大	一般	较小	无作用
低保家庭	71.01	11.59	13.04	2.90	1.45
低保边缘家庭	39.47	28.95	18.42	5.26	7.89
$\chi^2=11.795$　　$P=0.019$					

2. 客观效果评估

表6—91对2015年农村困难家庭住房补贴政策效果进行基本描述分析。根据调查结果显示，农村困难家庭住房补贴占住房花费的比例均值为73.22%，农村困难家庭住房补贴占总补贴金额的比例均值为18.30%。

表6—91同时对2014年与2015年农村困难家庭住房补贴金额占比的发展趋势进行比较。根据抽样结果，在这两年中，农村困难家庭在住房补贴占住房花费比例明显上升。住房补贴占总补贴金额的比例基本保持稳定。

表6—91　2014年、2015年农村困难家庭住房补贴金额占比的基本统计（%）

		均值	标准差	偏度	峰度
2014年	住房补贴占住房花费比例	62.31	33.27	-0.25	1.95
	住房补贴占总补贴金额的比例	22.12	34.52	1.21	2.86
2015年	住房补贴占住房花费比例	73.22	35.74	-0.88	2.20
	住房补贴占总补贴金额的比例	18.30	31.89	1.62	4.08

第三节　农村困难家庭其他救助政策运行状况与评估

一、农村困难家庭临时救助政策运行状况与评估

（一）农村困难家庭临时救助政策运行状况

1. 临时救助获得状况

（1）描述分析与趋势分析

表6—92对2015年农村困难家庭是否曾经享受过临时救助进行基本描述分析，根据调查结果显示，6.49%的困难家庭表示曾经享受过临时救助。

表6—92同时对2014年与2015年农村困难家庭是否曾经享受过临时救助的分布情况的发展趋势进行比较。根据抽样结果，两年在是否曾经享受过临时救助的分布情况上基本保持稳定。

表6—92　2014年、2015年农村困难家庭是否曾经享受过临时救助的分布情况（%）

	2014年	2015年
有	7.18	6.49
没有	92.82	93.51
合计	100.00	100.00

（2）比较分析

表6—93进一步通过描述比较的方式，对比2015年低保家庭和低保边缘家庭临时救助获得状况。比较结果显示，低保家庭和低保边缘家

庭之间存在明显的差异（P<0.05）。低保家庭中曾获得临时救助的比重明显高于低保边缘家庭中，相差2.56%。

表6—93　2015年农村困难家庭享受临时救助金额的分布情况（元）

人群	有	没有
低保家庭	7.63	92.37
低保边缘家庭	5.07	94.93
$\chi^2=7.748$　　P=0.005		

2. 临时救助享受水平

（1）描述分析与趋势分析

表6—94对2015年农村困难家庭临时救助享受水平进行基本描述分析。根据调查结果显示，农村困难家庭享受临时救助的平均水平为962.22元。

表6—94同时对2014年与2015年享受临时救助情况的发展趋势进行比较。根据抽样结果，2015年享受临时救助等值金额有所上升。

表6—94　2014年、2015年农村困难家庭享受临时救助等值金额的基本统计（元）

年份	均值	标准差	偏度	峰度
2014	830.97	1200.19	3.78	22.10
2015	962.22	1236.82	2.78	11.92

（2）比较分析

表6—95进一步通过描述比较的方式，对比2015年低保家庭和低保边缘家庭住房补贴享受水平，比较结果显示，低保家庭和低保边缘家庭在住房补贴享受水平方面不存在明显的差异（P>0.05）。

表 6—95　2015 年农村困难家庭享受临时救助等值金额的分布情况（元）

人群	均值	标准差
低保家庭	966.12	1261.73
低保边缘家庭	954.84	1198.07
F=0.00　　P=0.953		

（二）农村困难家庭临时救助政策效果评估

1. 主观效果评估

（1）描述分析与趋势分析

表 6—96 为 2015 年农村困难家庭对临时救助政策所起作用的评价进行基本描述分析。根据调查结果显示，农村困难家庭认为临时救助所起作用很大的比例为 40.84%。

表 6—96 同时对 2014 年与 2015 年农村困难家庭临时救助政策所起作用的分布情况的发展趋势进行比较。根据抽样结果，在这两年中，农村困难家庭在临时救助政策所起作用的分布情况上基本保持稳定。

表 6—96　2014 年、2015 年农村困难家庭临时救助政策所起作用的分布情况（%）

	2014 年	2015 年
很大	40.07	40.84
较大	24.50	24.08
一般	24.83	25.65
较小	9.27	6.81
无作用	1.32	2.62
合计	100.00	100.00

（2）比较分析

表 6—97 进一步通过描述比较的方式，对比 2015 年低保家庭和低保边缘家庭对临时救助政策所起作用的看法，比较结果显示，低保家庭和低保边缘家庭在对临时救助政策所起作用的看法上不存在明显的差异（P>0.05）。

表 6—97　2015 年农村困难家庭临时救助所起作用分布情况（%）

人群	很大	较大	一般	较小	无作用
低保家庭	42.86	25.40	24.60	6.35	0.79
低保边缘家庭	36.92	21.54	27.69	7.69	6.15
$\chi^2=5.614$　　P=0.230					

2. 客观效果评估

表 6—98 对 2015 年农村困难家庭临时救助政策效果进行基本描述分析。根据调查结果显示，农村困难家庭临时救助占总救助水平比例的均值为 36.09%。

表 6—98 同时对 2014 年与 2015 年农村困难家庭临时救助金额占比情况的发展趋势进行比较。根据抽样结果，在这两年中，农村困难家庭临时救助占总救助水平的比例有所下降。

表 6—98　2014 年、2015 年农村困难家庭临时救助金额占比的基本统计（%）

		均值	标准差	偏度	峰度
2014 年	临时救助占总救助水平比例	42.00	39.81	0.56	1.56
2015 年		36.09	36.22	0.92	2.26

二、农村困难家庭水电、燃料、取暖费减免政策运行状况与评估

（一）农村困难家庭水电、燃料、取暖费减免政策运行状况

1. 水电、燃料、取暖费减免获得状况

（1）描述分析与趋势分析

表6—99对2015年农村困难家庭是否曾享受过水电、燃料、取暖费减免政策进行基本描述分析，根据调查结果显示，11.80%的农村困难家庭表示曾享受过。

表6—99同时对2014年与2015年农村困难家庭是否曾经享受过水电、燃料、取暖费减免的分布情况的发展趋势进行比较。根据抽样结果，在这两年中，农村困难家庭在是否曾经享受过水电、燃料、取暖费减免的分布情况上基本保持稳定。

表6—99 2014年、2015年农村困难家庭是否曾经享受过水电、燃料、取暖费减免的分布情况（%）

	2014年	2015年
有	12.69	11.80
没有	87.31	88.20
合计	100.00	100.00

（2）比较分析

表6—100进一步通过描述比较的方式，对比2015年低保家庭和低保边缘家庭获得水电、燃料、取暖费减免的状况。比较结果显示，低保家庭和低保边缘家庭之间存在非常显著的差异（P<0.01），低保家庭中曾享受水电、燃料、取暖费减免的比例明显高于低保边缘家庭，相差14.58%。

表 6—100　2015 年农村困难家庭水电、燃料、取暖费减免获得分布情况（%）

人群	有	没有
低保家庭	18. 17	81. 83
低保边缘家庭	3. 59	96. 41
$\chi^2=147.320$　P = 0. 000		

2. 水电、燃料、取暖费减免享受水平

（1）描述分析与趋势分析

表 6—101 对 2015 年农村困难家庭享受水电、燃料、取暖费减免水平进行基本描述分析，根据调查结果显示，农村困难家庭享受水电、燃料、取暖费减免水平的均值为 154. 20 元。

表 6—101 同时对 2014 年与 2015 年农村困难家庭享受水电、燃料、取暖费减免水平情况的发展趋势进行比较。根据抽样结果，在这两年中，农村困难家庭在享受水电、燃料、取暖费减免水平上基本保持一致。

表 6—101　2014 年、2015 年农村困难家庭享受水电、燃料、取暖费减免水平等值金额的基本统计（元）

年份	均值	标准差	偏度	峰度
2014	154. 25	242. 18	7. 30	88. 58
2015	154. 20	224. 95	4. 69	33. 27

（2）比较分析

表 6—102 进一步通过描述分析的方式，对比 2015 年低保家庭和低保边缘家庭水电、燃料、取暖费减免享受水平状况。比较结果显示，低保家庭和低保边缘家庭在享受水电、燃料、取暖费减免水平方面不存在明显的差异（P>0. 05）。

表 6—102　2015 年农村困难家庭水电、燃料、取暖费减免享受水平等值金额分布情况（元）

人群	均值	标准差
低保家庭	146.25	222.38
低保边缘家庭	206.51	239.06
F = 2.55　　P = 0.112		

（二）农村困难家庭水电、燃料、取暖费减免政策效果评估

1. 主观效果评估

（1）描述分析与趋势分析

表 6—103 为 2015 年农村困难家庭对水电、燃料、取暖费减免占比进行基本描述分析。根据调查结果显示，农村困难家庭认为水电、燃料、取暖费减免政策所起作用很大的比例为 36.89%，占比最大。

表 6—103 同时对 2014 年与 2015 年农村困难家庭水电、燃料、取暖费减免所起作用的分布情况的发展趋势进行比较。根据抽样结果，在这两年中，农村困难家庭在对水电、燃料、取暖费减免政策所起作用看法的分布情况上基本保持稳定。

表 6—103　2014 年、2015 年农村困难家庭对水电、燃料、取暖费减免政策所起作用看法的分布情况（%）

	2014 年	2015 年
很大	40.15	36.89
较大	21.76	20.17
一般	27.58	29.68
较小	9.19	10.66
无作用	1.31	2.59
合计	100.00	100.00

（2）比较分析

表6—104进一步通过描述比较的方式，对比2015年低保家庭和低保边缘家庭对水电、燃料、取暖费减免政策所起作用的看法，比较结果显示，低保家庭和低保边缘家庭在对水电、燃料、取暖费减免政策所起作用的看法上不存在明显的差异（P>0.05）。

表6—104　2015年农村困难家庭对水电、燃料、取暖费减免政策所起作用看法的分布情况（%）

人群	很大	较大	一般	较小	无作用
低保家庭	39.00	20.67	28.00	10.33	2.00
低保边缘家庭	23.91	17.39	39.13	13.04	6.52
$\chi^2=7.751$　　P=0.101					

2. 客观效果评估

表6—105对2015年农村困难家庭水电、燃料、取暖费减免政策效果进行基本描述分析。根据调查结果显示，农村困难家庭水电、燃料、取暖费减免占水电燃料采暖花费水平比例均值为24.82%。在水电、燃料、取暖费减免占总救助金额的比例方面，比例均值为11.52%。

表6—105同时对2014年与2015年农村困难家庭临时救助金额占比情况的发展趋势进行比较。根据抽样结果，在这两年中，农村困难家庭在临时救助金额占比情况上基本保持稳定。

表6—105　2014年、2015年农村困难家庭临时救助金额占比的基本统计（%）

		均值	标准差	偏度	峰度
2014年	水电、燃料、取暖费减免占水电燃料采暖花费水平比例	25.58	28.51	1.61	4.43
	水电、燃料、取暖费减免占总救助金额的比例	12.61	27.15	2.70	8.71

（续表）

		均值	标准差	偏度	峰度
2015 年	水电、燃料、取暖费减免占水电燃料采暖花费水平比例	24.82	26.81	1.53	4.41
	水电、燃料、取暖费减免占总救助金额的比例	11.52	25.89	2.96	10.21

三、农村困难家庭物价补贴或节假日一次性救助政策运行状况与评估

（一）农村困难家庭物价补贴或节假日一次性救助政策运行状况

1. 物价补贴或节假日一次性救助获得状况

（1）描述分析与趋势分析

表 6—106 对 2015 年农村困难家庭物价补贴或节假日一次性救助获得状况进行基本描述分析。根据调查结果显示，农村困难家庭全年曾经享受过物价补贴或节假日一次性救助的比例为 7.92%。

表 6—106 同时对 2014 年与 2015 年农村困难家庭物价补贴或节假日一次性救助获得情况发展趋势进行分析。根据抽样结果，农村困难家庭物价补贴或节假日一次性救助获得比例相差不大。

表 6—106　2014 年、2015 年农村困难家庭是否曾经享受过物价补贴或节假日一次性救助的分布情况（%）

	2014 年	2015 年
有	9.92	7.92
没有	90.08	92.08
合计	100.00	100.00

（2）比较分析

表6—107进一步通过描述比较的方式，对比2015年低保家庭和低保边缘家庭物价补贴或节假日一次性救助获得情况，比较结果显示，低保家庭和低保边缘家庭在物价补贴或节假日一次性救助获得方面存在明显的差异（P<0.01）。低保家庭享受了物价补贴或节假日一次性救助的比例明显高于低保边缘家庭，相差5.10%。

表6—107　2015年农村困难家庭物价补贴或节假日一次性救助获得分布情况（%）

人群	有	没有
低保家庭	10.17	89.83
低保边缘家庭	5.07	94.93
$\chi^2=25.615$　　P=0.000		

2. 物价补贴或节假日一次性救助享受水平

（1）描述分析与趋势分析

表6—108对2015年农村困难家庭物价补贴或节假日一次性救助享受水平进行基本描述分析。根据调查结果显示，农村困难家庭物价补贴或节假日一次性救助金额的均值为466.61元。

表6—108同时对2014年与2015年农村困难家庭物价补贴或节假日一次性救助等值金额发展趋势进行比较。根据抽样结果，2015年物价补贴或节假日一次性救助相比2014年均值略有上升。

表6—108　2014年、2015年物价补贴或节假日一次性救助等值金额的基本统计（元）

年份	均值	标准差	偏度	峰度
2014	446.16	535.11	3.70	21.79
2015	466.61	588.67	3.58	20.44

（2）比较分析

表6—109进一步通过比较描述的方式，对比2015年低保家庭和低保边缘家庭物价补贴或节假日一次性救助享受水平，比较结果显示，低保家庭和低保边缘家庭在物价补贴或节假日一次性救助享受水平方面不存在明显的差异（P>0.05）。

表6—109　2015年农村困难家庭物价补贴或节假日一次性救助等值金额的分布情况（元）

人群	均值	标准差
低保家庭	479.87	625.29
低保边缘家庭	432.46	484.86
F＝0.28　　P＝0.595		

（二）农村困难家庭物价补贴或节假日一次性救助政策效果评估

1. 主观效果评估

（1）描述分析与趋势分析

表6—110为2015年农村困难家庭认为物价补贴或节假日一次性救助政策所起作用进行基本描述分析。根据调查结果显示，42.49%的农村困难家庭认为物价补贴或节假日一次性救助政策所起作用很大，占总体比重最大。

表6—110同时对2014年与2015年农村困难家庭认为物价补贴或节假日一次性救助政策所起作用发展趋势进行分析。根据抽样结果，在这两年中，农村困难家庭物价补贴或节假日一次性救助政策所起作用情况基本稳定。

表 6—110　2014 年、2015 年农村困难家庭物价补贴或节假日一次性救助政策所起作用的分布情况（%）

	2014 年	2015 年
很大	39. 37	42. 49
较大	25. 12	22. 32
一般	27. 05	25. 75
较小	6. 76	7. 30
无作用	1. 69	2. 15
合计	100. 00	100. 00

（2）比较分析

表 6—111 进一步通过描述比较的方式，对比 2014 年低保家庭和低保边缘家庭对物价补贴或节假日一次性救助政策所起作用分布情况。比较结果显示，低保家庭和低保边缘家庭在对物价补贴或节假日一次性救助政策所起作用的看法上存在明显的差异（P<0. 05）。低保家庭认为物价补贴或节假日一次性救助所起作用很大的比例明显高于低保边缘家庭，相差 22. 66%。

表 6—111　2015 年农村困难家庭物价补贴或节假日一次性救助所起作用分布情况（%）

人群	很大	较大	一般	较小	无作用
低保家庭	48. 81	20. 83	22. 62	6. 55	1. 19
低保边缘家庭	26. 15	26. 15	33. 85	9. 23	4. 62
$\chi^2 = 11.574$　　P = 0. 021					

2. 客观效果评估

表 6—112 对 2015 年农村困难家庭物价补贴或节假日一次性救助金额占比进行基本描述分析。根据调查结果显示，农村困难家庭认为物价

补贴或节假日一次性救助占总救助水平比例的25.35%。

表6—112同时对2014年与2015年的农村困难家庭物价补贴或节假日一次性救助金额占比情况的发展趋势进行分析。根据抽样结果，农村困难家庭认为2015年物价补贴或节假日一次性救助的金额占比相比2014年略有下降。

表6—112 2014年、2015年农村困难家庭物价补贴或节假日一次性救助金额占比的基本统计（%）

		均值	标准差	偏度	峰度
2014年	物价补贴或节假日一次性救助占总救助水平的比例	30.04	37.04	1.19	2.67
2015年		25.35	35.67	1.49	3.46

四、农村困难家庭自然灾害救助政策运行状况与评估

（一）农村困难家庭自然灾害救助政策运行状况

1. 自然灾害救助获得状况

（1）描述分析与趋势分析

表6—113对2015年农村困难家庭自然灾害救助政策获得情况进行基本描述分析。根据调查结果显示，农村困难家庭曾经享受过自然灾害救助的比例为5.20%。

表6—113同时对2014年与2015年农村困难家庭是否曾经享受过自然灾害救助的分布情况发展趋势进行分析，根据抽样结果，在这两年中，农村困难家庭在曾经享受过自然灾害救助的比例上基本保持稳定。

表 6—113　2014 年、2015 年农村困难家庭是否曾经享受过自然灾害救助的分布情况（%）

	2014 年	2015 年
有	5.04	5.20
没有	94.96	94.80
合计	100.00	100.00

（2）比较分析

表 6—114 进一步通过比较描述的方式，对 2015 年低保家庭和低保边缘家庭自然灾害救助获得的分布情况进行比较，结果显示，低保家庭和低保边缘家庭在自然灾害救助获得状况方面不存在明显的差异（$P>0.05$）。

表 6—114　2015 年农村困难家庭自然灾害救助获得分布情况（%）

人群	有	没有
低保家庭	4.97	95.03
低保边缘家庭	5.54	94.46
$\chi^2=0.484$　　$P=0.487$		

2. 自然灾害救助享受水平

（1）描述分析与趋势分析

表 6—115 对 2015 年农村困难家庭自然灾害救助享受水平进行基本描述分析。根据调查结果显示，农村困难家庭获得自然灾害救助的平均金额为 272.31 元。

表 6—115 同时对 2014 年与 2015 年农村困难家庭自然灾害救助享受水平发展趋势进行分析，在这两年中，农村困难家庭在获得自然灾害救助平均金额方面相差不大。

表 6—115　2014 年、2015 年农村困难家庭自然灾害救助平均金额的基本统计（元）

年份	均值	标准差	偏度	峰度
2014	289.70	233.34	1.44	4.95
2015	272.31	228.24	1.44	5.06

（2）比较分析

表 6—116 进一步通过比较描述的方式，对 2015 年低保家庭和低保边缘家庭自然灾害救助享受水平进行比较，结果显示，低保家庭和低保边缘家庭在自然灾害救助享受水平方面不存在明显的差异（P>0.05）。

表 6—116　2015 年农村困难家庭自然灾害救助平均金额的分布情况（元）

人群	均值	标准差
低保家庭	290.72	229.59
低保边缘家庭	249.63	226.55
F=1.00　　P=0.319		

（二）农村困难家庭自然灾害救助政策效果评估

1. 主观效果评估

（1）描述分析与趋势分析

表 6—117 对 2015 年农村困难家庭自然灾害救助政策所起作用情况进行基本描述分析。根据调查结果显示，农村困难家庭认为自然灾害救助政策所起作用一般的比例为 41.18%，认为所起作用很大的比例为 25.49%，认为作用较大的比例为 15.69%。

表 6—117 同时对 2014 年与 2015 年农村困难家庭自然灾害救助政策所起作用的分布情况发展趋势进行分析。根据抽样结果，在这两年

中，农村困难家庭对自然灾害救助政策所起作用的看法方面有一定变化，相比2014年，2015年农村困难家庭认为自然灾害救助政策作用很大有所下降。

表6—117　2014年、2015年农村困难家庭自然灾害救助政策所起作用的分布情况（%）

	2014年	2015年
很大	33.49	25.49
较大	17.92	15.69
一般	28.77	41.18
较小	16.04	10.46
无作用	3.77	7.19
合计	100.00	100.00

（2）比较分析

表6—118进一步通过描述比较的方式对比2015年低保家庭和低保边缘家庭对自然灾害救助政策所起作用的看法，比较结果显示，低保家庭和低保边缘家庭在对自然灾害救助政策所起作用的看法上存在明显的差异（$P<0.05$）。其中低保家庭认为自然灾害救助政策所起作用很大的比例明显高于低保边缘家庭，相差8.14%。

表6—118　农村困难家庭2015年自然灾害救助所起作用分布情况（%）

人群	很大	较大	一般	较小	无作用
低保家庭	29.27	18.29	41.46	7.32	3.66
低保边缘家庭	21.13	12.68	40.85	14.08	11.27
$\chi^2=6.489$　　$P=0.165$					

2. 客观效果评估

表 6—119 对 2015 年农村困难家庭自然灾害救助占总救助水平比例进行基本描述分析。根据调查结果显示，农村困难家庭获得自然灾害救助金额占金额总比例的 37.99%。

表 6—119 同时对 2014 年与 2015 年农村困难家庭获得自然灾害救助金额占比情况的发展趋势进行分析。根据抽样结果，在这两年中，农村困难家庭获得自然灾害救助金额占比方面基本一致。

表 6—119　2014 年、2015 年农村困难家庭自然灾害救助金额占比的基本统计（%）

		均值	标准差	偏度	峰度
2014 年	自然灾害救助占总救助水平的比例	37.16	40.97	0.75	1.74
2015 年		37.99	42.52	0.70	1.61

五、农村困难家庭其他救助或优惠项目收入政策运行状况与评估

（一）农村困难家庭其他救助或优惠项目收入政策运行状况

1. 其他救助或优惠项目收入享受状况

（1）描述分析与趋势分析

表 6—120 对 2015 年农村困难家庭其他救助或优惠项目收入享受状况进行基本描述分析。根据调查结果显示，农村困难家庭曾经享受过其他救助或优惠项目的比例为 2.55%。

表 6—120 对 2014 年与 2015 年农村困难家庭曾经享受过其他救助或优惠项目收入情况的发展趋势进行分析，根据抽样结果，在这两年中，农村困难家庭在曾经享受过其他救助或优惠项目收入的比例上基本保持稳定。

表 6—120　2014 年、2015 年是否曾经享受过其他救助或优惠项目收入的分布情况（%）

	2014 年	2015 年
有	2.74	2.55
没有	97.26	97.45
合计	100.00	100.00

（2）比较分析

表 6—121 进一步通过描述比较的方式，对比 2015 年低保家庭和低保边缘家庭其他救助或优惠项目收入享受分布情况，比较结果显示，低保家庭和低保边缘家庭在享受其他救助或优惠项目收入方面不存在明显的差异（$P>0.05$）。

表 6—121　2015 年农村困难家庭其他救助或优惠项目收入享受分布情况（%）

人群	有	没有
低保家庭	2.60	97.40
低保边缘家庭	2.42	97.58
$\chi^2=0.098$　　$P=0.754$		

2. 其他救助或优惠项目收入享受水平

（1）描述分析与趋势分析

表 6—122 对 2015 年农村困难家庭其他救助或优惠项目收入情况进行基本描述分析。根据调查结果显示，农村困难家庭享受其他救助或优惠项目的平均金额为 721.91 元。

表 6—122 同时对 2014 年与 2015 年农村困难家庭享受其他救助或优惠项目收入情况发展趋势进行比较，相比 2014 年，2015 年农村困难家庭享受其他救助或优惠项目收入的平均金额略有上升。

表 6—122　2014 年、2015 年享受其他救助或优惠项目收入平均金额的基本统计（元）

年份	均值	标准差	偏度	峰度
2014	563. 30	656. 62	2. 49	10. 81
2015	721. 91	896. 22	2. 59	10. 53

（2）比较分析

表 6—123 进一步通过描述比较的方式，对 2015 年低保家庭和低保边缘家庭其他救助或优惠项目收入享受水平进行比较，结果显示，低保家庭和低保边缘家庭在其他救助或优惠项目收入享受水平方面不存在明显的差异（P>0. 05）。

表 6—123　2015 年农村困难家庭享受其他救助或优惠项目收入享受水平的分布情况（元）

人群	均值	标准差
低保家庭	776. 39	990. 95
低保边缘家庭	660. 37	754. 18
F = 0. 27　　P = 0. 607		

（二）农村困难家庭其他救助或优惠项目收入政策效果评估

1. 主观效果评估

（1）描述分析与趋势分析

表 6—124 为 2015 年农村困难家庭对其他救助或优惠项目收入政策所起作用的评价进行基本描述分析。根据调查结果显示，农村困难家庭认为其他救助或优惠项目所起作用很大的比例为 49. 95%，占总体比重最大。

表 6—124 同时对 2014 年与 2015 年农村困难家庭其他救助或优惠项目收入政策所起作用分布情况发展趋势进行分析。根据抽样结果，在这两年中，农村困难家庭对其他救助或优惠项目收入政策所起作用看法相差不大。

表 6—124　2014 年、2015 年其他救助或优惠项目收入所起作用的分布情况（%）

	2014 年	2015 年
很大	40. 87	45. 95
较大	22. 61	14. 86
一般	20. 87	28. 38
较小	13. 91	6. 76
无作用	1. 74	4. 05
合计	100. 00	100. 00

（2）比较分析

表 6—125 进一步通过描述比较的方式，对比 2015 年低保家庭和低保边缘家庭对其他救助或优惠项目收入所起作用分布情况，比较结果显示，低保家庭和低保边缘家庭在对其他救助或优惠项目收入所起作用的看法方面上不存在明显的差异（P>0. 05）。

表 6—125　2015 年农村困难家庭其他救助或优惠项目所起作用分布情况（%）

人群	很大	较大	一般	较小	无作用
低保家庭	47. 62	14. 29	35. 71	2. 38	0
低保边缘家庭	45. 16	16. 13	19. 35	9. 68	9. 68
χ^2 = 7. 520　　P = 0. 111					

2. 客观效果评估

表6—126对2015年农村困难家庭其他救助或优惠项目金额占总救助金额比例统计进行基本描述分析。根据调查结果显示，农村困难家庭住房救助占住房花费的比例均值为31.79%。

表6—126同时对2014年与2015年农村困难家庭其他救助或优惠项目金额占比情况发展趋势进行比较。根据抽样结果，在这两年中，农村困难家庭在其他救助或优惠项目金额占比方面基本保持稳定。

表6—126　2014年、2015年其他救助或优惠项目金额占比的基本统计（%）

		均值	标准差	偏度	峰度
2014年	其他救助或优惠项目占总救助金额的比例	30.41	36.77	1.12	2.61
2015年		31.79	35.13	1.18	2.81

六、农村困难家庭其他费用减免政策运行状况与评估

（一）农村困难家庭2015年其他费用减免政策运行状况

1. 其他费用减免获得状况

（1）描述分析与趋势分析

表6—127对2015年农村困难家庭其他费用减免享受情况进行基本描述分析。根据调查结果显示，农村困难家庭享受过其他费用减免的比例为1.39%。

表6—127同时对2014年与2015年农村困难家庭其他费用减免享受情况发展趋势进行分析。根据抽样结果，在这两年中，农村困难家庭享受其他费用减免比例基本保持稳定。

表 6—127　2014 年、2015 年农村困难家庭是否曾经享受过其他费用减免的分布情况（%）

	2014 年	2015 年
有	1.28	1.39
没有	98.72	98.61
合计	100.00	100.00

（2）比较分析

表 6—128 进一步通过描述比较的方式，对比 2015 年低保家庭和低保边缘家庭其他费用减免享受状况，比较结果显示，低保家庭和低保边缘家庭在其他费用减免方面存在明显的差异（$P<0.05$），低保家庭享受其他费用减免的比例明显高于低保边缘家庭。

表 6—128　2015 年农村困难家庭其他费用减免获得分布情况（%）

人群	有	没有
低保家庭	1.88	98.12
低保边缘家庭	0.78	99.22
$\chi^2=6.287$　　$P=0.012$		

2. 其他费用减免享受水平

（1）描述分析与趋势分析

表 6—129 对 2015 年农村困难家庭享受其他费用减免等值金额进行基本描述分析。根据调查结果显示，农村困难家庭享受其他费用减免的平均金额为 602.69 元。

表 6—129 同时对 2014 年与 2015 年农村困难家庭享受其他费用减免等值金额发展趋势进行比较分析。根据抽样结果，相比 2014 年，2015 年农村困难家庭享受其他费用减免的平均金额呈上升趋势。

表 6—129　2014 年、2015 年农村困难家庭享受其他费用减免平均金额的基本统计（元）

年份	均值	标准差	偏度	峰度
2014	466.65	767.65	4.52	26.28
2015	602.69	749.88	1.94	6.16

（2）比较分析

表 6—130 进一步通过描述比较的方式，对比 2015 年低保家庭和低保边缘家庭其他费用减免享受水平，比较结果显示，低保家庭和低保边缘家庭在其他费用减免享受水平方面不存在明显的差异（P>0.05）。

表 6—130　2015 年农村困难家庭其他费用减免平均金额的分布情况（元）

人群	均值	标准差
低保家庭	693.46	825.24
低保边缘家庭	285.00	191.09
F = 1.89　　P = 0.178		

（二）农村困难家庭其他费用减免政策效果评估

1. 主观效果评估

（1）描述分析与趋势分析

表 6—131 为 2015 年农村困难家庭对其他费用减免所起作用的看法进行基本描述分析。根据调查结果显示，农村困难家庭认为其他费用减免所起作用很大的比例为 36.59%，占总体比重最大。

表 6—131 同时对 2014 年与 2015 年农村困难家庭其他费用减免所起作用的分布情况发展趋势进行比较。根据抽样结果，在这两年中，农

村困难家庭对其他费用减免所起作用的看法基本一致。

表6—131　2014年、2015年农村困难家庭其他费用减免政策所起作用的分布情况（%）

	2014年	2015年
很大	38.89	36.59
较大	20.37	26.83
一般	29.63	24.39
较小	7.41	7.32
无作用	3.70	4.88
合计	100.00	100.00

（2）比较分析

表6—132进一步通过描述比较的方式，对比2015年低保家庭和低保边缘家庭对其他费用减免政策所起作用的看法，比较结果显示，低保家庭和低保边缘家庭在对其他费用减免政策所起作用的看法上不存在明显的差异（P>0.05）。

表6—132　2015年农村困难家庭其他费用减免所起作用分布情况（%）

人群	很大	较大	一般	较小	无作用
低保家庭	38.71	29.03	22.58	3.23	6.45
低保边缘家庭	30.00	20.00	30.00	20.00	—
$\chi^2=4.110$　　P=0.391					

2. 客观效果评估

表6—133对2015年农村困难家庭其他费用减免金额占总救助金额进行基本描述分析。根据调查结果显示，农村困难家庭其他费用减免占总救助金额的比例均值为21.63%。

表6—133同时对2014年与2015年农村困难家庭其他费用减免金额占总救助金额比例发展趋势进行分析。根据抽样结果，在这两年中，农村困难家庭其他费用减免金额占总救助金额比例基本稳定。

表6—133　2014年、2015年农村困难家庭其他费用减免金额占比的基本统计（%）

		均值	标准差	偏度	峰度
2014年	其他费用减免占总救助金额的比例	21.26	32.15	1.76	4.53
2015年		21.63	30.04	1.72	4.75

七、农村困难家庭司法与法律援助政策运行状况与评估

（一）农村困难家庭司法与法律援助政策运行状况

1. 司法与法律援助享受状况

（1）描述分析与趋势分析

表6—134对2015年农村困难家庭司法与法律援助享受状况进行基本描述分析。根据调查结果显示，农村困难家庭曾经享受过司法与法律援助的比例为0.31%。

表6—134同时对2014年与2015年农村困难家庭司法与法律援助的分布情况发展趋势进行分析。根据抽样结果，在这两年中，农村困难家庭享受司法与法律援助的情况基本稳定。

表6—134　2014年、2015年农村困难家庭是否曾经享受过司法与法律援助的分布情况（%）

	2014年	2015年
有	0.29	0.31

（续表）

	2014 年	2015 年
没有	99.71	99.69
合计	100.00	100.00

（2）比较分析

表 6—135 进一步通过描述比较的方式，对比 2015 年低保家庭和低保边缘家庭司法与法律援助享受分布情况，比较结果显示，低保家庭和低保边缘家庭在司法与法律援助方面享受状况不存在明显的差异（$P>0.05$）。

表 6—135　2015 年农村困难家庭司法与法律援助享受状况分布情况（%）

人群	有	没有
低保家庭	0.36	99.64
低保边缘家庭	0.23	99.77
$\chi^2=0.391$　　P＝0.532		

2. 司法与法律援助享受水平

表 6—136 对 2015 年农村困难家庭司法与法律援助享受等值金额进行基本描述分析。根据调查结果显示，农村困难家庭享受司法与法律援助的平均金额为 428.57 元。

表 6—136 同时对 2014 年与 2015 年农村困难家庭享受司法与法律援助等值金额发展趋势进行比较。根据抽样结果，相比 2014 年，2015 年农村困难家庭享受司法与法律援助的平均金额有较大提高。

表 6—136　2014 年、2015 年农村困难家庭享受司法与法律援助等值金额的基本统计（元）

年份	均值	标准差	偏度	峰度
2014	35.56	69.66	1.75	4.52
2015	428.57	1133.89	2.04	5.17

（二）农村困难家庭司法与法律援助政策效果评估

1. 主观效果评估

（1）描述分析与趋势分析

表 6—137 为 2015 年农村困难家庭对司法与法律援助政策所起作用进行基本描述分析。根据调查结果显示，农村困难家庭认为司法与法律援助政策所起作用很大的比例为 44.44%，占总体比重最大。

表 6—137 同时对 2014 年与 2015 年农村困难家庭司法与法律援助政策所起作用分布情况发展趋势进行分析。根据抽样结果，在这两年中，农村困难家庭对司法与法律援助政策所起作用的看法有一定差异，其中认为司法与法律援助政策所起作用较大的占比明显增加。

表 6—137　2014 年、2015 年农村困难家庭司法与法律援助政策所起作用的分布情况（%）

	2014 年	2015 年
很大	41.67	44.44
较大	25.00	44.44
一般	25.00	—
较小	0	—
无作用	8.33	11.11
合计	100.00	100.00

（2）比较分析

表6—138进一步通过描述比较的方式，对低保家庭和低保边缘家庭2015年司法与法律援助政策所起作用的看法进行比较，比较结果显示，低保家庭和低保边缘家庭在对司法与法律援助所起作用的看法上不存在明显的差异（$P>0.05$）。

表6—138　2015年农村困难家庭司法与法律援助所起作用分布情况（%）

人群	很大	较大	一般	较小	无作用
低保家庭	50.00	33.33	—	—	16.67
低保边缘家庭	33.33	66.67	—	—	0
$\chi^2=1.125$　　P=0.570					

2. 客观效果评估

表6—139对2015年农村困难家庭司法与法律援助金额占总救助金额比例进行基本描述分析。根据调查结果显示，农村困难家庭的司法与法律援助占总救助金额的比例均值为6.49%。

表6—139同时对2014年与2015年农村困难家庭的司法与法律援助占总救助金额比例发展趋势进行分析。根据抽样结果，相比2014年，2015年农村困难家庭的司法与法律援助占总救助金额比例略有上升。

表6—139　2014年、2015年农村困难家庭司法与法律援助金额占比的基本统计（%）

		均值	标准差	偏度	峰度
2014年	司法与法律援助占总救助金额的比例	1.21	1.96	1.10	2.44
2015年		6.49	17.18	2.04	5.17

八、农村困难家庭失业救助政策运行状况与评估

（一）农村困难家庭失业救助政策运行状况

1. 失业救助政策获得状况

（1）描述分析与趋势分析

表6—140对2015年农村困难家庭失业救助获得状况进行基本描述分析。根据调查结果显示，农村困难家庭曾经享受过失业救助的比例为0.34%。

表6—140同时对2014年与2015年农村困难家庭失业救助获得状况发展趋势进行比较分析。根据抽样结果，在这两年中，农村困难家庭在获得失业救助方面基本保持稳定。

表6—140　2014年、2015年农村困难家庭是否曾经享受过失业救助的分布情况（%）

	2014年	2015年
有	0.21	0.34
没有	99.79	99.66
合计	100.00	100.00

（2）比较分析

表6—141进一步通过描述比较的方式，对比2015年低保家庭和低保边缘家庭失业救助获得状况，比较结果显示，低保家庭和低保边缘家庭在失业救助获得方面不存在明显的差异（P>0.05）。

表 6—141　2015 年农村困难家庭失业救助获得分布情况（%）

人群	有	没有
低保家庭	0.24	99.76
低保边缘家庭	0.47	99.53
$\chi^2=1.085$　　P=0.298		

2. 失业救助享受水平

（1）描述分析

表 6—142 对 2015 年农村困难家庭享受失业救助水平进行基本描述分析。根据调查结果显示，农村困难家庭享受失业救助的平均水平为 353.33 元。

表 6—142　2014 年、2015 年农村困难家庭享受失业救助等值金额的基本统计（元）

年份	均值	标准差	偏度	峰度
2014	1902.86	1801.50	0.43	1.90
2015	353.33	637.17	1.46	3.49

（2）比较分析

表 6—143 进一步通过描述比较的方式，对比 2015 年低保家庭和低保边缘家庭失业救助享受水平，比较结果显示，低保家庭和低保边缘家庭在失业救助享受水平方面不存在明显的差异（P>0.05）。

表 6—143　2015 年农村困难家庭享受失业救助等值金额的分布情况（元）

人群	均值	标准差
低保家庭	265.00	332.34

（续表）

人群	均值	标准差
低保边缘家庭	397.50	795.00
F=0.05　　P=0.840		

（二）农村困难家庭失业救助政策效果评估

1. 主观效果评估

（1）描述分析与趋势分析

表6—144对2015年农村困难家庭对失业救助政策所起作用的评价进行基本描述分析。根据调查结果显示，农村困难家庭认为失业救助所起作用较小的比例为30.00%，占比最大。

表6—144同时对2014年与2015年农村困难家庭失业救助政策所起作用的分布情况的发展趋势进行分析。根据抽样结果，在这两年中，农村困难家庭对失业救助政策所起作用的看法有一定差异，认为失业救助政策所起作用很大的比重明显下降。

表6—144　2014年、2015年农村困难家庭失业救助政策所起作用的分布情况（%）

	2014年	2015年
很大	44.44	10.00
较大	33.33	20.00
一般	22.22	20.00
较小	0	30.00
无作用	0	20.00
合计	100.00	100.00

（2）比较分析

表6—145进一步通过描述比较的方式，对比2015年低保家庭和低保边缘家庭对失业救助政策所起作用的看法，比较结果显示，低保家庭和低保边缘家庭在对失业救助所起作用的看法上不存在明显的差异（P>0.05）。

表6—145　2015年农村困难家庭失业救助政策所起作用分布情况（%）

人群	很大	较大	一般	较小	无作用
低保家庭	25.00	0	50.00	25.00	0
低保边缘家庭	0	33.33	0	33.33	33.33
$\chi^2=7.222$　　P=0.125					

2. 客观效果评估

表6—146对2015年农村困难家庭失业救助占比的统计进行基本描述分析。根据调查结果显示，农村困难家庭失业救助占总救助的比例均值为16.42%。

表6—146同时对2014年与2015年农村困难家庭失业救助占总救助金额比例发展趋势进行比较。根据抽样结果，相比2014年，2015年失业救助占总救助金额的比例略有下降。

表6—146　2014年、2015年农村困难家庭失业救助占比的基本统计（%）

		均值	标准差	偏度	峰度
2014年	失业救助占总救助金额的比例	38.67	28.33	-0.20	1.89
2015年		16.42	25.56	0.78	1.69

九、农村困难家庭慈善救助政策运行状况与评估

（一）农村困难家庭慈善救助政策运行状况

1. 慈善救助政策获得状况

（1）描述分析

表6—147对2015年农村困难家庭慈善救助政策获得状况进行基本描述分析。根据调查结果显示，农村困难家庭享受过慈善救助的比例为4.25%。

表6—147　2015年农村困难家庭是否曾经享受过慈善救助的分布情况（%）

	有效百分比	累计百分比
有	4.25	0.21
没有	95.75	100.00
合计	100.00	

（2）比较分析

表6—148进一步通过描述比较的方式，对比2015年低保家庭和低保边缘家庭慈善救助获得状况，比较结果显示，低保家庭和低保边缘家庭在慈善救助获得方面存在十分明显的差异（$P<0.01$）。其中低保家庭获得慈善救助的比例明显高于低保边缘家庭。

表6—148　2015年农村困难家庭慈善救助获得分布情况（%）

人群	有	没有
低保家庭	5.45	94.55
低保边缘家庭	2.66	97.34
$\chi^2=13.877$　　$P=0.000$		

2. 慈善救助享受水平

（1）描述分析

表 6—149 对 2015 年农村困难家庭慈善救助享受水平进行基本描述分析。根据调查结果显示，农村困难家庭享受慈善救助的平均水平为 1138. 40 元。

表 6—149　2015 年农村困难家庭享受慈善救助等值金额的基本统计（元）

均值	标准差	偏度	峰度
1042. 89	1138. 40	1. 76	6. 19

（2）比较分析

表 6—150 进一步通过描述比较的方式，对比 2015 年低保家庭和低保边缘家庭慈善救助享受水平，比较结果显示，低保家庭和低保边缘家庭在慈善救助享受水平方面不存在明显的差异（P>0. 05）。

表 6—150　2015 年农村困难家庭享受慈善救助等值金额的分布情况（元）

人群	均值	标准差
低保家庭	985. 19	1044. 38
低保边缘家庭	1155. 32	1360. 18
F＝0. 49　　P＝0. 486		

（二）农村困难家庭慈善救助政策效果评估

1. 主观效果评估

（1）描述分析

表 6—151 对 2015 年农村困难家庭对慈善救助政策所起作用的评价进行基本描述分析。根据调查结果显示，农村困难家庭认为慈善救助所起作用很大的比例为 45. 97%，占比最大。

表 6—151　2015 年农村困难家庭慈善救助政策所起作用的分布情况（%）

	有效百分比	累计百分比
很大	45.97	45.97
较大	20.97	66.94
一般	24.19	91.13
较小	8.06	99.19
无作用	0.81	100.00
合计	100.00	

（2）比较分析

表 6—152 进一步通过描述比较的方式，对比 2015 年低保家庭和低保边缘家庭对慈善救助政策所起作用的看法，比较结果显示，低保家庭和低保边缘家庭在对慈善救助所起作用的看法上不存在明显的差异（$P>0.05$）。

表 6—152　2015 年农村困难家庭慈善救助所起作用分布情况（%）

人群	很大	较大	一般	较小	无作用
低保家庭	46.07	23.60	21.35	7.87	1.12
低保边缘家庭	44.12	14.71	32.35	8.82	—
$\chi^2=2.572$　　$P=0.632$					

2. 客观效果评估

表 6—153 对 2015 年农村困难家庭慈善救助占比的统计进行基本描述分析。根据调查结果显示，农村困难家庭慈善救助占总救助比例均值为 27.42%。

表 6—153　2015 年农村困难家庭慈善救助占比的基本统计（%）

	均值	标准差	偏度	峰度
慈善救助金额占总救助金额的比例	27.42	49.34	3.35	15.69

第四节　本章小结

一、农村困难家庭最低生活保障制度运行状况与评估研究结论

（一）描述分析结论

在农村困难家庭申请低保状况方面，2016 年申请低保的比例为 84.06%。2015 年农村困难家庭成功申请低保的比例为 78.99%，而 31.02%的农村困难家庭是由于不符合条件而导致申请低保未获批准，有 9.83%的农村困难家庭认为其他人家庭更贫困是最主要原因，有 13.87%的困难家庭认为低保评审不合理是申请低保未获批准的最主要原因。2016 年农村困难家庭未申请低保的最主要原因为不符合条件的比例为 44.87%；其次为不了解相关政策，比例为 21.37%。而选择不想提供家庭经济情况的比例最小，为 0.85%。

在农村困难家庭享受低保状况方面，享受过低保的比例为 66.58%，而在 1999—2016 年，低保覆盖范围不断扩大，低保制度涵盖了更多的农村困难家庭，让符合条件的困难家庭得到应有的保障。其中，第一次享受低保的时间集中于 2007—2011 年，比例达到 32.88%；其次时间为 2014—2016 年，比例为 28.81%。而 4.50%的困难家庭在 1997—2001 年

第一次享受低保。在享受低保状况描述中，目前还在享受低保的农村困难家庭比例为 56. 34%，而农村低保家庭每月领取低保金的平均金额为 354. 30 元。

在农村困难家庭低保金享受待遇方面，享受过低保金的比例为 58. 06%，而没有享受的比例为 41. 94%。农村困难家庭 2015 年享受低保金额的均值为 3919. 60 元。

在低保管理状况方面，核查周期的平均月数为 6. 40 个月。绝大部分低保家庭选择到银行或邮局柜台领取，比例为 96. 85%。而领取方式为工作人员送到手上的比例最小，为 0. 30%。而有 81. 35%的农村困难家庭所在社区/村进行了低保审批公示，18. 65%的社区/村未进行低保审批公示。

（二）趋势分析结论

在农村困难家庭申请低保状况方面，2016 年申请低保的农村困难家庭较 2015 年有所增加。其中，成功申请的农村低保家庭较 2015 年略有增加，因不符合条件而申请低保未获批准的比例较 2015 年稍有提高，而因其他人家庭更贫困和低保评审不合理的比例则较 2015 年有所降低。在未申请低保的最主要原因中，2016 年不符合条件和手续太麻烦的比例均较 2015 年稍有提高；不了解相关政策和不想吃低保的比例则略有降低。

在农村困难家庭享受低保状况方面，2016 年享受过低保的农村困难家庭较 2015 年有所增加。2016 年的连续享受月数均值及农村困难家庭的退保次数均与 2015 年基本保持一致。在低保享受状况方面，2016 年享受低保的比例较 2015 年稍有增加，同时每月领取的低保金也相对提高。

在农村困难家庭低保金享受待遇方面，2015 年农村困难家庭中，享受过低保金的比例较 2014 年有所提升，享受低保金数额的平均水平也有所提高。

在低保管理状况方面，2016 年核查周期的平均月数与 2015 年基本保持稳定。2016 年低保家庭低保金领取方式与 2015 年基本保持一致。2016 年相对 2015 年，有更多的社区/村公示低保审批情况。

（三）比较分析结论

2015 年，在是否享受低保金与享受低保金数额方面，低保家庭与低保边缘家庭存在十分明显的差异。具体而言，低保家庭在享受低保金与享受低保金数额方面均高于低保边缘家庭。而在低保制度运行评估方面，低保家庭在对低保公示制度的态度和对所在社区/村低保评审过程公平程度评价与低保边缘家庭存在十分明显的差异。具体而言，低保家庭对低保公示制度的态度和对所在社区/村低保评审过程公平程度的评价均高于低保边缘家庭。最后，低保家庭和低保边缘家庭在低保管理问题与低保家庭行为问题上均存在十分明显的差异。具体而言，低保家庭对大多数低保管理问题与低保家庭行为问题的评价高于低保边缘家庭。

二、农村困难家庭专项社会救助政策运行状况与评估研究结论

（一）描述分析结论

在就医情况方面，老人、成年人和儿童在患病最初阶段，选择去私人诊所或社区/村卫生服务站的比例最大；在就医负担方面，57. 94%的农村困难家庭认为看病带来的经济负担非常重或较重；在医疗救助政策运行状况方面，20. 97%的家庭表示享受过医疗救助，平均救助水平为 3153. 34 元；在重特大疾病医疗救助享受状况方面，3. 71%的困难家庭表示接受过重特大医疗救助，26. 61%的困难家庭是在家庭成员所患疾病在医疗救助病种目录内得到的重特大疾病医疗救助；在医疗救助政策

评估方面，主观上，72.72%的困难家庭认为医疗救助所起作用很大或较大，其中，在重特大疾病医疗救助效果评估上，大部分困难家庭认为重特大疾病医疗救助效果明显、申请和审核手续方便和费用结算及时，但部分困难家庭认为重特大疾病医疗救助的病种太少、救助的标准太低；客观上，医疗救助占医疗花费、总救助金额的比例均值分别为36.17%和49.51%。

在教育救助方面，大学教育阶段的户均和人均教育花费最高，但其获得救助金额也最高，此外，接受义务教育的户均人数最多；在教育花费方面，家里的积蓄和借钱是大部分农村困难家庭各教育阶段教育费用的最主要来源；在教育救助享受状况方面，11.05%困难家庭都获得过教育救助，平均教育救助水平为1302.25元；在教育救助政策评估方面，主观上，七成左右的农村困难家庭认为教育救助政策的作用很大或较大，客观上，教育救助占教育花费和总救助金额的比例均值分别为29.86%和41.81%。

在就业创业支持政策运行状况方面，2016年农村困难家庭劳动人口占家庭规模比重均值为31.71%；在家庭就业支持政策效果评估方面，87.33%的农村困难家庭表示接受过就业服务项目，而其中大部分农村困难家庭获得的劳动就业服务项目为免费培训和结对帮扶。

在住房补贴运行状况方面，农村困难家庭2014年享受过住房补贴的比例为2.45%，平均补助水平为1424.36元；在住房补贴政策效果评估方面，主观上，81.38%的困难家庭认为住房补贴所起作用很大或较大；客观上，住房补贴占住房花费和总救助金额的比例均值分别为62.31%和22.12%。

（二）趋势分析结论

在就医情况方面，2016年农村困难家庭的成员对诊疗途径的选择与2015年基本保持一致。在就医负担方面，2016年认为看病经济负担非常重和较重的农村困难家庭较2015年有所减少。在医疗救助政策运行状况方面，2015年农村困难家庭享受过医疗救助的比例较2014年略有降低。在重特大疾病医疗救助享受状况方面，2015年接受过重特大疾病医疗救助的比例较2014年稍有下降。在医疗救助政策评估方面，2015年，认为医疗救助所起作用很大或较大的比例相对2014年有所减少。2015年医疗救助占医疗花费的比例相比2014年有所提高，而医疗救助占总救助金额的比例则稍有下降。

在教育救助方面，2014年与2015年的户均受教育人数基本保持一致。在户均教育花费上，2015年义务教育阶段户均花费为1862.83元，较去年的1929.74元减少了66.91元，其他教育阶段花费均有所提高。在人均教育花费方面，高中教育阶段的增长幅度最大，从4816.68元增长到了6107.19元，增长额度为1290.51元。在教育花费方面，家里的积蓄仍在农村困难家庭各阶段费用方面占主要地位。在教育救助运行状况方面，2015年获得教育救助比例较去年有所提升，从9.59%提高到了11.05%，平均受教育救助水平也有所提升，从1281.43元提高到了1302.25元。在教育救助政策评估方面，2015年认为教育救助政策作用很大或较大的比例较去年有所减少，客观上，教育救助占教育花费较2014年稍有降低；同时，2015年教育救助占总救助金额比例较2014年则略有提高。

在就业创业支持运行状况方面，2016年农村困难家庭劳动人口占家庭规模比重均值为31.71%；在家庭就业支持政策效果评估方面，87.33%的农村困难家庭表示接受过就业服务项目，而其中大部分农村困难家庭获得的劳动就业服务项目为免费就业服务和结对帮扶。

在住房补贴运行状况方面，农村困难家庭2014年享受过住房补贴的比例为3.64%，平均补助水平为881.03元；在住房补贴政策效果评估方面，主观上，59.81%的困难家庭认为住房补贴所起作用很大，

17.76%的家庭认为作用较大；客观上，住房补贴占住房花费和总救助金额的比例均值分别为73.22%%和18.30%。

（三）比较分析结论

在就医情况方面，低保家庭和低保边缘家庭在老人和儿童患病最初阶段诊疗途径的选择方面存在十分明显的差异，而成年人在患病最初阶段诊疗途径的选择方面不存在明显的差异；在看病带来的经济负担方面，低保家庭和低保边缘家庭之间存在十分明显的差异；在医疗救助方面，低保家庭和低保边缘家庭在医疗救助、重特大医疗救助获得状况方面存在十分明显的差异，在何种情况下得到重特大疾病医疗救助状况方面存在十分明显的差异，而在医疗救助享受水平方面不存在明显的差异。在效果评估方面，主观上，低保家庭和低保边缘家庭在评价医疗救助所起作用和重特大医疗救助效果上均不存在明显的差异。

在教育花费方面，除义务教育阶段外，低保家庭在各教育阶段的平均教育花费低于低保边缘家庭，但低保家庭在各教育阶段获得的平均教育救助金额明显高于低保边缘家庭，此外，低保家庭在各教育阶段的受教育户均人数与低保边缘家庭相比，大致持平；在教育费用来源方面，低保家庭和低保边缘家庭在各教育阶段教育费用来源方面存在一定差异，大部分低保家庭各教育阶段教育费用来源为地方政府救助的比例均高于低保边缘家庭；在教育救助运行状况方面，低保家庭和低保边缘家庭在教育救助享受情况方面存在明显的差异，低保家庭享受教育救助的比例较高；在教育救助政策评估方面，低保家庭和低保边缘家庭在对教育救助政策所起作用的看法上不存在明显的差异。

在家庭就业创业支持运行状况方面，低保家庭和低保边缘家庭在家庭成员劳动人口占家庭规模比重方面存在明显的差异，低保边缘家庭的比重相对较高；在家庭就业支持政策效果评估方面，低保家庭和低保边缘家庭在就业支持服务覆盖面方面不存在明显的差异。

在住房补贴运行状况方面，低保家庭和低保边缘家庭在享受住房补贴方面存在差异，低保家庭获得住房补贴的比例相对较多，而低保家庭和低保边缘家庭在住房补贴享受水平方面不存在明显的差异。在住房补贴政策效果评估方面，低保家庭和低保边缘家庭间不存在明显的差异。

三、农村困难家庭其他救助政策运行状况与评估研究结论

（一）描述分析结论

在农村困难家庭临时救助政策运行状况与评估方面，2015 年有 6.49%的困难家庭表示曾经享受过临时救助，平均水平为 962.22 元。农村困难家庭主观上认为临时救助所起作用很大的比例为 40.84%，认为作用较大的比例为 24.08%，而认为无作用和较小的比例分别为 2.62%和 6.81%，而客观上临时救助占总救助水平比例的均值为 36.09%。

在农村困难家庭水电、燃料、取暖费减免政策运行与评估方面，2015 年 11.80%农村困难家庭表示享受过水电、燃料、取暖费减免政策，减免水平的均值为 154.20 元。农村困难家庭主观上认为水电、燃料、取暖费减免政策所起作用很大的比例为 36.89%，认为作用较大的比例为 20.17%，而认为无作用和较小的比例分别为 2.59%和 10.66%。而客观上，水电、燃料、取暖费减免占水电燃料采暖花费水平比例均值为 24.82%，占总救助金额的比例均值为 11.52%。

在农村困难家庭物价补贴或节假日一次性救助政策运行状况与评估方面，2015 年农村困难家庭曾经享受过物价补贴或节假日一次性救助

的比例为7.92%，而救助金额的均值为466.61元。农村困难家庭主观上认为物价补贴或节假日一次性救助政策所起作用很大的比例为42.49%，认为作用较大的比例为22.32%，而认为较小和无作用的比例分别为7.30%和2.15%。而在客观上，物价补贴或节假日一次性救助占总救助水平的比例方面，比例均值为25.35%，在一定程度上对农村困难家庭的生活水平和生活质量产生了一定影响。

在农村困难家庭自然灾害救助政策运行状况与评估方面，农村困难家庭获得自然灾害救助的比例为5.20%，而救助的平均金额为272.31元。农村困难家庭主观上认为自然灾害救助政策所起作用很大的比例为25.49%，认为作用较大和一般的比例为15.69%和41.18%，而认为较小和无作用的比例分别为10.46%和7.19%。而在客观上，农村困难家庭自然灾害救助占总救助金额的比例均值为37.99%，可以发现，自然灾害救助这一政策在一定程度上对农村困难家庭的生活水平和生活质量产生了一定影响。

在农村困难家庭其他救助或优惠项目收入政策运行状况与评估方面，2015年农村困难家庭没有享受过其他救助或优惠项目收入政策的比例为2.55%，而享受其他救助或优惠项目的平均水平为721.91元。在主观上，农村困难家庭认为其他救助或优惠项目所起作用很大的比例为45.95%，认为所起作用较大的比例为14.86%，而认为无作用的比例为4.05%。而在客观上，农村困难家庭其他救助或优惠项目金额占总救助金额的比例均值为31.79%。

在农村困难家庭其他费用减免政策运行状况与评估方面，2015年农村困难家庭享受过其他费用减免的比例为1.39%，减免的平均水平为602.69元。在主观上，农村困难家庭认为其他费用减免所起作用很大的比例为36.59%，认为作用较大的比例为26.83%，而认为无作用的比例为4.88%。而在客观上，其他费用减免占总救助金额的比例均值为21.63%。

在农村困难家庭司法与法律援助政策运行状况与评估方面，农村困难家庭享受过司法与法律援助政策的比例为 0. 31%，而享受司法与法律援助的平均水平为 428. 57 元。在主观上，农村困难家庭认为司法与法律援助所起作用很大的比例为 44. 44%，认为作用较大的比例为 44. 44%，而认为无作用的比例为 11. 11%。而在客观上，司法与法律援助占总救助金额的比例均值为 6. 49%。

在农村困难家庭失业救助政策运行状况与评估方面，2015 年农村困难家庭享受过失业救助的比例为 0. 34%，而享受失业救助的平均水平为 353. 33 元。在主观上，农村困难家庭认为失业救助所起作用很大的比例为 10. 00%，认为作用较大的比例为 20. 00%，而认为无作用的比例为 20. 00%。而在客观上，失业救助占总救助金额的比例均值为 16. 42%。

在农村困难家庭慈善救助政策运行状况与评估方面，2015 年农村困难家庭享受过慈善救助的比例为 4. 25%，而享受慈善救助的平均水平为 1042. 89 元。在主观上，农村困难家庭认为慈善救助所起作用很大的比例为 45. 97%，认为作用较大的比例为 20. 97%，而认为无作用的比例为 0. 81%。而在客观上，慈善救助占总救助金额的比例均值为 27. 42%。另外，慈善救助为 2016 年新加选项，此处不做趋势分析。

（二）趋势分析结论

2015 年，在临时救助的分布情况方面，享受过临时救助服务的比例较去年有所下降，从 7. 18%下降为 6. 49%，而享受水平则从 830. 97 元上升为 962. 22 元。在认为临时救助所起作用分布状况上，2015 年与 2014 年情况基本保持一致。2015 年临时救助占总救助水平比例从 42. 00%下降为 36. 09%。

2015 年在享受过水电、燃料、取暖费减免的分布情况上，2015 年的享受比例较上一年度稍有下降，从 12. 69%下降为 11. 80%。享受水平方面则基本保持一致。在所起作用方面，认为作用很大和较大的比例从40.15%和21.76%下降为36.89%和20.17%。在占比方面，水电、燃料、取暖费减免占水电燃料采暖花费比例和水电、燃料、取暖费减免占总救助水平比例较去年均有所下降。

在农村困难家庭物价补贴或节假日一次性救助政策发展趋势比较方面，在农村困难家庭是否享受物价补贴或节假日一次性救助情况方面略有下降，2015年较2014年降低了2.00%。物价补贴或节假日一次性救助平均水平达到了466.61元，比2014年提高了20.45元。农村困难家庭对物价补贴或节假日一次性救助所起作用评价方面无较大变化，其中认为作用很大的提高了3.12%，认为作用较大的降低了2.80%。物价补贴或节假日一次性救助占总救助比例略有下降，降低了4.69%。两年在物价补贴或节假日一次性救助方面变化无较大差异。

在农村困难家庭自然灾害救助政策发展趋势比较方面，在农村困难家庭是否享受自然灾害救助情况比例方面略有上升，2015年较2014年提高了0.16%。自然灾害救助平均水平为272.31元，比2014年降低了17.39元。农村困难家庭对自然灾害救助政策所起作用评价方面有一定变化，其中认为自然灾害救助作用一般的比例为41.18%，提高了12.41%，认为作用很大的比例为25.49%，降低了8.00%。自然灾害救助占总救助水平的比例略有上升，提高了0.83%。两年在农村困难家庭对自然灾害救助评价方面略有差异，其他方面无较大差异。

在农村困难家庭其他费用减免政策发展趋势比较方面，在农村困难家庭是否享受其他费用减免政策情况比例方面略有上升，比2014年提高了0.11%。其他费用减免的平均水平略有上升，达到了602.69元，比2014年提高了136.04元。农村困难家庭对其他费用减免政策所起作用评价方面基本稳定，其中认为自然灾害救助作用很大的比例为36.59%，2014年的比例为38.89%，认为作用一般的比例为24.39%，2014年的比例为29.63%。2015年其他费用减免占总救助金额的比例为

21. 63%，2014 年的比例为 21. 26%。两年中农村困难家庭其他费用减免政策方面基本稳定。

在农村困难家庭其他救助或优惠项目政策发展趋势比较方面，在农村困难家庭是否享受其他救助或优惠项目收入情况的方面基本一致，2015 年较上一年降低了 0. 19%。其他救助或优惠项目收入平均水平略有上升，达到了 721. 91 元，比 2014 年提高了 158. 61 元。农村困难家庭对其他救助或优惠项目收入所起作用评价方面无较大差异，其中认为作用很大的比例为 45. 95%，相比 2014 年提高 5. 08%。其他救助或优惠项目占总救助的比例略有上升，提高了 1. 38%。通过比较分析，两年中农村困难家庭的其他救助或优惠项目收入水平、评价与政策所起作用方面略有上升，其他方面无较大差异。

在农村困难家庭享受司法与法律援助情况发展趋势比较方面，其中 2015 年农村困难家庭是否享受司法与法律援助方面与 2014 年基本一致。司法与法律援助平均水平有较大提升，达到了 428. 57 元，比 2014 年提高了 393. 21 元。农村困难家庭对司法与法律援助所起作用评价方面有一定差异，认为司法与法律援助作用较大的提高了 19. 44%。司法与法律援助占总救助比例略有上升，提高了 5. 28%。两年中农村困难家庭在司法与法律援助方面救助平均水平、司法与法律援助评价以及司法与法律援助占总救助的比例均有提高，而在农村困难家庭是否享受司法与法律援助方面两年基本一致。

在农村困难家庭失业救助政策发展趋势比较方面，在农村困难家庭是否享受失业救助情况比例方面略有上升，提高了 0. 13%。农村困难家庭对失业救助所起作用评价方面有一定变化，认为失业救助作用很大的比例为 10. 00%，比 2014 年下降了 34. 44%。失业救助占总救助比例下降，降低了 12. 25%。2015 年农村困难家庭失业救助政策有一定调整，相比 2014 年失业救助平均水平下降，同时其占总救助比例也呈下降趋势。

（三）比较分析结论

在2015年，在自然灾害救助主观效果评估、其他救助或优惠项目收入享受状况方面，低保家庭与低保边缘家庭存在差异。具体而言，在自然灾害救助主观效果评估、其他救助或优惠项目收入享受状况、物价补贴或节假日一次性救助主观效果评估方面低保家庭均高于低保边缘家庭，而在其他费用减免享受水平方面低保家庭均低于低保边缘家庭。

在水电、燃料、取暖费减免获得状况、享受水平、物价补贴或节假日一次性救助获得状况、其他救助或优惠项目收入享受、其他费用减免享受状况方面，低保家庭与低保边缘家庭存在明显的差异。具体而言，在水电、燃料、取暖费减免获得状况、物价补贴或节假日一次性救助获得状况、物价补贴或节假日一次性救助享受水平与主观效果评估、其他救助或优惠项目收入享受水平主观效果评估、其他费用减免享受状况方面，低保家庭均高于低保边缘家庭，而在水电、燃料、取暖费减免享受水平上，低保家庭低于低保边缘家庭。

在自然灾害救助获得状况、临时救助获得情况、享受水平与主观效果评估、水电、燃料、取暖费减免主观效果评估、物价补贴或节假日一次性救助享受水平、自然灾害救助享受水平及主观效果评估、其他救助或优惠项目收入享受水平与主观效果评估、其他费用减免享受水平主观效果评估、司法与法律援助享受状况、享受水平及主观效果评估、失业救助政策获得状况、享受水平及主观效果评估方面，低保家庭与低保边缘家庭不存在明显的差异。

在物价补贴或节假日一次性救助作用评价与其他费用减免获得情况方面，低保家庭与低保边缘家庭存在明显的差异。具体而言在物价补贴或节假日一次性救助作用评价与其他费用减免获得情况方面，低保家庭均高于低保边缘家庭。

在物价补贴或节假日一次性救助水平、自然灾害救助享受情况、自然灾害救助水平、自然灾害救助评价、其他救助或优惠项目收入享受情况、其他救助或优惠项目收入水平、其他救助或优惠项目作用评价、其他费用减免享受情况、其他费用减免水平、其他费用减免作用评价、司法与法律援助享受状况、司法与法律援助水平、司法与法律援助作用评价、失业救助享受情况、失业救助享受水平、失业救助作用评价、慈善救助水平、慈善救助作用评价等方面，低保家庭与低保边缘家庭不存在明显的差异。

第七章　农村困难家庭其他社会政策支持与社会服务供需状况

第一节　农村困难家庭其他社会政策支持运行状况与评估

一、农村困难家庭社会保险运行状况与评估

（一）农村困难家庭社会保险运行状况

1. 退休金或养老保险

（1）退休金或养老保险基本情况分析

描述分析

表7—1对2014年、2015年农村困难家庭享有、参加退休金或养老保险人数情况进行基本描述分析。根据调查结果显示，2015年农村困难家庭中没有人享有、参加退休金或养老保险的占比最大，所占比例为54.62%；家庭中有1—3人享有、参加退休金或养老保险的比例为44.15%。

表 7—1　2014 年、2015 年农村困难家庭享有、参加退休金或养老保险的人数占比（%）

	2014 年	2015 年
0	50.95	54.62
1	22.56	19.78
2	22.11	21.79
3	2.90	2.58
4 人及以上	1.48	1.23
合计	100.00	100.00

比较分析

表 7—2 进一步通过描述比较的方式，对比 2015 年低保家庭和低保边缘家庭享有、参加退休金或养老保险的人数状况。比较结果显示，低保家庭和低保边缘家庭在这一方面存在十分明显的差异（P<0.01），低保家庭享有、参加退休金或养老保险的人数比例明显低于低保边缘家庭。

表 7—2　2015 年享有、参加退休金或养老保险的人数（%）

人群	0	1	2	3	4	5	6	7	8
低保家庭	56.23	20.82	20.10	1.88	0.85	0.06	0.06	—	0
低保边缘家庭	52.46	18.50	23.97	3.51	1.17	0.23	0.08	—	0.08
$\chi^2=19.943$　　P = 0.006									

（2）退休金或养老保险参保人数占家庭总人口数比例

描述分析

表 7—3 对 2015 年农村困难家庭退休金或养老保险参保人数占家庭总人口数比例情况进行基本描述分析。根据调查结果显示，2015 年农村困难家庭在这方面的比例均值为 28.55%。

表7—3　2014年、2015年退休金或养老保险参保人数占家庭总人口数比例（%）

年份	均值	标准差	偏度	峰度
2014	32.04	38.82	0.77	2.03
2015	28.55	37.37	0.95	2.39

比较分析

表7—4进一步通过描述比较的方式，对2015年低保家庭和低保边缘家庭的退休金或养老保险参保人数占家庭总人口数比例状况进行比较。比较结果显示，低保家庭和低保边缘家庭在这一比例上不存在明显的差异（P>0.05）。

表7—4　2015年退休金或养老保险参保人数占家庭总人口数比例（%）

人群	均值	标准差
低保家庭	27.77	37.08
低保边缘家庭	29.56	37.71
F=1.64　　P=0.201		

（3）退休金或养老保险保障水平评价

描述分析与趋势分析

表7—5对2015年农村困难家庭退休金或养老保险的保障水平进行基本描述分析。根据调查结果显示，农村困难家庭在这方面的平均保障水平为2263.37元。

表7—5同时对比2014年与2015年农村困难家庭享有退休金或养老保险保障水平的发展趋势。根据抽样结果，相较于2014年，2015年农村困难家庭在这方面上升了1047.49元。

表 7—5　2014 年、2015 年农村困难家庭退休金或养老保险的保障水平（元）

年份	均值	标准差	偏度	峰度
2014	1215.88	1202.52	1.64	5.64
2015	2263.37	4824.01	4.96	32.55

比较分析

表 7—6 进一步通过描述比较的方式，对 2015 年低保家庭和低保边缘家庭退休金或养老保险的保障水平进行比较。比较结果显示，低保家庭和低保边缘家庭在这方面存在非常显著的差异（P<0.01）。低保边缘家庭退休金或养老保险的平均保障水平明显高于低保家庭。

表 7—6　2015 年农村困难家庭退休金或养老保险水平（元）

人群	均值	标准差
低保家庭	1907.12	4046.04
低保边缘家庭	2688.14	5592.89
F = 8.520　　P = 0.004		

（4）退休金或养老保险满意度评价

描述分析与趋势分析

表 7—7 对 2015 年农村困难家庭对退休金或养老保险的满意度进行描述分析。根据调查结果显示，65.28%的农村困难家庭在这方面的满意度比较高、非常高。

表 7—7 同时对 2014 年与 2015 年农村困难家庭对退休金或养老保险满意度的发展趋势进行比较。根据抽样结果，这两个年份在这方面的评价基本保持稳定。满意度非常高或比较高的农村困难家庭均达到 65%以上。

表 7—7　2014 年、2015 年农村困难家庭对退休金或养老保险的满意度（%）

	2014 年	2015 年
非常高	42. 82	41. 93
比较高	22. 46	25. 75
一般	27. 57	24. 28
比较低	4. 58	5. 05
非常低	2. 55	2. 99
合计	100. 00	100. 00

比较分析

表 7—8 进一步通过描述比较的方式，对比 2015 年低保家庭和低保边缘家庭对退休金或养老保险的满意度状况。比较结果显示，低保家庭和低保边缘家庭在退休金或养老保险的满意度方面存在十分明显的差异（$P<0.01$），低保家庭对退休金或养老保险满意度非常高、比较高的占比明显高于低保边缘家庭。

表 7—8　2015 年农村困难家庭对退休金或养老保险的满意度（%）

人群	非常高	比较高	一般	比较低	非常低
低保家庭	48. 27	20. 80	25. 66	3. 61	1. 66
低保边缘家庭	36. 24	24. 38	29. 98	5. 77	3. 62
$\chi^2=23.539$　　P＝0. 000					

（5）退休金或养老保险总体分析

表 7—9 对 2015 年农村困难家庭参加退休金或养老保险的总体情况进行基本描述分析。根据调查结果显示，农村困难家庭在这方面的比例均值为 28. 55%；退休金或养老保险的平均保障水平为 2263. 37 元；有 65. 28%的农村困难家庭对退休金或养老保险的满意度非常高或比较高。

进一步通过描述比较的方式，对比低保家庭和低保边缘家庭参加退休金或养老保险的总体状况。发现低保家庭参加退休金或养老保险的人数占家庭总人口数的比例均值略低于低保边缘家庭；低保边缘家庭退休金或养老保险的平均保障水平低于低保家庭；对退休金或养老保险的满意度非常高或比较高的低保家庭明显高于低保边缘家庭。

表 7—9　2015 年农村困难家庭参加退休金或养老保险总体分析

退休金或养老保险		总体	低保家庭	低保边缘家庭
参保比例(%)		28. 55	27. 77	29. 56
保障水平(元)		2263. 37	1907. 12	2688. 14
满意度（%）	非常高	42. 82	48. 27	36. 24
	比较高	22. 46	20. 80	24. 38
	一般	27. 57	25. 66	29. 98
	比较低	4. 58	3. 61	5. 77
	非常低	2. 55	1. 66	3. 62

2. 医疗保险

(1) 医疗保险基本情况分析

描述分析

表 7—10 对 2014 年、2015 年农村困难家庭享有、参加医疗保险人数情况进行基本描述分析。根据调查结果显示，72. 17%的农村困难家庭家中有 1 人及以上享有、参加医疗保险。

表 7—10　2014 年、2015 年农村困难家庭享有、参加医疗保险的人数分布情况（%）

	2014 年	2015 年
0	21. 78	27. 82
1	14. 26	12. 86

（续表）

	2014 年	2015 年
2	24. 27	20. 78
3	14. 40	14. 08
4	12. 49	11. 73
5	7. 12	7. 01
6	3. 09	3. 88
7 人及以上	2. 58	1. 83
合计	100. 00	100. 00

比较分析

表 7—11 进一步通过描述比较的方式，对 2015 年低保家庭和低保边缘家庭享有、参加医疗保险的人数状况进行比较。比较结果显示，低保家庭和低保边缘家庭在这方面，存在十分明显的差异（P<0. 01）低保家庭中有 1—3 人享有、参加医疗保险的占比高于低保边缘家庭 7. 03%。

表 7—11　2015 年农村困难家庭享有、参加医疗保险的人数（%）

人群	0	1	2	3	4	5	6	7	8	8 人以上
低保家庭	27. 78	14. 23	20. 46	16. 04	10. 77	5. 81	3. 45	0. 91	0. 54	0
低保边缘家庭	27. 91	11. 10	21. 03	11. 57	12. 98	8. 60	4. 46	1. 72	0. 47	0. 16
$\chi^2 = 35.075$　　P = 0. 000										

（2）医疗保险参保人数占家庭总人口数比例

描述分析

表 7—12 对农村困难家庭 2015 年享有、参加医疗保险人数占家庭总人口数比例进行基本描述分析。根据调查结果显示，2015 年农村困难家庭在这方面的比例均值为 66. 34%。

表 7—12　2014 年、2015 年医疗保险参保人数占家庭总人口数比例（%）

年份	均值	标准差
2014	73.34	41.39
2015	66.34	44.24

比较分析

表 7—13 进一步通过描述比较的方式，对比 2015 年低保家庭和低保边缘家庭享有、参加医疗保险人数占家庭总人口数比例的状况。比较结果显示，低保家庭和低保边缘家庭在这方面不存在明显的差异（P>0. 05）。

表 7—13　2015 年医疗保险参保人数占家庭总人口数比例（%）

人群	均值	标准差
低保家庭	66. 46	44. 28
低保边缘家庭	66. 13	44. 23
F=0. 040　　P=0. 842		

（3）医疗保险保障水平评价

描述分析

表 7—14 对 2015 年农村困难家庭医疗保险的保障水平进行基本描述分析。根据调查结果显示，农村困难家庭 2015 年在这方面为 3122. 48 元。

表 7—14　2014 年、2015 年农村困难家庭医疗保险保障水平（元）

年份	均值	标准差	偏度	峰度
2014	3459. 15	9387. 69	4. 43	25. 89
2015	3122. 48	8484. 81	4. 80	30. 75

比较分析

表7—15进一步通过描述比较的方式，对比2015年低保家庭和低保边缘家庭医疗保险的保障水平状况。比较结果显示，低保家庭和低保边缘家庭在这方面存在明显的差异（P<0.05）。具体而言，低保家庭医疗保险平均保障水平明显高于低保边缘家庭。

表7—15　2015年农村困难家庭医疗保险保障水平（元）

人群	均值	标准差
低保家庭	3471.55	9511.75
低保边缘家庭	2634.93	6872.42
F=4.31　　P=0.038		

（4）医疗保险满意度评价

描述分析与趋势分析

表7—16对2015年农村困难家庭医疗保险的满意度进行基本描述分析，根据调查结果显示，超过60%的农村困难家庭对医疗保险的满意度非常高或比较高。

表7—16同时对比2014年与2015年农村困难家庭对医疗保险的满意度。根据抽样结果，在这两个年份的医疗保险保障水平满意度方面上基本保持稳定，对医疗保险满意度非常高、比较高的占比均超过60%。

表7—16　2014年、2015年农村困难家庭对医疗保险的满意度（%）

	2014年	2015年
非常高	37.84	38.73
比较高	28.45	23.35
一般	26.49	31.79
比较低	4.41	4.01

（续表）

	2014 年	2015 年
非常低	2.81	2.12
合计	100.00	100.00

比较分析

下文进一步通过描述比较的方式，对比 2015 年低保家庭和低保边缘家庭对医疗保险的满意度状况。比较结果显示，低保家庭和低保边缘家庭在这方面存在非常显著的差异（$P<0.01$）。低保家庭对医疗保险满意度非常高或比较高的占比明显高于低保边缘家庭。

表 7—17 2015 年农村困难家庭对医疗保险的满意度（%）

人群	非常高	比较高	一般	比较低	非常低
低保家庭	41.69	23.24	28.78	4.28	2.01
低保边缘家庭	34.74	23.45	35.94	3.58	2.28
$\chi^2=15.666$ P=0.004					

（5）参加新农合的缴费情况

描述分析与趋势分析

表 7—18 对 2015 年农村困难家庭参加新农合的缴费情况进行基本描述分析，根据调查结果显示，超过 1/2 的农村困难家庭选择自己全额负担。

表 7—18 同时对比 2014 年与 2015 年农村困难家庭参加新农合缴费情况的发展趋势。根据抽样结果，两年在这方面基本保持一致，均有超过 1/2 的农村困难家庭选择自己全额负担。

表7—18　2014年、2015年农村困难家庭参加新农合的缴费情况统计表（%）

	2014年	2015年
自己全额负担	53.15	53.09
政府全额负担	22.22	19.06
政府按个人比例负担	20.30	18.51
不适用	4.33	9.34
合计	100.00	100.00

比较分析

表7—19进一步通过描述比较的方式，对比2015年低保家庭和低保边缘家庭参加新农合的缴费情况。比较结果显示，低保家庭和低保边缘家庭在新农合缴费方面存在十分明显的差异（P<0.01）。具体而言，低保边缘家庭选择自己全额负担的比例明显高于低保家庭；选择政府全额负担的比例明显低于低保家庭。

表7—19　2015年农村困难家庭参加新农合的缴费情况（%）

人群	自己全额负担	政府全额负担	政府个人按比例负担	不适用
低保家庭	42.99	27.08	20.28	9.65
低保边缘家庭	66.09	8.85	16.13	8.93
$\chi^2=204.501$　　P=0.000				

（6）总体分析

表7—20对2015年农村困难家庭参加医疗保险的总体情况进行基本描述分析。根据调查结果显示，农村困难家庭参加医疗保险的人数占家庭总人口数的比例均值为66.34%；平均保障水平为3122.48元；62.08%的农村困难家庭对医疗保险的满意度非常高或比较高；参加新农合的缴费情况方面，自己全额负担所占比例为53.09%，政府全额负

担所占比例为19.06%，政府个人按比例承担所占比例为18.51%。

进一步比较低保家庭和低保边缘家庭参加医疗保险的总体情况，发现低保家庭医疗保险的平均保障水平明显高于低保边缘家庭；对医疗保险的满意度非常高或比较高的低保家庭占比明显高于低保边缘家庭；参加新农合的缴费方面，自己全额负担的低保家庭明显低于低保边缘家庭，差值为23.1%；政府全额负担的低保家庭占比明显高于低保边缘家庭。

表7—20　2015年农村困难家庭医疗保险总体分析

医疗保险		总体	低保家庭	低保边缘家庭
参保比例(%)		66.34	66.46	66.13
保障水平(元)		3122.48	3471.55	2634.93
满意度(%)	非常高	38.73	41.69	34.74
	比较高	23.35	23.24	23.45
	一般	31.79	28.78	35.94
	比较低	4.01	4.28	3.58
	非常低	2.12	2.01	2.28
参加新农合缴费情况分析(%)	自己全额负担	53.09	42.99	66.09
	政府全额负担	19.06	27.08	8.85
	政府个人按比例承担	18.51	20.28	16.13
	不适用	9.34	9.65	8.93

3. 工伤保险

表7—21对2014年、2015年农村困难家庭享有、参加工伤保险人数情况进行基本描述分析。根据调查结果显示，2015年未享有、参加

工伤保险的农村困难家庭所占比例最大，为99.08%；其次是家庭中有1人享有、参加工伤保险，所占比例为0.65%；家庭中有2人享有、参加工伤保险的占0.20%。

表7—21　2014年、2015年农村困难家庭享有、参加工伤保险的人数分布情况（%）

	2014年	2015年
0	99.17	99.08
1	0.64	0.65
2人及以上	0.19	0.27
合计	100.00	100.00

4. 失业保险

表7—22对2014年、2015年农村困难家庭享有、参加失业保险人数情况进行基本描述分析。根据调查结果显示，2015年农村困难家庭享有、参加失业保险的人数主要分布在0—2人的区间内。没有获得失业保险的人数最多，所占比例为99.49%；其次是家庭中有1人享有、参加失业保险，所占比例为0.31%。

表7—22　2014年、2015年农村困难家庭享有、参加失业保险的人数分布情况（%）

	2014年	2015年
0	99.74	99.49
1	0.17	0.31
2人及以上	0.10	0.20
合计	100.00	100.00

5. 生育保险

表 7—23 对 2014 年、2015 年农村困难家庭享有、参加生育保险人数情况进行基本描述分析。根据调查结果显示，2015 年农村困难家庭没有获得失业保险的人数最多，所占比例为 99. 49%；其次是家庭中有 1 人享有、参加失业保险，所占比例为 0. 41%；家庭中有 2 人享有、参加失业保险的占 0. 10%。

表 7—23　2014 年、2015 年农村困难家庭享有、参加生育保险的人数分布情况（%）

	2014 年	2015 年
0	99. 64	99. 49
1	0. 26	0. 41
2	0. 10	0. 10
合计	100. 00	100. 00

（二）农村困难家庭社会保险政策运行评估

表 7—24 对 2015 年农村困难家庭享有、参加社会保险的总体情况进行基本描述分析。根据调查结果显示，在社会保险的享有、参加方面，农村困难家庭参加医疗保险、退休金或养老保险的比例较高，所占比例分别为 66. 34%、28. 55%，而工伤保险、失业保险和生育保险的参保率相对较低，所占比例分别为 0. 38%、0. 23%和 0. 19%；在社会保险的保障水平方面，农村困难家庭享有退休金或养老保险的平均保障水平为 2263. 37 元，享有医疗保险的平均保障水平为 3122. 48 元，享有工伤保险的平均保障水平为 25. 00 元，享有失业保险的平均保障水平为 245. 00 元，享有生育保险的平均保障水平为 206. 67 元；在农村困难家

庭对社会保险的满意度方面，65.28%的农村困难家庭对退休金或养老保险的满意度非常高或比较高，62.08%的农村困难家庭对医疗保险的满意度非常高或比较高，30.76%的农村困难家庭对工伤保险的满意度非常高或比较高，28.58%的农村困难家庭对失业保险的满意度非常高或比较高，46.67%的农村困难家庭对生育保险的满意度非常高或比较高。

进一步对比低保家庭和低保边缘家庭享有社会保险的总体情况，结果显示，低保家庭参加医疗保险的比例均略高于低保边缘家庭，但在退休金或养老保险、工伤保险、失业保险、生育保险上的参保比例均低于低保边缘家庭。低保家庭享受医疗保险、工伤保险和生育保险的保障水平高于低保边缘家庭，而享受退休金或养老保险和失业保险的保障水平低于低保边缘家庭；在满意度上，农村困难家庭中低保家庭对退休金或养老保险、医疗保险、失业保险和工伤保险的满意度非常高或比较高的比例均高于低保边缘家庭。

表 7—24　2015 年农村困难家庭享有、参加社会保险的总体情况

	人群	退休金或养老保险	医疗保险	工伤保险	失业保险	生育保险
参保比例（%）	总体	28.55	66.34	0.38	0.23	0.19
	低保家庭	27.77	66.46	0.17	0.08	0.14
	低保边缘家庭	29.56	66.13	0.64	0.42	0.25
保障水平（元）	总体	2263.37	3122.48	25.00	245.00	206.67
	低保家庭	1907.12	3471.55	85.71	57.50	240.00
	低保边缘家庭	2688.14	2634.93	0	320.00	190.00

（续表）

	人群		退休金或养老保险	医疗保险	工伤保险	失业保险	生育保险
满意度（%）	总体	非常高	42.82	38.73	15.38	14.29	20.00
		比较高	22.46	23.35	15.38	14.29	26.67
		一般	27.57	31.79	65.38	64.29	46.67
		比较低	4.58	4.01	—	—	—
		非常低	2.55	2.12	3.85	7.14	6.67
	低保家庭	非常高	48.27	41.69	10.00	25.00	16.67
		比较高	20.80	23.24	30.00	25.00	33.33
		一般	25.66	28.78	60.00	50.00	50.00
		比较低	3.61	4.28	—	—	—
		非常低	1.66	2.01	0	0	0
	低保边缘家庭	非常高	36.24	34.74	18.75	10.00	22.22
		比较高	24.38	23.45	6.25	10.00	22.22
		一般	29.98	35.94	68.75	70.00	44.44
		比较低	5.77	3.58	—	—	—
		非常低	3.62	2.28	6.25	10.00	11.11

二、农村困难家庭社会福利政策运行状况与评估

（一）农村困难家庭社会福利政策运行状况

1. 享有、参加老人、残疾人、儿童等福利津贴基本情况分析

（1）描述分析与趋势分析

表7—25对2015年农村困难家庭享有、参加老人、残疾人、儿童

等福利津贴的人数情况进行基本描述分析。根据调查结果显示，2015年农村困难家庭没有获得、1人获得老人、残疾人、儿童等福利津贴的人数占比最大，所占比例分别为83.92%与11.53%；家庭中有2人及以上享有、参加老人、残疾人、儿童等福利津贴的占4.55%。

表7—25同时对比2014年与2015年农村困难家庭参加老人、残疾人、儿童等福利津贴的人数分布情况。根据抽样结果，2015年农村困难家庭享有、参加老人、残疾人、儿童等福利津贴的人数比例较2014年有所提升。2014年未参加老人、残疾人、儿童等福利津贴的农村困难家庭占比89.12%，而2015年则降至83.92%。

表7—25　2014年、2015年享有、参加老人、残疾人、儿童等福利津贴的人数分布情况（%）

	2014年	2015年
0	89.12	83.92
1	8.36	11.53
2人及以上	2.52	4.55
合计	100.00	100.00

（2）比较分析

表7—26进一步通过描述比较的方式，对比2015年低保家庭和低保边缘家庭享有、参加老人、残疾人、儿童等福利津贴的人数状况。比较结果显示，低保家庭和低保边缘家庭在享有、参加老人、残疾人、儿童等福利津贴的人数方面存在十分明显的差异（P<0.01），低保家庭享有、参加老人、残疾人、儿童等福利津贴的人数占比明显高于低保边缘家庭。

表7—26 2015年享有、参加老人、残疾人、儿童等福利津贴人数分布情况（%）

人群	0	1	2	3
低保家庭	78.92	14.96	5.51	0.61
低保边缘家庭	90.32	7.10	2.50	0.08
$\chi^2 = 70.765$ P = 0.000				

2. 老人、残疾人、儿童等福利津贴参保人数占家庭总人口数比例

（1）描述分析与趋势分析

表7—27对2015年农村困难家庭老人、残疾人、儿童等福利津贴参保人数占家庭总人口数比例进行基本描述分析。根据调查结果显示，2015年农村困难家庭在这方面的比例均值为8.04%。

表7—27同时对比2014年与2015年农村困难家庭老人、残疾人、儿童等福利津贴参保人数占家庭总人口数的比例。根据抽样结果，2015年享有、参加老人、残疾人、儿童等福利津贴的人数相对2014年略有上升。

表7—27 2014年、2015年老人、残疾人、儿童等福利津贴参保人数占家庭总人口数比例（%）

年份	均值	标准差	偏度	峰度
2014	5.68	19.15	3.87	17.87
2015	8.04	22.11	3.13	12.33

（2）比较分析

表7—28进一步通过描述比较的方式，对比低保家庭和低保边缘家庭老人、残疾人、儿童等福利津贴参保人数占家庭总人口数比例状况。比较结果显示，老人、残疾人、儿童等福利津贴参保人数占家庭总人口

数比例状况存在非常显著的差异（P<0.01）。低保家庭老人、残疾人、儿童等福利津贴参保人数占家庭总人口数比例均值明显高于低保边缘家庭。

表 7—28　2015 年老人等福利津贴参保人数占家庭总人口数比例（%）

人群	均值	标准差
低保家庭	10.41	24.40
低保边缘家庭	4.97	18.22
F=43.98　　P=0.000		

3. 老人、残疾人、儿童等福利津贴保障水平评价

（1）描述分析

表 7—29 对 2014 年、2015 年农村困难家庭老人、残疾人、儿童等福利津贴保障水平情况进行基本描述分析，根据调查结果显示，2015 年农村困难家庭在这方面为 1618.03 元。

表 7—29　2014 年、2015 年老人、残疾人、儿童等福利津贴保障水平（元）

年份	均值	标准差	偏度	峰度
2014	1540.18	1784.84	2.41	9.43
2015	1618.03	1602.47	2.63	11.40

（2）比较分析

表 7—30 进一步通过描述比较的方式，对比 2015 年低保家庭和低保边缘家庭老人、残疾人、儿童等福利津贴保障水平状况。比较结果显示，低保家庭和低保边缘家庭在老人、残疾人、儿童等福利津贴保障水平方面不存在明显的差异（P>0.05）。

表 7—30　2015 年老人、残疾人、儿童等福利津贴保障水平（元）

人群	均值	标准差
低保家庭	1548.08	1429.44
低保边缘家庭	1825.97	2019.77
F=2.57　　P=0.109		

4. 老人、残疾人、儿童等福利津贴满意度评价

（1）描述分析与趋势分析

表 7—31 对 2015 年农村困难家庭对老人、残疾人、儿童等福利津贴的满意度情况进行基本描述分析，根据调查结果显示，农村困难家庭对 2015 年老人、残疾人、儿童等福利津贴的满意度为非常高的人数占比最大，达到 41.19%；其次是满意度为一般的比例，为 25.48%；满意度为比较高的农村困难家庭占 23.78%。

表 7—31 同时对 2014 年与 2015 年农村困难家庭对老人、残疾人、儿童等福利津贴满意度的发展趋势进行分析。根据抽样结果，2015 年农村困难家庭在这方面有所提高。满意度非常高或比较高的农村困难家庭占比由 2014 年的 54.65%提高至 2015 年的 64.97%，提升了 10.32%。

表 7—31　2014 年、2015 年农村困难家庭对老人、残疾人、儿童等福利津贴的满意度（%）

	2014 年	2015 年
非常高	34.07	41.19
比较高	20.58	23.78
一般	29.87	25.48
比较低	9.07	6.16

（续表）

	2014 年	2015 年
非常低	6.42	3.40
合计	100.00	100.00

（2）比较分析

表 7—32 进一步通过描述比较的方式，对比 2015 年低保家庭和低保边缘家庭对老人、残疾人、儿童等福利津贴的满意度状况。比较结果显示，低保家庭和低保边缘家庭在对老人、残疾人、儿童等福利津贴的满意度方面存在明显的差异（$P<0.05$）。具体表现为低保家庭对老人、残疾人、儿童等福利津贴满意度非常高和比较高的占比明显高于低保边缘家庭。

表 7—32　2015 年对老人、残疾人、儿童等福利津贴的满意度（%）

人群	非常高	比较高	一般	比较低	非常低
低保家庭	43.23	22.77	25.94	4.32	3.75
低保边缘家庭	35.77	26.83	23.58	11.38	2.44
$\chi^2=9.842$　　$P=0.043$					

（二）农村困难家庭社会福利政策运行评估

表 7—33 对 2015 年农村困难家庭参加老人、残疾人、儿童等福利津贴的总体情况进行基本描述分析。根据调查结果显示，2015 年农村困难家庭参加老人、残疾人、儿童等福利津贴的人数占家庭总人口数的比例均值为 8.04%；老人、残疾人、儿童等福利津贴的平均保障水平为 1618.03 元；其中，64.97%的农村困难家庭对老人、残疾人、儿童等福利津贴的满意度为非常高或比较高。

进一步比较低保家庭和低保边缘家庭参加老人、残疾人、儿童等福利津贴的总体情况，发现低保家庭在老人、残疾人、儿童等福利津贴的参保比例及满意度方面均高于低保边缘家庭，在老人、残疾人、儿童等福利津贴的平均保障水平方面低于低保边缘家庭。

表 7—33　2015 年农村困难家庭享有老人、残疾人、儿童等福利津贴的总体情况

老人、残疾人、儿童等福利津贴		总体	低保家庭	低保边缘家庭
参保比例(%)		8.04	10.41	4.97
保障水平(元)		1618.03	1548.08	1825.97
满意度(%)	非常高	41.19	43.23	35.77
	比较高	23.78	22.77	26.83
	一般	25.48	25.94	23.58
	比较低	6.16	4.32	11.38
	非常低	3.40	3.75	2.44

第二节　农村困难家庭社会服务供需状况

一、农村困难家庭社会服务需求分析

（一）社会服务需求状况

1. 描述分析与趋势分析

表 7—34 对 2016 年农村困难家庭目前需要的帮助进行多重响应分析。根据调查结果显示，减免医疗费、直接提供生活金或生活品、帮助

修建住房所占比例最高，分别为21.96%、20.87%、13.14%。

表7—34同时对2015年与2016年农村困难家庭目前所需帮助分布情况的发展趋势进行分析。根据抽样结果，这两年在农村困难家庭所需帮助方面基本保持一致。2015年与2016年，农村困难家庭需要的帮助均主要为直接提供生活金或生活品、减免医疗费以及帮助修建住房。

表7—34　2015年、2016年农村困难家庭目前需要帮助分布情况（%）

服务项目	2015年		2016年	
	百分比	个案百分比	百分比	个案百分比
直接提供生活金或生活品	23.03	78.34	20.87	71.89
帮助家里劳动力找份工作	9.48	32.24	10.27	35.36
提供技能培训、指点致富门路	7.15	24.33	7.58	26.11
提供低息贷款或生产资金	5.59	19.01	6.08	20.93
资助子女完成学业	8.69	29.57	9.06	31.21
减免医疗费	22.44	76.32	21.96	75.63
帮助修建住房	13.51	45.94	13.14	45.23
结对帮扶	8.94	30.40	9.32	32.10
其他	1.18	4.00	1.72	5.92
合计	100.00	340.15	100.00	344.38

2. 比较分析

表7—35进一步通过描述比较的方式，对比2016年低保家庭和低保边缘家庭需要帮助的状况。比较结果显示，低保家庭和低保边缘家庭在这方面存在一定差异。具体而言，低保家庭需要结对帮扶的比例高于低保边缘家庭，相差7.74%；低保家庭需要直接提供生活金或生活品的比例明显高于低保边缘家庭，相差7.40%。

表7—35　2016年农村困难家庭目前所需帮助分布情况（%）

服务项目	低保家庭	低保边缘家庭
直接提供生活金或生活品	75.08	67.68
帮助家里劳动力找份工作	32.55	39.11
提供技能培训、指点致富门路	24.02	28.88
提供低息贷款或生产资金	18.21	24.43
资助子女完成学业	31.34	31.07
减免医疗费	77.25	73.07
帮助修建住房	47.91	41.53
结对帮扶	35.45	27.71
其他	5.26	6.79

（二）面临困难状况与主要求助对象

1. 当前农村困难家庭面临的困难

（1）描述分析与趋势分析

表7—36对2016年农村困难家庭面临的困难情况进行多重响应分析。根据调查结果显示，家庭成员疾病负担重、家庭主要成员没有劳动能力、家庭主要劳动力没有工作等困难占比最大，分别为19.44%、16.65%、14.91%。

表7—36同时对2015年与2016年农村困难家庭面临困难的发展趋势进行分析。根据抽样结果，这两年在农村困难家庭面临的困难情况上基本保持一致。2015年、2016年农村困难家庭面临的困难均主要为家庭成员疾病负担重、家庭主要成员没有劳动能力等。

表 7—36　2015 年、2016 年当前农村困难家庭面临的困难（%）

困难类型	2015 年		2016 年	
	百分比	个案百分比	百分比	个案百分比
家庭主要劳动力没有工作	14.17	49.08	14.91	49.46
家庭主要成员没有劳动能力	17.97	62.28	16.65	55.23
家庭最主要收入者被长期拖欠工资	1.14	3.95	1.59	5.26
家庭成员疾病负担重	20.31	70.39	19.44	64.50
家庭成员需要长期照料	12.37	42.88	12.09	40.12
子女教育负担难以承受	7.52	26.06	8.26	27.41
家庭成员发生意外事故	2.13	7.37	2.23	7.40
家庭财产遭受重大损失	1.62	5.61	1.48	4.93
居住条件差	14.42	49.96	13.62	45.18
赡养老人负担重	6.57	22.76	6.81	22.59
其他	1.18	4.09	1.46	4.86
没有困难	0.60	2.07	1.45	4.82
合计	100.00	346.50	100.00	331.76

（2）比较分析

表 7—37 进一步通过描述比较的方式，对比 2016 年低保家庭和低保边缘家庭面临的困难状况。比较结果显示，低保家庭和低保边缘家庭在面临的困难方面存在一定差异。具体而言，低保家庭面临着家庭主要成员没有劳动能力的困难明显高于低保边缘家庭，相差 16.61%；低保家庭面临着家庭成员需要长期照料的困难比例也明显高于低保边缘家庭。

表 7—37　2016 年分人群当前农村困难家庭面临的困难（%）

困难类型	低保家庭	低保边缘家庭
家庭主要劳动力没有工作	48.40	50.74
家庭主要成员没有劳动能力	62.43	45.82
家庭最主要收入者被长期拖欠工资	4.54	6.25
家庭成员疾病负担重	67.88	60.11
家庭成员需要长期照料	45.19	33.49
子女教育负担难以承受	27.34	27.56
家庭成员发生意外事故	7.68	7.03
家庭财产遭受重大损失	4.84	5.07
居住条件差	48.03	41.37
赡养老人负担重	21.29	24.36
其他	5.20	4.29
没有困难	2.84	7.42

2. 2015 年、2016 年遇到的临时或突发性困难

(1) 描述分析与趋势分析

表 7—38 对 2016 年农村困难家庭是否遇到临时或突发性困难情况进行多重响应分析。根据调查结果显示，没有遇到临时或突发性困难、家庭成员突发重大疾病、短期失业占比最大，分别为 50.57%、17.91%、12.68%。

表 7—38 同时对 2015 年与 2016 年农村困难家庭是否遇到临时或突发性困难状况的发展趋势进行分析。根据抽样结果，这两年内农村困难家庭在这方面上基本保持一致。2015 年及 2016 年，没有遇到临时或突发性困难的农村困难家庭比例均超过 1/2。

表 7—38　2015 年、2016 年农村困难家庭是否遇到如下临时或突发性困难（%）

困难类型	2015 年		2016 年	
	百分比	个案百分比	百分比	个案百分比
自然灾害导致的临时性困难	10.05	11.35	10.04	11.35
交通事故等意外事故	3.18	3.59	3.58	4.04
家庭成员突发重大疾病	19.20	21.67	17.91	20.25
短期失业	12.54	14.15	12.68	14.34
其他临时性困难	4.13	4.66	5.23	5.91
没有	50.89	57.42	50.57	57.19
合计	100.00	112.84	100.00	113.08

（2）比较分析

表 7—39 进一步通过描述比较的方式，对比 2016 年低保家庭和低保边缘家庭面临的临时或突发性困难状况。比较结果显示，低保家庭和低保边缘家庭在面临临时或突发性困难方面存在一定差异。具体而言，低保家庭面临短期失业的比例明显低于低保边缘家庭。

表 7—39　2016 年农村困难家庭面临临时或突发性困难（%）

困难类型	低保家庭	低保边缘家庭
自然灾害导致的临时性困难	10.47	12.41
交通事故等意外事故	3.87	4.22
成员突发重大疾病	21.13	19.28
短期失业	12.41	16.86
其他临时性困难	6.17	5.54
没有	58.05	56.05

3. 农村困难家庭的主要求助对象描述分析与趋势分析

表7—40对2016年农村困难家庭的主要求助对象的分布情况进行基本描述分析。根据调查结果显示，选择亲戚、村/居委会、政府的占比最大，分别为33.61%、20.63%、15.97%。

表7—40同时对2015年与2016年农村困难家庭主要求助对象的发展趋势进行分析。根据抽样结果，这两年在这方面基本保持稳定。2015年、2016年农村困难家庭主要求助对象均为亲戚、村/居委会以及政府。

表7—40　2015年、2016年农村困难家庭的主要求助对象的分布情况（%）

服务项目	第一有效百分比		第二有效百分比		第三有效百分比		相对百分比	
	2015年	2016年	2015年	2016年	2015年	2016年	2015年	2016年
政府	13.85	15.88	15.86	16.76	13.17	14.66	14.41	15.97
村/居委会	23.50	21.88	19.72	19.68	18.87	18.79	21.47	20.63
雇主或工作单位	0.14	0.17	0.19	0.24	0.40	0.56	0.20	0.26
工青妇残等组织	0.05	0.04	0.22	0.31	0.84	1.01	0.24	0.34
媒体	0.10	0.07	0.12	0.10	0.52	0.56	0.17	0.16
亲戚	54.67	51.64	14.79	17.17	12.20	12.40	34.30	33.61
朋友	1.93	2.08	26.49	23.92	12.67	11.43	11.91	10.92
邻居	2.34	3.92	9.64	8.88	15.00	14.73	6.88	7.38
慈善公益类社会组织	0	0.07	0.22	0.28	0.84	0.76	0.21	0.26
其他	3.42	4.16	12.75	12.66	25.47	25.11	10.21	10.49
合计	100.00	100.00	100.00	100.00	100.00	100.00	100.00	100.00

二、农村困难家庭社会服务供给分析

（一）已享受的社会服务

1. 描述分析与趋势分析

表7—41对2016年农村困难家庭已享受的社会服务情况进行分析。根据调查结果显示，已享受环境卫生、医疗卫生保健服务、社区治安占比最大，分别为21.82%、15.74%、15.65%。

表7—41同时对2015年与2016年农村困难家庭已享受社会服务的发展趋势进行分析。根据抽样结果，这两年在农村困难家庭已享受社会服务方面基本一致。2015年、2016年农村困难家庭已享受的社会服务均主要为环境卫生、医疗卫生保健服务以及社区治安。

表7—41　2015年、2016年农村困难家庭已享受社会服务分析（%）

服务项目	2015年		2016年	
	百分比	个案百分比	百分比	个案百分比
社区养老服务	3.14	10.04	3.17	9.60
幼儿托护	1.49	4.76	1.38	4.18
社区治安	15.99	51.15	15.65	47.45
环境卫生	19.89	63.63	21.82	66.16
办理社会保障服务	12.74	40.74	12.92	39.18
劳动就业服务	2.91	9.32	2.61	7.92
医疗卫生保健服务	18.40	58.85	15.74	47.72
文化娱乐服务	8.82	28.22	8.91	27.01

（续表）

服务项目	2015年		2016年	
	百分比	个案百分比	百分比	个案百分比
家政服务	0.66	2.12	0.47	1.44
法律服务	1.15	3.67	1.62	4.90
物业服务	1.29	4.13	1.84	5.59
紧急救助	1.15	3.67	1.16	3.53
计生服务	6.79	21.72	6.22	18.85
心理咨询	0.57	1.81	0.51	1.54
其他	5.00	16.00	5.99	18.17
合计	100.00	319.82	100.00	303.30

2. 比较分析

表7—42进一步通过描述比较的方式，对比2016年低保家庭和低保边缘家庭已享受的社会服务。比较结果显示，低保家庭和低保边缘家庭在这方面存在一定差异。具体而言，低保家庭享受办理社会保障服务所占比例明显高于低保边缘家庭；低保家庭享受医疗卫生保健服务所占比例高于低保边缘家庭。

表7—42　2016年农村困难家庭已享受社会服务分析（%）

服务项目	低保家庭	低保边缘家庭
社区养老服务	9.98	8.90
幼儿托护	4.05	4.29
社区治安	49.30	44.11

（续表）

服务项目	低保家庭	低保边缘家庭
环境卫生	67.39	63.39
办理社会保障服务	42.89	33.49
劳动就业服务	8.05	7.49
医疗卫生保健服务	51.36	42.15
文化娱乐服务	25.53	28.26
家政服务	1.15	1.80
法律服务	4.96	4.61
物业服务	5.32	5.78
紧急救助	3.69	3.20
计生服务	19.36	17.88
心理咨询	1.63	1.41
其他	15.91	20.77

（二）对社区/村现有社会服务的评价

1. 描述分析与趋势分析

表7—43对2016年农村困难家庭对所在社区/村社会服务的评价进行基本描述分析。根据调查结果显示，对环境卫生、其他、社区治安评价较高的农村困难家庭所占比例最高，分别为21.15%、20.94%、15.72%。

表 7—43 2015 年、2016 年农村困难家庭对社区/村现有社会服务的评价（%）

	第一位有效百分比		第二位有效百分比		第三位有效百分比		第四位有效百分比		第五位有效百分比		相对百分比	
	2015 年	2016 年	2015 年	2016 年	2015 年	2016 年	2015 年	2016 年	2015 年	2016 年	2015 年	2016 年
社区养老服务	6.31	7.09	3.69	4.39	4.14	4.03	4.15	4.04	4.24	4.91	4.75	5.21
幼儿托护	1.28	1.26	1.54	2.12	1.19	1.71	1.50	2.04	1.81	2.34	1.40	1.76
社区治安	21.01	17.42	19.90	21.61	12.61	14.35	7.86	7.08	4.42	5.10	16.17	15.72
环境卫生	26.75	34.90	26.96	22.96	12.32	11.63	7.50	6.71	3.33	2.64	19.79	21.15
办理社会保障服务	12.05	10.79	7.77	8.70	10.49	10.28	8.97	10.39	8.32	7.36	9.94	9.85
劳动就业服务	0.53	0.38	1.10	0.88	1.62	1.93	2.49	3.15	3.70	3.47	1.37	1.40
医疗卫生保健服务	14.68	9.67	13.18	12.06	17.15	15.81	13.54	13.32	7.57	10.08	14.15	12.05
文化娱乐服务	2.55	3.04	4.67	5.24	7.59	7.45	8.61	9.57	8.00	8.15	5.29	5.72
家政服务	0.13	0.10	0.05	0.11	0.21	0.29	0.30	0.45	0.26	0.57	0.16	0.22
法律服务	0.33	0.70	0.26	0.71	0.56	1.31	0.86	1.56	1.06	2.00	0.48	1.03
物业服务	0.20	0.31	0.41	0.53	0.45	1.02	1.16	1.56	1.26	1.77	0.50	0.77
紧急救助	0.25	0.49	0.23	0.32	0.94	0.27	0.78	1.34	1.52	2.04	0.40	0.75
计生服务	2.00	1.88	2.12	4.11	2.59	5.68	4.51	5.73	7.66	7.59	3.53	3.28
心理咨询	0.13	0.03	0.05	0.18	0.19	0.11	0.14	0.30	0.37	0.68	0.14	0.17
其他	11.82	11.94	17.59	18.08	26.71	25.04	36.39	32.83	46.49	41.30	21.92	20.94
合计	100.00	100.00	100.00	100.00	100.00	100.00	100.00	100.00	100.00	100.00	100.00	100.00

表7—43同时对2015年与2016年农村困难家庭对社区/村现有社会服务评价的发展趋势进行分析。根据抽样结果，这两年在这方面基本保持稳定。2015年、2016年评价较高的社区/村现有社会服务，均为其他、环境卫生、社区治安以及医疗卫生保健服务。

表7—44对2016年农村困难家庭对社区/村提供的各种服务的总体满意度情况进行基本描述分析。根据调查结果显示，认为很满意、较满意、一般的占比最高，分别为37.73%、29.89%、27.87%。

表7—44同时对2015年与2016年农村困难家庭对社区/村提供的各种服务的总体满意度的发展趋势进行分析。根据抽样结果，两年内农村困难家庭对提供的各种服务的总体满意度情况基本保持稳定。

表7—44　2015年、2016年农村困难家庭对社区/村提供的各种服务的总体满意度（%）

总体满意度	2015年	2016年
很满意	39.66	37.73
较满意	30.90	29.89
一般	24.07	27.87
较不满意	2.86	2.18
很不满意	2.50	2.32
合计	100.00	100.00

2. 比较分析

下文进一步通过描述比较的方式，对比2016年低保家庭和低保边缘家庭对社会服务的总体满意度状况。比较结果显示，低保家庭和低保边缘家庭对社会服务的总体满意度存在十分明显的差异（$P<0.01$）。低保家庭很满意的比例明显高于低保边缘家庭，相差8.82%；满意度为一般的低保家庭所占比例低于低保边缘家庭。

表 7—45　2016 年农村困难家庭对社会服务的总体满意度（%）

人群	很满意	较满意	一般	较不满意	很不满意
低保家庭	41.61	30.05	25.18	1.58	1.58
低保边缘家庭	32.79	29.73	31.30	2.90	3.29
$\chi^2 = 39.235$　　P = 0.000					

（三）享受社会工作服务状况

1. 描述分析

表 7—46 对 2016 年农村困难家庭享受社会工作服务状况进行基本描述分析。根据调查结果显示，2016 年没有享受社会工作服务的农村困难家庭所占比例最高，为 63.39%；其次，不知道的占比 31.98%。

表 7—46　2015 年、2016 年农村困难家庭享受社会工作服务状况（%）

	2015 年	2016 年
不知道	1.90	31.98
有	7.11	4.63
没有	90.99	63.39
合计	100.00	100.00

2. 比较分析

表 7—47 进一步通过描述比较的方式，对比 2016 年低保家庭和低保边缘家庭所在社区是否享有社会工作方面的专业服务情况。比较结果显示，低保家庭和低保边缘家庭所在社区在是否享有社会工作方面的专业服务情况方面，不存在明显的差异（P>0.05）。

表7—47 2016年农村困难家庭所在社区/村享受社会工作服务情况（%）

人群	不知道	有	没有
低保家庭	31.70	4.42	63.88
低保边缘家庭	32.42	4.92	62.66
$\chi^2=0.673$ P=0.714			

（四）已有硬件服务设施情况

1. 描述分析与趋势分析

表7—48对2016年农村困难家庭所在社区/村已有社会服务设施情况进行分析。根据调查结果显示，医疗卫生服务站所占比例最高，为16.34%；其次，社区文化站、图书室或活动中心、公共体育健身设施及场所、计划生育服务站占比均达到11%以上。

表7—48同时对2015年与2016年农村困难家庭所在社区/村已有社会服务设施情况的发展趋势进行分析。根据抽样结果，这两年在这方面基本保持稳定，其中，这两年内医疗卫生服务站、社区文化站、图书室或活动中心、公共体育健身设施及场所、计划生育服务站的占比均超过10%。

表7—48 2015年、2016年所在社区/村已有社会服务设施分析（%）

服务项目	2015年		2016年	
	百分比	个案百分比	百分比	个案百分比
托老所、养老院	2.97	13.12	3.30	14.19
医疗卫生服务站	16.61	73.32	16.34	70.35
康复保健中心	2.22	9.81	2.39	10.31
社区治安站（点）	10.01	44.19	9.14	39.38
社区文化站、图书室或活动中心	12.17	53.71	11.98	51.60

（续表）

服务项目	2015 年		2016 年	
	百分比	个案百分比	百分比	个案百分比
公共体育健身设施及场所	11. 26	49. 70	11. 70	50. 37
便民利民服务点	9. 52	42. 02	9. 18	39. 55
计划生育服务站	12. 72	56. 12	11. 75	50. 61
流动人口服务站	5. 94	26. 22	5. 17	22. 26
物业服务站（清扫垃圾、绿化、设施养护等）	6. 46	28. 51	8. 12	34. 96
幼儿园、托儿所	8. 35	36. 84	8. 77	37. 78
其他	0. 15	0. 64	0. 22	0. 95
以上都没有	1. 62	7. 13	1. 93	8. 30
合计	100. 00	441. 35	100. 00	430. 63

2. 比较分析

表 7—49 进一步通过描述比较的方式，对比 2016 年低保家庭和低保边缘家庭周围已有的硬件服务设施状况。比较结果显示，低保家庭与低保边缘家庭在这方面存在一定差异。具体而言，低保家庭周围已有便民利民服务点的占比高于低保边缘家庭，相差 4. 10%。低保家庭周围已有托老所、养老院的占比低于低保边缘家庭，相差 3. 52%。

表 7—49　2016 年农村困难家庭所在社区/村已有的硬件服务设施（%）

服务设施	低保家庭	低保边缘家庭
托老所、养老院	12. 64	16. 16
医疗卫生服务站	71. 57	68. 46
康复保健中心	10. 59	9. 91
社区治安站（点）	40. 71	37. 63
社区文化站、图书室或活动中心	51. 97	50. 82

（续表）

服务设施	低保家庭	低保边缘家庭
公共体育健身设施及场所	49. 12	51. 83
便民利民服务点	41. 26	37. 16
计划生育服务站	49. 43	51. 99
流动人口服务站	21. 23	23. 42
物业服务站（清扫垃圾、绿化、设施养护等）	35. 15	34. 50
幼儿园、托儿所	38. 54	36. 61
其他	0. 97	0. 86
以上都没有	7. 99	8. 74

第三节　本章小结

一、农村困难家庭其他社会政策支持运行状况与评估研究结论

（一）描述分析结论

2015 年退休金或养老保险运行状况方面，农村困难家庭 1 人及以上获得退休金或养老保险的人数所占比例为 45. 38%，参加退休金或养老保险的家庭，其平均保障水平为 2263. 37 元，超过 65%的农村困难家庭对退休金或养老保险表示非常满意或比较满意。2015 年医疗保险运行状况方面，农村困难家庭医疗保险的参保比例为 72. 17%，参加医疗保险的家庭，其平均保障水平为 3122. 48 元，超过 60%的农村困难家庭

对医疗保险的表示满意。此外，在参加城镇居民基本医疗保险的缴费方面，超过50%的农村困难家庭选择自己全额负担。

2015年工伤保险运行状况方面，超过99%的农村困难家庭家中无人参加工伤保险，参加工伤保险的家庭，其平均保障水平为25.00元。2015年失业保险运行状况方面，0.23%的农村困难家庭参加了失业保险，参加失业保险的家庭，其平均保障水平为245.00元，28.58%的农村困难家庭对失业保险表示满意。2015年生育保险运行状况方面，超过99%的农村困难家庭家中无人参加生育保险，参加生育保险的家庭，其平均保障水平为206.67元，约五成的农村困难家庭对生育保险表示满意。2015年老人、残疾人、儿童等福利津贴运行状况方面，参加老人、残疾人、儿童等福利津贴的人数占家庭总人口数的比例均值为8.04%，参加老人、残疾人、儿童等福利津贴的家庭，其平均保障水平为1618.03元，有64.97%的农村困难家庭对老人、残疾人、儿童等福利津贴表示满意。

（二）趋势分析结论

退休金或养老保险运行状况方面，农村困难家庭与2014年相比2015年享有、参加退休金或养老保险的人数比例略有下降，在满意度方面大致保持一致，在获得退休金或养老保险的平均保障水平方面有所提升。医疗保险运行状况方面，农村困难家庭与2014年相比2015年享有、参加医疗保险的人数比例和医疗保险平均保障水平上略有下降，在医疗保险满意度及参加新农合的缴费情况意愿方面基本保持稳定。

工伤保险、失业保险和生育保险运行状况方面，农村困难家庭在2014年与2015年享有、参加工伤保险、失业保险和生育保险的人数比例方面基本保持一致。老人、残疾人、儿童等福利津贴运行状况方面，农村困难家庭与2014年相比2015年享有、参加老人、残疾人、儿童等福利津贴的人数比例、保障水平及满意度方面均有提升。

（三）比较分析结论

2015年退休金或养老保险运行状况方面，低保家庭和低保边缘家庭在享有、参加退休金或养老保险的人数、参加退休金或养老保险家庭的平均保障水平和满意度等方面，都存在十分明显的差异。具体而言，低保家庭享受、参加退休金或养老保险的比例、参加退休金或养老保险的平均保障水平均低于低保边缘家庭，而满意度则高于低保边缘家庭。2015年医疗保险运行状况方面，低保家庭和低保边缘家庭在享有、参加医疗保险的人数、满意度及参加新农合的缴费情况方面存在十分明显的差异，在医疗保险的保障水平方面也存在差异。具体而言，低保家庭在享受、参加医疗保险的比例、满意度、保障水平方面均高于低保边缘家庭。而在参加新农合的缴费情况方面，选择自己全额负担的低保边缘家庭占比高于低保家庭。

2015年工伤保险、失业保险和生育保险运行状况方面，低保家庭和低保边缘家庭在享有、参加工伤保险、失业保险和生育保险的人数方面，存在明显的差异。具体而言，低保家庭享有、参加工伤保险、失业保险和生育保险的人数相对低保边缘家庭较少，在满意度方面则普遍高于低保边缘家庭。2015年老人、残疾人、儿童等福利津贴运行状况方面，低保家庭和低保边缘家庭在享有、参加老人、残疾人、儿童等福利津贴的人数方面，存在十分明显的差异。具体而言，低保家庭享有、参加老人、残疾人、儿童等福利津贴的人数占比相对高于低保边缘家庭；在享有、参加老人、残疾人、儿童等福利津贴的满意方面，存在明显的差异，而在保障水平方面，低保家庭和低保边缘家庭不存在明显的差异。

二、农村困难家庭社会服务供需状况研究结论

（一）描述分析结论

农村困难家庭目前所需帮助中减免医疗费和直接提供生活金或生活品的占比最大，均超过20%；其次是帮助家里劳动力找份工作、帮助修建住房的占比均达到10%以上。在2015年已享受的社会服务方面，已享受环境卫生的占比最大为21.82%；其次，医疗卫生保健服务、社区治安的占比均达到15%以上；再次，已享受办理社会保障服务的占比达到12.92%。在对2016年农村困难家庭所在社区服务的评价方面，农村困难家庭对环境卫生的满意度最高，所占比例为21.15%；对其他的满意度第二高，所占比例为20.94%；对社区治安的满意度为第三高，所占比例为15.72%。

在2016年农村困难家庭面临的困难与求助对象方面，农村困难家庭面临家庭成员疾病负担重的占比最大，达到19.44%；其次是存在家庭主要成员没有劳动能力这一困难的，占比为16.65%；再次，存在家庭主要劳动力没有工作这一困难的也达到了14.91%。在2016年遇到的临时或突发性困难方面，没有遇到临时或突发性困难的农村困难家庭占比最大，为50.57%；其次，遇到家庭成员突发重大疾病的家庭占比为17.91%；再次，遇到短期失业的家庭占比为12.68%。在2016年主要求助对象选择方面，亲戚为农村困难家庭的主要求助对象，所占比例为33.61%；其次是村/居委会，所占比例为20.63%；再次，选择政府的为15.97%。在2016年农村困难家庭周围已有的硬件服务设施方面，排在前四位的分别是医疗卫生服务站、社区文化站、图书室或活动中心、计划生育服务站、公共体育健身设施及场所。

（二）趋势结论

农村困难家庭目前所需帮助方面，2015 年与 2016 年的农村困难家庭目前所需帮助分布情况基本保持一致，农村困难家庭需要的帮助均主要为直接提供生活金或生活品、减免医疗费以及帮助修建住房。在已享受的社会服务方面，农村困难家庭在 2015 年与 2016 年已享受社会服务方面基本一致，农村困难家庭已享受的社会服务均主要为环境卫生、医疗卫生保健服务以及社区治安。在农村困难家庭对所在社区服务的评价方面，2015 年与 2016 年在农村困难家庭对现有社会服务的评价状况上基本保持稳定。在享受社会工作服务状况方面，2015 年与 2016 年的农村困难家庭享受社会工作服务状况有所差异，没有享受社会工作服务的农村困难家庭比例有所下降，不知道社会工作服务的比例明显上升。

在遇到的临时或突发性困难方面，2015 年与 2016 年农村困难家庭是否遇到临时或突发性困难状况上基本保持一致。在当前面临的困难方面，农村困难家庭面临的困难主要为家庭成员疾病负担重、家庭主要成员没有劳动能力等。在主要求助对象方面，2015 年与 2016 年农村困难家庭的主要求助对象的分布情况基本保持稳定，农村困难家庭主要求助对象均为亲戚、村/居委会以及政府。在农村困难家庭周围已有的硬件服务设施方面，2015 年与 2016 年农村困难家庭所在社区/村已有社会服务设施基本保持稳定。其中，两年内医疗卫生服务站、社区文化站、图书室或活动中心、公共体育健身设施及场所、计划生育服务站的占比均超过 10%。

（三）比较分析结论

2016 年低保家庭和低保边缘家庭对社会服务的总体满意度存在十分明显的差异，具体而言 41.61%的低保家庭很满意，而相应的低保边缘家庭仅为 32.79%，相差 8.82%；满意度为一般的低保家庭为

25.18%，低于低保边缘家庭6.12%。低保家庭和低保边缘家庭在目前需要的帮助方面、在面临的困难方面、面临临时或突发性困难方面、在已享受的社会服务、已有的硬件服务设施方面均存在一定差异。两类家庭在当前面临的困难方面主要集中在家庭主要成员没有劳动能力、家庭成员疾病负担重等方面，但在具体数值上有所差异。在2015年遇到的临时或突发性困难主要集中在成员突发重大疾病、短期失业、自然灾害导致的临时性困难等方面，但其所占比例差别小于5%。已享受的社会服务主要集中在医疗卫生保健服务、环境卫生、社区治安等方面。附近已有社会服务设施主要集中在医疗卫生服务站、社区文化站、图书室或活动中心、公共体育健身设施及场所、计划生育服务站。

低保家庭和低保边缘家庭在所在社区是否享有社会工作方面的专业服务上不存在明显的差异。具体而言，两类家庭对于有、没有、不知道选择上的比例相差小于2%。

第八章　城市流动人口家庭基本状况分析

第一节　城市流动人口家庭人口状况

一、城市流动人口家庭规模状况

表8—1对2016年城市流动人口家庭平均家庭成员数进行基本描述分析，根据调查结果显示，2016年城市流动人口家庭的平均家庭成员数为3.53人。

表8—1同时对2015年与2016年城市流动人口家庭平均家庭成员数的发展趋势进行分析。根据抽样结果，两个年份在这方面基本保持稳定，均值均达到3人以上。

表8—1　2015年、2016年城市流动人口家庭平均家庭成员数的基本统计（人）

年份	均值	标准差	偏度	峰度
2015	3.44	1.39	0.57	3.93
2016	3.53	1.43	0.61	3.83

表8—2对2016年城市流动人口家庭的家庭成员数进行基本描述分析。根据调查结果显示，家庭成员数在5人及以内的城市流动人口家庭占总数的90.58%，其中家庭中成员数为3人的城市流动人口家庭占比最大，为32.31%。

表8—2同时对2015年与2016年城市流动人口家庭的家庭成员数的分布情况的发展趋势进行分析。根据抽样结果，两年在这方面基本保持稳定。两个年份的家庭成员数在5人及以内的城市流动人口家庭占比都超过90%。

表8—2　2015年、2016年城市流动人口家庭成员数的分布情况（%）

家庭成员数	2015年	2016年
1	7.71	6.49
2	15.03	15.42
3	33.36	32.31
4	24.25	23.86
5	12.20	12.50
6	5.31	6.98
7人及以上	2.13	2.43
合计	100.00	100.00

二、城市流动人口家庭结构状况

（一）性别

表8—3对2016年城市流动人口家庭的家庭成员性别进行基本描述分析。根据调查结果显示，2016年城市流动人口家庭的男性成员数占

比为 50. 68%，女性成员数占比为 49. 32%。

表 8—3 同时对 2015 年与 2016 年城市流动人口家庭成员性别分布情况的发展趋势进行分析。根据抽样结果，两个年份在这方面基本保持一致。男性所占比例均在 51%左右。

表 8—3 2015 年、2016 年城市流动人口家庭成员性别的分布情况（%）

性别	2015 年	2016 年
男	51. 13	50. 68
女	48. 87	49. 32
合计	100. 00	100. 00

（二）年龄

表 8—4 对 2016 年城市流动人口家庭的家庭成员年龄进行基本描述分析。调查结果分析显示，2016 年城市流动人口家庭中，16 岁以下成员占比为 20. 19%，16 岁到 59 岁成员占比为 67. 51%，60 岁及以上成员占比为 12. 29%。

表 8—4 同时对 2015 年与 2016 年城市流动人口家庭的家庭成员年龄的分布情况进行比较。根据抽样结果，两个年份在这方面基本一致。这两个年份的城市流动人口家庭中 16 岁到 59 岁成员占比均超过 65%。

表 8—4 2015 年、2016 年城市流动人口家庭成员年龄的分布情况（%）

年龄	2015 年	2016 年
16 岁以下	20. 45	20. 19
16 岁到 59 岁	68. 06	67. 51
60 岁及以上	11. 48	12. 29
合计	100. 00	100. 00

（三）文化程度

表8—5对2016年城市流动人口家庭的家庭成员文化程度进行基本描述分析。根据调查结果显示，2016年城市流动人口家庭中，没上过学、小学、初中、高中/中专文化程度的家庭成员占据较大比重，为88.08%。

表8—5同时对2015年与2016年城市流动人口家庭成员文化程度的分布情况进行比较。根据抽样结果，两个年份的城市流动人口家庭成员文化程度的分布情况基本保持稳定，高中及以下学历的成员所占比例均达到85%以上。

表8—5　2015年、2016年城市流动人口家庭成员文化程度的分布情况（%）

文化程度	2015年	2016年
没上过学	14.92	16.21
小学	24.76	24.24
初中	32.24	30.28
高中/中专	16.88	17.35
大专	6.09	6.69
本科	4.71	4.90
硕士及以上	0.41	0.33
合计	100.00	100.00

（四）政治面貌

表8—6对2016年城市流动人口家庭的家庭成员政治面貌进行基本描述分析。根据调查结果显示，2016年城市流动人口家庭中，群众占比较重为84.83%；其次是团员，占比为8.62%。

表8—6同时对2015年与2016年城市流动人口家庭成员政治面貌的分布情况进行比较。根据抽样结果，两个年份在这方面相差不大，群众所占比例均在85%左右。

表8—6　2015年、2016年城市流动人口家庭成员政治面貌的分布情况（%）

政治面貌	2015年	2016年
中共党员	5.55	6.43
民主党派	0.03	0.11
团员	9.09	8.62
群众	85.33	84.83
合计	100.00	100.00

（五）收入状况

表8—7对2016年城市流动人口家庭的家庭成员收入状况进行基本描述分析。根据调查结果显示，2016年城市流动人口家庭中，无收入成员占比最重为43.07%；其次是家庭的一般收入人，占比为29.32%。

表8—7同时对2015年与2016年城市流动人口家庭成员收入状况的分布情况进行比较。根据抽样结果，两个年份在这方面上基本稳定，无收入成员所占比例均在43%左右。

表8—7　2015年、2016年城市流动人口家庭成员收入状况的分布情况（%）

收入状况	2015年	2016年
是家庭的主要收入人	30.17	27.61
是家庭的一般收入人	26.64	29.32
无收入	43.18	43.07
合计	100.00	100.00

（六）户籍

1. 家庭人口现居住地

表8—8对2016年城市流动人口家庭的家庭成员现居住地情况进行基本描述分析。根据调查结果显示，2016年城市流动人口家庭中，居住在老家的成员占比为20.56%，居住在现居住地的占比为70.27%。

表8—8　2015年、2016年城市流动人口家庭成员现居住地的分布情况（%）

现居住地	2015年	2016年
在老家	12.25	20.56
现居住地	81.87	70.27
在其他地方	5.88	9.18
合计	100.00	100.00

2. 家庭人口户籍分布

表8—9对2016年城市流动人口家庭的家庭成员户籍分布情况进行基本描述分析。根据调查结果显示，2016年城市流动人口家庭中，户籍是农业的占比为68.49%，非农业的占比为24.60%；同一居民户口，以前是农业户籍的占比为5.22%，以前是非农业户籍的占比为1.69%。

表8—9同时对2015年与2016年城市流动人口家庭成员户籍分布的分布情况进行比较。根据抽样结果，两个年份在家庭成员户籍分布情况上，基本保持稳定，家庭成员户籍是农业户籍的均超过了65%。

表8—9　2015年、2016年城市流动人口家庭成员户籍分布的分布情况（%）

户籍分布	2015年	2016年
农业	67.33	68.49
非农业	26.88	24.60

（续表）

户籍分布	2015 年	2016 年
同一居民户口，以前是农业户籍	3.47	5.22
同一居民户口，以前是非农业户籍	2.32	1.69
合计	100.00	100.00

3. 家庭人口户籍所在地分布

表 8—10 对 2016 年城市流动人口家庭的家庭成员户籍所在地情况进行基本描述分析。根据调查结果显示，2016 年城市流动人口家庭中，户籍所在地为本市所属县，占比为 46.52%；户籍所在地为本省内其他地市，占比为 23.78%；户籍所在地为外省市，占比为 29.70%。

表 8—10 同时对 2015 年与 2016 年城市流动人口家庭成员户籍所在地的分布情况进行比较。根据抽样结果，两个年份在家庭成员户籍所在地的分布情况上，基本保持稳定。家庭成员户籍所在地在本市所属县的分布均超过了 45%。

表 8—10　2015 年、2016 年城市流动人口家庭成员户籍所在地的分布情况（%）

户籍所在地	2015 年	2016 年
本市所属县	47.20	46.52
本省内其他地市	21.69	23.78
外省市	31.11	29.70
合计	100.00	100.00

（七）民族与宗教信仰

表 8—11 对 2016 年城市流动人口家庭的家庭成员民族进行基本描述分析。根据调查结果显示，2016 年城市流动人口家庭中，汉族占据

绝对比重，达 95. 71%；其他民族占比为 4. 29%。

表 8—11 同时对 2015 年与 2016 年城市流动人口家庭成员民族的分布情况进行比较。根据抽样结果，两个年份在家庭成员民族的分布情况上，基本不变。两个年份城市流动人员家庭成员汉族的比例均超过了 95%。

表 8—11　2015 年、2016 年城市流动人口家庭成员民族的分布情况（%）

民族	2015 年	2016 年
汉族	96. 27	95. 71
回族	—	1. 06
维吾尔族	—	0. 14
壮族	—	0. 47
蒙古族	—	0. 17
其他民族	3. 73	2. 45
合计	100. 00	100. 00

表 8—12 对城市流动人口家庭的家庭成员宗教信仰进行基本描述分析。根据调查结果显示，2016 年城市流动人口家庭成员中，没有宗教信仰的占据绝对比重，达 93. 28%；有宗教信仰的占 6. 72%。在有宗教信仰的成员中，信仰佛教的成员相对较多，占 3. 69%；其他宗教信仰相对较少。

表 8—12 同时对 2015 年与 2016 年城市流动人口家庭成员宗教信仰的分布情况进行比较。根据抽样结果，两个年份在家庭成员宗教信仰的分布情况上，基本保持稳定。两个年份的城市流动人口家庭中没有宗教信仰的比例均超过了 90%。

表 8—12　2015 年、2016 年城市流动人口家庭成员宗教信仰的分布情况（%）

宗教信仰	2015 年	2016 年
佛教	3. 08	3. 69
道教	0. 08	0. 20
伊斯兰教	0. 93	0. 97
基督教	1. 55	1. 63
其他宗教	0. 24	0. 23
没有宗教信仰	94. 13	93. 28
合计	100. 00	100. 00

（八）家庭人口劳动结构

1. 家庭劳动人口数

表 8—13 对 2016 年城市流动人口家庭的家庭劳动人口数进行基本描述分析。根据调查结果显示，2016 年城市流动人口家庭的平均家庭劳动力人口数为 2. 12 人。

表 8—13 同时对 2015 年与 2016 年城市流动人口家庭劳动人口数进行比较。根据抽样结果，两个年份在家庭劳动人口数的分布情况上，基本保持一致。

表 8—13　2015 年、2016 年城市流动人口家庭劳动人口数的基本统计（人）

年份	均值	标准差	偏度	峰度
2015	2. 11	1. 09	0. 27	3. 52
2016	2. 12	1. 08	0. 21	3. 47

2. 家庭有工作收入人口数

表 8—14 对 2016 年城市流动人口家庭有工作收入人口数进行基本描述分析。根据调查结果显示，2016 年城市流动人口家庭的平均有工

作收入人口数为 1.61 人。

表 8—14 同时对 2015 年与 2016 年城市流动人口家庭有工作收入人口数的情况进行比较。根据抽样结果，两个年份的城市流动人口家庭有工作收入人口数的分布情况，基本保持一致。

表 8—14　2015 年、2016 年城市流动人口家庭有工作收入人口数的基本统计（人）

年份	均值	标准差	偏度	峰度
2015	1.55	1.01	0.32	3.21
2016	1.61	1.02	0.33	3.26

3. 有劳动能力人数占家庭规模的比重

表 8—15 对 2016 年城市流动人口家庭有劳动能力人数占家庭规模比重进行基本描述分析。根据调查结果显示，2016 年城市流动人口家庭在这方面的均值为 62.47%。

表 8—15 同时对 2015 年与 2016 年城市流动人口有劳动能力人数占家庭规模比重的情况进行比较。根据抽样结果，两个年份在这方面的情况，基本保持稳定。

表 8—15　2015 年、2016 年城市流动人口家庭有劳动能力人数占家庭规模比重的分布情况（%）

年份	均值	标准差	偏度	峰度
2015	62.93	29.13	−0.45	2.60
2016	62.47	29.42	−0.42	2.53

4. 家庭有工作人数占劳动人口比重

表 8—16 对 2016 年城市流动人口家庭有工作人数占劳动人口比重进行基本描述分析。根据调查结果显示，2016 年城市流动人口家庭在这方面的均值为 77.42%。

表8—16同时对2015年与2016年城市流动人口家庭有工作人数占劳动人口的比重情况进行比较。根据抽样结果，两个年份城市流动人口家庭有工作人数占劳动人口比重的均值相差不大。

表8—16　2015年、2016年城市流动人口家庭有工作人数占劳动人口比重的分布情况（%）

年份	均值	标准差	偏度	峰度
2015	74.74	32.87	-1.05	2.96
2016	77.42	31.63	-1.17	3.25

第二节　城市流动人口家庭经济状况

一、城市流动人口家庭收入状况

（一）家庭年收入水平

表8—17对城市流动人口家庭的平均年收入水平进行基本描述分析。根据调查结果显示，2015年城市流动人口家庭的平均年收入水平为52887.39元。

表8—17同时对2014年与2015年城市流动人口家庭平均年收入水平进行比较。根据抽样结果，两年的城市流动人口家庭平均年收入总额均值基本稳定。2015年家庭平均年收入总额均值明显提高。

表 8—17　2014 年、2015 年城市流动人口家庭平均年收入水平的基本统计（元）

年份	均值	标准差	偏度	峰度
2014	50763. 15	43389. 45	1. 98	9. 70
2015	52887. 39	44767. 49	2. 24	12. 89

（二）家庭人均收入水平

表 8—18 对城市流动人口家庭的家庭人均年收入水平进行基本描述分析。根据调查结果显示，2015 年城市流动人口家庭的人均年收入水平均值为 16328. 27 元。

表 8—18 同时对 2014 年与 2015 年城市流动人口家庭的家庭人均年收入水平的发展趋势进行分析。根据抽样结果，两个年份的城市流动人口家庭的家庭人均年收入水平基本保持一致，2015 年城市流动人口家庭的家庭人均年收入水平略有提升。

表 8—18　2014 年、2015 年城市流动人口家庭人均年收入水平的基本统计（元）

年份	均值	标准差	偏度	峰度
2014	15828. 31	13157. 71	1. 67	7. 43
2015	16328. 27	13886. 06	2. 09	10. 31

（三）家庭收入来源结构

表 8—19 对城市流动人口家庭收入来源结构进行基本描述分析。根据调查结果显示，2015 年城市流动人口家庭的收入主要来源于劳动收入与经营性净收入。其中，平均劳动收入为 39340. 84 元，人均劳动收入为 12246. 10 元，占家庭总收入的比例均值为 74. 58%；家庭平均经营

性净收入为 9642.22 元，人均经营性净收入为 2741.14 元，占家庭总收入的比例均值为 18.28%。

表 8—19　2014 年、2015 年城市流动人口家庭收入来源结构的基本统计（元）

	2014 年			2015 年		
	总体	人均	结构占比（%）	总体	人均	结构占比（%）
劳动收入	37931.71	11963.40	74.55	39340.84	12246.10	76.57
经营性净收入	8786.29	2471.11	15.24	9642.22	2741.14	13.06
财产性收入	759.18	226.18	1.30	613.21	182.03	1.33
转移性收入	3720.43	1312.27	9.95	3067.08	1095.46	9.43
其他收入	37.03	11.47	0.22	84.11	28.16	0.54

二、城市流动人口家庭支出状况

（一）家庭和人均支出水平

1. 家庭年支出水平

表 8—20 对城市流动人口家庭的家庭平均年支出总额进行基本描述分析。根据调查结果显示，2015 年城市流动人口家庭的平均年支出总额为 58072.35 元。

表 8—20 同时对 2014 年与 2015 年城市流动人口家庭的家庭平均年支出总额进行比较。根据抽样结果，两个年份的城市流动人口家庭的平均年支出总额基本稳定。2015 年，城市流动人口家庭的家庭平均年支出总额略有提升。

表 8—20　2014 年、2015 年城市流动人口家庭平均年支出总额的基本统计（元）

年份	均值	标准差	偏度	峰度
2014	51061. 99	41645. 15	3. 01	18. 54
2015	58072. 35	47707. 79	2. 86	15. 48

2. 家庭人均支出水平

表 8—21 对城市流动人口家庭的家庭人均年支出总额进行基本描述分析。根据调查结果显示，2015 年城市流动人口家庭的人均年支出总额均值为 17850. 26 元。

表 8—21 同时对 2014 年与 2015 年城市流动人口家庭的家庭人均年支出总额均值进行比较。根据抽样结果，两个年份的城市流动人口家庭的家庭人均年支出总额基本一致。2015 年，城市流动人口家庭的家庭人均支出水平略有提高。

表 8—21　2014 年、2015 年城市流动人口家庭人均支出水平的基本统计（元）

年份	均值	标准差	偏度	峰度
2014	15904. 60	13087. 93	3. 53	24. 66
2015	17850. 26	15271. 75	4. 37	42. 69

（二）家庭支出结构

1. 大类别支出结构

表 8—22 对城市流动人口家庭大类别支出结构进行基本描述分析。根据调查结果显示，城市流动人口家庭的主要支出为生活消费与转移性支出。其中，平均生活消费支出为 43592. 44 元，人均生活消费支出为 13578. 40 元，生活消费支出占家庭总支出的比例均值为 80. 30%；家庭

平均转移性支出为8302.79元，人均转移性支出为2550.60元，转移性支出占家庭总支出的比例均值为15.04%。

表8—22同时对2014年与2015年城市流动人口家庭大类别支出结构进行比较。根据抽样结果，两个年份的城市流动人口家庭大类别支出结构基本保持一致。2015年，平均生活消费支出、转移性支出、缴纳所得税、资产和经营性支出及其他支出均略有提升。

表8—22　2014年、2015年城市流动人口家庭大类别支出结构的基本统计（元）

	2014年			2015年		
	总体	人均	占比（%）	总体	人均	占比（%）
生活消费支出	39224.82	12295.42	81.59	43592.44	13578.40	80.30
转移性支出	7325.06	2302.45	14.86	8302.79	2550.60	15.04
缴纳所得税	150.13	44.01	0.20	180.79	52.22	0.22
资产、经营性支出	4380.66	1262.69	3.36	5842.46	1626.61	4.24
其他支出	66.82	24.43	0.09	190.08	51.77	0.24

2. 小类别支出结构

（1）家庭年支出结构

表8—23对2014年、2015年城市流动人口家庭小类别支出结构进行基本描述分析。根据调查结果显示，在生活消费支出方面，城市流动人口家庭在食品、医疗支出较大，平均食品支出为15376.94元，平均医疗支出为7562.65元；在转移性支出方面，城市流动人口家庭在人情往来方面支出较大，平均人情往来支出3393.37元；在资产、经营性支出方面，平均购建房及偿还银行房贷支出为4469.91元。

表 8—23 同时对 2014 年与 2015 年城市流动人口家庭小类别支出结构进行比较。根据抽样结果，两个年份的城市流动人口家庭小类别支出结构基本保持一致。2015 年，生活消费支出方面，城市流动人口家庭在食品、衣着、教育、医疗、住房、婚丧嫁娶、水电燃料采暖、文化娱乐、邮电通信、上网、家庭设备用品等方面的支出均有不同程度的提高，交通支出略有下降。

表 8—23　2014 年、2015 年城市流动人口家庭小类别年支出结构的基本统计（元）

		2014 年		2015 年	
		均值	标准差	均值	标准差
生活消费支出	食品	13521.28	8948.88	15376.94	10473.06
	衣着	2722.00	3504.68	2776.38	3316.24
	教育	4608.31	6626.73	4935.00	7580.68
	医疗	7310.85	19132.37	7562.65	21270.16
	住房	5680.26	8904.03	6195.87	9537.76
	婚丧嫁娶	455.13	2556.43	645.33	2724.25
	水电燃料采暖	2180.92	1895.86	2311.51	2000.84
	文化娱乐	508.86	1549.01	541.70	1529.55
	交通费	1371.61	2609.30	1318.18	2499.27
	邮电通信费	1313.62	1117.05	1439.39	1467.80
	上网费	355.87	528.47	361.16	532.58
	家庭设备、用品	1152.60	2471.67	1273.83	2769.74
	其他	103.79	995.64	102.45	969.05

（续表）

		2014 年		2015 年	
		均值	标准差	均值	标准差
转移性支出	赡养、抚养、扶养费	2303.66	4713.12	2906.94	5274.39
	人情往来	3220.27	4193.11	3393.37	4370.99
	购买商业保险、缴纳社会保险等	1260.37	2898.62	1459.94	3055.15
	其他	16.91	306.12	18.54	318.05
资产、经营性支出	购建房及偿还银行房贷支出	3617.30	21854.11	4469.91	23950.36
	其他	839.77	7134.06	2004.05	23675.37

（2）小类别家庭人均支出结构

表 8—24 对 2014 年、2015 年城市流动人口家庭小类别人均支出结构进行基本描述分析。根据调查结果显示，在生活消费支出方面，城市流动人口家庭人均食品支出为 4768.11 元，人均医疗支出为 2374.65 元，人均住房支出为 2032.86 元；在转移性支出方面，人均人情往来支出为 1092.44 元；在资产、经营性支出总计方面，人均购建房及偿还银行房贷支出为 1284.02 元。

表 8—24 同时对 2014 年与 2015 年城市流动人口家庭小类别人均支出结构进行比较。根据抽样结果，两个年份的城市流动人口家庭小类别人均支出结构基本保持一致。2015 年，在生活消费支出方面，城市流动人口家庭的食品、衣着、教育、医疗、住房、婚丧嫁娶、水电燃料采暖、文化娱乐、邮电通信、家庭设备用品、其他等支出均有不同程度的提高，交通、上网支出略有下降。

表 8—24　2014 年、2015 年城市流动人口家庭小类别人均支出结构的基本统计（元）

		2014 年		2015 年	
		均值	标准差	均值	标准差
生活消费支出	食品	4240.99	2831.39	4768.11	3338.95
	衣着	869.20	1176.45	886.45	1165.86
	教育	1295.10	1938.03	1343.71	2079.61
	医疗	2285.83	6669.81	2374.65	8320.43
	住房	1855.87	3163.72	2032.86	3600.72
	婚丧嫁娶	153.63	1058.28	188.28	837.35
	水电燃料采暖	717.93	710.80	749.40	765.65
	文化娱乐	181.51	619.16	190.31	600.85
	交通费	413.53	706.67	410.00	756.78
	邮电通信费	415.28	349.72	445.20	475.38
	上网费	118.52	194.42	117.07	201.71
	家庭设备用品	362.80	842.03	418.71	1023.11
	其他	31.03	314.15	35.62	397.68
转移性支出	赡养、抚养、扶养费	728.14	1727.22	870.95	1722.18
	人情往来	1037.93	1436.43	1092.44	1604.69
	购买商业保险缴纳社会保险等	374.76	916.32	425.36	923.37
	其他	4.61	89.14	5.10	79.68
资产、经营性支出	购建房及偿还银行房贷支出	1058.56	6633.61	1284.02	7139.53
	其他	219.11	1808.36	539.48	7182.84

（3）小类别支出占比

表8—25对城市流动人口家庭小类别支出占比进行基本描述分析。根据调查结果显示，在生活消费支出占比方面，城市流动人口家庭食品支出、医疗支出、住房支出和教育支出平均占比相对较高，分别为31.24%、11.46%、11.05%、8.32%；在转移性支出占比方面，赡养、抚养、扶养费支出占比最高，均值为6.57%；在资产、经营性支出占比方面，购建房及偿还银行房贷支出占比最高，均值为3.32%。

表8—25同时对2014年与2015年城市流动人口家庭小类别人均支出占比情况进行比较。根据抽样结果，两个年份的城市流动人口家庭小类别人均支出占比情况基本保持一致。2015年，在生活消费支出方面，城市流动人口家庭的食品、婚丧嫁娶、其他等支出占比均有提高；转移性支出方面，赡养、抚养、抚养费占比有所上升，同时人情往来、购买商业保险、缴纳社会保险等方面支出占比则有较大程度下降。

表8—25　2014年、2015年流动人口家庭小类别支出占比的基本统计（%）

		2014年		2015年	
		均值	标准差	均值	标准差
生活消费支出	食品	31.06	17.50	31.24	17.22
	衣着	5.61	6.28	5.19	5.35
	教育	9.15	12.71	8.32	11.92
	医疗	12.59	18.44	11.46	17.64
	住房	11.31	14.73	11.05	14.02
	婚丧嫁娶	0.78	4.44	1.11	4.30
	水电燃料采暖	5.62	5.76	5.13	4.82
	文化娱乐	0.95	3.12	0.83	2.22
	交通费	2.63	4.33	2.28	4.16
	邮电通信费	3.20	3.45	2.99	2.84
	上网费	0.78	1.37	0.68	1.63
	家庭设备、用品	2.29	3.88	2.23	4.08
	其他	0.17	1.54	4.99	8.73

（续表）

		2014 年		2015 年	
		均值	标准差	均值	标准差
转移性支出	赡养、抚养、扶养费	4.39	9.32	6.57	7.89
	人情往来	7.27	8.75	2.49	5.37
	购买商业保险、缴纳社会保险等	2.30	5.44	0.17	1.65
	其他	0.03	0.49	0.06	1.26
资产、经营性支出	购建房及偿还银行房贷支出	2.69	11.50	3.32	11.75
	其他	0.81	6.01	1.54	20.32

（三）家庭恩格尔系数

表 8—26 对城市流动人口家庭的恩格尔系数进行基本描述分析。根据调查结果显示，2015 年城市流动人口家庭的恩格尔系数均值为 31.24%。

表 8—26 同时对 2014 年与 2015 年城市流动人口家庭恩格尔系数的发展趋势进行分析。根据抽样结果，两个年份的城市流动人口家庭恩格尔系数基本稳定。

表 8—26　2014 年、2015 年城市流动人口家庭恩格尔系数的基本统计（%）

年份	均值	标准差	偏度	峰度
2014	31.06	17.50	0.82	3.72
2015	31.24	17.22	0.61	3.03

三、城市流动人口家庭财产状况

（一）储蓄水平

表8—27对城市流动人口家庭的储蓄水平进行基本描述分析。根据调查结果显示，2016年城市流动人口家庭的平均储蓄水平为9055.93元。

表8—27同时对2016年与2015年城市流动人口家庭储蓄水平的发展趋势进行分析。根据抽样结果，相比2015年，2016年的城市流动人口家庭储蓄水平有了较大增加。

表8—27　2015年、2016年城市流动人口家庭储蓄水平的基本统计（元）

年份	均值	标准差	偏度	峰度
2015	4767.41	11588.65	2.65	9.25
2016	9055.93	22353.39	2.89	10.83

（二）欠债状况及借债原因

1. 家庭欠债状况

表8—28对城市流动人口家庭的欠债情况进行基本描述分析。根据调查结果显示，2016年城市流动人口家庭的平均欠债金额为22159.66元。

表8—28同时对2016年与2015年城市流动人口家庭欠债情况进行比较。根据抽样结果，相比2015年，2016年的城市流动人口家庭平均欠债金额有所下降。

表 8—28　2015 年、2016 年城市流动人口家庭欠债状况的基本统计（元）

年份	均值	标准差	偏度	峰度
2015	22823. 11	55995. 73	3. 75	19. 16
2016	22159. 66	54710. 51	3. 55	17. 28

2. 2015 年家庭新增债务

表 8—29 对城市流动人口家庭 2015 年新增债务进行基本描述分析。根据调查结果显示，城市流动人口家庭 2015 年新增债务均值为 25169. 19 元。

表 8—29 同时对 2015 年与 2014 年城市流动人口家庭新增债务情况进行比较。根据抽样结果，相比 2015 年，2016 年的城市流动人口家庭新增欠债有所增加。

表 8—29　2014 年、2015 年城市流动人口家庭新增债务的基本统计（元）

年份	均值	标准差	偏度	峰度
2014	23519. 44	50496. 99	3. 84	21. 34
2015	25169. 19	52675. 14	3. 36	15. 93

3. 家庭借债原因

表 8—30 对城市流动人口家庭借债的最主要原因进行基本描述分析。根据调查结果显示，对于城市流动人口家庭而言，借债的最主要原因是看病，买房、租房或修建房，所占比例分别为 32. 91%、28. 60%。

表 8—30 同时对 2015 年与 2016 年城市流动人口家庭借债原因的分布情况进行比较。根据抽样结果，两年的城市流动人口家庭借债原因分布情况保持稳定。2016 年城市流动人口家庭因看病、孩子上学、经营需要、日常生活需要等原因借债的占比略有降低，同时，为买房、租房或修建房借债的占比有所升高。

表 8—30　2015 年、2016 年城市流动人口家庭借债的最主要原因的分布情况（%）

借债的最主要原因	2015 年	2016 年
看病	35. 18	32. 91
孩子上学	14. 22	12. 23
日常生活需要	9. 40	6. 65
经营需要	10. 84	10. 79
买房、租房或修建房	23. 01	28. 60
婚丧嫁娶	2. 77	2. 70
意外事故	1. 45	2. 16
重大自然灾害	0	0. 18
其他	3. 13	3. 78
合计	100. 00	100. 00

四、城市流动人口家庭住房状况

（一）住房来源

表 8—31 对城市流动人口家庭现住房来源进行基本描述分析。根据调查结果显示，2016 年城市流动人口家庭现住房来源主要为市场租房，占比为 36. 68%；其次，为自购普通商品房，占比为 16. 84%。

表 8—31 同时对 2015 年与 2016 年城市流动人口家庭现住房来源的分布情况进行比较。根据抽样结果，两个年份的城市流动人口家庭现住房来源分布情况基本保持一致。2016 年，住房来源为自建房、自购经济适用房或限价商品房的占比略有下降。

表 8—31　2015 年、2016 年城市流动人口家庭住房来源的分布情况（%）

住房来源	2015 年	2016 年
自购普通商品房	16. 76	16. 84
自购经济适用房或限价商品房	3. 19	3. 16
自建房	13. 76	12. 30
拆迁安置房	5. 38	4. 44
政府补贴建房	0. 31	0. 27
工作单位提供免费住房	3. 77	4. 28
租住单位住房	2. 96	3. 96
租住廉租房或公租房	7. 84	9. 09
继承房	1. 81	1. 34
市场租房	38. 18	36. 68
借房	2. 61	3. 42
其他	3. 42	4. 22
合计	100. 00	100. 00

（二）平均住房面积和住房价值

1. 现住房建房时间

表 8—32 对城市流动人口家庭的现住房建房时间进行基本描述分析。根据调查结果显示，2016 年城市流动人口家庭现住房于中华人民共和国成立前建成的仅占 0. 76%；于中华人民共和国成立时至改革开放期间建成的占 3. 55%；于改革开放后至今建成的占 95. 69%，占据较大比例。

表 8—32 同时对 2015 年与 2016 年城市流动人口家庭的现住房建房时间的分布情况进行比较。根据抽样结果，两个年份的城市流动人口家

庭的现住房建房时间的分布情况基本保持一致。2016 年，现住房建房时间为改革开放后至今的占比略有提高。

表 8—32　2015 年、2016 年城市流动人口家庭现住房建房时间的分布情况（%）

建房时间	2015 年	2016 年
中华人民共和国成立前	0.96	0.76
中华人民共和国成立时至改革开放	3.13	3.55
改革开放后至今	95.91	95.69
合计	100.00	100.00

2. 人均住房面积

表 8—33 对城市流动人口家庭的人均住房面积进行基本描述分析。根据调查结果显示，2016 年城市流动人口家庭的人均住房面积均值为 23.60 平方米。

表 8—33 同时对 2016 年与 2015 年城市流动人口家庭人均住房面积进行比较。根据抽样结果，两个年份的城市流动人口家庭人均住房面积保持稳定并且略有增加。

表 8—33　2015 年、2016 年城市流动人口家庭的人均住房面积基本统计（平方米）

年份	均值	标准差	偏度	峰度
2015	23.46	17.87	2.14	10.59
2016	23.60	17.56	2.13	10.34

3. 房屋现值

表 8—34 对城市流动人口家庭的房屋价值进行基本描述分析。根据调查结果显示，2016 年城市流动人口家庭的平均房屋现值为 23.76 万元。

表 8—34 同时对 2015 年与 2016 年城市流动人口家庭的现住房平均房屋现值进行比较。根据抽样结果，两个年份的城市流动人口家庭的现住房平均房屋现值变化较大，2016 年现住房平均房屋现值要低于 2015 年的水平。

表 8—34　2015 年、2016 年城市流动人口家庭房屋现值基本统计（万元）

年份	均值	标准差	偏度	峰度
2015	25.03	41.84	2.36	8.56
2016	23.76	44.62	3.76	20.19

（三）住房质量

表 8—35 对城市流动人口家庭的住房质量进行基本描述分析。根据调查结果显示，2016 年城市流动人口家庭现住房为危房的占 14.12%，约占一成。

表 8—35 同时对 2015 年与 2016 年城市流动人口家庭的现住房质量的分布情况进行比较。根据抽样结果，两个年份的城市流动人口家庭的现住房质量基本保持一致。2016 年，流动人口家庭的现住房是危房的比例略有上升。

表 8—35　2015 年、2016 年城市流动人口家庭的现住房质量的分布情况（%）

	2015 年	2016 年
是危房	13.01	14.12
不是危房	86.99	85.88
合计	100.00	100.00

(四) 住房花费

表 8—36 对城市流动人口家庭的人均住房花费进行基本描述分析。根据调查结果显示，2016 年城市流动人口家庭的人均住房花费均值为 595. 84 元/月。

表 8—36 同时对 2015 年与 2016 年城市流动人口家庭人均住房花费进行比较。根据抽样结果，两个年份的城市流动人口家庭的人均住房花费基本保持一致。2016 年，城市流动人口家庭的人均住房花费有上升。

表 8—36 2015 年、2016 年城市流动人口家庭人均住房花费的基本统计（元/月）

年份	均值	标准差	偏度	峰度
2015	537. 43	853. 64	2. 75	12. 60
2016	595. 84	881. 30	2. 41	10. 10

(五) 住房预期

1. 自建房打算

表 8—37 对城市流动人口家庭是否有自建房的打算进行基本描述分析。根据调查结果显示，2016 年城市流动人口家庭有自建房打算的仅占 12. 12%。

表 8—37 同时对 2015 年与 2016 年城市流动人口家庭自建房打算的分布情况进行比较。根据抽样结果，两个年份的城市流动人口家庭有自建房打算的居民占比基本保持一致。2016 年，流动人口家庭中有自建房打算的比例略有下降。

表 8—37　2015 年、2016 年城市流动人口家庭是否有自建房打算的分布情况（%）

	2015 年	2016 年
有	12.30	12.12
无	87.70	87.88
合计	100.00	100.00

表 8—38 对城市流动人口家庭准备花多少钱自建房进行基本描述分析。根据调查结果显示，2016 年城市流动人口家庭平均准备花 28.80 万元进行自建房。

表 8—38 同时对 2015 年与 2016 年城市流动人口家庭自建房打算支出预算进行比较。根据抽样结果，两个年份在这方面基本保持一致。2016 年，城市流动人口家庭中准备在自建房方面投入金额的均值略有上升。

表 8—38　2015 年、2016 年城市流动人口家庭准备花多少钱自建房的基本统计（万元）

年份	均值	标准差	偏度	峰度
2015	27.93	20.70	1.51	5.32
2016	28.80	24.78	1.37	4.18

2. 自购房打算

表 8—39 对城市流动人口家庭是否有自购房的打算进行基本描述分析。根据调查结果显示，2016 年城市流动人口家庭有自购房打算的占比为 16.04%。

表 8—39 同时对 2015 年与 2016 年城市流动人口家庭自购房打算的分布情况进行比较。根据抽样结果，两个年份的城市流动人口家庭有自购房打算的居民占比基本保持一致。2016 年，流动人口家庭中有自购

房打算的比例有所上升。

表 8—39　2015 年、2016 年城市流动人口家庭近两年是否有自购房打算的分布情况（%）

	2015 年	2016 年
有	14. 73	16. 04
无	85. 27	83. 96
合计	100. 00	100. 00

表 8—40 对城市流动人口家庭准备在自购房方面的投入进行基本描述分析。根据调查结果显示，2016 年城市流动人口家庭平均准备花 35. 87 万元进行自购房。

表 8—40 同时对 2015 年与 2016 年城市流动人口家庭在自购房方面的投入进行比较。根据抽样结果，两个年份的城市流动人口家庭准备在自购房方面的投入基本保持一致。2016 年，流动人口家庭中准备在自购房方面的投入略有上升。

表 8—40　2015 年、2016 年城市流动人口家庭准备在自购房方面的投入的基本统计（万元）

年份	均值	标准差	偏度	峰度
2015	34. 68	23. 31	1. 00	3. 47
2016	35. 87	24. 91	0. 92	3. 31

五、城市流动人口家庭耐用消费品拥有情况

表 8—41 对城市流动人口家庭耐用消费品拥有情况进行基本描述分析。根据调查结果显示，2016 年城市流动人口家庭拥有彩色电视机的占比最高，为 16. 52%；其次，拥有洗衣机的占 15. 56%，拥有冰箱的占

15.25%，拥有手机的占14.75%。

表8—41同时对2015年与2016年城市流动人口家庭耐用消费品拥有情况进行比较。根据抽样结果，两个年份的城市流动人口家庭耐用消费品拥有情况基本保持一致。2016年，流动人口家庭拥有彩色电视机、洗衣机、电脑、电动自行车、摩托车、贵重物品的比例略有下降，对其他耐用品的拥有比率均有不同程度的上升。

表8—41　2015年、2016年城市流动人口家庭耐用消费品拥有情况（%）

耐用消费品	2015年		2016年	
	有效百分比	个案百分比	有效百分比	个案百分比
彩色电视机	17.52	84.89	16.52	86.41
洗衣机	15.59	75.51	15.56	81.38
冰箱	14.64	70.93	15.25	79.78
空调	9.78	47.37	10.44	54.63
电脑	9.59	46.48	9.38	49.06
电动自行车	9.72	47.10	9.37	49.01
摩托车	3.59	17.38	3.41	17.82
手机	14.19	68.74	14.75	77.15
汽车	2.97	14.38	3.34	17.50
贵重物品（古董字画、珠宝、金银首饰、钢琴等）	1.74	8.42	1.55	8.13
以上都没有	0.67	3.27	0.43	2.25
合计	100.00	484.47	100.00	523.12

第三节　城市流动人口家庭医疗与就业状况

一、城市流动人口家庭医疗状况

（一）家庭成员的患病情况

1. 家庭成员患慢性病情况

表 8—42 对城市流动人口家庭的家庭成员患慢性病情况进行基本描述分析。根据调查结果显示，2016 年城市流动人口家庭中患慢性病人数为 0 人的占比为 71.17%；其次，患慢性病人数为 1 人的占比为 20.02%。

表 8—42 同时对 2015 年与 2016 年城市流动人口家庭成员患慢性病人数的分布情况进行比较。根据抽样结果，两个年份中城市流动人口家庭成员患慢性病人数的分布情况基本保持一致。2016 年城市流动人口家庭成员无人患慢性病的比例有所降低，有 2 人患慢性病的比例略有增加。

表 8—42　2015 年、2016 年城市流动人口家庭成员患慢性病人数的分布情况（%）

患慢性病人数	2015 年	2016 年
0	72.16	71.17
1	20.45	20.02
2	6.31	7.42
3 人及以上	1.07	1.38
合计	100.00	100.00

表 8—43 对城市流动人口家庭的家庭成员慢性病花费及报销情况进行基本描述分析。根据调查结果显示，2015 年城市流动人口家庭平均慢性病花费为 11036. 98 元，平均医疗保险报销费用为 2592. 51 元。

表 8—43 同时对 2014 年、2015 年城市流动人口家庭成员慢性病花费及报销分布情况进行比较。根据抽样结果，家庭成员平均慢性病花费及报销在两个年份内基本保持一致。2015 年慢性病花费均值为 11036. 98 元，与 2014 年相差不大。

表 8—43　2014 年、2015 年城市流动人口家庭成员慢性病花费及报销分布情况（元）

		均值	标准差	偏度	峰度
2014 年	慢性病花费	11237. 83	18176. 10	4. 95	38. 73
	医疗保险报销费用	3063. 25	11323. 72	10. 23	136. 79
2015 年	慢性病花费	11036. 98	16158. 96	3. 92	23. 17
	医疗保险报销费用	2592. 51	6117. 62	5. 69	50. 04

2. 家庭成员患大病情况

表 8—44 对城市流动人口家庭的家庭成员患大病情况进行基本描述分析。根据调查结果显示，2016 年，90. 55%的城市流动人口家庭中无人患大病；其次，8. 32%的城市流动人口家庭中有 1 人患大病。

表 8—44 同时对 2015 年、2016 年城市流动人口家庭的家庭成员患大病人数分布情况进行比较。根据抽样结果，两个年份中，家庭成员中患大病人数多为 0 人，且所占比例均超过 89%。

表 8—44　2015 年、2016 年城市流动人口家庭成员患大病人数的分布情况（%）

患大病人数	2015 年	2016 年
0	89. 97	90. 55

（续表）

患大病人数	2015 年	2016 年
1	8. 95	8. 32
2 人及以上	1. 08	1. 12
合计	100. 00	100. 00

表 8—45 对城市流动人口家庭的家庭成员大病花费及报销情况进行基本描述分析。根据调查结果显示，2015 年城市流动人口家庭平均大病花费为 28725. 15 元，平均医疗保险报销费用为 9189. 49 元。

表 8—45　2014 年、2015 年城市流动人口家庭成员大病花费及报销分布情况（元）

		均值	标准差	偏度	峰度
2014 年	大病花费	34691. 46	47046. 45	1. 95	6. 36
	医疗保险报销费用	10982. 56	24143. 25	3. 43	16. 36
2015 年	大病花费	28725. 15	40268. 16	2. 50	9. 58
	医疗保险报销费用	9189. 49	16174. 18	2. 46	9. 42

表 8—46 对城市流动人口家庭的家庭成员因大病借债情况进行基本描述。根据调查结果显示，2015 年城市流动人口家庭平均因大病借债 13480. 35 元。

表 8—46 同时对 2014 年、2015 年城市流动人口家庭的家庭成员因大病借债金额分布情况进行比较。根据抽样结果，两个年份内城市流动人口家庭因大病借债金额基本保持稳定，相差不大。

表 8—46　2014 年、2015 年城市流动人口家庭因大病借债金额的分布情况（元）

年份	均值	标准差	偏度	峰度
2014	11895. 62	22957. 62	3. 36	18. 25
2015	13480. 35	31233. 37	3. 53	16. 33

（二）家庭成员健康分布

表8—47对城市流动人口家庭成员的健康状况进行基本描述分析。根据调查结果显示，2016年城市流动人口家庭成员健康状况为很好的所占比例最大，为34.82%；其次，健康状况一般的家庭成员，占29.02%。

表8—47同时对2015年与2016年城市流动人口家庭成员健康状况的分布情况进行比较。根据抽样结果，家庭成员的健康状况的分布情况基本保持稳定，均以很好、较好、一般为主，较差、很差的成员保持较小占比，且不超过15%。

表8—47　2015年、2016年城市流动人口家庭成员健康状况的分布情况（%）

健康状况	2015年	2016年
很好	36.16	34.82
较好	22.45	24.28
一般	28.62	29.02
较差	8.22	7.95
很差	4.56	3.93
合计	100.00	100.00

在健康状况较差或很差的人群中，我们进一步分析其患病状况。表8—48对城市流动人口家庭成员的患病状况进行基本描述分析。根据调查结果显示，2016年城市流动人口家庭成员患慢性病的所占比例最大，为54.09%；其次为患大病的，占比为19.57%。

表8—48同时对2015年与2016年城市流动人口家庭成员患病状况的分布情况进行比较。根据抽样结果，两个年份内城市流动人口家庭成

员的患病状况分布情况基本保持稳定，其中患有慢性病的成员占据较大比重，其所占比例均超过 50%。

表 8—48　2015 年、2016 年城市流动人口家庭成员患病状况的分布情况（%）

患病状况	2015 年	2016 年
大病	20. 51	19. 57
慢性病	54. 84	54. 09
其他	10. 56	12. 92
无	14. 08	13. 43
合计	100. 00	100. 00

（三）残疾人数

接下来，我们以家庭为单位分析家庭残疾人状况。表 8—49 对城市流动人口家庭的残疾人数进行基本描述分析。根据调查结果显示，2016 年城市流动人口家庭中残疾人数为 0 人的占比为 88. 21%；其次，残疾人数为 1 人的占比为 10. 62%。

表 8—49 同时对 2015 年与 2016 年城市流动人口家庭残疾人数分布情况进行比较分析。根据抽样结果，两年内家庭成员的残疾人数的分布情况基本保持一致。2015 年、2016 年城市流动人口家庭仍以无人残疾为主，所占比例均超过 85%。

表 8—49　2015 年、2016 年城市流动人口家庭成员残疾人数的分布情况（%）

残疾人数	2015 年	2016 年
0	88. 66	88. 21
1	10. 07	10. 62
2 人及以上	1. 27	1. 17
合计	100. 00	100. 00

在健康状况较差或很差的人群中，我们进一步分析其残疾状况。表8—50对城市流动人口家庭成员残疾状况进行基本描述分析。根据调查结果显示，2016年城市流动人口家庭中，残疾一级的占比为4.75%，残疾二级的占比为7.45%，残疾三级的占比为5.91%。

表8—50同时对2015年、2016年城市流动人口家庭成员残疾状况分布情况进行比较分析。根据抽样结果，两年内城市流动人口家庭成员残疾情况的分布情况基本保持一致。此外，2016年城市流动人口家庭成员中残疾一级的比例略有升高。

表8—50　2015年、2016年城市流动人口家庭成员残疾状况的分布情况（%）

残疾人数	2015年	2016年
残疾一级（重度）	3.70	4.75
残疾二级（中度）	6.26	7.45
残疾三级（轻度）	5.38	5.91
残疾四级及以下	3.53	3.85
其他	10.23	—
无	70.90	78.05
合计	100.00	100.00

以家庭为单位分析家庭领取残疾补贴人数状况。表8—51对城市流动人口家庭目前在领取残疾补贴人数进行基本描述分析。根据调查结果显示，2016年城市流动人口家庭中领取残疾补贴人数为0人占比最大，占比为58.72%；其次为1人领取残疾补贴，占比为38.99%。

表8—51同时对2015年、2016年城市流动人口家庭领取残疾补贴人数分布情况进行比较分析。根据抽样结果，2016年，有1人及以上领取残疾补贴人数的家庭所占比例略有上升。

表 8—51　2015 年、2016 年城市流动人口家庭领取残疾补贴人数的分布情况（%）

残疾补贴人数	2015 年	2016 年
0	67.47	58.72
1	30.48	38.99
2	2.05	2.29
合计	100.00	100.00

（四）长期照料人数与照料方式

1. 长期照料人数

表 8—52 对城市流动人口家庭中需要长期照料的人数进行基本描述分析。根据调查结果显示，2016 年城市流动人口家庭中需要长期照料人数为 0 人的所占比例最大，为 87.03%；其次是需要长期照料人数为 1 的，所占比例为 10.25%。

表 8—52 同时对 2015 年、2016 年城市流动人口家庭需要长期照料人数的分布情况进行比较分析。根据抽样结果，两个年份内家庭成员需要长期照料人数的分布情况基本保持一致，其人数为 0 人的情况均占据较大比重，所占比例均超过 80%。

表 8—52　2015 年、2016 年城市流动人口家庭需要长期照料人数的分布情况（%）

需要长期照料人数	2015 年	2016 年
0	83.86	87.03
1	12.80	10.25
2	2.73	2.45
3 人及以上	0.62	0.27
合计	100.00	100.00

2. 长期照料方式

表 8—53 对城市流动人口家庭中需要长期照料的家庭成员的主要照料方式进行基本描述分析。根据调查结果显示，2016 年城市流动人口家庭中，93.00%的需要长期照料的家庭成员是由家人或亲属照料；4.94%的则无人照料。

表 8—53 同时对 2015 年、2016 年城市流动人口家庭需要长期照料成员的照料方式的分布情况进行比较分析。根据抽样结果，两个年份对需要长期照料家庭成员的主要照料方式皆为家人或亲属照料，其所占比例均超过 90%。此外，2016 年需要长期照料成员无人照料的家庭所占比例有所下降。

表 8—53　2015 年、2016 年城市流动人口家庭需要长期照料方式的分布情况（%）

主要照料方式	2015 年	2016 年
家人或亲属照料	91.43	93.00
社区居家照料	0.95	0.82
聘请保姆照料	0.48	0.41
送养老院等专门机构照料	1.67	0.82
无人照料	5.48	4.94
合计	100.00	100.00

二、城市流动人口家庭就业状况

（一）家庭就业状况分析

1. 被访者就业状况分析

表 8—54 对城市流动人口家庭被访者就业状况进行基本描述分析。根据调查结果显示，2016 年城市流动人口家庭被访者就业状况

主要集中于个体、零工和合同制员工，占比分别为 24.45%、22.29% 和 20.03%。

表 8—54 同时对 2015 年、2016 年城市流动人口家庭被访者就业分布情况进行比较分析。根据抽样结果，两个年份内被访者的就业情况均以个体、零工为主，略有不同的是，2016 年被访者就业情况为个体、零工的占比略有下降。

表 8—54　2015 年、2016 年城市流动人口家庭被访者就业的分布情况（%）

职业类型	2015 年	2016 年
在校学生	0.85	0.54
编制内员工	2.36	1.99
合同制员工	15.62	20.03
零工	26.79	22.29
个体	24.78	24.45
务农	3.83	4.85
长期料理家务	4.56	5.28
失业、无业（有劳动能力）	5.88	4.90
劳动年龄但丧失劳动能力	2.55	2.37
离退休（年老无业）	9.66	8.99
其他	3.13	4.31
合计	100.00	100.00

2. 家庭成员就业状况分析

表 8—55 对城市流动人口家庭成员就业状况进行基本描述分析。根据调查结果显示，2016 年城市流动人口家庭成员就业状况主要集中于在校学生、零工和个体，占比分别为 17.39%、16.21%、15.61%。

表 8—55 同时对 2015 年、2016 年城市流动人口家庭成员就业分布

情况进行比较分析。根据抽样结果，两个年份内家庭成员的就业情况均以在校学生和零工为主，相应的比例均相差不大。

表 8—55　2015 年、2016 年城市流动人口家庭成员就业的分布情况（%）

职业类型	2015 年	2016 年
学龄前儿童	7.89	8.26
在校学生	18.07	17.39
编制内员工	2.03	2.26
合同制员工	12.06	13.62
零工	18.23	16.21
个体	15.40	15.61
务农	3.75	3.84
长期料理家务	5.40	5.75
失业、无业（有劳动能力）	4.80	4.16
劳动年龄但丧失劳动能力	2.07	1.85
离退休（年老无业）	7.64	7.39
其他	2.68	3.67
合计	100.00	100.00

（二）家庭最主要收入人最近从事的职业类型

表 8—56 对城市流动人口家庭最主要收入人最近从事的职业类型进行基本描述分析。根据调查结果显示，2016 年城市流动人口家庭最主要收入人最近从事的职业类型为不便分类的其他从业人员的占比最大，为 33.30%；其次为商业、服务人员，占比达到 28.01%。

表 8—56 同时对 2015 年、2016 年城市流动人口最主要收入人最近从事的职业类型分布情况进行比较分析。根据抽样结果，两年内最主要收入人最近从事的职业类型基本保持稳定。

表 8—56　2015 年、2016 年城市流动人口家庭最主要收入人最近从事的职业类型的分布情况（%）

职业类型	2015 年	2016 年
国家机关、党群组织、企事业单位负责人	3.46	4.12
专业技术人员	9.82	8.28
办事人员和有关人员	4.58	5.93
商业、服务人员	32.95	28.01
农、林、牧、渔、水利业生产人员	5.20	4.17
生产、运输设备操作人员及有关人员	9.85	7.70
军人	0.23	0.27
不便分类的其他从业人员	25.64	33.30
无业	8.28	8.23
合计	100.00	100.00

（三）家庭最主要收入人最近从事工作所属行业

表 8—57 对城市流动人口家庭最主要收入人最近从事工作所属行业进行基本描述分析。根据调查结果显示，2016 年城市流动人口家庭最主要收入人最近从事工作所属行业主要集中于批发和零售业，其他，居民服务、修理和其他服务业，建筑业和制造业，占比均为 10%左右，其中，批发和零售业所占比例最高，达到 14.45%。

表 8—57 同时对 2015 年、2016 年城市流动人口家庭最主要收入人最近从事工作所属行业分布情况进行比较分析。根据抽样结果，两个年份内最主要收入人最近从事工作所属行业基本保持一致。批发和零售业，居民服务、修理和其他服务业，其他所占比例两个年份内均超过 10%。

表 8—57　2015 年、2016 年城市流动人口家庭最主要收入人最近从事工作所属行业分布情况（%）

行业	2015 年	2016 年
农、林、牧、渔业	5.48	4.34
采矿业	0.62	1.02
制造业	9.49	6.48
电力、热力、燃气及水生产和供应业	2.08	2.78
建筑业	10.19	8.57
批发和零售业	13.32	14.45
交通运输、仓储和邮政业	6.37	5.09
住宿和餐饮业	9.88	9.37
信息传输、软件和信息技术服务业	1.85	1.61
金融业	0.85	0.96
房地产业	0.39	1.34
租赁和商务服务业	2.51	1.77
科学研究和技术服务业	0.54	0.27
水利、环境和公共设施管理业	0.89	1.18
居民服务、修理和其他服务业	10.38	13.38
教育	1.08	1.50
卫生和社会工作	3.13	3.21
文化、体育和娱乐业	0.77	0.43
公共管理、社会保障和社会组织	1.89	1.82
国际组织	0.04	0.05
其他	10.81	12.96
未就业	7.45	7.44
合计	100.00	100.00

（四）流入地的工作生活适应情况

1. 流入地的生活适应情况

（1）过去五年的流动情况和流入目的

表8—58对城市流动人口家庭过去五年变换居住地和工作次数进行基本描述分析。根据调查结果显示，2016年城市流动人口家庭过去五年变换居住地次数的均值为0.65，变换工作次数的均值为0.79。

表8—58同时对2015年、2016年城市流动人口家庭过去五年变换居住地和工作次数进行比较分析。根据抽样结果，两年在这方面基本保持一致。两个年份城市流动人口家庭变换居住地和工作的次数相差不大。

表8—58　2015年、2016年城市流动人口家庭过去五年变换居住地和工作次数的基本统计（次）

		均值	标准差	偏度	峰度
2015年	变换居住地	0.72	1.16	1.68	5.46
	变换工作	0.79	1.53	2.78	13.00
2016年	变换居住地	0.65	1.29	4.20	39.70
	变换工作	0.79	2.00	6.72	78.84

表8—59对城市流动人口家庭过去五年变换居住地次数进行基本描述分析。根据调查结果显示，2016年城市流动人口家庭过去五年没有变换居住地的占比为69.32%，变换过1次的占比为10.85%，变换过2次的占比为12.03%。

表8—59同时对2015年、2016年城市流动人口家庭过去五年变换居住地次数的分布情况进行比较分析。根据抽样结果，城市流动人口家庭过去五年变换居住地次数的分布情况基本保持稳定。其中，没有变换居住地的情况占据较大比重，所占比例均超过60%。

表 8—59 2015 年、2016 年城市流动人口家庭过去五年变换居住地次数的分布情况（%）

次数	2015 年	2016 年
0	65. 15	69. 32
1	12. 00	10. 85
2	13. 01	12. 03
3	7. 26	5. 56
4 次及以上	2. 59	2. 25
合计	100. 00	100. 00

表 8—60 对城市流动人口过去五年变换工作次数进行基本描述分析。根据调查结果显示，2016 年城市流动人口过去五年没有变换工作的占比为 72. 08%，变换过 1 次的占比为 7. 42%，变换过 2 次的占比为 9. 58%。

表 8—60 同时对 2015 年、2016 年城市流动人口过去五年变换工作次数的分布情况进行比较分析。根据抽样结果，城市流动人口过去五年变换工作次数的分布情况基本保持一致。其中，过去五年未变换工作次数的情况仍占据较大比重，所占比例均超过 60%。

表 8—60 2015 年、2016 年城市流动人口过去五年变换工作次数的分布情况（%）

次数	2015 年	2016 年
0	69. 18	72. 08
1	8. 83	7. 42
2	10. 51	9. 58
3	6. 02	5. 81
4 次及以上	5. 47	5. 11
合计	100. 00	100. 00

表 8—61 对城市流动人口家庭被访者现居住地进行基本描述分析。根据调查结果显示，2016 年城市流动人口现居住地位于城乡结合部与市中心的占比最大，分别为 41. 72%、29. 75%。

表 8—61 同时对 2015 年、2016 年城市流动人口家庭被访者居住地分布情况进行比较分析。根据抽样结果，两个年份内家庭被访者现居住地为城乡结合部的情况均占据较大比重，所占比例均超过 35%。

表 8—61　2015 年、2016 年城市流动人口家庭被访者现居住地的分布情况（%）

次数	2015 年	2016 年
市中心	33. 19	29. 75
郊区	20. 89	19. 87
城乡结合部	38. 63	41. 72
其他	7. 29	8. 65
合计	100. 00	100. 00

表 8—62 对城市流动人口家庭来本地主要目的排序进行基本描述分析。根据调查结果显示，城市流动人口家庭来本地的第一目的，主要集中于挣钱、为了孩子未来发展，占比分别为 60. 10%、16. 60%；第二目的，主要集中在为了孩子未来发展、其他和挣钱，占比分别为 26. 17%、15. 87%、15. 04%。

表 8—62　2015 年、2016 年城市流动人口家庭来本地的主要目的排序

（按重要程度）（%）

	第一百分比	第二百分比	第三百分比	相对百分比
挣钱	60. 10	15. 04	6. 06	36. 07
向往城市生活	3. 60	14. 33	13. 92	8. 90
施展才干、发展自己	3. 11	9. 37	12. 24	6. 72

（续表）

	第一百分比	第二百分比	第三百分比	相对百分比
学技术	0.86	4.35	8.25	3.26
见世面、开眼界	0.70	5.23	10.16	3.79
多生孩子	0.16	0.22	0.34	0.21
为了孩子未来发展	16.60	26.17	12.24	19.06
单位安排	2.36	1.82	2.19	2.15
农村生活太苦	2.95	7.60	9.99	5.67
其他	9.56	15.87	24.59	14.17
合计	100.00	100.00	100.00	100.00

（2）城市流动人口家庭流入本地的渠道

表8—63对城市流动人口家庭被访者流入本地渠道进行多重响应分析。根据调查结果显示，2016年城市流动人口家庭被访者流入本地主要通过自己进城谋生、亲戚介绍，占比分别为38.67%、31.52%。

表8—63同时对2015年、2016年城市流动人口家庭被访者流入本地渠道的分布情况进行比较分析。根据抽样结果，两个年份中家庭被访者流入本地渠道的分布情况基本保持稳定。2015年、2016年被访者流入本地的渠道均以老乡介绍、自己进城谋生为主。

表8—63 2015年、2016年城市流动人口家庭被访者流入本地渠道分布情况（%）

次数	2016年		2015年	
	百分比	个案百分比	百分比	个案百分比
老乡介绍	10.91	11.17	13.23	14.43
亲戚介绍	30.88	31.63	31.52	34.37

（续表）

次数	2016 年		2015 年	
	百分比	个案百分比	百分比	个案百分比
其他朋友招工	9.18	9.40	10.73	11.70
城市招工	6.02	6.16	5.85	6.38
自己进城谋生	31.89	32.67	38.67	42.17
其他	11.13	11.40	—	—
合计	100.00	102.43	100.00	109.05

（3）流入地区生活中遇到的困难

表 8—64 对城市流动人口家庭被访者来本地工作后遇到的困难进行多重响应分析。根据调查结果显示，2016 年城市流动人口家庭被访者来本地工作后遇到的困难主要是收入水平低、生活费用高，担心老家亲人，没有社会保障，找工作难和工作不稳定，比例分别为 19.40%、12.53%、11.40%、10.76%、10.36%。

表 8—64 同时对 2015 年、2016 年城市流动人口家庭被访者在流入地区遇到的困难的分布情况进行比较分析。根据抽样结果，两个年份内被访者多遇到收入水平低、生活费用高，没有社会保障等问题，且所占比例均超过 10%。

表 8—64 2015 年、2016 年城市流动人口家庭在流入地区遇到状况分布（%）

	2015 年		2016 年	
	百分比	个案百分比	百分比	个案百分比
收入水平低、生活费用高	19.86	70.20	19.40	68.28
工资被拖欠或克扣	2.81	9.93	2.73	9.60
找工作难	11.06	39.08	10.76	37.86
没有签订正式劳动合同	6.46	22.84	7.12	25.08

（续表）

	2015 年		2016 年	
	百分比	个案百分比	百分比	个案百分比
工作不稳定	10.49	37.07	10.36	36.46
小孩入托、入学难	6.52	23.04	6.85	24.11
没有社会保障	11.55	40.82	11.40	40.13
生病缺钱医治	7.77	27.44	7.52	26.48
遭本地人歧视	4.04	14.26	3.45	12.14
缺少朋友、感情孤独	5.04	17.82	5.01	17.64
担心老家亲人	12.05	42.60	12.53	44.12
其他	2.35	8.31	2.88	10.14
合计	100.00	353.41	100.00	352.04

2. 流入地的工作适应情况

（1）城市流动人口的合法权益享受情况

表 8—65 对城市流动人口家庭被访者是否有雇主或用人单位进行基本描述分析。根据调查结果显示，2016 年城市流动人口家庭有雇主或用人单位的占 38.55%，没有的占 61.45%。

表 8—65 同时对 2015 年、2016 年城市流动人口家庭是否有雇主或用人单位的分布情况进行比较分析。根据抽样结果，两个年份内城市流动人口家庭是否有雇主或用人单位的分布情况基本保持一致。

表 8—65　2015 年、2016 年城市流动人口家庭是否有雇主或用人单位的分布情况（%）

	2015 年	2016 年
是	34.05	38.55

（续表）

	2015 年	2016 年
否	65.95	61.45
合计	100.00	100.00

表 8—66 对城市流动人口家庭被访者是否与用人单位签订劳动合同的情况进行基本描述分析。根据调查结果显示，2016 年城市流动人口家庭与用人单位签订劳动合同的占 61.91%，没有签订的占 38.09%。

表 8—66 同时对 2015 年、2016 年城市流动人口家庭被访者是否与用人单位签订劳动合同的分布情况进行比较分析。根据抽样结果，两个年份内流动人口家庭被访者是否与用人单位签订劳动合同的分布情况没有明显变化。

表 8—66　2015 年、2016 年城市流动人口家庭被访者是否与用人单位签订劳动合同分布情况（%）

	2015 年	2016 年
是	59.59	61.91
否	40.41	38.09
合计	100.00	100.00

表 8—67 对城市流动人口所在用人单位是否为其缴纳住房公积金进行基本描述分析。根据调查结果显示，2016 年城市流动人口所在用人单位为其缴纳住房公积金占 23.33%，没有为其缴纳住房公积金占 76.67%。

表 8—67 同时对 2015 年、2016 年城市流动人口所在单位是否为其缴纳住房公积金的分布情况进行比较分析。根据抽样结果，两个年份内城市流动人口所在单位是否为其缴纳住房公积金的分布情况基本保持一致。

表 8—67　2015 年、2016 年城市流动人口家庭所在单位是否为其缴纳住房公积金分布情况（%）

	2015 年	2016 年
不知道	0. 34	—
是	21. 78	23. 33
否	77. 88	76. 67
合计	100. 00	100. 00

（2）工作中遇到的困难及处理办法

表 8—68 对城市流动人口家庭被访者在工作中遇到不合理对待进行多重响应分析。根据调查结果显示，2016 年城市流动人口家庭被访者在工作中没有遇到任何不合理对待的，占比为 33. 45%；遭遇到的不合理对待主要是经常被迫加班、加班后不给或少给报酬，比例分别为 12. 43%、10. 81%。

表 8—68 同时对 2015 年、2016 年城市流动人口家庭被访者在工作中遇到不合理对待的分布情况进行比较分析。根据抽样结果，被访者在工作中遇到不合理对待的分布情况基本保持一致。

表 8—68　2015 年、2016 年在工作中遇到不合理对待的分布情况（%）

服务项目	2015 年		2016 年	
	百分比	个案百分比	百分比	个案百分比
经常被迫加班	10. 58	16. 59	12. 43	20. 22
加班后不给或少给报酬	10. 58	16. 59	10. 81	17. 59
不能提供基本的劳动保护条件	8. 71	13. 66	8. 17	13. 30
提供的吃住条件太差	7. 49	11. 74	7. 49	12. 19
拖欠、克扣、拒发工资	4. 03	6. 32	2. 72	4. 43

（续表）

服务项目	2015 年		2016 年	
	百分比	个案百分比	百分比	个案百分比
业余时间不准外出	2.95	4.63	2.81	4.57
因公受伤，单位不出钱医治	1.44	2.26	2.47	4.02
外来工没有参加培训学习的机会	7.63	11.96	8.34	13.57
同工不同酬	7.20	11.29	8.68	14.13
打骂等人身攻击	1.80	2.82	1.11	1.80
性别歧视	0.65	1.02	0.94	1.52
其他	0.86	1.35	0.60	0.97
以上全无	36.07	56.55	33.45	54.43
合计	100.00	156.78	100.00	162.74

表 8—69 对城市流动人口家庭被访者在工作中应对不合理对待的办法进行多重响应分析。根据调查结果显示，2016 年城市流动人口家庭被访者没遇到过不合理对待的，占 17.98%；遇到不合理对待，选择能忍则忍的，占 28.16%；选择向单位领导反映的，占 24.07%。

表 8—69 同时对 2015 年、2016 年城市流动人口家庭被访者在工作中应对不合理对待的方法进行比较分析。根据调查结果显示，两年来被访者在工作中应对不合理对待的方法基本保持一致。

表 8—69　2015 年、2016 年工作中应对不合理对待办法（%）

服务项目	2015 年		2016 年	
	百分比	个案百分比	百分比	个案百分比
能忍则忍	28.00	41.31	28.16	43.00
向单位领导反映	23.11	34.09	24.07	36.75
消极怠工	2.14	3.16	2.18	3.33

（续表）

服务项目	2015 年		2016 年	
	百分比	个案百分比	百分比	个案百分比
辞掉工作	8.26	12.19	6.54	9.99
找机会报复	0.23	0.34	0.27	0.42
寻求法律援助	6.04	8.92	9.26	14.15
向有关政府部门投诉	5.51	8.13	6.45	9.85
集体抗议	2.83	4.18	3.63	5.55
寻求工会、妇联等组织帮助	1.84	2.71	0.91	1.39
其他	0.77	1.13	0.54	0.83
没遇到过	21.27	31.38	17.98	27.46
合计	100.00	147.52	100.00	152.70

第四节　城市流动人口家庭社会心态、社会参与状况

一、城市流动人口家庭心理健康状况

（一）被访者的心理状况

1. 被访者的自卑感

表 8—70 对城市流动人口家庭被访者自卑感的分布情况进行基本描述分析。根据调查结果显示，从未有过自卑感的占比最高，为 67.26%；其次为很少有自卑感的，占比为 13.43%。

表8—70同时对2015年与2016年城市流动人口家庭被访者的自卑感的分布情况进行比较。根据抽样结果，两个年份被访者的自卑感分布情况变化不大，从未有过与人交往感觉自卑的被访者比例略有增加。

表8—70 2015年、2016年城市流动人口家庭被访者与人交往感觉自卑的分布情况（%）

	2015年	2016年
经常有	6.42	5.19
有时有	15.53	10.59
很少有	15.19	13.43
从未有过	60.82	67.26
说不清	2.04	3.53
合计	100.00	100.00

2. 被访者的绝望感

表8—71对城市流动人口家庭被访者绝望感的分布情况进行基本描述分析。根据调查结果显示，从未有过绝望感的占比最高，比例为68.11%；其次为很少有这一感觉的占比，比例为13.27%。

表8—71同时对2015年与2016年城市流动人口家庭被访者的绝望感的分布情况进行比较。根据抽样结果，两个年份被访者的绝望感分布情况变化不大。2016年从未有过感到自己和家庭的未来没有希望感觉被访者的比例略有下降。

表8—71 2015年、2016年被访者感到自己和家庭的未来没有希望的分布情况（%）

	2015年	2016年
经常有	6.96	6.21

（续表）

	2015 年	2016 年
有时有	13. 11	9. 84
很少有	12. 65	13. 27
从未有过	65. 13	68. 11
说不清	2. 15	2. 57
合计	100. 00	100. 00

3. 被访者的焦虑感

表 8—72 对城市流动人口家庭被访者焦虑感的分布情况进行基本描述分析。根据调查结果显示，从未有过焦虑感的占比最高，为 42. 16%；其次为有时有这种感觉的占比，达 25. 20%。

表 8—72 同时对 2015 年与 2016 年城市流动人口家庭被访者的焦虑感的分布情况进行比较。根据抽样结果，两个年份被访者的焦虑感分布情况基本稳定，从未有过感到情绪沮丧、心情焦虑感觉的被访者比例均在 41%左右。

表 8—72　2015 年、2016 年被访者感到情绪沮丧、心情焦虑的分布情况（%）

	2015 年	2016 年
经常有	11. 07	10. 97
有时有	26. 14	25. 20
很少有	19. 76	20. 28
从未有过	41. 83	42. 16
说不清	1. 19	1. 39
合计	100. 00	100. 00

（二）被访者的思想观念

1. 被访者的责任观念

表 8—73 对城市流动人口家庭被访者责任感的分布情况进行基本描述分析。根据调查结果显示，59. 69%的被访者表示很同意，32. 28%的被访者表示比较同意。

表 8—73 同时对 2015 年与 2016 年城市流动人口家庭被访者的责任观念进行比较。根据抽样结果，两个年份被访者的责任观念分布情况变化不大。2016 年很同意应该承担更多的责任来养活自己的被访者比例略有提升。

表 8—73　2015 年、2016 年认为个人应该承担更多的责任来养活自己分布情况（%）

	2015 年	2016 年
很同意	56. 48	59. 69
比较同意	35. 17	32. 28
不太同意	3. 54	3. 10
不同意	2. 54	2. 57
说不清	2. 27	2. 36
合计	100. 00	100. 00

2. 被访者的奋斗观念

表 8—74 对城市流动人口家庭被访者奋斗观念的分布情况进行基本描述分析。根据调查结果显示，64. 58%的被访者表示很同意，29. 80%的被访者表示比较同意。

表 8—74 同时对 2015 年与 2016 年城市流动人口家庭被访者的奋斗观念进行比较。根据抽样结果，两个年份在被访者的奋斗观念分布情况

上略有变化，2016 年很同意努力工作通常能够带来好生活的被访者的比例略有提升。

表 8—74　2015 年、2016 年被访者认为努力工作通常能够带来好生活的分布情况（%）

	2015 年	2016 年
很同意	60.85	64.58
比较同意	31.62	29.80
不太同意	3.88	2.78
不同意	1.92	1.23
说不清	1.73	1.61
合计	100.00	100.00

3. 被访者的平等观念

表 8—75 对城市流动人口家庭被访者平等观念的分布情况进行基本描述分析。根据调查结果显示，47.67%的被访者表示很同意，35.21%的被访者表示比较同意。

表 8—75 同时对 2015 年与 2016 年城市流动人口家庭被访者的平等观念进行比较。根据抽样结果，两个年份在被访者的平等观念分布情况上变化不大，很同意收入应该尽可能均等的被访者的比例略有下降。

表 8—75　2015 年、2016 年被访者认为收入应该尽可能均等的分布情况（%）

	2015 年	2016 年
很同意	49.90	47.67
比较同意	34.94	35.21
不太同意	6.52	8.13
不同意	4.55	4.87
说不清	4.09	4.12
合计	100.00	100.00

4. 被访者的人生观念

表8—76对城市流动人口家庭被访者人生观念的分布情况进行基本描述分析。根据调查结果显示，46.44%的被访者表示很同意，31.51%的被访者表示比较同意。

表8—76同时对2015年与2016年城市流动人口家庭被访者的人生观念进行比较。根据抽样结果，两个年份在被访者的人生观念分布情况上变化不大，很同意自己可以掌握自己的命运的被访者的比例均在46%以上。

表8—76　2015年、2016年被访者认为自己可以掌握自己的命运分布情况（%）

	2015年	2016年
很同意	46.36	46.44
比较同意	31.18	31.51
不太同意	9.56	10.01
不同意	7.63	7.76
说不清	5.28	4.28
合计	100.00	100.00

（三）家庭生活水平变化

表8—77对城市流动人口家庭目前生活水平与一年前的比较进行基本描述分析。根据调查结果显示，认为自己生活基本没有变化的占比最高，为42.11%；其次为认为自己家庭好一些的占比，为32.96%。

表8—77同时对2015年与2016年城市流动人口家庭的生活水平变化状况进行比较。根据抽样结果，两个年份城市流动人口家庭目前生活

水平与一年前比较的分布情况略有变化，认为目前生活水平与一年前比较基本没有变化的被访者所占的比例略有增加。

表 8—77　2015 年、2016 年城市流动人口家庭目前生活水平与一年前比较的分布情况（%）

	2015 年	2016 年
好多了	12. 14	12. 25
好一些	34. 63	32. 96
基本没有变化	38. 62	42. 11
差一些	9. 84	8. 51
差多了	4. 77	4. 17
合计	100. 00	100. 00

二、城市流动人口家庭社会参与状况

（一）参加社区公共事务的状况

1. 参与社区/村公共事务与互助服务的意愿

表 8—78 对城市流动人口家庭被访者参与社区/村公共事务意愿的分布情况进行基本描述分析。根据调查结果显示，有 38. 35%的被访者表示很愿意参与社区/村公共事务，27. 44%的被访者表示比较愿意参与社区/村公共事务。

表 8—78 同时对 2015 年与 2016 年城市流动人口家庭参与社区/村公共事务的意愿进行比较。根据抽样结果，两个年份城市流动人口家庭参与社区/村公共事务意愿的分布情况变化不大，很愿意参与社区/村公共事务的被访者所占比例略有降低。

表 8—78 2015 年、2016 年被访者参与社区/村公共事务意愿的分布情况（%）

	2015 年	2016 年
很愿意	41.79	38.35
比较愿意	27.19	27.44
一般	19.52	21.43
不太愿意	8.79	10.26
很不愿意	2.71	2.52
合计	100.00	100.00

2. 参加现居住地居/村委会选举投票的情况

表 8—79 对城市流动人口家庭被访者参加现居住地居/村委会选举投票的情况进行基本描述分析。根据调查结果显示，有 31.23%的被访者参加现居住地选举投票。

表 8—79 同时对 2015 年与 2016 年城市流动人口家庭参与现居住地居/村委会选举投票的分布情况进行比较。根据抽样结果，两个年份城市流动人口家庭参与现居住地居/村委会选举投票的分布情况变化不大。

表 8—79 2015 年、2016 年参加现居住地居/村委会选举投票的分布情况（%）

参加情况	2015 年	2016 年
有	30.67	31.23
没有	69.33	62.99
不关心	—	5.78
合计	100.00	100.00

3. 参加社区事务监督活动状况

表 8—80 对城市流动人口家庭参加社区事务监督活动状况进行基本描述分析。根据调查结果显示，2016 年城市流动人口家庭参加了社区事务监督活动的占比为 18.15%，没有参加社区事务监督活动的占比为 75.43%，不关心社区事务监督活动的占比为 6.42%。

表 8—80 同时对 2015 年与 2016 年城市流动人口家庭参加社区事务监督活动的情况进行比较。根据抽样结果，两个年份城市流动人口家庭参加社区事务监督活动的情况变化不大，没有参加社区事务监督活动的家庭所占比例略有下降。

表 8—80　2015 年、2016 年城市流动人口家庭参加社区事务监督活动分布情况（%）

参加情况	2015 年	2016 年
有	18.28	18.15
没有	81.72	75.43
不关心	—	6.42
合计	100.00	100.00

4. 参加社区居务监督活动意愿

表 8—81 对城市流动人口家庭参加社区居务监督活动意愿状况进行基本描述分析。根据调查结果显示，2016 年城市流动人口家庭愿意参加社区居务监督活动的占比为 59.36%，不愿意参加社区居务监督活动的占比为 23.11%，不关心的占比为 17.53%。

表 8—81 同时对 2015 年与 2016 年城市流动人口家庭参加社区居务监督活动的情况进行比较。根据抽样结果，两年来城市流动人口家庭参加社区居务监督活动分布情况变化不大，愿意参加社区事务监督活动的家庭所占比例略有下降。

表 8—81　2015 年、2016 年城市流动人口家庭参加社区居务监督活动意愿分布情况（%）

意愿情况	2015 年	2016 年
愿意	67.47	59.36
不愿意	32.53	23.11
不关心	—	17.53
合计	100.00	100.00

5. 参加社区文娱类活动状况

表 8—82 对城市流动人口家庭参加社区文娱类活动状况进行基本描述分析。根据调查结果显示，2016 年城市流动人口家庭参加社区文娱类活动的占比为 22.38%，没有参加社区文娱类活动的占比为 72.38%，不关心的占比为 5.25%。

表 8—82 同时对 2015 年与 2016 年城市流动人口家庭参加社区文娱类活动的情况进行比较。根据抽样结果，两个年份城市流动人口家庭参加社区文娱类活动的分布情况变化不大，没有参加社区文娱类活动的家庭所占比例均略有下降。

表 8—82　2015 年、2016 年城市流动人口家庭参加社区文娱类活动状况分布情况（%）

参加情况	2015 年	2016 年
有	22.25	22.38
没有	77.75	72.38
不关心	—	5.25
合计	100.00	100.00

6. 参加社区公益类活动状况

表 8—83 对城市流动人口家庭参加社区公益类活动状况进行基本描述分析。根据调查结果显示，2016 年城市流动人口家庭参加社区公益类活动的占比为 31.69%，没有参加社区公益类活动的占比为 62.31%，不关心的占比为 6.00%。

表 8—83 同时对 2015 年与 2016 年城市流动人口家庭参加社区公益类活动的情况进行比较。根据抽样结果，两个年份城市流动人口家庭参加社区公益类活动的分布情况变化不大，没有参加社区公益类活动的家庭所占比例略有降低。

表 8—83　2015 年、2016 年城市流动人口家庭参加社区公益类活动状况分布情况（%）

参加情况	2015 年	2016 年
有	30.32	31.69
没有	69.68	62.31
不关心	—	6.00
合计	100.00	100.00

7. 参加社区创建类活动状况

表 8—84 对城市流动人口家庭参加社区创建类活动状况进行基本描述分析。根据调查结果显示，2016 年城市流动人口家庭参加社区创建类活动的占比为 21.73%，没有参加社区创建类活动的占比为 73.18%，不关心的占比为 5.09%。

表 8—84 同时对 2015 年与 2016 年城市流动人口家庭参加社区创建类活动的情况进行比较。根据抽样结果，两个年份城市流动人口家庭参加社区创建类活动的分布情况变化不大，没有参加社区公益类活动的家庭所占比例略有下降。

表 8—84　2015 年、2016 年城市流动人口家庭参加社区创建类活动状况分布情况（%）

参加情况	2015 年	2016 年
有	22. 76	21. 73
没有	77. 24	73. 18
不关心	—	5. 09
合计	100. 00	100. 00

8. 参加社区公共事务维护类活动状况

表 8—85 对城市流动人口家庭参加社区公共事务维护类活动状况进行基本描述分析。根据调查结果显示，2016 年城市流动人口家庭参加社区公共事务维护类活动的占比为 18. 04%，没有参加社区公共事务维护类活动的占比为 76. 71%，不关心的占比为 5. 25%。

表 8—85 同时对 2015 年与 2016 年城市流动人口家庭参加社区创建类活动的情况进行比较。根据抽样结果，两个年份城市流动人口家庭参加社区创建类活动的分布情况变化不大，没有参加社区公共事务维护类活动的家庭所占比例略有下降。

表 8—85　2015 年、2016 年城市流动人口家庭参加社区公共事务维护类活动状况分布情况（%）

参加情况	2015 年	2016 年
有	18. 52	18. 04
没有	81. 48	76. 71
不关心	—	5. 25
合计	100. 00	100. 00

9. 参加社区网络互动状况

表 8—86 对城市流动人口家庭参加社区网络互动状况进行基本描述分析。根据调查结果显示，2016 年城市流动人口家庭参加社区网络互动的占比为 14.22%，没有参加社区网络互动的占比为 69.24%，不关心网络平台的占比为 5.96%，没有这些网络平台的占比为 10.57%。

表 8—86 同时对 2015 年与 2016 年城市流动人口家庭参加社区网络互动的情况进行比较。根据抽样结果，两个年份城市流动人口家庭参加社区网络互动的分布情况变化不大，没有参加社区网络互动的家庭所占比例略有降低。

表 8—86　2015 年、2016 年城市流动人口家庭参加社区网络互动状况分布情况（%）

参加情况	2015 年	2016 年
有	11.71	14.22
没有	75.19	69.24
不关心	—	5.96
没有这些网络平台	13.10	10.57
合计	100.00	100.00

（二）社会交往状况

1. 流动人口家庭社会交往状况

表 8—87 对城市流动人口家庭认识的居委会人员数量进行基本描述分析。根据调查结果显示，2016 年城市流动人口家庭平均认识的居委会人员数量为 4.16 个。

表 8—87 同时对 2015 年与 2016 年城市流动人口家庭认识的居委会人员数的情况进行比较。根据抽样结果，两个年份城市流动人口家庭认

识的居委会人员数的分布情况变化不大，城市流动人口家庭认识的居委会人员数的均值略有提升。

表 8—87　2015 年、2016 年城市流动人口家庭认识的居委会人员数基本统计（人）

年份	均值	标准差	偏度	峰度
2015	3. 72	3. 29	2. 29	17. 76
2016	4. 16	5. 16	7. 95	119. 50

表 8—88 对城市流动人口家庭打招呼邻居数量进行基本描述分析。根据调查结果显示，2016 年城市流动人口家庭平均打招呼邻居数量为 27. 14 个。

表 8—88 同时对 2015 年与 2016 年城市流动人口家庭打招呼邻居数量进行比较。根据抽样结果，两个年份的城市流动人口家庭打招呼邻居数量分布情况基本一致，打招呼邻居数量的均值都在 28 人左右。

表 8—88　2015 年、2016 年城市流动人口家庭打招呼邻居数量基本统计（人）

年份	均值	标准差	偏度	峰度
2015	28. 90	32. 56	1. 32	3. 35
2016	27. 14	30. 63	1. 50	3. 90

表 8—89 对城市流动人口家庭登门居民数量进行基本描述分析。根据调查结果显示，2016 年城市流动人口家庭登门居民数量均值为 9. 40 人。

表 8—89 同时对 2015 年与 2016 年城市流动人口家庭登门居民数量进行比较。根据抽样结果，两个年份的城市流动人口家庭打招呼邻居数量分布情况基本一致。

表 8—89　2015 年、2016 年城市流动人口家庭登门居民数量基本统计（人）

年份	均值	标准差	偏度	峰度
2015	9. 56	18. 63	3. 58	16. 42
2016	9. 40	18. 06	3. 64	17. 20

表 8—90 对城市流动人口家庭可倾诉邻居数量进行基本描述分析。根据调查结果显示，2016 年城市流动人口家庭可倾诉邻居数量均值为 3. 34 个。

表 8—90 同时对 2015 年与 2016 年城市流动人口家庭可倾诉邻居数量进行比较。根据抽样结果，两个年份的城市流动人口家庭可倾诉邻居数量分布情况基本一致。

表 8—90　2015 年、2016 年城市流动人口家庭可倾诉邻居数量基本统计（人）

年份	均值	标准差	偏度	峰度
2015	3. 19	7. 48	8. 50	97. 90
2016	3. 34	8. 21	8. 08	85. 09

表 8—91 对城市流动人口家庭拜访邻居次数进行基本描述分析。根据调查结果显示，2016 年城市流动人口家庭平均拜访邻居次数为 5. 11 次。

表 8—91 同时对 2015 年与 2016 年城市流动人口家庭拜访邻居次数进行比较。根据抽样结果，两个年份的城市流动人口家庭拜访邻居次数分布情况变化基本一致。

表 8—91　2015 年、2016 年城市流动人口家庭拜访邻居次数基本统计（次）

年份	均值	标准差	偏度	峰度
2015	5. 50	11. 46	4. 72	33. 24
2016	5. 11	10. 13	4. 53	34. 24

表 8—92 对城市流动人口家庭邻居拜访次数进行基本描述分析。根据调查结果显示，2016 年城市流动人口家庭平均邻居拜访次数为 6. 01 次。

表 8—92 同时对 2015 年与 2016 年城市流动人口家庭拜访邻居次数进行比较。根据抽样结果，两个年份的城市流动人口家庭拜访邻居次数分布情况基本保持稳定。

表 8—92　2015 年、2016 年城市流动人口家庭邻居拜访次数基本统计（次）

年份	均值	标准差	偏度	峰度
2015	6. 35	13. 47	4. 45	27. 60
2016	6. 01	12. 84	4. 66	30. 77

表 8—93 对城市流动人口家庭委托他人帮忙次数进行基本描述分析。根据调查结果显示，2016 年城市流动人口家庭平均委托他人帮忙次数均值为 2. 12 次。

表 8—93 同时对 2015 年与 2016 年城市流动人口家庭委托他人帮忙次数进行比较。根据抽样结果，两个年份的城市流动人口家庭委托他人帮忙次数分布情况变化不大，委托他人帮忙次数的均值略有增加。

表 8—93　2015 年、2016 年城市流动人口家庭委托他人帮忙次数基本统计（次）

年份	均值	标准差	偏度	峰度
2015	1. 61	1. 44	1. 93	4. 73
2016	2. 12	1. 80	0. 97	1. 95

表 8—94 对城市流动人口家庭从邻居借到东西次数进行基本描述分析。根据调查结果显示，2016 年城市流动人口家庭平均从邻居借到东西次数为 1. 31 次。

表 8—94 同时对 2015 年与 2016 年城市流动人口家庭从邻居借到东西次数进行比较。根据抽样结果，两个年份的城市流动人口家庭从邻居借到东西次数分布情况基本保持一致，从邻居借到东西次数的均值都在 1.30 以上。

表 8—94　2015 年、2016 年城市流动人口家庭从邻居借到东西次数基本统计（次）

年份	均值	标准差	偏度	峰度
2015	1.34	1.11	2.99	9.95
2016	1.31	1.06	3.19	11.20

2. 社会交往意愿

表 8—95 对城市流动人口家庭是否愿意与周边邻居或其他人打交道这一意愿进行基本描述分析。根据调查结果显示，51.15%的城市流动人口家庭很愿意与周边邻居或其他人打交道；39.38%的城市流动人口家庭表示愿意与周边邻居或其他人打交道。

表 8—95 同时对 2015 年与 2016 年城市流动人口家庭社会交往意愿进行比较。根据抽样结果，两个年份在城市流动人口家庭是否愿意与周边邻居或其他人打交道分布情况上变化不大，很愿意与周边邻居或其他人打交道的比例略有下降。

表 8—95　2015 年、2016 年是否愿意与周边邻居或其他人打交道的分布情况（%）

	2015 年	2016 年
很愿意	54.59	51.15
愿意	37.52	39.38
一般	6.50	8.29
不愿意	1.11	1.07
很不愿意	0.27	0.11
合计	100.00	100.00

（三）参加组织状况

表 8—96 对城市流动人口家庭参加组织的情况进行基本描述分析。根据调查结果显示，80. 27%的城市流动人口家庭没有参加任何组织，9. 55%的城市流动人口家庭表示参加了公益组织，3. 95%的家庭表示参加了党团组织。

表 8—96　2015 年、2016 年城市流动人口家庭参加组织的分布情况（%）

参加组织	2015 年		2016 年	
	百分比	个案百分比	百分比	个案百分比
维权组织	1. 59	1. 65	2. 09	2. 19
党团组织	3. 95	4. 12	5. 50	5. 78
宗教组织	1. 62	1. 69	1. 73	1. 82
同乡会	2. 55	2. 65	2. 95	3. 10
公益组织	9. 55	9. 96	9. 06	9. 52
其他组织	0. 48	0. 50	0. 51	0. 54
没有参加	80. 27	83. 69	78. 17	82. 18
合计	100. 00	104. 26	100. 0	105. 13

三、城市流动人口家庭社会融合状况

（一）流动人口的自我定位

表 8—97 对城市流动人口自我定位进行基本描述分析。根据调查结果显示，51. 98%的流动人口将自己定位为农村人，26. 88%的流动人口将自己定位为城里人。

表 8—97 同时对 2015 年与 2016 年城市流动人口自我定位的分布情况进行比较。根据抽样结果，两个年份的城市流动人口自我定位的分布情况较为稳定，自我定位为农村人的比例均超过 51%。

表 8—97　2015 年、2016 年城市流动人口自我定位的分布情况（%）

自我定位	2015 年	2016 年
城里人	26.29	26.88
农村人	51.08	51.98
边缘人(既非城市也非农)	22.63	21.14
合计	100.00	100.00

表 8—98 对城市流动人口家庭本地人/外地人自我定位进行基本描述分析。根据调查结果显示，大部分流动人口将自己定位为本地人，比例为 50.70%，有 49.30%的人将自己定位为外地人。

表 8—98 同时对 2015 年与 2016 年城市流动人口自我定位的分布情况进行比较。根据抽样结果，两个年份的城市流动人口自我定位分布情况变化不大，自我定位为本地人的比例均在 50%左右。

表 8—98　2015 年、2016 年城市流动人口自我定位的分布情况（%）

自我定位	2015 年	2016 年
本地人	52.25	49.30
外地人	47.75	50.70
合计	100.00	100.00

（二）流动人口家庭的未来预期

表 8—99 对城市流动人口家庭被访者是否有在现居住的城市定居打算的情况进行基本描述分析。根据调查结果显示，有定居意

愿，并且觉得不久的将来就可以实现的城市流动人口家庭被访者占较大比重，达 45.87%；其次是有定居意愿，但觉得希望渺茫的被访者，占 17.92%。

表 8—99 同时对 2015 年与 2016 年城市流动人口家庭被访者是否有在现居住的城市定居打算的情况进行比较。根据抽样结果，两个年份这一方面变化幅度不大，有定居的意愿且觉得不久的将来就可以实现的被访者所占比例略有降低。

表 8—99　2015 年、2016 年被访者是否有在现居住的城市定居打算的分布情况（%）

定居打算	2015 年	2016 年
有定居的意愿，并且觉得不久的将来就可以实现	47.64	45.87
有定居的意愿，但觉得希望渺茫	18.57	17.92
没有定居的意愿	14.94	15.92
没拿定主意	7.06	7.61
没有考虑过	11.78	12.68
合计	100.00	100.00

（三）城市流动人口家庭社会排斥程度

表 8—100 对 2016 年城市流动人口家庭遭受社区/村里其他人歧视的程度进行基本描述分析。根据调查结果显示，认为遭受社区/村里其他人的歧视程度一般的占比最高，为 8.94%；其次，认为有一些歧视的城市流动人口家庭占 8.57%。

表 8—100 同时对 2015 年与 2016 年城市流动人口家庭遭受歧视情况进行比较。根据抽样结果，两个年份的城市流动人口家庭遭受歧视的情况变化幅度不大，完全没有遭受歧视的被访者所占比例略有提升。

表 8—100 2015 年、2016 年城市流动人口家庭遭受歧视情况（%）

遭受歧视状况	2015 年	2016 年
很严重	1. 04	0. 86
较为严重	1. 58	1. 34
一般	7. 83	8. 94
有一些歧视	10. 64	8. 57
完全没有	78. 90	80. 29
合计	100. 00	100. 00

第五节 本章小结

一、城市流动人口家庭人口状况研究结论

2016 年城市流动人口家庭的平均家庭成员数为 3. 53 人，家庭成员数在 5 人及以内的占城流动人口家庭的 90. 58%。在性别与年龄分布方面，女性成员数占比 49. 32%，男性成员数占比 50. 68%，男女比例大致平衡；家庭成员年龄在 16 岁到 59 岁的所占比例最高，为 67. 51%。在文化程度方面，城市流动人口家庭文化程度大都集中在没上过学、小学、初中、高中/中专文化程度。在政治面貌方面，群众占比最高为 84. 83%。在收入状况方面，无收入成员占比达 43. 07%。在户籍方面，城市流动人口户籍在现居住地的占比最高，达到 70. 27%；城市流动人口家庭户籍所在地为本地市所属县的比例最高；户籍为农业占比最高。

在民族与宗教信仰方面，汉族占据绝对比重，达 95.71%；没有宗教信仰占比为 93.28%。在家庭人口劳动结构方面，城市流动人口家庭的家庭劳动力人口数均值为 2.12 人，有工作收入人口数均值为 1.61 人，家庭劳动人口占比家庭规模比重均值为 62.47%，有工作人数占劳动人口比重均值为 77.42%。

二、城市流动人口家庭经济状况研究结论

（一）描述分析结论

在家庭收入状况方面，2015 年城市流动人口家庭的平均年收入总额为 52887.39 元，人均年收入总额为 16328.27 元；而在收入来源方面，城市流动人口家庭主要以劳动收入为主，结构占比为 74.58%。

在家庭支出状况方面，2015 年城市流动人口家庭的平均年支出总额为 58072.35 元，人均年支出总额为 17850.26 元。在支出结构上，2015 年城市流动人口家庭的平均生活消费支出为 43592.44 元，平均转移性支出为 8302.79 元，平均缴纳所得税支出为 180.79 元，平均资产、经营性支出为 5842.46 元，平均其他支出为 190.08 元。大类别支出以生活消费支出为主，占比 75.02%。而小类别支出以食品、医疗、住房、教育支出为主，2015 年城市流动人口家庭的恩格尔系数均值为 31.24%。

在家庭财产状况方面，2016 年城市流动人口家庭的平均储蓄金额为 9055.93 元，平均欠债金额为 22159.66 元，而城市流动人口家庭 2015 年新增债务为 25169.19 元。在借债原因方面，看病的所占比例最大，为 32.91%；其次，为买房、租房或修建房，所占比例为 28.60%；孩子上学、经营需要、日常生活需要分别占 12.23%、10.79% 和 6.65%；婚丧嫁娶、其他、意外事故等占比较小。

在家庭住房状况方面，2016 年城市流动人口家庭现住房来源主要为市场租房，占比为 36.68%，而住房建房时间主要在改革开放后，人均住房面积为 23.60 平方米，平均房屋现值为 23.76 万元。在住房质量方面，现住房为危房的占 14.12%，约占一成。而人均住房花费达到 595.84 元/月。在住房预期方面，有自建房打算的仅占 12.12%，平均预计花费 28.80 万元自建房。城市流动人口家庭拥有耐用消费品主要集中于彩色电视机、洗衣机、冰箱和手机。

（二）趋势分析结论

与 2015 年调查结果相比，2016 年调查结果显示，在城市流动人口家庭的收入方面，两个年份的城市流动人口家庭平均年收入总额与人均年收入水平平稳上升。2015 年家庭平均年收入总额与人均年收入水平均值均有明显提高。

在城市流动人口家庭的支出状况方面，两个年份的城市流动人口家庭的家庭平均年支出总额与人均年支出总额基本保持稳定上升。在大类别支出结构上，2015 年城市流动人口家庭的平均生活消费支出，转移性支出，缴纳所得税，资产、经营性支出及其他支出均略有提升。而在小类别支出上，2015 年城市流动人口家庭的食品、婚丧嫁娶、其他等支出占比均有提高；转移性支出方面的赡养、抚养、抚养费也有所上升；资产、经营性支出也有所增加，同时人情往来、购买商业保险、缴纳社会保险等方面的支出则有较大程度下降。

在家庭财产状况方面，两个年份的城市流动人口家庭储蓄水平有了较大程度的增加，同时城市流动人口家庭的平均欠债水平有所下降，2015 年的新增欠债则有所增加。另外在借债原因方面，因看病、孩子上学、经营需要、日常生活需要等原因借债的占比略有降低，为买房、租房或修建房借债的占比有所升高。

在家庭住房状况方面，2016 年城市流动人口家庭现住房来源中，住房来源为自建房、自购经济适用房或限价商品房、拆迁安置房、市场租房的占比略有下降，来源为租住廉租房或公租房、继承房的占比略有提高。同时，城市流动人口家庭的人均住房面积保持稳定并且略有增加，但其现住房面积则有一定程度的下滑。

三、城市流动人口家庭医疗与就业状况研究结论

（一）描述分析结论

在患病情况方面，城市流动人口家庭患慢性病人数为1人及以上的占比为28.83%，慢性病花费均值为11036.98元，医疗保险报销费用均值为2592.51元；城市流动人口家庭患大病人数为1人及以上的占比为9.45%，大病花费均值为28725.15元，医疗保险报销费用均值为9189.49元，2015年因大病借债金额为13480.35元。在健康分布方面，城市流动人口家庭健康状况为很好和较好的占比为59.10%。在残疾状况方面，城市流动人口家庭中有残疾人口的占比为11.79%，且以残疾二级（中度）为主。此外，流动人口家庭中领取残疾补贴的占比为41.28%。在长期照料人数与照料方式方面，城市流动人口家庭中有需要长期照料人口的，占12.97%，主要照料方式为家庭或亲属照料。

在家庭就业状况方面，城市流动人口家庭被访者职业类型主要为个体、零工、合同制员工；家庭成员就业情况主要为在校学生、零工、个体。家庭最主要收入人最近从事的职业类型主要为不便分类的其他从业人员、商业、服务人员和专业技术人员。家庭最主要收入人最近从事工作所属行业主要为批发零售业，其他，居民服务、修理和其他服务业。

在家庭成员流入地工作生活适应方面，城市流动人口过去五年平均变换居住地次数为0.65次，平均变换工作为0.79次。城市流动人口现

居住地位于城乡结合部的比例最高，为41.72%。来本地主要目的为挣钱，流入本地的渠道主要通过自己进城谋生和亲戚介绍。城市流动人口家庭被访者流入地区生活后，遇到的状况主要是收入水平低、生活费用高，担心老家亲人，没有社会保障，找工作难和工作不稳定。在流入地的工作适应情况方面，38.55%的城市流动人口家庭表示有雇主或用人单位，61.91%的城市流动人口家庭表示已与用人单位签订劳动合同，23.33%的城市流动人口家庭表示所在单位为其缴纳了住房公积金。在工作中，城市流动人口家庭遇到的不合理对待主要是经常被迫加班、加班后不给或少给报酬；应对不合理对待的办法主要是能忍则忍、向单位领导反映。

（二）趋势分析结论

在城市流动人口患病情况方面，2016年与2015年相关情况基本保持一致。城市流动人口家庭中家庭成员健康状况均以很好、较好为主，其中，慢性病仍为影响家庭成员健康状况的最主要因素。2016年患慢性病的人数有所提升，家庭成员的慢性病花费和医疗报销费用也随之略有增加。此外，2016年家庭成员患大病的情况较2015年有所改善，患大病人数略有降低。其余情况均保持一致。

在城市流动人口家庭成员就业情况方面，两个年份内被访者的就业情况均以个体、零工为主，略有不同的是，2016年被访者就业情况为个体的占比有所提高，为零工的占比略有下降。其余情况均相差不大。

在流入地的工作生活适应情况方面，两个年份内家庭过去五年变换居住地和工作次数的情况基本保持一致，过去五年变换居住地次数和变换工作的次数基本保持稳定。被访者现居住地为城乡结合部的情况均占据较大比重，而家庭成员来本地的主要目的也基本保持一致，主要集中在挣钱和为了孩子未来发展上，来本地工作后遇到的困难均以收入水平低、生活费用高等情况为主。略有不同的是，家庭成员有雇主或用人单位的所占比例有所提高，被访者与用人单位签订劳动合同的所占比例也略有提升，所在单位为其缴纳住房公积金的情况所占比例亦有所增加。

四、城市流动人口家庭社会心态、社会参与状况研究结论

（一）描述分析结论

在城市流动人口家庭被访者的自卑感方面，15.78%的被访者表示经常有或有时有这一感觉。在被访者的绝望感方面，16.05%的被访者表示经常有或有时有感到自己和家庭的未来没有希望这一情况。在被访者的焦虑感方面，36.17%的被访者表示经常有或有时有感到情绪沮丧、心情焦虑这一情况。在被访者的责任观念方面，91.97%的被访者表示很同意或比较同意个人应该承担更多的责任来养活自己这一观念。在被访者的奋斗观念方面，94.38%的被访者表示很同意或比较同意努力工作通常能够带来好生活这一观念。在被访者的平等观念方面，82.88%的被访者表示很同意或比较同意收入应该尽可能均等这一观念。在被访者的人生观念方面，77.95%的被访者表示很同意或比较同意自己可以掌握自己的命运这一观念。在经济状况变化方面，45.21%的被访者表示目前生活水平与一年前比较好多了或好一些。

在参与社区/村公共事务方面，有65.79%的被访者表示很愿意或比较愿意参与社区/村公共事务，有31.23%的城市流动人口家庭参加现居住地选举投票，18.15%参加了社区事务监督活动，59.36%的城市流动人口家庭表示愿意参加社区居务监督活动，22.38%的城市流动人口家庭参加社区文娱类活动，31.69%的城市流动人口家庭参加社区公益类

活动，21.73%的城市流动人口家庭参加社区创建类活动，18.04%的城市流动人口家庭参加社区公共事务维护类活动，14.22%的城市流动人口家庭参加社区网络互动。

在城市流动人口家庭社会交往状况方面，家庭平均认识的居委会人员数量为4.16个，家庭平均打招呼邻居数量为27.14个，家庭登门居民数量均值为9.40个，家庭可倾诉邻居数量均值为3.34个，家庭平均拜访邻居次数为5.11次，邻居拜访次数平均为6.01次，家庭委托他人帮忙次数均值为2.12次，家庭平均从邻居借到东西次数为1.31次。在社会交往意愿方面，51.15%的城市流动人口家庭很愿意与周边邻居或其他人打交道。在参加组织方面，没有参加组织的流动人口家庭占78.17%。

在流动人口自我定位方面，51.98%的流动人口将自己定位为农村人，49.30%的流动人口将自己定位为本地人。在未来预期方面，45.87%的流动人口被访者有定居意愿，并且觉得不久的将来就可以实现。在遭受歧视方面，认为遭受社区/村里其他人很严重或较为严重歧视的城市流动人口家庭，占2.20%。

（二）趋势分析结论

与2015年相比，2016年在城市流动人口家庭心理观念状况方面，被访者的自卑感、绝望感、焦虑感的分布情况基本保持稳定。被访者的责任观念、奋斗观念、人生观念方面与去年基本保持一致，2016年很同意个人应该承担更多的责任来养活自己和努力工作通常能够带来好生活的被访者比例略有提升，分别提升了3.21%、3.73%；很同意收入应该尽可能均等的被访者比例略有下降，下降了2.23%。在经济状况变化方面，城市流动人口家庭目前生活水平与一年前比较情况略有变化，认为目前生活水平与一年前比较基本没有变化的被访者所占比例略有增加，增加了3.49%。

在社会参与状况方面，2016 年城市流动人口家庭参与社区公益类活动、娱乐类活动、创建类活动、社区公共事务维护类活动、社区网络互动比例较 2015 年略有下降。在社会交往状况方面，2016 年城市流动人口家庭打招呼邻居、登门居民、可倾诉邻居数量，拜访邻居和邻居拜访次数与 2015 年基本保持一致。在未来预期方面，有定居的意愿，并且觉得不久的将来就可以实现的家庭比例略有降低了 1.77%。而城市流动人口家庭遭受歧视情况变化幅度不大，完全没有遭受歧视的家庭比例略有提升，提升了 1.39%。

第九章　城市流动人口家庭社会救助政策运行状况与评估

为了从宏观上全面反映城市流动人口家庭救助需求总体状况，表9—1对城市流动人口家庭的救助需求进行基本描述分析。根据调查结果显示，排在第一位的救助需求中，住房补助占比最大；排在第二位的救助需求中，医疗救助所占比例最大；排在第三位的救助需求中，教育求助所占比例最大。

从2015年城市流动人口家庭对各项救助项目需求的相对百分比来看，占到前三位的依次为医疗救助、住房补助和教育救助，总比例约占45.13%。城市流动人口家庭对其余的救助项目需求较大的还有低保金救助、经营或创业扶持和就业帮扶等。

表9—1　2015年、2016年城市流动人口家庭救助需求的分布情况（%）

服务项目	第一有效百分比		第二有效百分比		第三有效百分比		相对百分比	
	2015年	2016年	2015年	2016年	2015年	2016年	2015年	2016年
低保金救助	16.38	14.18	8.80	6.22	4.89	4.75	11.94	6.81
医疗救助	18.50	17.99	18.93	18.72	10.61	9.73	17.33	14.10

（续表）

服务项目	第一有效百分比		第二有效百分比		第三有效百分比		相对百分比	
	2015年	2016年	2015年	2016年	2015年	2016年	2015年	2016年
教育救助	12.60	14.23	13.35	13.60	9.73	10.01	12.37	11.91
住房补助	16.03	18.96	15.20	15.53	14.10	11.52	15.43	14.10
临时性救助（家中发生重大事故）	0.58	0.75	1.49	1.1	2.74	2.35	1.24	1.67
水电、燃料、取暖费减免	1.62	2.85	4.60	6.22	7.87	6.82	3.66	5.96
就业帮扶	4.51	3.33	5.97	5.12	7.91	6.71	5.56	5.62
经营或创业扶持	6.28	4.56	6.68	5.23	7.03	6.43	6.54	5.72
税费减免	0.73	0.64	1.49	1.32	1.87	2.46	1.17	1.78
法律援助与司法调解	0.39	0.70	0.63	0.72	1.07	1.73	0.58	1.22
家庭成员照料	1.08	1.13	1.69	1.98	2.46	2.40	1.51	2.05
其他	1.89	2.95	12.73	14.32	20.06	23.38	8.53	16.96
不需要	19.42	17.72	8.44	9.91	9.65	11.69	14.13	12.10
合计	100.00	100.00	100.00	100.00	100.00	100.00	100.00	100.00

第一节　城市流动人口家庭最低生活保障制度供需评估

一、城市流动人口家庭最低生活保障制度需求评估

（一）城市流动人口家庭申请低保状况

1. 城市流动人口家庭申请低保状况描述分析与趋势分析

表9—2对2016年城市流动人口家庭在户籍地的低保申请状况进行基本描述分析。根据调查结果显示，2016年城市流动人口家庭在户籍地申请低保的比例为20.69%。

表9—2同时对2015年与2016年城市流动人口家庭在户籍地申请低保的情况进行比较分析。根据抽样结果，两年来城市流动人口家庭在户籍地的低保申请状况基本保持稳定。

表9—2　2015年、2016年城市流动人口家庭在户籍地低保申请状况的分布情况（%）

	2015年	2016年
是	19.27	20.69
否	80.73	79.31
合计	100.00	100.00

2. 未申请低保的主要原因描述分析与趋势分析

表9—3对2016年城市流动人口家庭在户籍地未申请低保的主要原因进行基本描述分析。根据调查结果显示，2016年城市流动人

口家庭在户籍地未申请低保的主要原因中，不符合条件占比最大，为59.16%。

表9—3同时对2015年与2016年城市流动人口家庭在户籍地未申请低保的主要原因进行趋势分析。根据抽样结果，两年在城市流动人口家庭未申请低保的主要原因方面基本保持一致。

表9—3　2015年、2016年城市流动人口家庭在户籍地未申请低保的分布情况（%）

	2015年	2016年
不符合条件	51.96	59.16
不知道如何申请	18.43	12.04
手续太麻烦	2.63	3.11
自力更生，不想吃低保	20.20	20.15
不想提供家庭经济情况	1.00	0.54
其他	5.78	5.00
合计	100.00	100.00

（二）城市流动人口家庭社会救助需求状况评估

在对城市流动人口家庭救助需求的描述分析中，根据调查结果显示，将低保金救助排在需求第一位的城市流动人口家庭约占14.18%，位于住房补助需求和医疗救助需求之后；将低保金救助排在需求第二位的城市流动人口家庭约占6.22%，将其排在第三位的城市流动人口家庭约占4.75%，在一定程度上表明低保金救助并不是所有城市流动人口家庭的最大救助需求。

二、城市流动人口家庭最低生活保障制度供给评估

（一）城市流动人口家庭低保享受状况

1. 城市流动人口家庭在户籍地低保享受状况描述分析与趋势分析

表 9—4 对 2016 年城市流动人口家庭在户籍地是否享受过低保进行基本描述分析。根据调查结果显示，城市流动人口家庭中在户籍地享受过低保的比例为 13.08%。

表 9—4 同时对 2015 年与 2016 年城市流动人口家庭在户籍地的低保享受状况进行趋势分析。根据抽样结果，两年的城市流动人口家庭的低保享受状况基本保持稳定。

表 9—4 2015 年、2016 年城市流动人口家庭在户籍地享受低保的分布情况（%）

	2015 年	2016 年
是	11.86	13.08
否	88.14	86.92
合计	100.00	100.00

2. 城市流动人口家庭在现居住地低保金救助获得状况描述分析与趋势分析

表 9—5 对 2016 年城市流动人口家庭在现居住地的低保金获得状况进行基本描述分析。根据调查结果显示，城市流动人口家庭 2016 年在现居住地获得过低保金救助的占 9.68%。

表9—5同时对2015年与2016年城市流动人口家庭在现居住地低保金救助获得情况的发展趋势进行比较。根据抽样结果，两年在城市流动人口家庭低保金救助获得方面的比例基本保持一致。

表9—5 2015年、2016年城市流动人口家庭在现居住地获得低保金救助的情况（%）

	2015年	2016年
是	9.56	9.68
否	90.44	90.32
合计	100.00	100.00

（二）城市流动人口家庭低保供给状况评估

对城市流动人口家庭低保供给状况的评估，主要从现居住地和户籍地两个方面进行。在对城市流动人口家庭在现居住地低保金救助获得状况的基本描述分析中，我们可以知道获得低保金救助的家庭占9.68%；而在对城市流动人口家庭在户籍地是否享受过低保的基本描述分析中，我们可以知道享受过低保的家庭占比为13.08%。因此，无论是在现居住地还是在户籍地，大多数城市流动人口家庭无法获得低保金救助。

第二节　城市流动人口家庭专项社会救助政策运行状况与评估

一、城市流动人口家庭医疗救助政策运行状况与评估

（一）城市流动人口家庭医疗救助政策运行现状

1. 就医情况描述分析与趋势分析

表 9—6 对 2016 年城市流动人口家庭成员（老人、成年人、儿童）在患病最初阶段诊疗途径的选择进行基本描述分析。2016 年城市流动人口家庭成员中，在老人患病最初阶段，选择到药店买药的比例最大，为 29. 48%；在成年人患病最初阶段，选择到药店买药的比例最大，占比 49. 46%；在儿童患病最初阶段，选择去私人诊所或社区/村卫生服务站的比例最大，为 20. 71%。

表 9—6 同时对 2015 年与 2016 年城市流动人口家庭成员在患病最初阶段诊疗途径的选择进行趋势分析。根据抽样结果，在这两年中，城市流动人口家庭成员（老人、成年人、儿童）在患病最初阶段选择的诊疗途径的比例基本保持一致。

表 9—6　2015 年、2016 年城市流动人口家庭成员通常在患病最初阶段诊疗途径选择的分布情况（%）

诊疗途径	老人		成年人		儿童	
	2015 年	2016 年	2015 年	2016 年	2015 年	2016 年
到药店买药	28. 60	29. 48	50. 77	49. 46	23. 05	20. 49
去私人诊所或社区/村卫生服务站	23. 30	22. 31	26. 37	24. 36	22. 55	20. 71

（续表）

诊疗途径	老人		成年人		儿童	
	2015年	2016年	2015年	2016年	2015年	2016年
去街道医院（乡镇卫生院）	12.19	11.66	10.47	10.76	11.10	11.34
去县、区级医院	4.46	5.46	4.12	3.85	7.13	8.67
去市级以上医院	2.31	3.48	2.50	3.85	5.63	6.26
其他	0.31	0.86	0.19	2.84	0.39	0.21
不治疗	0.58	0.11	1.54	0.27	0.54	0.43
不适用	28.26	26.65	4.04	4.60	29.61	31.89
合计	100.00	100.00	100.00	100.00	100.00	100.00

2. 就医负担描述分析与趋势分析

表9—7对2015年城市流动人口家庭看病经济负担的分布情况进行基本描述分析。根据调查结果显示，2015年城市流动人口家庭中，认为看病经济负担一般的占比最大，达到了43.93%。

表9—7同时对2014年与2015年城市流动人口家庭看病经济负担的分布情况进行趋势分析。根据抽样结果，两年在城市流动人口家庭看病经济负担方面的比例基本保持一致。

表9—7　2014年、2015年城市流动人口家庭看病经济负担分布情况（%）

	2014年	2015年
非常重	13.25	11.88
较重	18.29	16.43
一般	43.67	43.93
较轻	13.48	14.71
很轻	11.32	13.06
合计	100.00	100.00

3. 重特大医疗救助

（1）是否接受过重特大疾病医疗救助描述分析与趋势分析

表9—8对2015年城市流动人口家庭重特大疾病医疗救助救助状况进行基本描述分析。根据调查结果显示，2015年城市流动人口家庭中，接受过重特大疾病医疗救助的占2.84%。

表9—8同时对2014年与2015年城市流动人口家庭重特大疾病医疗救助接受状况进行趋势分析。根据抽样结果，两年在城市流动人口家庭重特大疾病医疗救助接受状况方面的比例基本保持稳定。

表9—8　2014年、2015年城市流动人口家庭接受重特大疾病医疗救助情况（%）

	2014年	2015年
是	3.08	2.84
否	96.92	97.16
合计	100.00	100.00

（2）重特大疾病救助水平描述分析与趋势分析

表9—9对2015年城市流动人口家庭享受重特大疾病救助金额进行基本描述分析。根据调查结果显示，2015年城市流动人口家庭中，享受重特大疾病医疗救助金额的均值为477.81元。

表9—9同时对2014年与2015年城市流动人口家庭享受重特大疾病救助金额的情况进行比较。根据抽样结果，2015年城市流动人口家庭享受重特大疾病救助金额的平均水平高于2014年。

表 9—9　2014 年、2015 年城市流动人口家庭享受重特大疾病医疗救助金额的基本统计（元）

年份	均值	标准差	偏度	峰度
2014	428.37	2377.23	9.11	102.89
2015	477.81	3270.91	10.83	128.61

（3）何种情况下得到的重特大疾病医疗救助描述分析与趋势分析

表 9—10 对 2016 年城市流动人口家庭在何种情况下得到重特大疾病医疗救助进行基本描述分析。根据调查结果显示，家庭成员所患疾病在医疗救助病种目录内的比例最高，占比达到 66.04%。

表 9—10 同时对 2015 年与 2016 年城市流动人口家庭在何种情况下得到重特大疾病医疗救助的发展趋势进行比较。根据抽样结果，在这两年中，在何种情况下得到重特大疾病医疗救助的分布情况基本保持一致。

表 9—10　2015 年、2016 年城市流动人口家庭何种情况下得到重特大疾病医疗救助的分布情况（%）

	2015 年	2016 年
家庭成员所患疾病在医疗救助病种目录内	58.75	66.04
花费过高	20.00	18.87
持有低保证	11.25	5.66
其他	10.00	9.43
合计	100.00	100.00

（二）城市流动人口家庭医疗救助政策效果评估

1. 2015 年医疗救助对家庭帮助作用描述分析与趋势分析

表 9—11 对 2015 年城市流动人口家庭医疗救助所起作用的评价进行基本描述分析。根据调查结果显示，2015 年城市流动人口家庭中，

认为医疗救助所起作用很大的占比最大，达到了 40.18%。

表 9—11 同时对 2014 年与 2015 年医疗救助所起作用进行趋势分析。根据抽样结果，两年在医疗救助所起作用方面的比例基本保持稳定。

表 9—11　2014 年、2015 年城市流动人口家庭医疗救助所起作用的分布情况（%）

	2014 年	2015 年
不知道	3.50	—
作用很大	38.26	40.18
作用较大	21.67	20.53
一般	24.71	27.91
作用较小	5.43	5.25
完全无作用	6.43	6.13
合计	100.00	100.00

2. 医疗报销占医疗总支出比例描述分析与趋势分析

表 9—12 对 2015 年城市流动人口家庭医疗报销占医疗总支出比例进行基本描述分析。根据调查结果显示，城市流动人口家庭 2015 年医疗报销占医疗总支出的比例均值为 14.80%。

表 9—12 同时对 2014 年与 2015 年城市流动人口家庭医疗报销占医疗总支出的比例进行比较。根据抽样结果，两年的医疗报销占医疗总支出的比例基本保持一致。

表 9—12　2014 年、2015 年城市流动人口家庭医疗报销占医疗总支出的比例基本统计（%）

年份	均值	标准差	偏度	峰度
2014	13.59	24.30	1.58	4.11
2015	14.80	25.29	1.48	3.75

3. 重特大疾病医疗救助效果评估描述分析与趋势分析

表9—13对2015年城市流动人口家庭重特大疾病医疗救助效果的评价进行基本描述分析。根据调查结果显示，2015年城市流动人口家庭中，非常同意重特大疾病医疗救助效果明显的占比最大，为35.85%。

表9—13同时对2014年与2015年城市流动人口家庭对重特大疾病医疗救助效果的评价进行趋势分析。根据抽样结果，2015年城市流动人口家庭中，对重特大疾病医疗救助效果的评价较2014年略有变化，很不同意救助效果明显的家庭比重略有上升。

表9—13　2014年、2015年城市流动人口家庭认为救助效果明显的分布情况（%）

	2014年	2015年
很不同意	6.33	7.55
不太同意	2.53	5.66
一般	21.52	24.53
比较同意	37.97	26.42
非常同意	31.65	35.85
合计	100.00	100.00

表9—14对2015年城市流动人口家庭认为大病补助的病种太少的评价进行基本描述分析。根据调查结果显示，2015年城市流动人口家庭中，比较同意大病补助的病种太少的家庭占比最大，为28%。

表9—14同时对2014年与2015年城市流动人口家庭认为大病补助病种太少的评价进行趋势分析。根据抽样结果，2015年城市流动人口家庭中，对大病补助病种太少的评价较2014年有一定程度的变化。2015年不太同意大病补助病种太少的比例有所上升；同时，比较同意大病补助病种太少的比例则有所下降。

表 9—14　2014 年、2015 年城市流动人口家庭认为大病补助的病种太少的分布情况（%）

	2014 年	2015 年
很不同意	3.85	2.00
不太同意	15.38	26.00
一般	28.21	24.00
比较同意	34.62	28.00
非常同意	17.95	20.00
合计	100.00	100.00

表 9—15 对 2015 年城市流动人口家庭认为救助标准是否太低进行基本描述分析。根据调查结果显示，2015 年城市流动人口家庭中，对救助标准是否太低表示一般的比例最大，达到 34.62%。

表 9—15 同时对 2014 年与 2015 年城市流动人口家庭认为救助标准是否太低进行趋势分析。根据抽样结果，在这两年中，城市流动人口家庭对救助标准是否太低的评价基本保持一致。

表 9—15　2014 年、2015 年城市流动人口家庭认为救助的标准太低的分布情况（%）

	2014 年	2015 年
很不同意	6.33	3.85
不太同意	10.13	15.38
一般	31.65	34.62
比较同意	31.65	23.08
非常同意	20.25	23.08
合计	100.00	100.00

表 9—16 对 2015 年城市流动人口家庭认为申请和审核手续是否方便进行基本描述分析。根据调查结果显示，2015 年城市流动人口家庭

中，对申请和审核手续是否方便表示一般的比例最大，达到32.69%。

表9—16同时对2014年与2015年城市流动人口家庭认为申请和审核手续是否方便进行趋势分析。根据抽样结果，相对于2014年，2015年城市流动人口家庭对同意申请和审核手续方便的评价有一定变化。2015年非常同意申请和审核手续方便的比例有所增加。

表9—16　2014年、2015年城市流动人口家庭认为申请和审核手续方便的分布情况（%）

	2014年	2015年
很不同意	10.26	9.62
不太同意	15.38	7.69
一般	19.23	32.69
比较同意	41.03	19.23
非常同意	14.10	30.77
合计	100.00	100.00

表9—17对2015年城市流动人口家庭认为费用结算是否及时、方便进行基本描述分析。根据调查结果显示，2015年城市流动人口家庭中，对费用结算是否及时、方便表示一般的比例最大，达到41.18%。

表9—17同时对2014年与2015年城市流动人口家庭认为费用结算是否及时、方便的发展趋势进行比较。根据抽样结果，2015年城市流动人口家庭同意费用结算及时、方便的评价多于2014年。

表9—17　2014年、2015年城市流动人口家庭认为费用结算及时、方便的分布情况（%）

	2014年	2015年
很不同意	7.79	1.96
不太同意	5.19	1.96
一般	29.87	41.18

（续表）

	2014 年	2015 年
比较同意	38.96	19.61
非常同意	18.18	35.29
合计	100.00	100.00

二、城市流动人口家庭教育救助政策运行状况与评估

（一）城市流动人口家庭教育救助政策运行现状

表 9—18 对 2016 年城市流动人口家庭中是否有孩子正在上学的状况进行基本描述分析。根据调查结果显示，55.06%的城市流动人口家庭中有孩子正在上学。

表 9—18 同时对 2015 年与 2016 年城市流动人口家庭中是否有孩子正在上学的分布情况进行比较。根据抽样结果，两个年份孩子正在上学的分布情况上基本保持稳定。

表 9—18　2015 年、2016 年城市流动人口家庭中孩子正在上学的分布情况（%）

	2015 年	2016 年
是	57.42	55.06
否	42.58	44.94
合计	100.00	100.00

1. 家庭教育花费状况

表 9—19 对城市流动人口家庭 2015 年的户均受教育人数和教育花费状况等进行基本描述分析。根据调查结果显示，接受义务教育的户均

人数最多；其次为学前教育阶段、高中教育阶段和大学教育阶段；在户均和人均教育花费上，大学教育阶段的花费最多；其次为高中、学前和义务教育阶段；课外辅导方面，义务教育阶段课外辅导花费最多；其次为高中教育阶段；在政府教育金额救助上，大学教育阶段政府教育救助金额的均值最大；其次为高中教育和义务教育阶段。

表 9—19　2014 年、2015 年城市流动人口家庭户均受教育人数、教育花费的基本统计（均值比较）

		户均人数（人）	户均教育花费（元）	人均教育花费（元）	课外辅导花费（元）	政府教育救助金额（元）
学前教育阶段	2014 年	0. 28	5787. 10	5523. 07	371. 44	9. 49
	2015 年	0. 28	5622. 77	5376. 21	401. 92	10. 80
义务教育阶段	2014 年	0. 75	2610. 63	2264. 81	1556. 25	26. 98
	2015 年	0. 78	2574. 54	2139. 43	1597. 17	38. 27
高中教育阶段	2014 年	0. 18	7294. 92	7087. 67	1098. 50	150. 27
	2015 年	0. 18	6523. 55	6374. 79	1094. 41	138. 14
大学教育阶段	2014 年	0. 15	13312. 82	12762. 82	254. 82	400. 65
	2015 年	0. 14	15294. 74	14957. 89	123. 15	257. 89

2. 家庭教育花费的主要类型

表 9—20 对城市流动人口家庭 2016 年教育花费的主要类型进行多重响应分析。根据调查结果显示，城市流动人口家庭教育花费的主要类型为学杂费，比例为 51. 65%；其次是其他、赞助费和借读费，比例分别为 5. 86%、5. 86%和 4. 66%。

表 9—20 同时对 2015 年和 2016 年教育花费的主要类型的分布情况进行比较。根据抽样结果，两年在教育花费主要类型的分布上基本保持一致。

表 9—20　2015 年、2016 年城市流动人口家庭教育花费主要类型的分布情况（%）

主要类型	2015 年		2016 年	
	百分比	个案百分比	百分比	个案百分比
学杂费	51.23	59.03	51.65	62.67
建（择）校费	4.09	4.72	4.10	4.97
借读费	5.09	5.86	4.66	5.65
转学费	0.99	1.15	1.53	1.85
赞助费	1.81	2.09	5.86	7.12
其他	6.78	7.82	5.86	7.12
以上都无	30.00	34.57	26.35	31.97
合计	100.00	115.24	100.00	121.35

3. 教育费用来源

表 9—21 对 2016 年城市流动人口家庭学前教育阶段的教育费用来源进行多重响应分析。根据调查结果显示，家里的积蓄是城市流动人口家庭学前教育阶段的教育费用的最主要来源，比例为 78.19%；其次为借钱和亲友无偿资助，比例分别为 12.75%和 4.36%。

表 9—21 同时对 2015 年与 2016 年学前教育阶段教育费用来源的分布情况进行比较。根据抽样结果，两年在学前教育阶段教育费用来源的分布情况上基本保持稳定。

表 9—21　2015 年、2016 年城市流动人口家庭学前教育阶段教育费用来源的分布情况（%）

教育费用来源	2015 年		2016 年	
	百分比	个案百分比	百分比	个案百分比
家里的积蓄	82.13	88.31	78.19	89.27

（续表）

教育费用来源	2015年		2016年	
	百分比	个案百分比	百分比	个案百分比
借钱	10.87	11.69	12.75	14.56
学校提供的奖、助学金和贷款	0.24	0.26	0.67	0.77
慈善助学	—	—	0.34	0.38
地方政府救助	0.97	1.04	0.67	0.77
亲友无偿资助	2.42	2.60	4.36	4.98
学校减免或勤工俭学	—	—	1.34	1.53
其他途径	3.38	3.64	1.68	1.92
合计	100.00	107.54	100.00	114.18

表9—22对2015年城市流动人口家庭义务教育阶段的教育费用来源进行多重响应分析。根据调查结果显示，家里的积蓄是城市流动人口家庭义务教育阶段教育费用的最主要来源，比例为79.37%；其次是借钱、亲友无偿资助和学校减免或勤工俭学，比例分比为8.82%、3.41%和3.27%。

表9—22同时对2014年与2015年义务教育阶段的教育费用来源的分布进行比较。根据抽样结果，两年在义务教育阶段的教育费用来源情况上基本保持稳定。

表9—22　2014年、2015年城市流动人口家庭义务教育阶段的教育费用来源（%）

教育费用来源	2014年		2015年	
	百分比	个案百分比	百分比	个案百分比
家里的积蓄	79.88	87.46	79.37	88.43
借钱	10.53	11.53	8.82	9.83
学校提供的奖、助学金和贷款	0.72	0.79	0.57	0.63
慈善助学	0.10	0.11	0.43	0.48

（续表）

教育费用来源	2014 年		2015 年	
	百分比	个案百分比	百分比	个案百分比
地方政府救助	1.34	1.47	1.71	1.90
亲友无偿资助	3.30	3.62	3.41	3.80
学校减免或勤工俭学	1.75	1.92	3.27	3.65
其他途径	2.37	2.60	2.42	2.69
合计	100.00	109.50	100.00	111.41

表 9—23 对 2015 年城市流动人口家庭高中教育阶段的教育费用来源进行多重响应分析。根据调查结果显示，家里的积蓄是城市流动人口家庭高中教育阶段教育费用的最主要来源，比例为 67.44%；其次为借钱、亲友无偿资助和学校提供的奖、助学金和贷款，比例分别为 16.74%、6.05%和 4.19%。

表 9—23 同时对 2014 年与 2015 年高中教育阶段的教育费用来源的分布进行比较。根据抽样结果，两年在高中教育阶段的教育费用来源分布情况上基本保持稳定，来源依然以家里的积蓄、借钱与亲友无偿资助为主。

表 9—23　2014 年、2015 年城市流动人口家庭高中教育阶段的教育费用来源（%）

教育费用来源	2014 年		2015 年	
	百分比	个案百分比	百分比	个案百分比
家里的积蓄	72.79	85.12	67.44	83.82
借钱	14.84	17.36	16.74	20.81
学校提供的奖、助学金和贷款	3.18	3.72	4.19	5.20
慈善助学	—	—	0.47	0.58

（续表）

教育费用来源	2014 年		2015 年	
	百分比	个案百分比	百分比	个案百分比
地方政府救助	1.06	1.24	2.79	3.47
亲友无偿资助	4.59	5.37	6.05	7.51
学校减免或勤工俭学	1.77	2.07	0.93	1.16
其他途径	1.77	2.07	1.40	1.73
合计	100.00	116.95	100.00	124.28

表 9—24 对 2015 年城市流动人口家庭大学教育阶段的教育费用来源进行多重响应分析。根据调查结果显示，家里的积蓄是城市流动人口家庭大学教育阶段教育费用的最主要来源，比例为 58.47%；其次是借钱、学校提供的奖、助学金和贷款及亲友无偿资助，比例分别为 17.49%、8.74%和 6.56%。

表 9—24 同时对 2014 年与 2015 年城市流动人口家庭大学教育阶段的教育费用来源进行比较。根据抽样结果，两年在大学教育阶段的教育费用来源分布情况上基本保持一致。大学教育费用来源依然以家里的积蓄、借钱以及亲友无偿资助为主。

表 9—24　2014 年、2015 年城市流动人口家庭大学教育阶段的教育费用来源（%）

教育费用来源	2014 年		2015 年	
	百分比	个案百分比	百分比	个案百分比
家里的积蓄	51.72	73.89	58.47	81.68
借钱	21.72	31.03	17.49	24.43
学校提供的奖、助学金和贷款	8.62	12.32	8.74	12.21
慈善助学	0.34	0.49	0.55	0.76
地方政府救助	2.41	3.45	1.09	1.53

（续表）

教育费用来源	2014 年		2015 年	
	百分比	个案百分比	百分比	个案百分比
亲友无偿资助	8.97	12.81	6.56	9.16
学校减免或勤工俭学	5.17	7.39	5.46	7.63
其他途径	1.03	1.48	1.64	2.29
合计	100.00	142.86	100.00	139.69

4. 受教育地方分布

表 9—25 对 2016 年城市流动人口家庭学前教育阶段孩子上学地方分布情况进行基本描述分析。根据调查结果显示，47.45%的城市流动人口家庭孩子学前教育阶段在居住地上学，占比最大。

表 9—25 同时对 2015 年与 2016 年城市流动人口家庭学前教育阶段孩子上学地方分布情况进行比较。根据抽样结果，两年在学前教育阶段孩子上学地方分布情况上基本保持一致。

表 9—25　2015 年、2016 年城市流动人口家庭学前教育阶段孩子上学地方分布情况（%）

	2015 年	2016 年
居住地	55.11	47.45
户籍地	8.77	12.65
其他	36.11	39.90
合计	100.00	100.00

表 9—26 对城市流动人口家庭义务教育阶段孩子上学地方分布情况进行基本描述分析。根据调查结果显示，54.92%的城市流动人口家庭孩子义务教育阶段在居住地上学，占比最大。

表9—26同时对2015年与2016年城市流动人口家庭义务教育阶段孩子上学地方分布情况进行比较。根据抽样结果，两年在义务教育阶段孩子上学地方的分布情况上稍有不同，2016年义务教育阶段孩子上学地方在居住地的家庭比重下降了6.40%。

表9—26 2015年、2016年城市流动人口家庭义务教育阶段孩子上学地方分布情况（%）

	2015年	2016年
居住地	61.32	54.92
户籍地	9.76	15.16
其他	28.92	29.92
合计	100.00	100.00

表9—27对2016年城市流动人口家庭高中教育阶段孩子上学地方分布情况进行基本描述分析。根据调查结果显示，36.91%的城市流动人口家庭孩子高中教育阶段在居住地上学，9.71%的城市流动人口家庭孩子高中教育阶段在户籍地上学，而53.37%的在其他地方上学。

表9—27同时对2015年与2016年城市流动人口家庭高中教育阶段孩子上学地方的分布情况进行比较。根据抽样结果，两年在高中教育阶段孩子上学地方的分布上变化较大，2016年在居住地上学的家庭比例有所下降。

表9—27 2015年、2016年城市流动人口家庭高中教育阶段孩子上学地方分布情况（%）

	2015年	2016年
居住地	49.02	36.91
户籍地	8.24	9.71
其他	42.74	53.37
合计	100.00	100.00

表 9—28 对 2016 年城市流动人口家庭大学教育阶段孩子上学地方分布情况进行基本描述分析。根据调查结果显示，31.48%的城市流动人口家庭孩子大学教育阶段在居住地上学，7.20%的城市流动人口家庭孩子大学教育阶段在户籍地上学，而 61.32%的在其他地方上学。

表 9—28 同时对 2015 年和 2016 年城市流动人口家庭大学教育阶段孩子上学地方分布情况进行比较。根据抽样结果，两年在大学教育阶段孩子上学地方分布情况上有所变化，2016 年大学教育阶段孩子上学地方在居住地的家庭所占比例减少了 12.91%。

表 9—28　2015 年、2016 年城市流动人口家庭大学教育阶段孩子上学地方分布情况（%）

	2015 年	2016 年
居住地	44.39	31.48
户籍地	6.31	7.20
其他	49.30	61.32
合计	100.00	100.00

5. 城市流动人口家庭子女在教育方面的困难和需求

（1）教育困难

表 9—29 对 2016 年城市流动人口家庭在教育方面面临的困难进行多重响应分析。根据调查结果显示，城市流动人口家庭子女在教育方面面临的困难主要是上学费用高，比例为 25.56%；其次为入学难、升学难，占比为 21.41%。

表 9—29 同时对 2015 年和 2016 年城市流动人口家庭在教育方面面临的困难的分布情况进行比较。根据抽样结果，两年在子女面临的教育困难的分布情况上基本保持稳定。主要教育困难依然为上学费用高。

表9—29　2015年、2016年城市流动人口家庭子女面临的教育困难的分布情况（%）

困难种类	2015年		2016年	
	百分比	个案百分比	百分比	个案百分比
入学难、升学难	19.54	26.33	21.41	29.60
学校硬件、软件设施质量差	9.47	12.76	9.44	13.05
孩子难以融入学校	4.24	5.71	4.30	5.94
学习成绩差	10.27	13.83	13.17	18.21
上学费用高	26.77	36.06	25.56	35.35
其他	2.29	3.09	2.11	2.92
没有困难	27.42	36.94	24.01	33.20
合计	100.00	134.72	100.00	138.27

（2）教育需求

表9—30对2016年城市流动人口家庭子女需要的帮助和服务进行多重响应分析。根据调查结果显示，城市流动人口家庭面临的最急需的服务是课程辅导，所占比例为21.51%；其次是舞蹈、书法等兴趣爱好培训，所占比例为18.25%；再次是设立图书阅览室、绿色网吧，所占比例为15.61%；另外，有15.99%的家庭表示不需要此类服务。

表9—30同时对2015年和2016年城市流动人口家庭子女在教育方面需要的帮助和服务分布情况进行比较。根据抽样结果，两年在子女需要的帮助和服务分布情况上基本保持稳定。

表9—30　2015年、2016年流动人口家庭子女需要的帮助和服务分布情况（%）

服务项目	2015年		2016年	
	百分比	个案百分比	百分比	个案百分比
托管服务	6.67	12.07	6.70	13.80

（续表）

服务项目	2015 年		2016 年	
	百分比	个案百分比	百分比	个案百分比
课程辅导	21.04	38.10	21.51	44.31
设立图书阅览室、绿色网吧	12.07	21.86	15.61	32.17
舞蹈、书法等兴趣爱好培训	19.41	35.14	18.25	37.61
帮助孩子融入社区	10.30	18.65	11.37	23.42
帮助孩子协调与同学的关系	7.70	13.95	9.10	18.76
其他	1.78	3.22	1.46	3.01
不需要	21.04	38.10	15.99	32.94
合计	100.00	181.09	100.00	206.02

6. 教育救助获得状况

（1）城市流动人口家庭在现居住地教育救助获得状况

表 9—31 对 2016 年城市流动人口家庭在现居住地教育救助获得状况进行基本描述分析。根据调查结果显示，城市流动人口家庭在现居住地获得教育救助的比例为 5.94%。

表 9—31 同时对 2015 年和 2016 年城市流动人口家庭在现居住地教育救助获得情况进行比较。根据抽样结果，两年在现居住地教育救助获得状况分布情况上基本保持稳定。

表 9—31　2015 年、2016 年城市流动人口家庭在现居住地教育救助获得状况的分布情况（%）

	2015 年	2016 年
否	93.38	94.06
是	6.62	5.94
合计	100.00	100.00

（2）城市流动人口家庭在户籍地教育救助获得状况

表9—32对2016年城市流动人口家庭在户籍地教育救助获得状况进行基本描述分析。根据调查结果显示，城市流动人口家庭在户籍地获得教育救助的比例为4.23%。

表9—32同时对2015年和2016年城市流动人口家庭在户籍地教育救助获得状况进行比较。根据抽样结果，两年在户籍地教育救助获得状况的分布情况上稍有变化，2016年获得比例下降了1.20%。

表9—32　2015年、2016年城市流动人口家庭在户籍地教育救助获得状况的分布情况（%）

	2015年	2016年
否	94.57	95.77
是	5.43	4.23
合计	100.00	100.00

（3）城市流动人口家庭获得的教育救助类型

表9—33对2016年城市流动人口家庭获得的教育救助类型状况进行基本描述分析。根据调查结果显示，城市流动人口家庭获得最多的教育救助类型为减免学费，比例为11.89%。

表9—33同时对2015年和2016年城市流动人口家庭获得教育救助类型分布情况进行比较。根据抽样结果，两年在获得教育救助类型分布情况上稍有变化，选择不需要的家庭比例增加了2.91%。

表9—33　2015年、2016年城市流动人口家庭获得的教育救助类型分布情况（%）

	2015年	2016年
减免学费	11.82	11.89
奖助学金	5.14	4.58
助学贷款	1.28	0.78
临时性困难补贴	2.64	2.34

（续表）

	2015 年	2016 年
勤工俭学	1. 15	1. 66
其他	29. 32	27. 19
不需要	48. 65	51. 56
合计	100. 00	100. 00

7. 教育救助水平

表 9—34 对 2014 年城市流动人口家庭享受的教育救助金额进行基本描述分析。根据调查结果显示，在学前教育阶段，城市流动人口家庭享受的教育救助金额均值为 9. 49 元；在义务教育阶段，城市流动人口家庭享受的教育救助金额均值为 26. 98 元；在高中教育阶段，城市流动人口家庭享受的教育救助金额均值为 150. 27 元；在大学教育阶段，城市流动人口家庭享受的教育救助金额均值为 400. 65 元。

表 9—34 同时对 2014 年与 2015 年城市流动人口家庭享受教育救助金额的情况进行比较。根据抽样结果，两个年份的城市流动人口家庭享受教育救助金额稍有变化，主要体现在大学教育阶段救助金额减少。

表 9—34　2014 年、2015 年城市流动人口家庭享受教育救助金额的基本统计（元）

		均值	标准差	偏度	峰度
学前教育阶段	2014 年	9. 49	88. 23	10. 15	109. 60
	2015 年	10. 80	85. 92	9. 14	93. 82
义务教育阶段	2014 年	26. 98	208. 47	12. 38	184. 80
	2015 年	38. 27	283. 18	12. 49	197. 84
高中教育阶段	2014 年	150. 27	471. 73	3. 67	17. 70
	2015 年	138. 14	463. 53	3. 98	19. 82

（续表）

		均值	标准差	偏度	峰度
大学教育阶段	2014 年	400.65	1336.26	3.66	16.25
	2015 年	257.89	1020.70	4.08	18.42

（二）城市流动人口家庭教育救助政策效果评估

1. 主观效果评估

表 9—35 对 2015 年城市流动人口家庭教育救助政策所起作用的评价进行基本描述分析。根据调查结果显示，城市流动人口家庭认为教育救助政策所起作用很大的比例为 28.28%，认为作用较大的比例为 12.63%。

表 9—35 同时对 2014 年与 2015 年城市流动人口家庭教育救助政策所起作用分布情况进行比较。根据抽样结果，两年在教育救助政策所起作用的分布情况上基本保持稳定。

表 9—35　2014 年、2015 年城市流动人口家庭教育救助政策所起作用的分布情况（%）

	2014 年	2015 年
作用很大	31.10	28.28
作用较大	14.34	12.63
一般	16.02	15.45
作用较小	2.48	2.72
完全无作用	0.80	1.65
没享受到，不知道	35.25	39.26
合计	100.00	100.00

2. 客观效果评估

表9—36对2015年城市流动人口家庭享受教育救助占教育费用比例进行基本描述分析。根据调查结果显示，在学前教育阶段，教育救助占教育费用的比例均值为0.37%；在义务教育阶段，教育救助占教育费用的比例均值为2.10%；在高中教育阶段，教育救助占教育费用的比例均值为3.91%；在大学教育阶段，教育救助占教育费用的比例均值为2.24%。

表9—36同时对2014年与2015年城市流动人口家庭享受教育救助占教育费用比例的发展趋势进行比较。根据抽样结果，两年在教育救助占教育费用比例情况上稍有变化，2015年大学教育阶段享受教育救助所占比例下降了1.56%。

表9—36　2014年、2015年城市流动人口家庭享受教育救助占教育费用比例的基本统计（%）

		均值	标准差	偏度	峰度
学前教育阶段	2014年	0.24	2.36	11.81	153.77
	2015年	0.37	3.08	10.44	122.46
义务教育阶段	2014年	1.33	7.60	7.28	67.45
	2015年	2.10	12.61	6.84	50.26
高中教育阶段	2014年	2.64	8.90	4.61	29.61
	2015年	3.91	12.78	3.82	18.23
大学教育阶段	2014年	3.80	13.50	4.54	26.12
	2015年	2.24	8.70	3.93	17.57

三、城市流动人口家庭就业支持政策运行状况与评估

（一）城市流动人口家庭就业支持政策运行现状

1. 失业人数

表9—37对城市流动人口家庭2016年失业（无非农工作）人数进行基本描述分析。根据调查结果显示，城市流动人口家庭失业（无非农工作）人数均值为0.84人。

表9—37同时对2015年与2016年城市流动人口家庭失业（无非农工作）人数的发展趋势进行分析。根据抽样结果，两年的城市流动人口家庭失业（无非农工作）人数基本保持稳定。

表9—37　2015年、2016年城市流动人口家庭失业人数的基本统计（人）

年份	均值	标准差	偏度	峰度
2016	0.84	1.06	1.15	3.88
2015	0.81	1.07	1.36	4.88

2. 累计失业时间

表9—38对2016年城市流动人口家庭失业时间最长成员的累计失业月数进行基本描述分析。根据调查结果显示，城市流动人口家庭中失业时间最长成员的累积失业月数均值为31.51个月。

表9—38同时对2015年与2016年城市流动人口家庭失业时间最长成员的累积失业月数的发展趋势进行分析。根据抽样结果，2016年城市流动人口家庭失业时间最长成员的平均累积失业月数上比2015年略有下降，降低了3.76个月。

表 9—38　2015 年、2016 年城市流动人口家庭失业时间最长的成员累计失业月数的基本统计（月）

年份	均值	标准差	偏度	峰度
2015	35. 27	46. 34	1. 99	6. 70
2016	31. 51	44. 19	2. 21	8. 13

3. 领取失业保险金的情况

表 9—39 对 2016 年城市流动人口家庭领取失业保险金人数进行基本描述分析。根据调查结果显示，城市流动人口家庭领取失业保险金人数的均值为 0. 02 人。

表 9—39 同时对 2015 年与 2016 年城市流动人口家庭领取失业保险金人数发展趋势进行分析。根据抽样结果，两年内城市流动人口家庭领取失业保险金人数均值基本保持稳定。

表 9—39　2015 年、2016 年城市流动人口家庭领取失业保险金人数的基本统计（人）

年份	均值	标准差	偏度	峰度
2015	0. 03	0. 24	16. 07	349. 20
2016	0. 02	0. 14	9. 06	94. 08

4. 劳动力就业途径

表 9—40 对城市流动人口家庭 2016 年主要劳动力就业途径进行分析。根据调查结果显示，城市流动人口家庭主要劳动力就业途径主要为自己灵活就业，占比 25. 47%；其次为亲友介绍就业、自主创业和直接到用人单位应聘，分别占比 20. 32%、17. 52%和 15. 48%。

表 9—40 同时对 2015 年与 2016 年城市流动人口家庭主要劳动力就业途径的情况进行比较分析。根据抽样结果，两年在城市流动人口家庭

主要劳动力的就业途径方面相差不大，城市流动人口家庭主要劳动力的就业途径仍然以自己灵活就业与亲友介绍就业为主，其中2016年自主创业的就业途径比例从2015年的15.19%上升到了17.52%。

表9—40　2015年、2016年城市流动人口家庭主要劳动力的就业途径（%）

就业途径	2015年		2016年	
	百分比	个案百分比	百分比	个案百分比
到职业介绍机构	3.17	4.28	2.80	3.92
参加各种招聘会	6.54	8.83	5.95	8.33
直接到用人单位应聘	15.93	21.51	15.48	21.66
亲友介绍就业	21.24	28.68	20.32	28.43
社区介绍就业	3.68	4.97	4.30	6.02
政府提供公益岗位	1.03	1.39	1.61	2.26
自主创业	15.19	20.51	17.52	24.50
自己灵活就业	28.26	38.16	25.47	35.63
其他	4.97	6.71	6.53	9.13
合计	100.00	135.04	100.00	139.88

5. 就业帮扶获得状况

（1）城市流动人口家庭在现居住地就业帮扶获得状况

表9—41对2016年城市流动人口家庭在现居住地获得就业帮扶的情况进行基本描述分析。根据调查结果显示，城市流动人口家庭在现居住地获得就业帮扶的比例为2.94%。

表9—41同时对2015年与2016年城市流动人口家庭在现居住地获得就业帮扶情况的分布情况进行比较分析。根据抽样结果，两个年份的城市流动人口家庭在现居住地获得就业帮扶情况的分布情况基本保持稳定。

表 9—41　2015 年、2016 年城市流动人口家庭在现居住地获得就业帮扶情况的分布情况（%）

	2015 年	2016 年
否	96.05	97.06
是	3.95	2.94
合计	100.00	100.00

（2）城市流动人口家庭在户籍地就业帮扶获得状况

表 9—42 对 2016 年城市流动人口家庭在户籍地获得就业帮扶的情况进行基本描述分析。根据调查结果显示，城市流动人口家庭在户籍地获得就业帮扶的比例为 1.87%。

表 9—42 同时对 2015 年与 2016 年城市流动人口家庭在户籍地获得就业帮扶的情况进行比较分析。根据抽样结果，两年在城市流动人口家庭在户籍地获得就业帮扶情况上基本一致。

表 9—42　2015 年、2016 年城市流动人口家庭在户籍地获得就业帮扶情况的分布情况（%）

	2015 年	2016 年
否	98.18	98.13
是	1.82	1.87
合计	100.00	100.00

（二）城市流动人口家庭就业支持政策效果评估

1. 就业支持服务覆盖比例

表 9—43 对 2016 年城市流动人口家庭接受政府提供的劳动就业创业服务项目的情况进行基本描述分析。根据调查结果显示，城市流动人口家庭接受过政府提供的劳动就业创业服务项目的比例为 19.42%。

表9—43同时对2015年与2016年城市流动人口家庭接受政府提供的劳动就业创业服务项目的情况进行比较分析。根据抽样结果，2016年接受政府提供的劳动就业创业服务项目的家庭比例略有上升。

表9—43 2015年、2016年是否接受过政府提供的劳动就业创业服务项目的分布情况（%）

	2015年	2016年
接受过就业服务项目	17.92	19.42
没有接受过任何就业服务项目	82.08	80.58
合计	100.00	100.00

2. 就业支持服务内容

表9—44对2016年城市流动人口家庭获得的就业创业服务项目进行多重响应分析。根据调查结果显示，城市流动人口家庭获得的主要劳动就业服务项目是免费培训，占比30.37%；其次是职业介绍与税收优惠，分别占比24.85%和14.00%。

表9—44同时对2015年与2016年的城市流动人口家庭获得的就业创业服务项目进行比较分析。根据抽样结果，两年在城市流动人口家庭就业创业服务项目获得方面基本保持一致。城市流动人口家庭获得的就业创业服务项目较多的仍然为免费培训、职业介绍和税收优惠。

表9—44 2015年、2016年城市流动人口家庭获得的劳动就业服务项目（%）

服务项目	2015年		2016年	
	百分比	个案百分比	百分比	个案百分比
职业介绍	26.03	39.48	24.85	34.90
税收优惠	16.12	24.46	14.00	19.67
小额低息贷款	10.04	15.24	10.65	14.96
技术支持	6.36	9.66	5.92	8.31

（续表）

服务项目	2015年		2016年	
	百分比	个案百分比	百分比	个案百分比
结对帮扶	5.66	8.58	7.30	10.25
免费培训	29.70	45.06	30.37	42.66
有偿培训	3.11	4.72	3.16	4.43
其他	2.97	4.51	3.75	5.26
合计	100.00	151.71	100.00	140.44

四、城市流动人口家庭住房补贴政策运行状况与评估

（一）城市流动人口家庭住房补贴政策运行状况

1. 城市流动人口家庭在现居住地住房补贴获得状况

表9—45对2016年城市流动人口家庭在现居住地获得住房补贴的情况进行基本描述分析。根据调查结果显示，城市流动人口家庭在现居住地获得住房补贴的比例为3.05%。

表9—45同时对2015年与2016年城市流动人口家庭在现居住地获得住房补贴的分布情况进行比较分析。根据抽样调查结果，两年在城市流动人口家庭在现居住地获得住房补贴的分布情况方面基本保持一致。

表9—45　2015年、2016年城市流动人口家庭在现居住地获得住房补贴情况的分布情况（%）

	2015年	2016年
是	3.25	3.05
否	96.75	96.95
合计	100.00	100.00

2. 城市流动人口家庭在户籍地住房补贴获得状况

表9—46对2016年城市流动人口家庭在户籍地获得住房补贴的情况进行基本描述分析。根据调查结果显示，城市流动人口家庭在户籍地获得住房补贴的比例为2.94%。

表9—46同时对2015年与2016年城市流动人口家庭在户籍地获得住房补贴的分布情况进行比较分析。根据抽样结果，两个年份的城市流动人口家庭在户籍地获得住房补贴的分布情况基本保持稳定。

表9—46　2015年、2016年城市流动人口家庭在户籍地获得住房补贴情况的分布情况（%）

	2015年	2016年
是	2.94	2.72
否	97.06	97.28
合计	100.00	100.00

（二）城市流动人口家庭住房补贴政策效果评估

对城市流动人口家庭住房补贴政策效果的评估，主要从现居住地、户籍地两方面进行。在城市流动人口家庭在现居住地救助服务项目的获得情况多重响应数据分析中，住房补贴在救助项目获得情况中排在第七位；在城市流动人口家庭在户籍地救助服务项目的获得情况多重响应数据分析中，住房补贴在救助项目的情况中排在第六位。一定程度上，相对于现居住地而言，城市流动人口家庭在户籍地获得住房补贴的情况相对较好。

第三节　城市流动人口家庭其他救助政策运行状况与评估

一、城市流动人口家庭临时救助政策运行状况与评估

(一) 城市流动人口家庭临时救助政策运行状况

表9—47对2016年城市流动人口家庭是否在现居住地享有临时救助进行基本描述分析。根据调查结果显示，城市流动人口家庭表示在现居住地享有临时救助的比例为2.09%。

表9—47同时对2015年与2016年城市流动人口家庭表示在现居住地享有临时救助的分布情况进行比较分析。根据抽样结果，两个年份这方面的情况基本一致。

表9—47　2015年、2016年城市流动人口家庭在现居住地享有临时救助情况的分布情况（%）

	2015年	2016年
是	2.59	2.09
否	97.41	97.91
合计	100.00	100.00

表9—48对2016年城市流动人口家庭是否在户籍地享有临时救助进行基本描述分析。根据调查结果显示，城市流动人口家庭在户籍地享有临时救助的占比为1.71%。

表9—48同时对2015年与2016年城市流动人口家庭是否在户籍地享有临时救助分布的情况进行比较分析。根据抽样结果，两个年份的城市流动人口家庭在是否在户籍地享有临时救助的情况基本保持稳定。

表 9—48　2015 年、2016 年城市流动人口家庭在户籍地享有临时救助情况的分布情况（%）

	2015 年	2016 年
是	2.10	1.71
否	97.90	98.29
合计	100.00	100.00

（二）城市流动人口家庭临时救助政策效果评估

对城市流动人口家庭临时救助政策效果的评估，主要从现居住地、户籍地两方面进行评估。在对城市流动人口家庭在现居住地救助服务项目的获得情况多重响应分析中，临时救助排在救助项目的第八位；在对城市流动人口家庭在户籍地救助服务项目的获得情况多重响应分析中，临时救助排在救助项目的第五位。

二、城市流动人口家庭费用减免政策运行状况与评估

（一）城市流动人口家庭费用减免政策运行状况

表 9—49 对 2016 年城市流动人口家庭是否在现居住地享有水电、燃料、取暖费减免进行基本描述分析。根据调查结果显示，城市流动人口家庭在现居住地能够享有水电、燃料、取暖费减免的占比为 2.73%。

表 9—49 同时对 2015 年和 2016 年城市流动人口家庭是否在现居住地享有水电、燃料、取暖费减免的情况进行比较分析。根据抽样结果，两年中城市流动人口家庭在现居住地享有水电、燃料、取暖费减免的情况基本一致。

表 9—49　2015 年、2016 年城市流动人口家庭在现居住地享有水电、燃料、取暖费减免情况（%）

	2015 年	2016 年
是	2.71	2.73
否	97.29	97.27
合计	100.00	100.00

表 9—50 对 2016 年城市流动人口家庭在户籍地享有水电、燃料、取暖费减免的情况进行基本描述分析。根据调查结果显示，城市流动人口家庭在户籍地能够享有水电、燃料、取暖费减免的比例为 1.98%。

表 9—50 同时对 2015 年与 2016 年城市流动人口家庭在户籍地享有水电、燃料、取暖费减免的情况进行比较分析。根据抽样结果，两年中城市流动人口家庭在户籍地享有水电、燃料、取暖费减免的情况基本一致。

表 9—50　2015 年、2016 年城市流动人口家庭在户籍地享有水电、燃料、取暖费减免情况（%）

	2015 年	2016 年
是	1.90	1.98
否	98.10	98.02
合计	100.00	100.00

表 9—51 对 2016 年城市流动人口家庭是否在现居住地享有税费减免的情况进行基本描述分析。根据调查结果显示，两年来城市流动人口家庭在现居住地能够享有税费减免的比例为 3.53%。

表 9—51 同时对 2015 年与 2016 年城市流动人口家庭在现居住地享有税费减免的情况进行分析。根据抽样结果，两年来城市流动人口家庭在现居住地享有税费减免的情况基本一致。

表9—51　2015年、2016年城市流动人口家庭在现居住地享有税费减免情况的分布情况（%）

	2015年	2016年
是	3.29	3.53
否	96.71	96.47
合计	100.00	100.00

表9—52对2016年城市流动人口家庭在户籍地享有税费减免的情况进行基本描述分析。根据调查结果显示，城市流动人口家庭在户籍地享有税费减免的比例为1.23%。

表9—52同时对2015年与2016年城市流动人口家庭在户籍地享有税费减免情况进行分析。根据抽样结果，两年来城市流动人口家庭在户籍地享有税费减免的情况基本保持稳定。

表9—52　2015年、2016年城市流动人口家庭在户籍地享有税费减免情况的分布情况（%）

	2015年	2016年
是	0.89	1.23
否	99.11	98.77
合计	100.00	100.00

（二）城市流动人口家庭费用减免政策效果评估

对城市流动人口家庭费用减免政策效果的评估，主要从现居住地、户籍地两方面进行评估。在对城市流动人口家庭在现居住地救助项目的获得情况多重响应分析中，水电、燃料、取暖费减免排在救助项目的第九位，税费减免项目排在第六位；在对城市流动人口家庭在户籍地救助服务项目的获得情况多重响应分析中，水电、燃料、取暖费减免排在救助项目的第七位，税费减免排在第十二位。就税费减免项目而言，城市流动人口家庭在现居住地的获得比例更大，而水电、燃料、取暖费减免政策服务项目在户籍地可及性更大。

三、城市流动人口家庭法律援助与司法调解政策运行状况与评估

（一）城市流动人口家庭法律援助与司法调解政策运行状况

表9—53对2016年城市流动人口家庭在现居住地享有法律援助与司法调解政策进行基本描述分析。根据调查结果显示，城市流动人口家庭在现居住地享有法律援助与司法调解政策的比例为2.19%。

表9—53同时对2015年与2016年城市流动人口家庭在现居住地享有法律援助与司法调解政策的情况进行比较。根据抽样结果，2016年城市流动人口家庭在现居住地享有法律援助与司法调解政策的比例相比2015年略有上升。

表9—53　2015年、2016年城市流动人口家庭在现居住地享有法律援助与司法调解政策情况（%）

	2015年	2016年
是	1.20	2.19
否	98.80	97.81
合计	100.00	100.00

表9—54对2016年城市流动人口家庭在户籍地享有法律援助与司法调解政策的情况进行基本描述分析，城市流动人口家庭在户籍地享有

法律援助与司法调解政策的比例为1.18%。

表9—54同时对2015年和2016年城市流动人口家庭在户籍地享有法律援助与司法调解政策的情况进行比较。根据抽样结果显示，两个年份的城市流动人口家庭在户籍地享有法律援助与司法调解政策的情况基本不变。

表9—54　2015年、2016年城市流动人口家庭在户籍地享有法律援助与司法调解政策的情况（%）

	2015年	2016年
是	0.70	1.18
否	99.30	98.82
合计	100.00	100.00

（二）城市流动人口家庭法律援助与司法调解政策效果评估

对城市流动人口家庭法律援助与司法调解政策效果的评估，主要从现居住地、户籍地两方面进行评估。在对城市流动人口家庭在现居住地救助服务项目的获得情况多重响应分析中，法律援助与司法调解排在救助项目的第十位；在对城市流动人口家庭在户籍地救助服务项目的获得情况多重响应分析中，法律援助与司法调解排在救助项目的第十三位。一定程度上，对城市流动人口家庭来说，无论是在现居住地或户籍地，法律援助与司法调节项目的可及性更高。

第四节　本章小结

一、城市流动人口家庭最低生活保障制度供需评估研究结论

(一) 描述分析结论

在城市流动人口家庭低保申请状况方面，2016 年城市流动人口家庭在户籍地申请低保的比例为 20.69%，其中，由于不符合条件而未申请低保的占比 59.16%。在城市流动人口家庭社会救助需求状况评估方面，将低保金救助排在需求第一位的城市流动人口家庭约占 14.18%，位于医疗救助需求之后；将低保金救助排在需求第二位的城市流动人口家庭约占 6.22%，而将低保金救助排在第三位的城市流动人口家庭约占 4.75%，这在一定程度上表明低保金救助并不是所有城市流动人口家庭的最大救助需求。

在城市流动人口家庭低保享受状况方面，2016 年，在户籍地享受过低保的城市流动人口家庭占比 13.08%。在城市流动人口家庭低保供给状况评估方面，在现居住地获得低保金救助的城市流动人口家庭占比 9.68%。通过分析认为，这种状况可能与大部分城市流动人口家庭拥有劳动能力、有一定的生活经济来源作为支撑能够维持基本生活有关。这也可能是由于部分城市流动人口家庭不愿意靠低保生活而希望自力更生。

(二) 趋势分析结论

在流动人口家庭低保申请状况方面，2016 年在户籍地申请低保的

城市流动人口家庭与2015年基本保持一致，其中，因不符合条件而未申请低保的比例较2015年有所提升。在城市流动人口家庭社会救助需求状况评估方面，2016年将低保金救助排在救助需求第一位、第二位和第三位的比例较2015年均有所下降，而教育救助和住房补助的占比则均有所提升。

在城市流动人口家庭低保享受状况方面，2016年在户籍地享受过低保的比例较2015年略有增加。在城市流动人口家庭低保供给状况评估方面，2016年在现居住地获得过低保金救助的比例与2015年基本保持一致。

二、城市流动人口家庭专项社会救助政策运行状况与评估研究结论

（一）描述分析结论

在就医情况方面，城市流动人口家庭的老人和成年人在患病最初阶段，选择直接到药店买药的比例最大；而对于儿童，则更多选择去私人诊所或社区/村卫生服务站。在就医负担方面，大约1/4的家庭表示看病给家庭带来的经济负担非常重或较重；在医疗救助政策评估方面，六成左右的家庭认为医疗救助对被救助家庭的作用很大或作用较大；在医疗救助政策运行状况方面，2.84%的家庭表示在2015年获得过重特大疾病医疗救助，其中，因家庭成员所患疾病在医疗救助病种目录内而得到重特大疾病医疗救助的城市流动人口家庭占66.04%；在重特大疾病医疗救助效果评估方面，大部分城市流动人口家庭认为重特大疾病医疗救助效果明显、申请和审核手续方便、费用结算及时、救助的标准太低，但仍有部分城市流动人口家庭认为重特大疾病医疗救助的病种太少。

在家庭教育花费方面，大学教育阶段的户均和人均教育花费最高，但其获得的政府教育救助金额也最多，此外，接受义务教育的户均人数最多。在家庭教育花费类型方面，主要为学杂费。在教育费用来源方面，家里的积蓄是城市流动人口家庭各教育阶段教育费用的主要来源。在受教育地方分布情况上，大部分城市流动人口家庭子女在居住地上学。在教育困难和需求方面，城市流动人口家庭面临的教育困难主要是上学费用高和入学难、升学难，最需要的教育服务是课程辅导和舞蹈、书法等兴趣爱好培训。在教育救助获得状况方面，城市流动人口家庭在现居住地和户籍地获得教育救助的比例均在6%左右；在大学阶段享受的教育救助金额最高。在教育救助政策评估方面，主观上，四成左右的家庭认为教育救助政策的作用很大或作用较大；客观上，在学前教育、义务教育、高中教育、大学教育这四个阶段，其享受的教育救助占教育花费的比例均值都低于4%。

在家庭就业支持政策运行状况方面，2015 年城市流动人口家庭失业（无非农工作）人数均值为 0. 81 人，失业时间最长的累积失业月数均值为 35. 27 个月，领取失业保险金人数均值为 0. 03 人，就业途径主要为自己灵活就业、亲友介绍就业和直接到用人单位应聘；在现居住地和户籍地获得就业帮扶的比例分别为 3. 95%和 1. 82%。在家庭就业支持政策效果评估方面，八成左右的流动人口家庭接受过就业服务项目，获得的就业服务项目主要是免费培训、职业介绍和税收优惠；在住房补贴政策运行状况方面，城市流动人口家庭在现居住地和户籍地享受过住房补贴的比例分别为 3. 05%和 2. 94%。

（二）趋势分析结论

在就医情况方面，城市流动人口成员（老人、成年人、儿童）在患病最初阶段对诊疗途径的选择在 2016 年和 2015 年基本保持一致。在就医负担方面，2015 年认为看病经济负担非常重和较重的城市流动人口家庭较 2014 年均有所下降。在医疗救助政策效果评估方面，城市流动人口家庭对医疗救助所起作用的评价在 2015 年和 2014 年基本保持一致。在医疗救助政策运行状况方面，2015 年获得过重特大疾病医疗救助的城市流动人口家庭相对 2014 年稍有减少，但 2015 年重特大疾病医疗救助金额均值相对 2014 年则有所增加；并且，2016 年因家庭成员所患疾病在医疗救助病种目录内而得到重特大疾病医疗救助的城市流动人口家庭较 2015 年有所提高。在重特大疾病医疗救助效果评估方面，2016 年除认为救助标准太低的城市流动人口家庭数量较 2015 年稍有增加之外，认为重特大疾病医疗救助效果明显、申请和审核手续方便、费用结算及时和病种太少的城市流动人口家庭占比均与 2015 年保持相对稳定。

与 2015 年相比，2016 年城市流动人口中孩子正在上学的比例有所下降，从 57.42%下降为 55.06%。在户均受教育人数方面，2015 年与 2016 年基本保持一致。在户均教育花费方面，大学教育阶段花费由 13312.82 元提高到 15294.74 元。在教育花费类型的分布情况方面，2015 年城市流动人口家庭各阶段教育花费的主要来源仍为家里的积蓄，占比情况与上一年度基本保持一致。在受教育地方分布情况上，在居住地上学的比例均较上一年度有所下降。在面临的教育困难方面，2016 年情况与 2015 年各种困难的分布情况基本保持一致。在教育救助运行状况方面，城市流动人口家庭在现居住地和户籍地获得教育救助的比例较去年均稍有下降；在大学教育阶段享受的教育救助金额从 2014 年的 400.65 元下降为 257.89 元，其他教育阶段救助金额与上一年度基本保持一致；在教育救助政策效果评估方面，主观上，流动人口家庭中认为教育救助政策的作用很大或作用较大的比例较去年有所下降；客观上，除大学教育阶段外，在学前教育、义务教育、高中教育这三个阶段，其享受的教育救助占教育费用的比例均有所提高。

在家庭就业支持政策运行状况方面，2015 年城市流动人口家庭失业（无非农工作）人数均值较 2015 年略有提高；失业时间最长的累积失业月数均值较 2015 年稍有下降；领取失业保险金人数与 2015 年基本保持一致；在现居住地获得就业帮扶的比例相对 2015 年略有降低，而在户籍地获得就业帮扶的占比与 2015 年基本保持稳定。在家庭就业支持政策效果评估方面，2016 年接受过就业服务项目的城市流动人口家庭较 2015 年稍有增加。

在住房补贴政策运行状况方面，2016 年城市流动人口家庭在现居住地和户籍地享受过住房补贴的比例均值与 2015 年相比基本保持稳定。

三、城市流动人口家庭其他救助政策运行状况与评估研究结论

（一）描述分析结论

在临时救助政策运行状况方面，2015 年城市流动人口家庭在现居住地和户籍地享有临时救助的比例分别为 2.59%和 2.09%；在临时救助政策效果方面，从一定程度上讲，不论是在现居住地还是户籍地，城市流动人口家庭获得临时救助的比例均较小。

在费用减免政策运行状况方面，2015 年城市流动人口家庭在现居住地和户籍地享有水电、燃料、取暖费减免政策的比例分别为 2.71%和 1.90%，而在现居住地和户籍地享有税费减免政策的比例分别为 3.29%和 0.89%；在费用减免政策效果评估方面，相比于户籍地，城市流动人口家庭在现居住地获得税费减免和水电、燃料、取暖费减免的比例更高一些。

在法律援助与司法调解政策运行状况方面，2016 年城市流动人口家庭在现居住地和户籍地享有法律援助与司法调解政策的比例分别为 2.19%与 1.18%；在法律援助与司法调解政策效果评估方面，

相对于户籍地，城市流动人口家庭在现居住地获得法律援助与司法调解的比例要更高。

（二）趋势分析结论

在临时救助政策运行状况方面，2016 年，在现居住地和户籍地享有临时救助的城市流动人口家庭较 2015 年均略有减少。在费用减免政策运行状况方面，2016 年城市流动人口家庭中，在现居住地和户籍地享有水电、燃料、取暖费减免的比例与 2015 年基本保持一致；而在现居住地和户籍地享有税费减免的比例则均有所提高。在法律援助与司法调解政策运行状况方面，相对于 2015 年，2016 年城市流动人口家庭在现居住地与户籍地享有的法律援助与司法调解政策的比例均有所提高，城市流动人口家庭获得救助项目的情况与 2015 年基本保持一致。

第十章　城市流动人口家庭其他社会政策支持与社会服务供需评估

第一节　城市流动人口家庭其他社会政策支持运行状况与评估

一、城市流动人口家庭社会保险政策运行状况与评估

(一) 城市流动人口家庭社会保险政策运行状况

1. 养老保险

(1) 养老保险基本情况

表 10—1 对 2015 年城市流动人口家庭享有、参加退休金或养老保险的人数情况进行基本描述分析。根据调查结果显示，2015 年城市流动人口家庭没有享有、参加退休金或养老保险的人数所占比例最大，达到 67.26%；其次为家庭中有 2 人享有、参加退休金或养老保险，所占比例为 15.17%。

表10—1同时对2014年与2015年城市流动人口家庭享有、参加退休金或养老保险人数的分布情况进行比较。根据抽样结果，两年在这方面上基本保持稳定。2015年没有享有、参加退休金或养老保险的城市流动人口家庭占比67.26%，此比例在2014年为66.85%。

表10—1　2014年、2015年城市流动人口家庭享有、参加退休金或养老保险的人数的分布（%）

	2014年	2015年
0	66.85	67.26
1	12.67	14.04
2	15.71	15.17
3	2.73	2.41
4人及以上	2.04	1.12
合计	100.00	100.00

（2）养老保险参保人数占家庭总人口数比例

表10—2对2015年城市流动人口家庭退休金或养老保险参保人数占家庭总人口数比例进行基本描述分析。根据调查结果显示，2015年在这方面的比例均值为17.77%。

表10—2　2014年、2015年退休金或养老保险参保人数占家庭总人口数比例的基本统计（%）

年份	均值	标准差	偏度	峰度
2014	18.97	31.16	1.47	3.88
2015	17.77	29.72	1.57	4.33

（3）养老保险保障水平

表10—3对2015年城市流动人口家庭退休金或养老保险的保障水平进行基本描述分析。根据调查结果显示，2015年城市流动人口家庭退休金或养老保险的平均保障水平为12096.91元。

表 10—3 同时对 2014 年与 2015 年城市流动人口家庭退休金或养老保险保障水平进行比较。根据抽样结果，2015 年城市流动人口家庭退休金或养老保险保障水平均值相比 2014 年有所提升，提升值为 2918. 74 元。

表 10—3　2014 年、2015 年退休金或养老保险的保障水平的基本统计（元）

年份	均值	标准差	偏度	峰度
2014	9178. 17	16174. 77	1. 78	5. 02
2015	12096. 91	16466. 01	1. 18	3. 00

（4）养老保险满意度

表 10—4 对 2015 年城市流动人口家庭对退休金或养老保险的满意度状况进行基本描述分析。根据调查结果显示。31. 40%的城市流动人口家庭对退休金或养老保险的满意度非常高和比较高，仅有 23. 09%的城市流动人口家庭对退休金或养老保险的满意度比较低和非常低。

表 10—4 同时对 2014 年与 2015 年城市流动人口家庭退休金或养老保险满意度情况进行比较。根据抽样结果，两年在退休金或养老保险满意度分布情况上基本保持一致。

表 10—4　2014 年、2015 年对退休金或养老保险的满意度的分布情况（%）

	2014 年	2015 年
非常高	15. 80	13. 29
比较高	20. 43	18. 11
一般	40. 86	45. 51
比较低	16. 27	14. 12
非常低	6. 65	8. 97
合计	100. 00	100. 00

2. 医疗保险

（1）医疗保险基本情况

表10—5对2015年城市流动人口家庭享有、参加医疗保险的人数情况进行基本描述分析。根据调查结果显示，2015年城市流动人口家庭享有、参加医疗保险的人数主要分布在0—4人的区间内。城市流动人口家庭没有医疗保险的人数比例为37.05%，占比最大；其次为家庭中2人享有、参加医疗保险，所占比例为18.45%。

表10—5同时对比2014年与2015年城市流动人口家庭享有、参加医疗保险人数分布情况的发展趋势。根据抽样结果，两年在享有、参加医疗保险的人数分布情况上基本一致。2015年城市流动人口家庭没有享有、参加医疗保险的占比为37.05%，高于2014年的32.11%。

表10—5 2014年、2015年城市流动人口家庭享有、参加医疗保险的人数的分布情况（%）

	2014年	2015年
0	32.11	37.05
1	9.10	10.08
2	17.62	18.45
3	17.04	14.80
4	14.07	10.56
5	6.63	5.25
6	2.35	2.47
7人及以上	1.07	1.34
合计	100.00	100.00

（2）医疗保险参保人数占家庭总人口数比例

表10—6对2015年城市流动人口家庭享有、参加医疗保险人数占家庭总人口数比例进行基本描述分析。根据调查结果显示，2015年在

这方面的比例均值为 52.18%。

表 10—6　2014 年、2015 年医疗保险参保人数占家庭总人口数比例的基本统计（%）

年份	均值	标准差	偏度	峰度
2014	58.51	44.69	-0.36	1.31
2015	52.18	44.75	-0.10	1.22

（3）医疗保险保障水平

表 10—7 对 2015 年城市流动人口家庭医疗保险的保障水平进行基本描述分析。根据调查结果显示，2015 年城市流动人口家庭医疗保险的平均保障水平为 1589.69 元。

表 10—7　2014 年、2015 年医疗保险保障水平的基本统计（元）

年份	均值	标准差	偏度	峰度
2014	1844.86	6769.23	7.09	63.36
2015	1589.69	5152.73	7.89	87.56

（4）医疗保险满意度

表 10—8 对 2015 年城市流动人口家庭对医疗保险的满意度进行基本描述分析。根据调查结果显示，17.02%的城市流动人口家庭对医疗保险的满意度非常高，22.50%的城市流动人口家庭对医疗保险的满意度比较高，47.13%的城市流动人口家庭对医疗保险的满意度一般，仅有 13.35%的城市流动人口家庭对医疗保险的满意度比较低和非常低。

表 10—8 同时对 2014 年与 2015 年城市流动人口家庭对医疗保险满意度的分布情况进行比较。根据抽样结果，两年医疗保险满意度的分布情况基本保持稳定。

表 10—8　2014 年、2015 年城市流动人口家庭对医疗保险的满意度的分布情况（%）

	2014 年	2015 年
非常高	17.35	17.02
比较高	22.98	22.50
一般	46.18	47.13
比较低	9.59	7.53
非常低	3.91	5.82
合计	100.00	100.00

（5）医疗保险报销比例情况

表 10—9 对 2015 年城市流动人口家庭医疗保险报销比例进行基本描述分析。根据调查结果显示，2015 年城市流动人口家庭医疗保险平均报销比例为 14.80%。

表 10—9 同时对比 2014 年与 2015 年城市流动人口家庭医疗保险报销比例的分布情况。根据抽样结果，两年在医疗保险报销比例上基本保持稳定。

表 10—9　2014 年、2015 年城市流动人口家庭医疗保险报销比例的分布情况（%）

年份	均值	标准值	偏度	峰度
2014	13.59	24.30	1.58	4.11
2015	14.80	25.29	1.48	3.75

3. 工伤保险

（1）工伤保险基本情况

表 10—10 对 2015 年城市流动人口家庭享有、参加工伤保险的人数分布情况进行基本描述分析。根据调查结果显示，2015 年城市流动人

口家庭享有、参加工伤保险的人数主要分布在1—2人的区间内。城市流动人口家庭没有工伤保险的人数最多，所占比例为91.21%；其次是家庭中有1人享有、参加工伤保险，所占比例为4.45%。

表10—10同时对比2014年与2015年城市流动人口家庭享有、参加工伤保险人数的分布情况。根据抽样结果，两年在这一方面上基本一致。

表10—10 2014年、2015年城市流动人口家庭享有、参加工伤保险的人数的分布情况（%）

	2014年	2015年
0	90.06	91.21
1	5.13	4.45
2人及以上	4.81	4.34
合计	100.00	100.00

（2）工伤保险参保人数占家庭总人口数比例

表10—11对2015年城市流动人口家庭工伤保险参保人数占家庭总人口数的比例进行基本描述分析。根据调查结果显示，2015年城市流动人口家庭在这方面的比例均值为4.47%。

表10—11同时对2014年与2015年城市流动人口家庭工伤保险参保人数占家庭总人口数比例进行比较。根据抽样结果，两年在工伤保险参保人数占总人口数比例上基本保持稳定。

表10—11 2014年、2015年工伤保险参保人数占家庭总人口数比例的基本统计（%）

年份	均值	标准差	偏度	峰度
2014	4.78	16.25	3.84	18.25
2015	4.47	16.24	4.08	20.14

（3）工伤保险保障水平

表 10—12 对 2015 年城市流动人口家庭工伤保险保障水平进行基本描述分析。根据调查结果显示，2015 年城市流动人口家庭医疗保险的平均保障水平为 108.45 元。

表 10—12　2014 年、2015 年工伤保险保障水平的基本统计（元）

年份	均值	标准差	偏度	峰度
2014	36.55	221.48	7.27	59.27
2015	108.45	448.64	4.80	25.83

（4）工伤保险满意度

表 10—13 对 2015 年城市流动人口家庭对工伤保险的满意度进行基本描述分析。根据调查结果显示，对工伤保险的满意度一般的比例最高，为 56.88%；其次为满意度比较高的，占比为 26.88%。

表 10—13 同时对 2014 年与 2015 年城市流动人口家庭工伤保险的满意度进行比较。根据抽样结果，2015 年城市流动人口家庭工伤保险满意度非常高和比较高的占比为 36.88%，2014 年的比例为 38.91%，相比仍然保持稳定。

表 10—13　2014 年、2015 年城市流动人口家庭对工伤保险的满意度的分布情况（%）

	2014 年	2015 年
非常高	20.92	10.00
比较高	17.99	26.88
一般	56.07	56.88
比较低	1.67	3.13
非常低	3.35	3.13
合计	100.00	100.00

4. 失业保险

（1）失业保险基本情况

表 10—14 对 2015 年城市流动人口家庭享有、参加失业保险人数情况进行基本描述分析。根据调查结果显示，2015 年城市流动人口家庭没有获得失业保险的人数最多，所占比例为 91.33%；其次是家庭中有 1 人享有、参加失业保险，所占比例为 4.60%。

表 10—14 同时对 2014 年与 2015 年城市流动人口家庭享有、参加失业保险人数的分布情况进行比较。根据抽样结果，2015 年享有、参加失业保险的人数比例保持稳定。

表 10—14　2014 年、2015 年城市流动人口家庭享有、参加失业保险的人数的分布情况（%）

	2014 年	2015 年
0	92.13	91.33
1	4.01	4.60
2 人及以上	3.86	4.06
合计	100.00	100.00

（2）失业保险参保人数占家庭总人口数比例

表 10—15 对 2015 年城市流动人口家庭失业保险参保人数占家庭总人口数比例情况进行基本描述分析。根据调查结果显示，城市流动人口家庭 2015 年失业保险参保人数占家庭总人口数的比例均值为 4.54%。

表 10—15 同时对比 2014 年与 2015 年城市流动人口家庭失业保险参保人数占家庭总人口数的比例。根据抽样结果，2015 年失业保险参保人数占家庭总人口数的比例相对 2014 年略有上升。2015 年城市流动人口家庭在这方面的均值为 4.54%，2014 年此比例为 3.85%。

表 10—15　2014 年、2015 年失业保险参保人数占家庭总人口数比例的基本统计（%）

年份	均值	标准差	偏度	峰度
2014	3. 85	14. 63	4. 31	22. 54
2015	4. 54	16. 50	4. 03	19. 44

（3）失业保险保障水平

表 10—16 对 2015 年城市流动人口家庭失业保险保障水平进行基本描述分析。根据调查结果显示，城市流动人口家庭 2015 年失业保险平均保障水平为 267. 79 元。

表 10—16　2014 年、2015 年失业保险保障水平的基本统计（元）

年份	均值	标准差	偏度	峰度
2014	58. 35	288. 63	5. 16	29. 20
2015	267. 79	1154. 80	5. 15	29. 45

（4）失业保险满意度

表 10—17 对 2015 年城市流动人口家庭对失业保险的满意度进行基本描述分析。根据调查结果显示，2015 年城市流动人口家庭对失业保险满意度一般的所占比重最大，达到 52. 20%；对失业保险满意度非常高和比较高的占比为 36. 48%。

表 10—17 同时对 2014 年与 2015 年城市流动人口家庭失业保险满意度的分布情况进行比较。根据抽样结果，两年在失业保险满意度分布情况上基本保持一致，2014 年与 2015 年城市流动人口家庭对失业保险满意度非常高和比较高的占比均超过 35%。

表 10—17　2014 年、2015 年城市流动人口家庭对失业保险的满意度的分布情况（%）

	2014 年	2015 年
非常高	22. 63	14. 47
比较高	18. 42	22. 01
一般	53. 16	52. 20
比较低	4. 21	6. 92
非常低	1. 58	4. 40
合计	100. 00	100. 00

5. 生育保险

（1）生育保险基本情况

表 10—18 对 2015 年城市流动人口家庭享有、参加生育保险的人数分布情况进行基本描述分析。根据调查结果显示，2015 年没有享有、参加生育保险的城市流动人口家庭所占比例为 93. 36%；家庭中 1 人享有、参加生育保险的所占比例为 4. 34%。

表 10—18 同时对 2014 年与 2015 年城市流动人口家庭生育保险满意度的分布情况进行比较。根据抽样结果，两年在享有、参加生育保险人数分布情况上基本保持稳定。2014 年与 2015 年城市流动人口家庭没有享有、参加失业保险的占比均超过 93%。

表 10—18　2014 年、2015 年城市流动人口家庭享有、参加生育保险的人数的分布情况（%）

	2014 年	2015 年
0	93. 91	93. 36
1	3. 47	4. 34
2 人及以上	2. 62	2. 31
合计	100. 00	100. 00

（2）生育保险参保人数占家庭总人口数比例

表 10—19 对 2015 年城市流动人口家庭生育保险参保人数占家庭总人口数的比例进行基本描述分析。根据调查结果显示，城市流动人口家庭 2015 年在这方面的均值为 3. 20%。

表 10—19 同时对 2014 年与 2015 年城市流动人口家庭生育保险参保人数占家庭总人口数的比例进行比较。根据抽样结果，两年在生育保险参保人数占家庭总人口数的比例上基本保持一致。相对于 2014 年，2015 年的生育保险参保人数占家庭总人口数比例均值上升了 0. 41%。

表 10—19　2014 年、2015 年生育保险参保人数占家庭总人口数比例的基本统计（%）

年份	均值	标准差	偏度	峰度
2014	2. 79	12. 26	5. 12	31. 71
2015	3. 20	13. 69	5. 08	30. 81

（3）生育保险保障水平

表 10—20 对 2015 年城市流动人口家庭生育保险保障水平情况进行基本描述分析。根据调查结果显示，城市流动人口家庭 2015 年生育保险平均保障水平为 528. 04 元。

表 10—20　2014 年、2015 年生育保险保障水平的基本统计（元）

年份	均值	标准差	偏度	峰度
2014	502. 60	1464. 11	3. 58	16. 23
2015	528. 04	1408. 26	2. 68	8. 55

（4）生育保险满意度

表 10—21 对 2015 年城市流动人口家庭对生育保险的满意度情况进行基本描述分析。根据调查结果显示，2015 年城市流动人口家庭对生育保险的满意度非常高和比较高的人数占比为 43. 90%，对生育保险满

意度非常低和比较低的人数占比为7.32%。

表10—21同时对比2014年与2015年城市流动人口家庭生育保险满意度的分布情况。根据抽样结果，两年在生育保险满意度分布情况上基本保持一致。

表10—21　2014年、2015年城市流动人口家庭对生育保险的满意度的分布情况（%）

	2014年	2015年
非常高	26.85	17.07
比较高	22.82	26.83
一般	46.31	48.78
比较低	2.01	3.25
非常低	2.01	4.07
合计	100.00	100.00

（二）城市流动人口家庭社会保险政策运行评估

表10—22对2015年城市流动人口家庭参加社会保险的总体情况进行基本描述分析。根据调查结果显示，在城市流动人口家庭参加社会保险方面，城市流动人口家庭参加医疗保险、退休金或养老保险的比例较高，所占比例分别为52.18%、17.77%，而工伤保险、失业保险和生育保险的参保率相对较低，所占比例分别为4.47%、4.54%和3.20%。在城市流动人口家庭社会保险的保障水平方面，城市流动人口家庭享有退休金或养老保险的保障水平均值为12096.91元，享有医疗保险的保障水平均值为1589.69元，享有工伤保险的保障水平均值为108.45元，享有失业保险的保障水平均值为267.79元，享有生育保险的保障水平均值为528.04元；在城市流动人口家庭对社会保险的满意度方面，

31.40%的城市流动人口家庭对退休金或养老保险的满意度非常高和比较高，39.52%的城市流动人口家庭对医疗保险的满意度非常高和比较高，36.88%的城市流动人口家庭对工伤保险的满意度非常高和比较高，36.48%的城市流动人口家庭对失业保险的满意度非常高和比较高，43.90%的城市流动人口家庭对生育保险的满意度非常高和比较高。

表10—22　2015年城市流动人口参加社会保险的总体情况的分布情况

	人群	退休金或养老保险	医疗保险	工伤保险	失业保险	生育保险
参保比例(%)	是	17.77	52.18	4.47	4.54	3.20
	否	82.23	57.82	95.53	95.46	96.80
保障水平(元)		12096.91	1589.69	108.45	267.79	528.04
满意度(%)	非常高	13.29	17.02	10.00	14.47	17.07
	比较高	18.11	22.50	26.88	22.01	26.83
	一般	45.51	47.13	56.88	52.20	48.78
	比较低	14.12	7.53	3.13	6.92	3.25
	非常低	8.97	5.82	3.13	4.40	4.07

二、城市流动人口家庭社会福利政策运行状况与评估

（一）城市流动人口家庭社会福利政策运行状况

1. 基本情况

表10—23对2015年城市流动人口家庭享有、参加老人、残疾人、儿童等福利津贴的人数情况进行基本描述分析。根据调查结果显示，2015年城市流动人口家庭没有获得老人、残疾人、儿童等福利津

贴的人数占比最多，为95.08%；而家庭中有1人、2人及以上所占比例分别为3.37%、1.55%。

表10—23同时对比2014年与2015年享有、参加老人、残疾人、儿童等福利津贴的人数分布情况。根据抽样结果，两年在享有、参加老人、残疾人、儿童等福利津贴的人数情况方面基本保持一致。

表10—23　2014年、2015年享有、参加老人、残疾人、儿童等福利津贴的人数的分布情况（%）

	2014年	2015年
0	96.69	95.08
1	2.50	3.37
2人及以上	0.81	1.55
合计	100.00	100.00

2. 参保人数占家庭总人口数比例

表10—24对2015年城市流动人口家庭老人、残疾人、儿童等福利津贴参保人数占家庭总人口数比例情况进行基本描述分析。根据调查结果显示，城市流动人口家庭2015年老人、残疾人、儿童等福利津贴参保人数占家庭总人口数的比例均值为1.97%。

表10—24同时对比2014年与2015年老人、残疾人、儿童等福利津贴参保人数占家庭总人口数的比例。根据抽样结果，2015年老人、残疾人、儿童等福利津贴参保人数占家庭总人口数比例均值较2014年略有上升。

表10—24　2014年、2015年老人、残疾人、儿童等福利津贴参保人数占家庭总人口数比例（%）

年份	均值	标准差	偏度	峰度
2014	1.32	8.25	7.97	78.11
2015	1.97	9.92	6.24	48.52

3. 保障水平

表 10—25 对 2015 年城市流动人口家庭老人、残疾人、儿童等福利津贴的平均保障水平进行基本描述分析。根据调查结果显示，2015 年老人、残疾人、儿童等福利津贴的平均保障水平为 1728. 21 元。

表 10—25　2014 年、2015 年老人、残疾人、儿童等福利津贴保障水平的基本统计（元）

年份	均值	标准差	偏度	峰度
2014	2054. 38	2807. 81	2. 46	8. 45
2015	1728. 21	2022. 51	2. 40	8. 84

4. 满意度

表 10—26 对 2015 年城市流动人口家庭对老人、残疾人、儿童等福利津贴的满意度情况进行基本描述分析。根据调查结果显示，2015 年有 38. 46%的城市流动人口家庭对老人、残疾人、儿童等福利津贴的满意度一般；其次，有 18. 68%的城市流动人口家庭对老人、残疾人、儿童等福利津贴的满意度比较高。

表 10—26 同时对比 2014 年与 2015 年老人、残疾人、儿童等福利津贴的满意度分布情况。根据抽样结果，两年对老人、残疾人、儿童等福利津贴满意度的分布情况基本一致。

表 10—26　2014 年、2015 年对老人、残疾人、儿童等福利津贴的满意度的分布情况（%）

	2014 年	2015 年
非常高	16. 67	14. 29
比较高	17. 86	18. 68
一般	36. 90	38. 46
比较低	16. 67	15. 38

（续表）

	2014 年	2015 年
非常低	11.90	13.19
合计	100.00	100.00

（二）城市流动人口家庭社会福利政策运行评估

表 10—27 对 2015 年城市流动人口家庭参加老人、残疾人、儿童等福利津贴的总体情况进行基本描述分析。根据调查结果显示，参加老人、残疾人、儿童等福利津贴的城市流动人口家庭占比 1.97%，平均保障水平为 1728.21 元，对老人、残疾人、儿童等福利津贴的满意度非常高和比较高的城市流动人口家庭占比 32.97%。

表 10—27　2015 年参加老人、残疾人、儿童等福利津贴的总体情况

参加状况(%)		保障水平	满意度(%)				
是	否	(元)	非常高	比较高	一般	比较低	非常低
1.97	98.03	1728.21	14.29	18.68	38.46	15.38	13.19

第二节　城市流动人口家庭社会服务供需状况

一、城市流动人口家庭社会服务需求分析

（一）社会服务需求状况

表 10—28 对 2016 年城市流动人口家庭目前还需要帮助的分布情况进行多重响应分析。根据调查结果显示，减免医疗费的需求占比最大，

达到 19.93%；其次是资助子女完成学业、直接提供生活金或生活品，占比均达到 14%以上。

表 10—28 同时对 2015 年与 2016 年城市流动人口家庭目前还需要的帮助的分布情况进行比较。根据抽样结果，两年在城市流动人口家庭目前还需要的帮助分布状况上基本一致。

表 10—28　2015 年、2016 年城市流动人口家庭目前还需要的帮助的分布情况（%）

服务项目	2015 年		2016 年	
	百分比	个案百分比	百分比	个案百分比
直接提供生活金或生活品	14.50	38.12	14.28	41.73
帮助家里劳动力找份工作	10.81	28.43	11.38	33.27
提供技能培训、指点致富门路	11.53	30.32	12.88	37.66
提供低息贷款或生产资金	8.30	21.82	8.71	25.46
资助子女完成学业	13.72	36.08	14.46	42.26
减免医疗费	19.51	51.29	19.93	58.27
帮助修建住房	11.68	30.71	12.05	35.24
结对帮扶	5.04	13.25	6.31	18.44
其他	4.91	12.90	—	—
合计	100.00	262.92	100.00	292.33

（二）面临困难与主要求助对象

1. 当前城市流动人口家庭面临的困难

表 10—29 对城市流动人口家庭当前面临的困难情况进行分析。根据调查结果显示，城市流动人口家庭面临的困难中住房条件差，建/买不起房、子女教育负担难以承受占比最大，分别为 21.66%、12.60；另外，家庭主要劳动力没有工作、家庭成员疾病负担重、赡养老人负担

重，所占比重均超过 10%。

表 10—29 同时对 2015 年与 2016 年城市流动人口家庭面临的困难状况进行比较。根据抽样结果，两年在城市流动人口家庭面临的困难状况上基本一致。住房条件差，建/买不起房是 2016 年与 2015 年流动人口家庭面临的最大困难，占比分别为 21.66%和 20.96%。

表 10—29　2015 年、2016 年当前城市流动人口家庭面临的困难（%）

困难类型	2015 年		2016 年	
	百分比	个案百分比	百分比	个案百分比
家庭主要劳动力没有工作	12.31	28.44	11.48	26.36
家庭主要成员没有劳动能力	7.07	16.33	6.83	15.69
家庭最主要收入者被长期拖欠工资	2.74	6.34	2.70	6.19
家庭成员疾病负担重	11.23	25.94	11.34	26.04
家庭成员需要长期照料	7.37	17.03	7.02	16.12
子女教育负担难以承受	13.36	30.86	12.60	28.92
家庭成员发生意外事故	1.58	3.65	1.74	4.00
家庭财产遭受重大损失	1.36	3.15	1.67	3.84
住房条件差，建/买不起房	20.96	48.42	21.66	49.73
赡养老人负担重	10.61	24.52	10.60	24.33
其他	1.81	4.19	2.53	5.82
没有困难	9.58	22.14	9.81	22.52
合计	100.00	231.01	100.00	229.56

2. 2016 年遇到的临时或突发性困难

表 10—30 对 2016 年城市流动人口家庭遇到的临时或突发性困难情况进行分析。根据调查结果显示，没有和短期失业在城市流动人口家庭

面临的困难中占比最大，分别为64.53%、17.46%。

表10—30同时对2015年与2016年城市流动人口家庭遇到临时或突发性困难状况进行比较。根据抽样结果，两年在城市流动人口家庭遇到临时或突发性困难状况上基本一致。2015年与2016年城市流动人口家庭没有遇到临时或突发性困难均占比最大，分别为60.11%和64.53%。

表10—30　2015年、2016年城市流动人口家庭是否遇到如下临时或突发性困难（%）

困难类型	2015年		2016年	
	百分比	个案百分比	百分比	个案百分比
自然灾害导致的临时性困难	4.35	4.73	3.50	3.79
交通事故等意外事故	2.86	3.11	2.47	2.67
家庭成员突发重大疾病	11.34	12.34	8.39	9.07
短期失业	18.13	19.72	17.46	18.89
其他临时性困难	3.22	3.50	3.65	3.95
没有	60.11	65.37	64.53	69.80
合计	100.00	108.77	100.00	108.17

3. 城市流动人口家庭的主要求助对象描述分析

表10—31对2016年城市流动人口家庭主要求助对象的分布情况进行基本描述分析。根据调查结果显示，选择亲戚、朋友、村/居委会为主要求助对象的家庭所占比例最高，分别为37.18%、19.96%、14.68%。

表10—31同时对2015年与2016年城市流动人口家庭主要求助对象分布情况进行比较。根据抽样结果，两年在主要求助对象的分布情况上基本保持一致。

表 10—31　2015 年、2016 年城市流动人口家庭的主要求助对象的分布情况（%）

服务项目	第一有效百分比		第二有效百分比		第三有效百分比		相对百分比	
	2016 年	2015 年	2016 年	2015 年	2016 年	2015 年	2016 年	2015 年
政府	9.81	10.07	10.05	10.31	14.71	14.62	10.71	10.91
村/居委会	14.40	14.68	12.70	12.48	18.79	19.05	14.57	14.68
雇主或工作单位	1.12	1.98	1.29	1.74	3.81	4.43	1.63	2.31
工、青、妇、残等组织	0.15	0.11	0.27	0.38	0.59	0.78	0.26	0.31
媒体	0.12	0.21	0.35	0.43	2.74	1.22	0.63	0.45
亲戚	63.51	61.33	12.82	15.25	8.41	8.58	37.43	37.18
朋友	4.21	5.03	47.21	45.31	11.14	14.06	19.70	19.96
邻居	1.08	1.61	3.90	4.56	14.83	15.34	4.31	4.88
慈善公益类社会组织	0.08	0.05	0.43	0.54	0.91	1.44	0.34	0.45
其他	5.52	4.93	10.99	9.01	24.07	20.49	10.44	8.88
合计	100.00	100.00	100.00	100.00	100.00	100.00	100.00	100.00

二、城市流动人口家庭社会服务供给分析

（一）已享受的社会服务

1. 已享受的社会服务

表 10—32 对 2016 年城市流动人口家庭已享受的社会服务分布情况进行分析。根据调查结果显示，已享受环境卫生、社区治安、医疗

卫生保健服务的城市流动人口占比最大，分别为 22.41%、19.62%、10.28%。

表 10—32 同时对 2015 年与 2016 年城市流动人口家庭已享受的社会服务分布情况进行比较。根据抽样结果，两年在城市流动人口家庭已享受社会服务的分布情况上基本一致。

表 10—32　2015 年、2016 年城市流动人口家庭已享受的社会服务分布情况（%）

服务项目	2015 年		2016 年	
	百分比	个案百分比	百分比	个案百分比
社区养老服务	1.79	6.33	1.58	5.23
幼儿托护	1.93	6.83	1.11	3.67
社区治安	18.85	66.68	19.62	64.83
环境卫生	21.00	74.29	22.41	74.06
办理社会保障服务	8.31	29.40	7.64	25.24
劳动就业服务	5.18	18.33	4.26	14.08
医疗卫生保健服务	11.49	40.66	10.28	33.98
文化娱乐服务	8.28	29.28	9.11	30.10
家政服务	1.10	3.88	1.03	3.40
法律服务	2.34	8.27	2.15	7.12
物业服务	7.14	25.24	7.18	23.73
紧急救助	1.70	6.02	1.22	4.05
计生服务	5.84	20.66	6.07	20.06
心理咨询	1.13	4.00	1.44	4.75
其他	3.92	13.86	4.90	16.18
合计	100.00	353.73	100.00	330.48

2. 证件办理服务享受状况

（1）已享受的证件办理服务

表10—33对2016年城市流动人口家庭已享受证件办理服务的分布情况进行分析。根据调查结果显示，被访者享受过暂住证、居住证、健康证、婚育证办理服务的占比最高，分别为36.20%、18.27%、13.63%。

表10—33同时对2015年与2016年城市流动人口已享受证件办理服务的分布情况进行比较。根据抽样结果，两年在城市流动人口已享受证件办理服务的分布情况上基本一致。

表10—33　2015年、2016年城市流动人口已享受的证件办理服务的分布情况（%）

证件办理服务	2015年		2016年	
	百分比	个案百分比	百分比	个案百分比
暂住证、居住证	36.97	50.88	36.20	51.87
就业证、务工证	5.84	8.04	7.06	10.12
健康证	17.04	23.46	18.27	26.18
婚育证	12.46	17.15	13.63	19.54
其他	2.93	4.04	3.47	4.98
没办过任何证件	24.76	34.08	21.37	30.62
合计	100.00	137.65	100.00	143.31

（2）证件办理服务中遇到的困难

表10—34对2016年城市流动人口在证件办理服务中遇到的困难情况进行基本描述分析。根据调查结果显示，城市流动人口遇到时间长、手续麻烦、费用高的困难比例分别为49.19%、43.93%、6.88%。

表10—34同时对2015年与2016年城市流动人口在证件办理服务

中遇到的困难进行比较。根据抽样结果，两年中城市流动人口在证件办理服务中遇到的困难基本一致。

表 10—34　2015 年、2016 年城市流动人口在证件办理服务中遇到的困难情况（%）

困难情况	2015 年	2016 年
时间长	46.16	49.19
手续麻烦	48.48	43.93
费用高	5.36	6.88
合计	100.00	100.00

（二）对社区/村现有社会服务的评价

1. 城市流动人口家庭对社区/村现有社会服务的评价

表 10—35 对 2016 年城市流动人口家庭所在社区/村现有社会服务的评价进行基本描述分析。根据调查结果显示，环境卫生所占比例最高，达到 22.34%；其次为社区治安，所占比例为 21.64%。

表 10—35 同时对 2015 年与 2016 年城市流动人口家庭对社区/村现有社会服务评价进行比较。根据抽样结果，两年在现有社会服务的评价状况上基本保持一致。2016 年，城市流动人口家庭对环境卫生评价最高，占比为 28.83%，此比例在 2015 年为 27.11%。

2. 城市流动人口家庭对社会服务的总体满意度

表 10—36 对 2016 年城市流动人口家庭所在社区/村提供的各种服务的总体满意度进行基本描述分析。根据调查结果显示，城市流动人口家庭对提供的服务较满意、一般的占比最高，分别为 37.27%与 32.12%。

表 10—35　2015 年、2016 年城市流动人口家庭对社区/村现有社会服务的评价（%）

服务项目	第一位有效百分比		第二位有效百分比		第三位有效百分比		第四位有效百分比		第五位有效百分比		相对百分比	
	2015 年	2016 年	2015 年	2016 年	2015 年	2016 年	2015 年	2016 年	2015 年	2016 年	2015 年	2016 年
社区养老服务	4.69	5.26	2.16	3.19	2.48	2.87	3.12	3.86	3.32	3.26	3.27	3.91
幼儿托护	2.04	1.11	2.73	2.02	2.06	2.07	2.42	2.11	3.01	2.73	2.34	1.79
社区治安	32.44	33.98	22.86	25.64	9.99	12.41	5.45	6.14	4.03	2.61	19.90	21.64
环境卫生	27.11	28.83	33.94	34.94	10.62	12.18	5.37	6.03	2.61	2.61	21.10	22.34
办理社会保障服务	5.25	4.10	4.93	4.20	9.57	8.85	7.05	8.60	7.62	8.60	6.43	5.98
劳动就业服务	2.12	1.33	2.69	1.68	4.41	4.14	6.45	5.50	6.24	6.17	3.58	2.86
医疗卫生保健服务	5.77	5.42	5.99	4.42	14.69	12.99	13.50	11.64	9.08	9.79	8.86	7.79
文化娱乐服务	3.24	3.49	4.12	4.82	9.03	9.25	10.77	9.48	8.59	8.72	5.99	6.14
家政服务	0.04	0.22	0.37	0.45	0.63	0.80	1.25	0.94	2.04	1.42	0.54	0.57
法律服务	0.52	0.61	0.65	1.06	1.93	1.55	1.95	2.28	2.52	2.61	1.16	1.27
物业服务	1.92	2.71	2.61	3.08	6.21	6.15	6.14	6.03	6.02	6.88	3.80	4.22
紧急救助	0.60	0.44	0.53	0.28	1.09	1.21	1.47	1.93	2.57	2.31	0.93	0.87
计生服务	5.21	4.81	3.02	2.58	4.45	4.83	5.06	6.14	5.76	5.63	4.49	4.45
心理咨询	0.04	0.33	0.08	0.28	0.76	0.57	0.78	0.82	1.06	2.67	0.36	0.59
其他	9.01	7.36	13.33	11.37	22.08	20.11	29.21	28.50	35.52	33.99	17.24	15.57
合计	100.00	100.00	100.00	100.00	100.00	100.00	100.00	100.00	100.00	100.00	100.00	100.00

表10—36同时对2015年与2016年城市流动人口家庭所在社区/村提供的各种服务总体满意度的分布情况进行比较。根据抽样结果，两个年份的城市流动人口家庭对提供的各种服务的总体满意度分布基本保持一致。

表10—36 2015年、2016年城市流动人口家庭对社会服务的总体满意度的分布情况（%）

	2015年	2016年
很满意	27.02	26.80
较满意	36.25	37.27
一般	32.94	32.12
较不满意	2.14	2.09
很不满意	1.64	1.72
合计	100.00	100.00

（三）已享受的计生服务

表10—37对2016年城市流动人口家庭已享受计生服务的分布情况进行分析。根据调查结果显示，城市流动人口家庭选择不需要、计划生育法规政策知识、生殖健康知识的宣传的占比最大，分别为27.79%、18.74%、16.65%。

表10—37同时对2015年与2016年城市流动人口家庭已享受计生服务状况分布情况进行比较。根据抽样结果，两年在城市流动人口家庭已享受计生服务状况分布情况上基本一致。

表 10—37 2015 年、2016 年流动人口家庭已享受计生服务状况分布情况（%）

服务项目	2015 年		2016 年	
	百分比	个案百分比	百分比	个案百分比
生殖健康知识的宣传	17.33	27.70	16.65	27.77
计划生育法规政策知识	18.90	30.21	18.74	31.26
便捷的办理计生证件	10.36	16.56	12.46	20.78
免费提供各种药具	11.47	18.34	13.27	22.13
提供更好的母婴保健服务	4.53	7.23	5.54	9.24
其他	6.34	10.14	5.54	9.24
不需要	31.07	49.67	27.79	46.35
合计	100.00	159.85	100.00	166.77

（四）已有社会服务设施情况

表 10—38 对 2016 年城市流动人口家庭所在社区/村是否有以下社会服务设施进行基本描述分析。根据调查结果显示，城市流动人口家庭所在社区/村已有社区治安站（点）与医疗卫生服务站的占比最大，均超过 11%；其次为社区文化站、图书室或活动中心、公共体育健身设施及场所和计划生育服务站，所占比重均超过 10%。

表 10—38 同时对 2015 年与 2016 年所在社区/村是否有以下社会服务设施的情况进行比较。根据抽样结果，两个年份的城市流动人口家庭所在社区/村已有的社会服务设施情况基本没变。

表 10—38　2015 年、2016 年城市流动人口家庭所在社区/村已有社会服务设施情况（%）

服务项目	2015 年		2016 年	
	百分比	个案百分比	百分比	个案百分比
托老所、养老院	4.14	24.16	3.80	22.68
医疗卫生服务站	11.72	68.36	11.27	67.24
康复保健中心	3.73	21.78	3.78	22.52
社区治安站（点）	11.60	67.69	11.49	68.53
社区文化站、图书室或活动中心	10.50	61.22	10.27	61.26
公共体育健身设施及场所	10.93	63.76	10.80	64.39
便民利民服务点	9.64	56.24	9.65	57.54
计划生育服务站	10.77	62.82	10.62	63.36
流动人口服务站	9.06	52.84	9.34	55.71
物业服务站（清扫垃圾、绿化、设施养护等）	8.18	47.74	9.24	55.12
幼儿园、托儿所	8.33	48.60	8.80	52.48
其他	0.27	1.56	0.18	1.08
以上都没有	1.12	6.55	0.75	4.47
合计	100.00	583.32	100.00	596.38

（五）社区服务认知情况

1. 对居住地的了解程度

表 10—39 对 2016 年城市流动人口家庭对社区服务项目和信息的了解情况进行基本描述分析。根据调查结果显示，选择不了解社区服务项目和信息的城市流动人口家庭所占比例最高，占 48.39%，选择一般的

比例为 38. 65%。

表 10—39 同时对比 2015 年与 2016 年城市流动人口家庭对社区服务项目和信息的了解情况。根据抽样结果，两个年份的城市流动人口家庭在对社区服务项目和信息的了解情况上基本保持一致。

表 10—39　2015 年、2016 年城市流动人口家庭对社区服务项目和信息的了解情况的分布情况（%）

	2015 年	2016 年
非常了解	13. 03	12. 96
一般	35. 56	38. 65
不了解	51. 40	48. 39
合计	100. 00	100. 00

2. 了解居住地社区有关服务的信息的途径

表 10—40 对 2016 年城市流动人口家庭了解居住地社区有关服务信息的途径进行分析。根据调查结果显示，城市流动人口家庭选择社区内各种宣传的所占比例为 31. 60%，选择社区工作人员上门宣讲与邻居议论的城市流动人口家庭占比均超过 10%。

表 10—40 同时对 2015 年与 2016 年了解居住地社区有关服务信息途径的发展趋势进行比较。根据抽样结果，两个年份的城市流动人口家庭在了解居住地社区有关服务信息的途径上基本保持一致。

表 10—40　2015 年、2016 年了解居住地社区有关服务信息的途径（%）

	2015 年		2016 年	
	百分比	个案百分比	百分比	个案百分比
邻居议论	14. 84	33. 92	12. 97	33. 06
社区内各种宣传	36. 26	82. 89	31. 60	80. 58
社区网站	9. 42	21. 53	11. 83	30. 17

（续表）

	2015 年		2016 年	
	百分比	个案百分比	百分比	个案百分比
自己到社区服务中心咨询	17.03	38.94	17.83	45.45
社区工作人员上门宣讲	21.81	49.85	23.82	60.74
其他	0.65	1.47	1.94	4.96
合计	100.00	228.60	100.00	254.96

3. 参加社区服务中心的社会活动情况

表 10—41 对 2016 年城市流动人口家庭参与社区服务中心社会活动情况的分布情况进行基本描述分析。根据调查结果显示，选择没有参与、偶尔参与、经常参与的城市流动人口家庭占比分别为 56.61、31.25%、12.15%。

表 10—41 同时对 2015 年与 2016 年城市流动人口家庭参与社区服务中心社会活动情况的发展趋势进行比较。根据抽样结果，两个年份的城市流动人口家庭参与社区服务中心社会活动的情况基本保持一致。

表 10—41　2015 年、2016 年参与社区服务中心社会活动的情况的分布情况（%）

	2015 年	2016 年
经常参与	12.34	12.15
偶尔参与	27.18	31.25
没有参与	60.48	56.61
合计	100.00	100.00

第三节　本章小结

一、城市流动人口家庭其他社会政策支持运行状况与评估研究结论

（一）描述分析结论

在退休金或养老保险 2015 年运行状况方面，城市流动人口家庭 1 人及以上享有、参加退休金或养老保险的所占比例为 32. 74%；参加退休金或养老保险的家庭，其平均保障水平为 12096. 91 元；超过 30%的城市流动人口家庭对退休金或养老保险表示非常满意和比较满意。在医疗保险 2015 年运行状况方面，城市流动人口家庭参加医疗保险的人数占家庭总人口数的比例为 52. 18%；参加医疗保险的家庭，其平均保障水平为 1589. 69 元；39. 52%的城市流动人口家庭对医疗保险表示满意；此外，在医疗保险报销方面，城市流动人口家庭医疗保险报销比例均值为 14. 80%。

在工伤保险 2015 年运行状况方面，超过 90%的城市流动人口家庭家中无人参加工伤保险；参加工伤保险的家庭，其平均保障水平为 108. 45 元；对工伤保险表示满意的城市流动人口家庭占比 36. 88%。在失业保险 2015 年运行状况方面，超过 90%的城市流动人口家庭家中无人参加失业保险；参加失业保险的家庭，其平均保障水平为 267. 79 元；超过 35%的城市流动人口家庭对失业保险表示满意。在生育保险 2015 年运行状况方面，93. 36%的城市流动人口家庭家中无人参加生育保险；参加生育保险的家庭，其平均保障水平为 528. 04 元；超过 40%的城市流动人口家庭对生育保险表示满意。在老人、残疾人、儿童等福利津贴

2015年运行状况方面，95%左右的城市流动人口家庭未参加老人、残疾人、儿童等福利津贴；参加老人、残疾人、儿童等福利津贴的家庭，其平均保障水平为1728.21元；有32.97%的城市流动人口家庭对老人、残疾人、儿童等福利津贴满意度表示非常高和比较高。

（二）趋势分析结论

退休金或养老保险和医疗保险运行状况方面，城市流动人口家庭2014年与2015年在享有、参加退休金或养老保险的人数比例和满意度方面大致保持一致，在获得退休金或养老保险的平均保障水平方面有所提升，在医疗保险报销比例及满意度方面基本保持稳定。

工伤保险、失业保险和生育保险运行状况方面，城市流动人口家庭2014年与2015年在享有、参加工伤保险、失业保险和生育保险的人数比例和满意度方面基本保持一致。老人、残疾人、儿童等福利津贴运行状况方面，流动人口家庭2014年与2015年享有、参加老人、残疾人、儿童等福利津贴的人数比例略有提升，享有、参加老人、残疾人、儿童等福利津贴的满意度基本保持稳定。

二、城市流动人口家庭社会服务供需状况研究结论

（一）描述分析结论

2016年城市流动人口家庭还需要的帮助方面，减免医疗费、资助子女完成学业和直接提供生活金或生活品所占比例最高。在当前城市流动人口家庭面临的困难方面，住房条件差，建/买不起房成为最大困难，占比超过20%。在2016年遇到的临时或突发性困难方面，64.53%的城市流动人口家庭表示没有遇到临时或突发性困难。在城市流动人口的主要求助对象方面，37.18%的城市流动人口家庭以亲戚为主要求助对象。

在 2016 年已享受的社会服务方面，环境卫生所占比重最大，达到 22. 41%，已享受社区治安的城市流动人口家庭占比达 19. 62%。在 2016 年已享受的证件办理服务方面，城市流动人口家庭已享受的证件办理服务前三位是暂住证、居住证、健康证和婚育证，而时间长、手续麻烦也曾为城市流动人口家庭在证件办理服务中遇到的主要困难。在对 2016 年对所在社区/村社会服务的评价方面，排在城市流动人口家庭评价前三位的服务分别是环境卫生、社区治安和医疗卫生保健服务。2016 年 64. 07%的城市流动人口家庭对社会服务的总体运行状况表示满意。

在 2015 年已享受的计生服务方面，城市流动人口享受最多的计生服务前三位是计划生育法规政策知识、生殖健康知识的宣传和免费提供各种药具。在 2016 年城市流动人口家庭所在社区/村已有的社会服务设施方面，排在前三位的服务设施是社区治安站（点）、医疗卫生服务站和公共体育健身设施及场所。在 2016 年社区服务认知情况方面，12. 96%的城市流动人口家庭对所在社区情况非常了解，了解居住地社区有关服务信息的途径主要是社区内各种宣传、社区工作人员上门宣讲和自己到社区服务中心咨询，并且有 43. 40%的城市流动人口家庭表示自己曾经参与过社区服务中心活动。

（二）趋势分析结论

在城市流动人口家庭社会服务供需状况方面，2015 年与 2016 年城市流动人口家庭在目前还需要的帮助、面临的困难、主要求助对象、是否遇到临时或突发性困难基本保持一致。

在 2015 年和 2016 年，减免医疗费是城市流动人口家庭最需要的帮助；住房条件差，建/买不起房是城市流动人口家庭面临的最大困难；两年均有超过 60%的城市流动人口家没有遇到临时或突发性困难，而亲戚是城市流动人口家庭最主要的求助对象。

在城市流动人口家庭社会服务供给方面，2015 年与 2016 年城市流动人口家庭已享受的社会服务、已享受的证件办理服务、证件办理中遇到的困难、对社会服务的评价及满意度上基本保持一致。具体而言，2015 年与 2016 年，城市流动人口家庭已享受环境卫生社会服务的占比最大；已享受办理暂住证、居住证的城市流动人口家庭最多，遇到的最大困难由 2015 年的手续麻烦变为 2016 年的时间长；两年均对环境卫生社会服务的评价最高，2016 年对社会服务总体满意度也有所上升。

在已享受的计生服务方面，两年均以不需要计生服务占比最高；在已有社会服务设施方面，2015 年医疗卫生服务站以 11. 72%占比最大，2016 年社区治安站（点）以 11. 49%占比最大；在社区服务认知方面，对社区服务项目和信息不了解的城市流动人口家庭在 2015 年与 2016 年占比都为 50%左右，两年都以社区内各种宣传为社区有关服务信息的主要了解途径，城市流动人口家庭在 2015 年和 2016 年没有参与社区服务中心社会活动的所占比例最高。

责任编辑：娜　拉　舒　月　史　伟
组　　稿：王　锋
封面设计：林芝玉

图书在版编目(CIP)数据

中国城乡困难家庭社会政策支持系统建设数据分析报告 / 王杰秀 主编. —北京：人民出版社，2019
(中国民生民政系列丛书 / 王杰秀主编. 1—10 卷)
ISBN 978－7－01－020596－0

Ⅰ.①中…　Ⅱ.①王…　Ⅲ.①贫困-家庭-社会政策-决策支持系统-数据库系统-研究-中国　Ⅳ.①D669.1

中国版本图书馆 CIP 数据核字(2019)第 055558 号

中国城乡困难家庭社会政策支持系统建设数据分析报告

ZHONGGUO CHENGXIANG KUNNAN JIATING SHEHUI ZHENGCE ZHICHI XITONG JIANSHE SHUJU FENXI BAOGAO

王杰秀　主编

人民出版社 出版发行
(100706　北京市东城区隆福寺街 99 号)

北京盛通印刷股份有限公司印刷　新华书店经销

2019 年 4 月第 1 版　2019 年 4 月北京第 1 次印刷
开本：710 毫米×1000 毫米 1/16　印张：48.75
字数：655 千字

ISBN 978－7－01－020596－0　定价：130.00 元(上、下册)

邮购地址 100706　北京市东城区隆福寺街 99 号
人民东方图书销售中心　电话 (010)65250042　65289539